내 손자와 손녀,
웜, 에릭, 미깔, 띠끄와 그리고 조안, 라파엘에게…

아마 그들도 언젠가는 할아버지와 같은 마음으로
이 책에 있는 예수 그리스도와 만나는 법을 배울 것이다.

■ 일러두기

이 책에서 '종교심'과 '믿음'은 구별되는 의미로 번역하였다. 이는 저자가 인위적으로 '종교심'(Croyance:belif:신심)와 '믿음'(foi:faith:기독교신앙)을 구분한 것에 따른 것이다. 그리고 '신앙'은 종교심과 믿음 모두를 포괄하는 중립적 단어로 번역하였다(이 용어를 별도로 사용하는 것은 문맥에 따라서 문자적으로 번역하기 어려운 점이 있기 때문이다).

1부에서는 '신앙'이 넓은 의미로 즉 인간에게 신앙은 필수적이라는 긍정적인 의미로 사용하므로 믿음과 신앙을 자유롭게 사용하지만, 2부와 3부에서는 '종교심'과 '믿음'을 구분하며, 둘을 아우르는 포괄적인 의미로 '신앙'을 사용한다.

의심을 거친 믿음

자끄 엘륄 지음
임 형 권 옮김

Copyright ⓒ Jacques Ellul
Original published in France under the title ;
La FOI AU PRIX DU DOUTE
Copyright ⓒ Éditions de La Table Ronde, Paris, 2006

Used and translated by the permission of la Table Ronde.
Korean Edition Copyright ⓒ 2013 Daejanggan Publisher. in Daejeon, South Korea.

자끄엘륄총서 18
의심을 거친 믿음

지은이	자끄 엘륄
옮긴이	임형권
초판발행	2013년 4월 2일
초판2쇄	2017년 2월 9일

펴낸이	배용하
책임편집	배용하
등록	제364-2008-000013호
펴낸곳	**도서출판 대장간**
	www.daejanggan.org
등록한곳	대전광역시 동구 삼성동 285-16
편집부	전화 (042) 673-7424
영업부	전화 (042) 673-7424 · 전송 (042) 623-1424

분류	기독교변증	신앙
ISBN	978-89-7071-285-7

이 책의 한국어판 저작권은 La Table Ronde와 독점 계약한 대장간에 있습니다 .
기록된 형태의 허락 없이는 무단 전재와 복제를 금합니다.

 값 **16,000원**

LA FOI AU PRIX DU DOUTE

Encore quarante jours⋯

Jacques Ellul

차 례

서문 / 11
머리말 / 21

문제 제기
1장 · 영적 유행 / 25
2장 · 엘륄의 자기비판 / 33

1부 _ 모노스와 우나의 새로운 대화
1장 · 불안 / 41
2장 · 포이어바흐, 당신이 옳았었다 / 48
3장 · 어디서나, 종교심이 / 56
4장 · 종교심에서 축출로 / 63
5장 · 가장 불확실 한 것, 가장 그럴싸하지 않은 것 / 70
6장 · 현실적인 것과 해결책 / 76
7장 · 베일에 덮인 현실 / 83
8장 · 죽음에 대한 신앙 / 87
9장 · 다시 발견되려고 스스로를 잃어버리는 것 / 95
10장 · 사탄에서 에로스로 / 103
11장 · 용서와 망각 / 111
12장 · 내가 믿는 것 / 117
13장 · 자유의 오늘 / 124
14장 · 말을 마치며 / 130

2부 _ 종교심과 믿음
 1장 · 전통적인 혼동 / 137
 2장 · 종교−계시 / 175
 3장 · 무엇 때문에 믿는가? / 207
 4장 · 비판적 믿음 / 231

3부 _ 요나가 말하기를 "아직 사십일이…."
 1장 · 우리는 그것을 원하지 않았다 / 255
 2장 · 증가하는 위험들 / 269
 3장 · 정치, 사탄의 영역 / 285
 4장 · 문제제기 / 300
 5장 · 믿음과 출애굽 / 304

 ■ 부록. 모노스와 우나의 대화 / 331
 ■ 자끄 엘륄 저술 목록 및 참고문헌 − 분야별 / 343
                          − 연대기순 / 347

서 문

"다시 태어났다고?"

에드가 엘런 포우Edgar Allan Poe는 자신의 "모노스와 우나의 대화"[1]라는 글을 바로 이 질문으로 시작한다. 이 글을 모델로 한 회심자의 신앙 고백인 『의심을 거친 믿음』의 제1부를 썼다.

로마법으로 교수 자격을 취득했고, 법 역사학자, 사회학자로서 기술, 선전, 마르크스 사상을 주제로 프랑스 보르도 대학 정치 연구소에서 강의를 했던 엘륄1912~1994은 명실상부하게 경계를 넘나드는 대학 교수였다. 역시 신학자이기도 한 그는 "신학적"인 측면과 "사회학적인 측면"이 맞물려 있는 책들을 방대하게 저술했다.

그는 결코 자신의 종교적 배경을 숨기지 않는다. "나는 기독교 가정에서 태어나 형식적으로 기독교인이 된 것이 아니라, 회심으로 기독교인이 되었다."[2] 프랑스 개혁교회에 속해 활동하면서, 그의 친구 장 보스Jean Bosc와 더불어 교회를 기술사회의 한 가운데서 변화시키려고 노력했다. 『의심을 거친 믿음』이 재판됨으로써 엘륄 저작의 신학적 측면에 두터움을 더하게 되었다. 이 신학적 측면은 너무 자주 평가절하 되었다. 무엇보다도 엘

---

[1] 부록에 텍스트 전체가 수록되어 있다.
[2] 자끄 엘륄, 『무정부주의와 기독교』, 대장간 역간, 2011.

륄을 추종한다는 언론인들이 대중 매체를 통해서, 그리고 부분적이지만, 심지어 전문 서적에서도3) 엘륄을 "다양한 색깔의 반세계화운동가들의 대부" 또는 "생태주의자들의 영적 지도자"4)라고 부당하게 소개하기도 했다.

그렇지만, 이 책은 엄격한 의미에서엘륄의 책에서는 드물지만, 가령, 성서 인용이 들어 있는 신학서적을 뛰어넘어, 예수 그리스도에 대한 믿음의 개인적 경험을 진술하고 분석하는 시도라고 할 수 있다. 다시 말해, 그 믿음의 실체와 힘을 펼쳐 보이고자 하는 노력의 결실인 것이다. "가장 불확실하고, 가장 사실 같지 않은 것"이지만, 역시 인간의 가슴 속에 깊숙이 뿌리를 내리고 있는 이 믿음의 본질과 하나님의 사랑의 임재를 어떻게 느끼게 할 것인가? 엘륄은 우리에게 말하기를, "이 책은 내 생애 가장 깊숙하고, 가장 확실한 것을 나누는 것이다. 하지만 역시 가장 해방된, 가장 신나고, 가장 진솔한 것을 나누는 것이다."

대화의 형식으로

엘륄은 바로 대화라는 형식을 통해서 자신의 기독교 신앙을 진술하고자 한다. "모노스와 우나의 새로운 대화"에서 이 기독교 지성인은 회의주의자들에게 귀를 기울이며 대화 속으로 들어간다.

엘륄에 따르면 그리스도에 대한 믿음은 비판을 기꺼이 받아들인다. 엘륄의 회심은 요나의 모습에서처럼, "수년 간의 필사적인 도피 끝에"5) 이르게 된 것이라는 독특성이 있다. 엘륄은 17세에 예수 그리스도가 자신을 사로잡은 이후에 기독교를 반박한 저자들에게 심취했다고 진술한다. 셀

---

3) 참조. LABBE C., RECASENS O., "Ellul, maître à penser de Bové" *Le point*, février 2003.
4) 자끄 엘륄에 대한 입문서로서는 다음과 같은 책들이 있다. TROUDE-CHASTENET Patrick, *Lire Ellul*, introduction à l'œvre socio-politique de Jacques Ellul, Bordeaux, Presses Universitaires de Bordeaux, 1992, PORQUET JEAN-Luc, *Jacques Ellul*, l'homme qui avait (presque) tout prévu, Paris, Le Cherche Midi, 2003.
5) 자끄 엘륄, *À temps et à contretemps. Entretiens avec Madeleine Garrigou-Lagrange*, Paris, Le Centurion, 1981, p. 190.

수스6), 홀바흐7), 마르크스 등이 그들이다. "다시 말해서 나는 나에게 스스로 '이것이 논리적으로 타당한가?'라고 물으면서, 있는 힘을 다해 싸우며 정반대편의 사상들을 찾았었다…. 그리고 내 신앙은 그 저항들에도 불구하고 굳건히 서갔다."8)

인습 타파주의자이자 수학자인, 디디에 노르동Didier Nordon은 엘륄과의 서신 교환 가운데서 다음의 사실을 주지시킨다. "하나님, 만일 그가 존재한다면, 그는 용서할 수 없는 존재일 것이다. 여기서 한 단어면 충분하다. 쇼아,Shoah"9) 그리고 다른 곳에서 다음과 같이 강조한다. "종교에 대해 말하면서 서로에 대해 공격적이 된다는 기분 없이 말하기 힘들다." 자끄 엘륄은 침착하게 다음과 같이 답변한다. "저는 전혀 당신의 태도 때문에 공격받는다는 기분은 들지 않습니다. 안심하십시오! 당신의 태도는 저에게 전혀 공격적이지 않습니다. 저는 수년간 합리적 불가지론자인 제 가장 절친한 친구가 모든 종교의 '신'과 특히 기독교인들에 대한 온갖 비난이 그가 나의 가장 좋은 친구가 되는 것을 막지는 못한다고 말하는 것을 들었습니다…. 사실 당신은 기독교 신앙의 겉모습만 보고 판단하시는 것 같습니다. 하지만 저는 당신의 태도에 대해서 별로 충격 받지 않습니다."10)

신학자로서의 엘륄은 베르나르 샤르보노11)와의 교제를 비롯해서 평생 비그리스도인들과의 대화를 계속했다. 엘륄은 자신의 삶 속에서 "널리 알려져 있지 않은 저술가"인 이 불가지론자 친구와의 만남이 결정적인 계기

---

6) [역주] 2세기경의 그리스 에피쿠로스학파의 철학자로, 등장하고 있던 기독교를 반박하는 글을 썼다.
7) [역주] 계몽주의 시기의 대표적 무신론자로, 그의 책 『자연의 체계』는 유물론의 성서라고 불린다.
8) Idem, p.7.
9) [역주] 히브리어로 '재난', '파괴' 등을 뜻하며, 여기서는 아우슈비츠의 유대인 학살을 말한다.
10) 자끄 엘륄, NORDON Didier, *L'Homme à lui-même*, Paris, Éditions de Félin, 1992, pp. 155, 169.
11) [역주] 베르나르 샤르보노Bernard Charbonneau(1910-1996), 프랑스의 지리학자, 역사학자, 철학자로 생태주의자로 프랑스 정치 생태학의 선구자이다.

였다고 소개한다. "샤르보노는 나에게 사고하는 법을 가르쳐 주었다. 그리고 그는 자유로운 인간이 되는 것을 알려주었다."12) 샤르보노 쪽에서는 자신의 젊은 시절 노트에 "엘륄과의 만남을 통해서 나는 절대적 절망을 면할 수 있었다"라고 쓰고 있었다. 엘륄과 샤르보노는 기술사회에 대한 공통된 견해를 갖고 있는 반면(다시 말해, 샤르보노가 "인류의 거대한 허물벗기"13)라고 규정한 사회 변화의 원인인 기술과학의 발전에 대한 매서운 비판), 영적인 태도에서는 확연하게 구분된다. 엘륄은 자신의 친구에 대해 다음과 같이 말한다. "그가 기독교인들에 대해 참지 못하는 것은 예수가 지상에 가져다 준 것을 그들이 모든 면에서 거슬렀다는 점이다. 우리가 만날 때마다 나는 이와 같은 교회와 그리스도인을 상대로 한 고발을 들어야 했다."14)

하지만 샤르보노는 그의 책 『나는 존재했었다-자유에 대한 소고*Je fus-Essai sur la liberte*』15)에서 "세 명의 현대의 사상적 원천들"들 중의 하나로서 『의심을 거친 믿음』을 인용을 한다. 엘륄에게 그는 "천재적 재능의 결정체"…"주먹을 불끈 쥐고 천사, 그리고 자유와의 싸움을 받아들인 사람"16)이었다.

"본 어게인?"

포우의 작품의 문을 여는 이 미국 표현은 21세기를 시작하는 프랑스인

---

12) CHASTENET Patrick, *Entretiens avec Jacques Ellul*, Paris, La Table Ronde, 1994, p.92.
13) Bernard CHARBONNEAU의 책들을 보라. 가령, *Le système et le Chaos*, Paris, Economica, 1990; Nuit et Jour, *Science et Culture*, Paris, Economica, 1991; *Prométhée? réenchaîné*? Paris, La Table Ronde, 2001.
14) 자끄 엘륄, *À temps et à contretemps. Entretiens avec Madeleine Garrigou-Lagrange*, op.cit., p. 26-27. 기독교에 대한 샤르보노의 비판에 대해서는, 다음을 참조. CHARBONNEAU Bernard, *Comment ne pas penser*, Bordeaux, Opales, 2004, chap. II.
15) CHARBONNEAU BERNARD, Je fus- Essai sur la liberté Bordeaux, Opale, 2000 [1980] (préface de Daniel CEREZUELLE)
16) 자끄 엘륄, Charbonneau: "L'éternel etl'actuel", in *Le Monde*, 6 septembre 1980.

들의 귀에 이상하게 들린다. 이 표현은 초강대국 미국의 정치와 영화를 등에 업고 있는 복음주의적 영성에서 비롯된다. 거듭난 이 "정복자 개신교도들"은 근본주의자들 가운데서 급진적 신앙의 한 축을 형성하기는커녕, 하나님에 의해서 "악에 대한 선의 기념비적 전투"라는 "사명"을 수행하도록 선택되었다는 한 대통령조지 부시를 가리킴-역주으로 말미암아 선거의 상징적 기반이 된다.17)

비그리스도인들의 말에 귀를 기울이며, 엘륄은 점잖게 타협을 하기보다는, 오히려 무엇이 기독교 신앙이 아닌지를 구체적으로 밝히는 것에 힘을 쏟는다. 그리고 믿음은 종교심이 아니고, 계시는 종교가 아니라고 역설한다. 엘륄은 보석 세공사처럼, 보석을 둘러싸고 있는 불순물들을 보석의 빛나는 아름다움이 드러나기까지 분리해 낸다. 이 과정에서 자기 자신에게 확신이 있고, 말을 잘하고, 사람들을 끌어 모으는, 그리고 하나님을 하나의 헌신의 대상으로 삼는 종교심과, 의심을 바탕에 깔고 있지만 "주체"인 하나님의 말씀을 듣는, 그리고 이웃을 가슴으로 품으려면 반드시 고립의 과정이 필요한 믿음 사이의 구별은 본질적이다. 그 의심의 외과수술적인 성격은 특히 인문학 가운데서는 재고할 가치가 있다.

엘륄은 에큐메니컬한 특정 순수주의를 거부한다. 가령 그는 불교에 대해서, 그리고 이슬람교에 대해 프랑스 지성인들이 감탄하는 것을 보고 경멸한다. 또한 그는 이슬람교와 유대 기독교를 구분 짓는 것을 강조했다. 그리고 그들이 "아브라함의 자손" "일신교" 또는 "책의 종교"18)라는 공통적 성격을 들먹이며 이 두 종교를 성급하게 동일시하는 것이 근거 없는 것

---

17) 이 문제와 겉보기보다 더 복잡한 부시 행정부와(역시 정치권력 전체) 미국 복음주의 교회 사이의 관계에 대해서는 다음을 보라. FAITH Séastien, *Dieu bénisse l'Amérique*, La religion de la Maison-Blanche, Paris, Le Seuil, 2004. [역주] 세바스티앙 빼쓰(S?astien FAITH)는 현재 파리 국립과학원(Centre Nationale de la Recherche Scientifique, CNRS)의 연구원으로 있으며, 미국 복음주의와 프랑스 복음주의 운동의 전문가이다.
18) 보라. 자끄 엘륄,『이슬람과 기독교』, 대장간 역간, 2009 (*Alain* BESANÇN 서문).

임을 보여주었다. 엘륄은 단호하게 1990년대에 이슬람교의 통합주의를 고발했다.

하지만 엘륄은 타종교에 대해 사용했던 수술용 메스를 아낌없이 기독교에도 사용한다. "모든 종교적인 것, 신화들, 전설들, 의식들, 성스러운 것, 신앙심들, 성직자 등등으로 특징지어지는 한 종교. 하나의 도덕을 만들어 낸 기독교. 그들이 만들어 낸 도덕은 도대체 어떤 도덕인가! 가장 엄격하고, 가장 도덕주의적이고, 가장 유아적이고, 가장 맥빠지게 하는, 그리고 책임을 남에게 떠넘기기 쉬운 도덕이다. 심술궂게도, 나는 행복한 바보에 대해서 말할 것이다. 도덕에 복종하면서 그들은 자신의 구원을 확신했다.… 정치권력 그것은 선이다. 대항, 비판 그것은 악이다."[19] 그리고 프랑스 개신교인들, 이 "매우 온순하며 말 잘 듣고 착해빠진, 작은 양떼"들도 결코 예외가 아니다.

때론 종교적 열광주의와 그에 대한 반향으로서 '신학의 중립화'[20]에 대한 주장이 난무하는 현재의 상황에서, 엘륄의 목소리는 질서를 회복하라는 경고같이 들린다. 다시 한 번 새롭게, 그는 종교적 열광주의에 대해서 비폭력non-violence에의 호소를 뛰어 넘어 아예 힘을 갖지 않을 것non-puissance을 호소한다. 믿음은 아무런 힘도 없다. 그리고 종교는 "권력의지"의 특별한 형태에 불과하다.

현대 세계에 임재[21]

비판 앞에서 투명한 믿음. 기독교 믿음은 역시 '비판적 믿음'이다. 체험된 믿음은 무턱대고 믿는 믿음이 아니다. 사실 믿음은 자신이 종교심으로 변질될 가능성을 의심하며 자신을 비판해야 한다. 그러나 믿음은 우리가

---
19) 자끄 엘륄, 『뒤틀려진 기독교』, 대장간 역간, 2012 p. 31.
20) 참조. ONFRAY Michel, *Traité d'athéologie*, Paris, Graset, 2005.
21) 자끄 엘륄, 『세상 속의 그리스도인』, 대장간 역간, 2010.

역사 가운데 일어나는 인간의 행진에 맞서서 "사랑하면서도 동시에 예언자로서의 거리를 유지하게" 한다. 이 인간의 행진은 엘륄이 분명하게 밝힌 "위험의 상승"의 중심부에 있다. 엘륄은 요나의 외침을 반복하면서 표지들을 세운다. "이 표지들은 기술의 진보가 종말에 다다랐다는 표지들, 즉 세계의 유한성을 말해주는 표지들이다. 이것 없이 떠벌리는 세계화는 위대한 자연GRANDEUR NATURE의 재앙이 될 위험이 있다"라고 뽈 비릴리오Paul Virilio는 오늘날 부르짖는다.22) 정치권력이 주는 환상에 빠져 자살로 치닫는 세상과 기술-경제적 발전의 광기어린 진행을 묘사하려고, 마치 밧줄에 매달려 교수형을 당하고 있는 사람처럼 절박하게, 자끄 엘륄은 논객의 능변이나 치밀한 논증이 아니라 붓 가는 대로 거침없이, 그리고 숨김없이 자신을 표현한다.

기독교인이 모든 곳에 존재해야 할 필요성과, 이러한 기독교인의 존재는 "혁명적이 될 것이며, 자유를 향한 것임을"23) 되새기면서, 그는 그 시대의 지정학적 문제들에 대한 자신의 태도를 확고히 밝힌다. 엘륄의 확고한 태도는 이 책에서 자신의 25년간의 경험을 바탕으로 그 문제들을 고발하고 있다는 것을 독자에게 확인시켜주는 모습에서 분명히 드러난다. 수많은 범죄와 정체政體들소련, 적 크메르…을 오늘날에 더 이상 고발할 필요는 없었을 것이다. 그렇지만 이 재앙들이 지나간 뒤에 항상 민감한 후유증들이 있었다. 엘륄은 지도를 짚어가며 그 비극적인 사실을 확인하면서 "고통, 지배, 착취, 죽음만을 볼 뿐이다. 그리고 군사비 지출은 여전히 2004년에 1조원 이상에 달한다!"고 고발한다.24) 엘륄의 이러한 시대를 읽는 안목과 비판을 넘어, 그리고 지배 이데올로기를 떠나서 다음의 타당한 주장을 하고 있다. "우리는 불의한 수단으로 정의로운 사회를 건설할 수 없다.

---

22) VIRILIO Paul, *L'Accident originel*, Paris, Galilée, 2005, pp. 48-49.
23) CHASTENET Patrick, *Entretiens avec Jacques Ellul*, op.cit.,p. 57.
24) *Le Monde*, 7 juin 2005.

우리는 노예들을 수단으로 자유로운 사회를 건설할 수 없다."25)

　엘륄이 학문과 종교를 혼합하고 "과학적" 분석을 통해서 자신의 신학적 견해를 정당화한다고 성급하게 판단하는 사람들의 비난을 무마하려고 쓴 것처럼 보이는 장에서조차 엘륄은 특정 정부의 형태가 아니라 정치 자체가 마귀적 성격을 지니고 있다는 사실을 우리에게 밝힌다.26) 그러면서 엘륄은 사회학적 실증주의의 오만과 오류에 대한 비판을 계속한다. 제3부 3장 "정치, 마귀의 영역"은 불확실한 '객관성'보다는 지적인 정직성을 더 옹호하면서,『정치적 착각 L'illusion politique』27)에서 전개한 분석을 연장하고 완성시킨다. 그리고 엘륄은 1978년에 발간된 이탈리아의 학술잡지 내용을 정확히 반복한다. "여기서 문제는 지적인 시위나, 객관적인 판단이 문제가 아니고, 우리가 편의상 실존적이라고 부를 수준에 위치한 일종의 영적인 시련과 관련되어 있다."28) 이와 같은 정치권력에 대한 근본적인 비신성화의 시도를 통해서이것은 그저 점잖게 표현한 것이다! 우리는 한 저술의 핵심에 들어간다. 자유의 나침반으로 방향을 잡은 이 책은 마귀 들린, 자신의 동시대인들에게서 마귀를 쫓아내는 것을 목표로 한다.29)

　우리는 1978년의 설명의 한 부분이『의심을 거친 믿음』에서 다시 반복되지 않는 것을 유감스럽게 생각할 수 있다. 왜냐하면 그것은 세계적으로 초강도 테러리즘의 시기에 특별한 시사점을 주기 때문이다. 자끄 엘륄은 다음과 같이 상기시킨다. "테러리스트들은 나치의 후계자들이다." 그리고 그는 다음과 같이 강조한다. "만일 우리가 테러리즘을 두려워한 나머지

---

25) CHASTENET Patrick, *Entretiens avec Jacques Ellul*, op.cit.,p. 52.
26) 참조. 이 문제를 집중적으로 조명한 책을 보라. TROUDE-CHASTENET Patrick, *Lire Ellul*, introduction à l'œuvre socio-politique de Jacques Ellul, Bordeaux, Presses Universitaires de Bordeaux, 1922.
27) 자끄 엘륄,『정치적 착각』대장간 역간, 2011. 이러한 사고의 현실성에 대해서는 Daniel COMPAGNON의 서문에서 강조하고 있다.
28) 자끄 엘륄, "La politique moderne, lieu du démoniaque", in *Archivio di Filosofia*, Rome, 1978, pp. 101-122.
29) Ellul, Jacques, *Les Nouveaux Possédés*, Paris, Éd. Mille et une Nuits, 2003.

물러난다면, 우리의 모든 정치를 두려워하면서 뒤로 물러나야 한다." 왜냐하면 테러리스트들은 "오늘날 정치 본질의 정확한 표본이기 때문이다." "정치권력은 절대적이 되었다. 따라서 권력에 대한 열정은 절대화됨과 동시에 … 확립된 권력에 대한 미움도 동시에 절대적이 되었다." 모든 권력에 대한 투쟁은, 권력이 모든 것을 통합하고, 무제한적이 되고, 규칙, 규범도 없이 움직이기 때문에 일어난다. 그리고 동시에, 적은 악의 화신이 된다.… 테러리스트들은 무엇이든 수단을 가리지 않고 죽일 준비가 되어 있다. 그래서 그들은 우리가 위에서 개진한 명제들의 반대 표현이 된다. 사회 전체는 정치적 구조가 되었다. 그때부터 적은 이러 저러한 개인이 아니라 사회 전체가 되었다."30)

엘륄은 자신의 젊었을 때의 표어에 충실하여 세계적으로 사고하고 지역적으로 행동했다. 그는 그의 학생들과 함께 랑데지역에서 조직화된 캠프들과 「에스프리지紙, Esprit」에 속해 있는 1930년대의 "보르도 그룹"에서 지역적으로 행동했다. 전쟁 직후에는 레지스탕스 운동31)에서 희망의 그리고 실패한 혁명으로, 그리고 그가 살고 있었던 뻬싹Pessac에서 "방황하는 젊은이들을" 위한답시고 행해진 국가 주도의 대규모 개발 사업에 대항해서 아키뗀 해안프랑스 남서부 해안-역주을 방어하고자 싸웠다….

비록 행동하는 인간 엘륄이 인간적 시각에서 우리에게 실패를 확인해 주지만, 그는 전도서의 권고를 따라서 "다른 시도"를 촉구한다. "무릇 네 손이 일을 당하는 대로 힘을 다하여 할지어다"전도서 9:10 32)

---

30) ELLUL, Jacques, "La politique moderne, lieu du démoniaque", art. cité pp. 108-109. 몇 년 후에 엘륄은 이 문제로 돌아온다. 그는 구체적으로 테러리즘은 "결코 불가피한 것이 나고 필요한 것도 아니다. … 테러리즘에 대해서, 나는 그것을 본질적으로 나쁘다고 말할 것이다. 테러리즘을 향해서는 어떤 합법화도, 어떤 타협도, 어떤 가능한 정당화도 없다."(자끄 엘륄, *Les Combats de la liberté*, Paris, Le Centurion, 1984, p.166)
31) 엘륄은 2002에 예루살렘의 얏 바셈(Yad Vashem)재단에 의해서 "열방 가운데 의인"이라는 칭호를 받았다.
32) Ecclésiaste, IX, 10. Cf. 자끄 엘륄, "D?oiler l'homme", in Foi et Vie, n° 5-6, décembre 1994, p.168.

희망의 길

60대 말의 인간 자끄 엘륄은 마음을 열고 말한다. 그리고 영혼과 더불어 생각을 만진다. 『의심을 거친 믿음』은 그의 어린 손자, 손녀들에게 바쳐졌다.

내가 17세 때 이 책과의 만남은 살아 숨 쉬는 사상, 그리고 믿음과의 만남이었다. 또한 풍부하고 살아 있는 저술에 대한 최고의 입문이었다. 10년 후에 책을 다시 읽으면서 이 책이 『뒤틀려진 기독교』에 끈끈히 붙어 있는 불순한 잔여물들을 정화하도록 마음을 열어주면서, 정직하고 칼같이 가르는 엄중한 말씀에 귀를 기울일 진리를 추구하는 모든 사람을 위한 것임을 확신한다.

이 책은 하나님이 선포하는 자유의 말씀을 세계의 중심부에서 귀머거리의 귀에 외치는 소리이면서, 동시에 기독교인들에게 자신의 엄청난 책임을 상기시키는 경고이다. 더불어 이 책은 예수 그리스도를 증언한다. 왜냐하면 엘륄을 통해서 다른 이들은 아마도 "구원자, 유일한 자, 독생자"를 만나게 될 것이기 때문이다. "이 구원자 앞에서 인간의 모든 계획은 유치한 것이 되어 버리고, 이러한 만남이 이루어지면 나엘륄는 만족할 것이며 이 순간 하나님께만 영광을 돌린다."33)

세바스띠앙 모릴롱Sbastien MORILLON 34) (2005년 5-6월)

---

33) 자끄 엘륄, *À temps et à contretemps*, op.cit.,p. 205.
34) 역사학 교원 자격을 가지고 있고. 석사학위 논문으로 Bernard Charbonneau et le totalitarisme, Analyse et expérience d'un personnage gascon (1910-1950)(Université de La Rochelle, FLLASH, 2001)이 있다.

머리말

수필, 묵상, 참여문학적 성격을 띤 이 책은 독창적인 것도, 백지상태에서 나온 것도 아니다. 이 책은 특정한 사상적 풍토 속에서 이해될 수 있다. 다시 말해 이 책은 자신의 뿌리를 가지고 있다는 뜻이다. 나는 처음부터 독자에게 이 사실에 대해 알려줄 필요가 있다고 생각한다. 이 책은 아주 깊고도 먼 곳에 뿌리를 내리고 있다. 그 뿌리들은 키에르케고르와 칼 바르트라는 비옥한 땅에서 영양을 섭취하고 있다. 다른 고전적 신학자들은 이 책에서 그다지 무게를 차지하지 않는다. 하지만 이 책은 더욱 최근의 저자들에게도 뿌리를 내리고 있는데, 사실 나는 기독교 신앙과 다른 지평에서 나오는 세 저술을 참고하고 있다. 나는 이 저술들이 내 책의 토대가 되었다고 생각한다. 이 책들을 연대기적으로 정리하면 다음과 같다. 롱즈Ronze의 삼부작인 『양적 인간L'Homme de quantit』1976, 『신앙의 인간L'Homme de foi』1977 『하나님의 사람L'Homme de Dieu』1978, 장 쉴리방Jean Sulivan의 마지막 놀라운 책 『출애굽L'Exode』1979, 마지막으로 베르나르 샤르보노Bernard Charbonneau의 천재적 재능의 결정체인, 『나는 존재했었다-자유에 대한 소고Je fus - Essai sur la libertr』1980가 그것이다. 위의 책들이 앞으로 전개 할 이 책의 현대적 원천이다. 하지만 나는 거기에서 나의 갈증을 다 해소하지는 못했다.

문제제기

1장 · 영적 유행

과연 내가 우리를 휩쓸고 있는 종교의 홍수 속에서 한 마디 덧붙인들 무슨 의미가 있겠는가? 자신의 신앙, 회심, 하나님과의 순정적 사랑, 천사들에 관한 이야기, 그리고 자신이 하나님께 돌아온 소설 같은 이야기는 너무도 흔하지 않은가? 어떤 사람은 하나님과의 개인적 만남에 대해서 시시콜콜 이야기하는 것을 좋아하고, 어떤 사람은 새로운 신학의 그림을 크게 그려보고 싶어 한다. "이들의 몇 마디 말 덕분에 하늘이 열린다." 이 하늘은 다른 세계이다. 사실 우리는 이 다른 세계와 수많은 계시들 때문에 죽을 지경이다. 아름다운, 정말 아름다운 그리고 이에 덧붙여서 나는 예언자적 투로 말하려고 할 참이었다. 그러나 이 손쉬운 종교적 장난은 이제 자제하자 장숑F.Jeanson의 『한 불신자의 믿음La Foi d'un incroyant』에서부터 한 그리스도인의 신비적·낭만주의와 불신앙이 벗겨지는 것을 볼 수 있다. 하나님은 죽었다. 그러나 나는 그를 만났다. 혁명, 그것은 부활이다. 하나님이란 존재는 신화나, 무한자 아니면 세계의 구조 자체로 인식된다. 그렇지 않으면 프롤레타리아 또는 권력으로 인식된다. 혹은 무의식의 긴급호출을 받은 프로이트, 아니면 마르크스 또는 니체에 의해서 하나님은 역사 속에서 행동하시는 분으로 그려진다. 다양한 수준의 신비적인 지식gnose이 다시 등장하고 있다. 우리는 도마 복음 안에서 예수의 실제 말씀ipsissima verba을 다시 찾고자 하는 노력이 어리석은 시도인 것을 잘 알고 있다. 그럼에도 불구하고, 우리는 결국 그 말씀을 바울에 의해서 왜곡되어온 그리고 여전히 수수께끼 같은 예수의 참 모습으로 간주한다. 또한 우리는 과학의 발전을 핑계로 초현실적인 것을 추구하는 학자들의 연구가 그다지 광적인 것만은 아니라고 생각한다. 떼이야르드 샤르뎅Teilhard Chardin 35)은 사물의 성격을 잘 보여주었다. 그리고 그의 경이로운 성공은 앞으로 어떤 현상이 다음에 이어질지를 암시해준다. 그것은 우리가 지금 보고 있는 그대로다.

젊은 시절, 우리는 기독교인들이 과학의 세계 속에서, 특히 하이젠베르크의 불확정성의 원리가 그들을 구원하러 올 것이라고 끝내 믿으며 흥분해서 날뛰었던 것을 보았다. 이러한 와중에도 우리는 신중하게 반응했지만, 또 다른 이론들이 나오는 것을 막지는 못했다. 사막에서 끄집어 낸 성경은 더 많은 아마추어 신학자들의 요리감이 될 뿐이었다. 그렇다고 기독교인들에게 모든 책임을 지우지는 말자. 왜냐하면 모두가 같은 물줄기 안에 엉켜 있었기 때문이다. 외계인, 염력念力과 관련된 서적들이 앞을 다투어 날개 돋친 듯 팔리고 있다.

스스로 그리스도인임을 자처하고, 엄격해 보이는 한 하나님에 대해서 말한다는 것이 비싼 대가를 치러야 하는데도, 말을 할 수밖에 없는 사람, 피와 땀으로 자신의 드라마를 쓴 사람에게 갈채를 보내러 달려가는 수천의 사람들의 모습은 정말 가관이다. 당신은 정말로 갑작스레 폭발적으로 쏟아지는 종교적 카리스마와 종교적 열광이 우리 사회의 새로운 현상이라고 생각하는가? 내가 보기에는 눈에 띄는 연속성이 존재한다. 너무도 경직되어 있고, 질서 잡혀 있고, 엄격한 우리 세상, 매우 강압적인 우리의 노동 방식, 우리의 비정한 과학은 우리에게 어떤 대가를 치르더라도 탈출구를 필요로 하게 했다. 그때, 에로티즘이 출현한다. 그러나 이 에로티즘은 그것이 꾸며낸 것들, 그의 기발한 생각들, 그의 상상들 속에 갇혀 있다. 그리고 곧장 마약, 인공 파라다이스, 폭력은 에로티즘의 대용물이 되고,

---

35) [역주] 프랑스의 카톨릭 사제로 고생물학자, 지질학자이기도 하다. 그는 진화 현상을 종교와 접목시켜, 진화를 이끄는 추동력이 인간의 의식이며, 이 의식은 예수에게 귀결되는 소위, 오메가 포인트를 지향하고 있다. 그의 사상은 과학, 철학, 신학에 논란을 불러 일으켰다. 대표작으로 『인간 현상Le phéméne humain』(1955, 한길사 역간)이 있다.

그 반대도 마찬가지다. 그리고 나아가 익명 사회는 우리 손에 메뉴판을 제공해 주었다. 물론 종교도 그 메뉴에 들어가 있었다. 우리는 그것이 어디에서 출발하는지 알고 있다. 바로 '에로티즘-폭력-마약'이라는 삼총사가 종교라는 덮개로 덮어 진다. 그리고 그것은 순교자들의 죽음, 종교재판의 성격을 가진 두 번의 종교 전쟁36)이 바로 좋은 예가 된다. 『푸른 수염Barbe-Bleue』37)이나 플로베르Flaubert의 성 앙뚜안느saint Antoine 38)도 바로 이것을 잘 말해준다. 집단적 엑스터시 또는 펠리스Felice 주임사제의 종교적인 마약들39), 이 모든 일탈은 같은 흐름에 있다. 시대는 아무 것도 발명하지 않는다. 우리는 1960년대의 에로티즘의 일탈적 광기의 끝에서, 솔직히 말하자면 우리가 지금 한몫 거들고 있는, 신비주의적인 종교적 폭발을 기대했었다. 나는 그 어느 것에도 동화되지는 않았다. 나는 순전히 자연주의적, 실증주의적 측면에서, 규칙성들을 확인하는데 그치겠다. 이를 통해 나는 한편으로는 종교적 신앙의 진정성과, 다른 편으로 신비적 경험의 진정성을 부인하고 싶다. 그러나 나는 무엇보다도 그 함정들에 대해 경험적으로 잘 알고 있다. 프랑스 왕 장 2세의 아들이 아버지를 향해 "아버지 오른쪽으로요, 아버지 왼쪽으로요."40) 외친 경고를 우리 자신도 아버지 하

---

36) [역주] 1, 2차 세계대전을 가리킨다.
37) [역주] 신데렐라의 작가 샤를 뻬로(Charles Perrault)의 작품으로 푸른 수염의 귀족은 결혼을 해서 자신의 부인들을 살해해 비밀의 방의 벽에 걸어 놓는 엽기적 행각을 벌인다. 그러다가 마지막 부인의 형제들에 의해서 살해되고, 그 부인은 푸른 수염의 엄청난 부를 상속받는다. 엘륄은 에로티즘과 살인의 연관성의 예를 이 작품에서 찾고 있는 것 같다.
38) [역주] 플로베르의 『성 앙뚜안느의 유혹 La tentation de saint Antoine』(1874)을 말한다. 내용은 수도자를 유혹하고자 마귀가 온갖 수단으로 유혹을 하는 이야기다.
39) [역주] 필립 드 펠리스 (Philippe de Félice) 신학자로서 그는 종교와 마약간의 관계를 연구했다. 그에 따르면 많은 종교들이 화학 물질을 의식에서 사용했고, 최근까지도 이러한 관행이 종교 의식 속에서 지속되고 있다고 주장한다. 약물을 통한 황홀경은 믿음의 대체물로 간주된다. 그의 다음의 책을 보라. 『거룩한 독물들』, 『신에게 취함-신비의 몇몇 저급한 형태에 관한 논고 Poisons sacrés, ivresses divines : Essai sur quelques formes inférieures de la mystique』
40) 역주] 이 프랑스어 표현의 유래는 다음과 같다. 1356년 영국과 대치한 포아띠에 전투에서 프랑스 왕 장2세는 네 명의 아들을 데리고 출정한다. 전투가 진행되면서 전세가 약화되자 왕은 세 아들을 후진으로 보내고 14살 막내 아들을 직접 보호하려고 자신 곁에 남겨 둔다. 이 용감한 아들은 아버지가 싸우는 동안 적의 칼을 피하게 하려고 "아버지 오른쪽으로요,

나님에게 할 수 있다. 그러나 독자들이여 안심하시기를. 나는 회의주의자도, 신앙이 없는 사람도, 시골 농부의 복음주의적 순수한 신앙을 비방하는 사람들에 속하지는 않는다. 나는 이렇게 중대한 상황 속에서, 환상적인 요소를 최대한 배제하며 유혹에서 자신을 지키는 것이 결국 스스로 기만당하지 않는 최선의 방책이라고 생각한다.

그렇게 심각하냐고? 그렇다 그 무엇보다도 심각하다. 나 혼자서 이 심각한 문제의 짐을 짊어져야 할까? 아무 것도, 조금도 의미가 없는 것은 아닐까? 한 번 지나간 것은 뿌리에서부터 영원히 사라지는 것은 아닐까? 소망이라는 것이 가능할까? 그리고 내가 늘 다시 돌아간 까뮈의 질문, 누가 우리를 용서할 것인가? 이 문제는 단지 기독교에 의해서 지금까지 왜곡된 서구인의 문제가 아니다. 우리는 이러한 질문들 그리고 이 질문들이 낳은 또 다른 질문들이 모든 사회에서 제기되는 것을 발견한다. 이는 가장 합리주의적이고, 가장 과학적인 사람을 모두 포함한 일반적 현상이다. 이윽고 우리는 그것을 다시 발견하게 될 것이다. 환상을 피하는 것, 좋은 꿈이 실제보다 더 낫다는 것을 생각하는 것으로 충분하지 않다. 그리고 "행복한 기억은 행복보다도 더 참되다"라고 생각하는 것만으로 충분하지 않다. 나는 확실한 것을 사랑한다. 나는 내 앞에 있는 것을 사랑한다. 나는 내 손이 닿는 것을 사랑한다. 나머지에 대해서는, 나는 그것에 도전하는 것을 많이 배웠다.

그러나 적지않은 분량의 습작을 더해가는 것이 헛수고처럼 보일 만큼 방대한 출판물의 홍수 속에서, 나는 두 가지 측면에서 놀라지 않을 수 없었다. 우선, 놀라운 회심들이다. 이 영적 소설들은 가장 은밀한 것에 속한

아버지 왼쪽으로요"라고 외쳤다고 한다. 결국 프랑스가 패해서 왕과 이 아들은 영국에서 삼 년간 감옥생활을 했지만, 귀국 후에 이 소년은 그 용감함에 대한 보상으로 부르곤의 공작의 작위를 수여 받는다. 엘륄이 여기서 이 유명한 문구를 인용한 것은 우리가 우리의 의도대로 하나님을 움직이려고 하는 위험을 경고하기 위함이다.

것이었으나 이제는 버젓이 서가에, 진열대에 전시된다. 대중은 영웅을 필요로 한다. 우리는 영화, 텔레비전을 통해서 이러한 필요에 익숙해져 있다. 내가 그토록 살아 보고 싶었고, 해 보고 싶었던 삶을 사는 본보기가 되는 사람 즉, 스타를 필요로 하는 것이다. 하지만 나는 유감스럽게도 한낱 회사의 말단 직원이고, 대형마트의 계산원에 불과하다. 꿈을 꾸자, 나는 적어도 이 몇 분간은 대리적으로 영웅적인 삶을 산다. 그리고 이것은 영적인 것, 종교적인 것, 그리고 종교심 안에서도 똑같이 일어난다. 나는 영웅이 될 수 없다. 그러나 영웅은, 아니 적어도, 다른 사람들이 내가 하지 않는 것을 한다. 영도자, 마하트마위대한 영혼이란 뜻으로 간디에게 붙여졌다-역주, 아야툴라시아파교의 지도자-역주 그리고 하나님을 만난 사람들에 비추어 생각해 보라! 그러면 그 영웅을 통해서, 나도 역시 영웅이 된다. 그 영웅이 어떤 존재를 만났다고 하면, 이것이 정말 하나님이 아니라고 말한다면 얼마나 냉정하겠는가! 왜냐하면 만일 하나님이 하나님이라면, 그는 바로 우리가 만날 수 없는 자이기 때문이다. 우리는 모든 것을 만날 수 있다. 하지만 하나님은 아니다. 결국, 나의 이성은 신학자에게 속한다. 결국 이 이성들은 영적 문제에서는 어떤 가치도 없다. 물론! 오, 나는 영적인 체험을 부인하지 않는다. 말하는 자의 좋은 신앙도 부인하지 않는다. 나는 단지 그 사람에 대한 오류를 말할 따름이다. 그리고 나는 십자가의 요한Jeans de la Croix 41)이 '어두운 밤La Nuit obscure'이라는 시에서 하나님과 친근한 자들에 반대하며 비판하는 것이 옳다고 본다.

그러나 결국 나를 놀라게 하는 것은, 그것이 우리에게 매우 잘 먹힌다는 것이다. 합리주의의 급습이 끝난 지금, 우리는 모든 공상적인 화려한 신앙고백을 드높이고, 그것들을 조사하고 보여주는 것과, 가장 은밀하고, 가장 말하기 힘들고, 가장 부끄러운 것이어야 할 것을 발가벗기는 것에 푹

---

41) 스페인의 카톨릭 신비주의자 (1542~1591).

빠져 있다. 무대에서 사랑을 나누는 장면은 오히려 전능자와의 만남을 주저리주저리 말하는 것보다 덜 선정적이다. 이런 이야기들에 갖가지의 선한 동기들이 곁들여 진다. 간증, 진리, '복음'을 전하는 것 등등. 여기서 흥미롭게도, 우리는 사람들을 열광시켜서 그것에 고취되도록 하는 것이 바로 회개라는 현상 자체라는 것을 확인하게 된다. 지난 삼사십 년간 위대한 믿음을 지닌 사람이 하나님에 대해서 알아가며 겸허하게 진리를 추구하며 살았다는 이야기는 별로 주목받지 못했다. 이런 것들은 흥미를 끌지 못한다. 반대로, 기독교인이 아니었던 사람이 갑자기 기독교에 입문했다는 것을 공개적으로 선언할 때, 그리고 역시 기독교인이었던 사람이 가장 확실한 내적 확신이었던 신앙을 집어 던지고 혁명가나 좌파주의자가 된다는 이야기가 사람들을 들끓게 할 수 있다. 당연히 어떤 신앙을 가진 사람이 다른 신앙으로 개종하는 것, 가령 기독교인이 공산주의자가 되고, 공산주의자가 기독교인이 된다는 이야기는 얼마나 짜릿한가? 여기서 진정한 순전성에 이르는 모험에 이르게 된다. 당신은 우리 사회가 심하게 변질되지 않았다고 생각한다. 아무 것도 폐쇄되어 있지 않고, 틀로 둘러 싸여 있지 않고, 경직되고, 얼어 있다고 생각하지 않는다. 우리는 인간에게 있어 가장 예민한 것 그리고 가장 뜻밖의 것과 접촉하고 있다. 나아가 종교적 "자기 노출증"이 내게는 의심스럽게 비친다. 이러한 현상은 잘 차려진 종교 뷔페에서 일어나는 종교 소비자의 영적 식도락이나 다름없다. 모순되고 무의미한 것을 회심이라는 이름으로 드높이는 것을 고발해야 한다. 그러나 이것은 흥미로운 것에 속하며, 바로 우리와 정확하게 맞아 떨어지는 것이다. 이것, 이것에는 의심의 여지가 없다. 흥미롭다. 그리고 더불어 정보, 소식, 시사적 보도들이 이러한 현상들을 부추기고 있다. 그렇지 않은가?

그리고 다른 놀라운 모험, 그것은 다시 손질된 낡아빠진 것들의 성공이다. 그것 앞에서 우리는 달 위를 걷는 인간처럼 엑스터시에 빠진다. 알다시피 베르나르 앙리 레비Bernard-Henri Lévy42)는 우리가 지난 2000여 년간 지겨움 없이 반복했던 한 가지를 발견했다. 그것은 예루살렘과 아테네 사이의 갈등이다. 얼마나 오래된 관계인가? 그리고 키에르케고르가 그것에 대해서 얼마나 많이 이야기했는가? 그가 오히려 베르나르 앙리 레비보다 더 잘 말하지 않았나? 그는 율법에 도움을 청한다고!베르나르 앙리 레비를 두고 한 말, 아래 주석을 보라-역주 그것에 대해 더 강하게 말한 랍비는 존재하지 않는 것 같다. 그리고 지난 50년간 수 백 명의 기독교 지성인들은 공격적인 근대성 속에 존재하는 가장 현대적인 세계 그리고 영적 질서와 초월적 법칙에 대한 갈망 사이의 정확한 관계에 대해서 관심을 가졌었다. 그들은 이 문제에 대해 가장 많은 말을 했었고, 가장 멀리까지 보았고, 가장 분명하게 보았고, 그 문제에 대해 가장 잘 알았고, 확신컨대, 이 젊은이의 이상한 오류를 범하지 않았었다. 그러나 어느 누구도 거기에 관심을 갖지 않았다! 오히려 방송인들은 근사한 말들을 늘어놓을 줄 알 뿐만 아니라, 최악의 천한 말도 할 줄 알기 때문에, 여기에서 갑자기 집단적 사회적 가글이 발생하게 되었다… 나는 할러데이Hallyday 43)의 팬들을 사랑했었다! 그들은 그만한 열정이 있었으나 아주 충분하지는 않았다! 결손 상태에 있는 환경과 스타가 되려하는 지식인 사이에는 단순한 우연의 일치가 있는지 스스로 물어본다. 우리는 이미 다 알고 있었던 사실이 매우 쉽고 단순하게 이야기될 때, 신적인 놀라움을 느낀다. 이것은 유일한 현상이 아니다. 나

---

42) [역주] 베르나르 앙리 레비Bernard- Henri Lévy (1948-)는 알제리 출신의 프랑스의 철학자이자, 논설가이다. 그는 그의 두 번째 저서 『하나님의 유언 Le Testament de Dieu』(1979)에서 『인간의 얼굴에 대한 야만 La Barbarie à visage humain』(1977)에서 제기한 파시즘, 국가 사회주의라는 전체주의를 고발하는 생각을 연장한다. 이 책에서 허무주의와 비신성화된 현대 세계에 대한 답을 모색한다. 그에 따르면 이러한 경향은 '율법의 망각', 위대한 진보적 이데올로기의 망각에 기인한다. 그는 유대 철학자 레비나스에게 기대서 전체주의에 대항할 무기로 성서의 지혜와 성서적 유일신론을 제시한다.
43) [역주] 프랑스의 엘비스 프레슬리라 불리는 프랑스의 대중 가수.

는 역시 아무런 가치도 없는 비토리오 메쏘리Vittorio Messori의 『예수에 대한 가설들Hyphth ses sur Jésus』44)이라는 책의 경이적인 성공을 떠올려 본다. 우리가 오랫동안 알고 인정하고 있었던 것 외에 아무 것도 말하지 않았던 이 책이 삼년 안에 40만부가 팔렸다…나는 이야기가 재난, 음모, 경찰과 관련된 것이면 좋겠다고 생각했다. 그렇지만 출판의 성공이 말해주는 중요한 것은, 바로 신앙적 확신이 없었던 사람이 "회심"했다는 이야기여야만 한다는 사실이다. 문장과 표현은 그 다음 문제다. 진리의 길과 아무런 상관없고, 그 길에 한 발자국도 더 나가지 않는 정말 영적 유행의 문제다. 그렇다면 우리는 우리 시대의 거대한 영적, 종교적 유행에 맞서 무엇을 해야 할 것인가?45)

---

44) 프랑스어판, Mame, 1979.
45) 종교적인 것의 부흥에 대해서 쉴리방(Sullivan)의 다음의 말을 참조하라. "우리는 절도 있게 스펙터클의 시대 안에 기쁘게 진입하면서, 다시 말해 근대 사회가 낳은 기능성의 유행 안으로 들어가면서 교회의 어떤 옛 힘을 되찾았다고 생각한다. 교회는 다시 이미지의 시장 속에 있다. 그것은 매체에서 수익거리가 된다. 교회의 지도자들이 얼마나 흥분하며 시대적 유행에 빠져 들어 갔는가! 사회학적, 다시 말해 양적 성공에서에 들떠 타락이 일어났는가…감정의 격동과 환호는 인간 본성의 일부라는 것은 사실이다. 그러나 인기 기독교 부흥사들은 그것을 너무 오랫동안 남용했고, 그들이 지켜줘야 할 사람들의 양심을 오히려 무디게 만들어 버리는 데 기여했다. 미디어 전문가들은 이 놀이에 기여했다, 이보다 더 자연스러운 것이 있겠는가? 그들은 존재하는 것을 거울처럼 반영하는 사람들이다! 기능의 문제를 생각해야 한다. 교회는 움직인다. 옳다, 우리의 탁월한 성취들은 현실적인 것의 모든 길 위에서 누비고 다니다…사건들은 거의 모든 세계를 위해서 행진한다…언론인들은 그들의 기능을 수행한다. 그러나 영적 삶의 "선생들"은 중심을 잃고 기적, 부활에 대해서 이야기한다. 얼마나 진지함이 결여되었는가…만일 그들이 '원하는 것과 믿는 것'에 매우 재능이 있고, 쉽게 환상을 품고, 서커스와 변화산상의 변화를 쉽게 혼동한다면, 왜 그들의 종교심을 의심할 능력은 없을까?" (Sullivan, L'Exode)

2장 · 엘륄의 자기비판

회의자, 엘륄이여! 어찌 기뻐하지 않는가? 여기에 바로 당신이 믿고 있는 하나의 진리가 있다. 당신은 힘을 다해 그 진리를 위해 싸웠었다. 이 진리는 갑자기 폭발적으로 분출해서 도를 넘어서고 있다. 그리고 그것은 주저하며 의심에 차 있는 수천의 사람들에 의해서 머지않아 받아들여 질 것이다. 사람들은 지금 이 진리에서 그들의 구원, 그들이 고대했던 해답을 보고 있다. 이것을 사회학적 운동이라고 규정할 수 있을까? 무엇보다 이것이 각자의 신앙의 문제가 된다면, 왜 아니겠는가? 왜냐하면 네가 잘 본 바대로, 이 모든 종교적 집단에서 깊은 개인적 뿌리들을 발견할 수 있기 때문이다. 또한 이 현상이 사회학적이라고 할 수 있는 이유는, 그들이 수적으로 많기 때문이다. 진리라는 것이 작은 소수의 학자들의 전유물일까? 예수가 비천한 자들, 어린 아이들, 지성이라고는 없는 사람들을 위한 것이고 학자들은 오히려 복음에서 제외된다고 선포했는데, 복음이 엘리트주의적이라고 말할 수 있을까? 너는 네가 설명했었던 목동의 이야기와 동방박사들의 이야기를 이해하지 못했느냐? 너는 불행했다. 네가 "대중"에게 복음이 낯설었을 때, 그리고 구원에 대해서 전혀 무관심했을 때, 그리고 보다시피 지금 큰 영적인 흐름이 일어나기 때문에 입맛이 까다로운 너는 그것이 좋은 것인지, 정당한 것인지 그리고 그 외의 모든 것을 살펴본다… 너 스스로 대중에게 다가가려고 애쓰지 않았느냐? 너는 진리를 추구하면서 건실한 공동체를 만들고자 노력하지 않았느냐? 너는 이 시도에 실패했다. 너는 정확하게 모든 면에서 실패했다. 그러나 지금 너는 널리 인정되고, 사람들의 귀를 사로잡고 진리라고 인정되는 이 소식을 보고 기뻐해야 하지 않느냐? 그리고 사회의 대중화에 대항해서 네가 꿈꾸었던 저항의 지반들을, 공동체들을 보아라. 이것들은 내일의 세계를 준비하기 위한 것이었고 견고하고 지속적인 공동체로 형성되어지기 위한 것이었다. 그렇다면 면 왜 너는 이러한 현상 앞에서 망설이며 비판을 하려 하느냐? 이 말을, 이 복음을 쥐고 있는 자가 누구이든 중요하지 않다. 이것은 더 이상 네가 아니고 네 친구가 아니다. 너는 경주의 바깥에 있다. 그러나 이것은 정상이 아니지 않은가? 네가 매우 자주 인용하는 이 말씀을 더 이상 이해하지 못하느냐? "바울은 심었고 아볼로는 물을 주었으되 오직 하나님은 자라나게 하셨나니."^{고전3:7} 중요한 것은 바울이나 아볼로가 아니다…그리고 그것을 너는 알고 있다. 본질적인 것, 그것은 전해진 메시지다. 그것이 받아졌다는 사실이다. 그리고 너의 두 가지 예를 다시 반복하면, 베르나르 앙리 레비가 말하는 것이 네가 보기에 잘못된 것이냐? 너는 물론 아니라는 것을 잘 알고 있다. 메소리^{Messori 46)}가 말한 것이 잘못이냐? 너는 네가 어떤 점에서 그에게 동의하는지 알고 있다. 그리고 그의 책의 어떤 내용이 너를 기쁘게 했는지를 알고 있다. 그렇다면 왜 다른 이들이 그것에 열광하는 것을 거부하는가? 그리고 만일 네가 결코 다가가지 못했던 파리 지성계의 한 복판에 베르나르 앙리 레비가 성경 구절을 관통시켰는데도, 이렇게 쓰라린 이유는 무엇일까? 왜 또다시 숫자를 가지고 경멸하는가? 너는 아마도 여러 종교적 운동들을 상호간에 촉발시키는 동기들을 무시하고 있다고, 그리고 그런 종교적 유행은 해롭다고 말할 것이다. 그리고 대중의 열광은 저질이라고 말할 것이다. 이 종교적인 것에 대한 새로운 길잡이를 진지하지 않다고 말할 것이다. 하지만 아마도, 아마

---

46) [역주] 비토리오 메소리(Vittorio Messori)(1941 –) 이탈리아의 언론인이자 저술가로 가장 널리 알려진 카톨릭 작가라고 여겨지고 있다. 영어로 번역된 대표작으로 『예수 가설들 *Jesus Hypotheses*』(1978), 『희망의 문턱을 넘어서*Crossing the Threshold of Hope, by His Holiness John Paul II (editor)*』(1994), 『하나님의 사역-현대 교회에서의 리더쉽과 비젼*Opus Dei: Leadership and Vision in Today's Church*』(1997) 등이 있다.

도 너 자신은 그 반대의 사실을 가르치지 않았느냐? 우선 너는 인간의 판단력을 뛰어넘는 세계가 있다는 것을 지속해서 상기시키지 않았느냐? 이 사람들의 믿음을 판단하는 너는 누구인가? 존재의 깊숙한 곳을 측량할 가슴과 지성을 가진 이 운동들의 진정성을 부정할 수 있는가? 그리고 너는 너 자신을 제일 먼저 판단하지 않았느냐? 내가 너의 믿음이 어떤지를 알아보고자 판단할 수 있는 너의 행위들은 어디에 있느냐? 나아가, 얼마나 여러 번 회심의 동기들을 측량할 필요가 없었다고 네게 가르쳤느냐? 이것은 우리에게 속한 것이 아니다. 그리고 이 사람들은 죽음을 두려워해서, 다른 이들은 집단적 흐름을 좇아서, 그리고 어떤 이는 큰 고통에 위로를 찾으려고, 자신에게 선을 베푼 이웃에 대한 단순한 감사의 표시로, 어디로 갈지 몰라서, 연약하고 방향을 잃어버렸다고 느끼기 때문에, 그리고 의지의 한 대상, 자신을 구조할 대상이 필요했기 때문에, 자신의 지성과 확실성을 아직 정립시키기 못했기 때문에, 또 어떤 사람은 기대하지 않았던 선행에 대한 기쁨과 감사, 신에 대한 감사 때문에 회심한다. 그러나 덧붙여 말하지만, 여러가지 동기가 있기 때문에 이 믿음의 전지성과 진실됨을 의심해야 하는가? 따라서 누가 동기가 없겠는가? 하나님은 하나님이시기 때문에 자기 자신을 망각하면서까지 순수한 마음으로 믿는 동기가 없는 사람이 어디에 있겠느냐? 너는 너무 자주 비밀스러운 길, 이것은 바로 하나님이 우리가 따르도록 인도한 길이라 말했다. 또 결국에 믿음의 압도적 승리만이 중요하다는 것과 이 믿음의 승리를 통해서 우리는 이 승리에 이르게 된 신비한 길을 이해하게 된다고 말했다. 그래서 믿음의 진지성을 보장할 동기들을 평가할 필요가 없다고 했다. 역시 오직 하나님만이 이것을 판단하신다. 그리고 어떻게 너는 그러한 두려움이 이 사람을 결정적인 선택 앞으로 데려가고자 하나님이 일으킨 것이 아니라고 생각하느냐? 완전히 순수한 믿음이란 존재하지 않는다는 것을 너는 잘 알고 있다.

엘륄, 너의 믿음도 마찬가지다. 왜냐하면 그것을 거룩하게 하는 것은 바로 하나님이기 때문이다. 너의 어떤 행위, 어떤 기도도 하나님에게는 합당하지 않다. 오직 그것을 합당하게 만드시는 분은 하나님이시며, 너의 말이 의미하는 것을 듣는 자가 바로 그이기 때문이다. 그것이 전부다. 그렇다면 왜 너의 밖에서 탄생한 종교적 운동에 왜 그렇게 반대하느냐? 다음과 같이 말하는 것이 무슨 소용이 있느냐? "하지만 내가 이것을 수백 번 이나 말했지 않느냐, 그러나 아무도 내 말을 듣지 않았다", "이 세대를 무엇으로 비유할꼬 비유컨대 아이들이 장터에 앉아 제 동무를 불러 가로되 우리가 너희를 향하여 피리를 불어도 너희가 춤추지 않고 우리가 애곡하여도 너희가 가슴을 치지 아니하였다 함과 같도다…."마11:17 보아라, 우리는 할 수 있었던 것을 했다. 그러나 그들이 춤을 추게 하거나 눈물을 흘리게 하거나 그들을 움직이게 하지 못했다. 그리고 지금 오신 분이 여기 있다. 사람의 아들. 그리고 아이들은 귀를 기울였다. 춤을 추고 눈물을 흘리기 시작했다…다른 이들은 만족하지 않는다. 솔직하게 말해 이것이 네가 원했던 바가 아니냐? 나는 많이 일했다. 그리고 그것은 어디에도 소용없었다. 그리고 보아라, 다른 이들은 왔고 내가 실패한 그곳에서 성공한다…너의 편에서 질투가 나지 않느냐? 하나님의 질투가 아닌 질투가, 결코 거룩하지 않은…그리고 너의 일이 헛된 일이었는지를 판단하실 분은 하나님이시다. 이것 역시 내가 얼마나 네게 알려주었느냐? 우리의 행위에서 벗어나자. 그것들은 우리에게 속하지 않는 것이다. 그것이 가능한 하나님께 맡기자…네가 가르쳤던 것을 스스로 실천해라.

또한, 엘륄, 지금 네가 이 책을 쓰는 것 자체가, 네가 비판하고 대항하는 바로 이 흐름 속에 편승하는 것이 아니냐? 다른 이들처럼 너도 똑같이 할 것이 아니냐? 더군다나 네가 그렇게도 강하게 논박하는 사회학적 운동에서 이득을 얻는 것이 아닌가! 만일 네가 모든 비난에서 자유롭다면, 이 전투는 이긴 전투이고 그래서 너는 거기에 가담할 필요가 없고, 그 안에 있는 것은 모두 거짓이라고, 그리고 종교적인 것은 심각한 오류라고, 그리고 이 상황 역시 너와는 아무런 상관이 없다고 평가하면서 슬쩍 빠져나갈 것이다. 너는 오늘날 사람들이 책 속의 영웅을 필요로 하고, 다른 사람의 신앙에서 대리적으로 만족을 얻는다고 말했다. 그러나 바로 엘륄, 너도 똑같은 일을 하고 있는 것은 아닐까? 그래서 잘못된 역할을 하고 있지는 않을까?

　차라리 진지한 문제로 돌아가 보자. 너는 우리 각자의 참된 욕구일지 모르는 것을 한낱 유행이라고 고발하였지 않느냐? 하지만 너는 이 세상의 불안에 대해 잘 알고 있다. 깨지기 쉬운 영광을 바라보고 찾는 것보다, 이 세상의 어떤 사람을 생각해 주고, 이 복잡한 유혹들의 실타래를 구체적으로 푸는 것을 도와주고, 아마도 헛된 종교심의 거미집에서 나오는 것을 도울 수는 없는가? 그가 어디로 가고, 무엇을 할 것인가? 참과 거짓을 칼같이 나누는 것보다 겸손한 말은 광기어린 시도에 신앙의 이름으로 우리가 말려드는 것을 막을 수 있다. 그리고 비판의 이름으로 우리는 바로 우리 각자인 이 사람을 절대적 절망의 한계, 다시 말해 죽음의 한계로 몰고 가는 것을 피할 수 있다. 왜냐하면 지식인들은 말로 요리를 할 수 있는 사람들이고 그 말에 영향을 크게 받지 않지만, 다른 이들, 말이 궁색한 사람들은 말을 있는 그대로 심각하게 고려했기 때문에, 아마도 내일 말 때문에 말을 말로써 심각하게 더욱 고려했던 사람 그 사람은 아마도 내일 말 때문에 무정한 나치 친위대원, 불타는 유대인, 자발적으로 자살 공격을 하는 군 오토바이 대원, 영혼을 잃어버린 마약 중독자, 그리고 아내도, 아이도, 친구도 아무도 그를 더 이상 듣지 않아 자신이 쌓은 담 속에 갇혀 있는 사람이 될 것이다. 따라서 여기서 나는 말들을 헤아려 보아야 한다.

제1부
모노스와 우나의 새로운 대화 [47]

---

[47][역주] 이 책을 잘 이해하도록 독자들은 부록으로 실린 엘륄이 모델로 삼고 있는 에드가 엘런 포우의 "모노스와 우나의 대화"를 사전에 읽기를 바란다.

1장 · 불안

우리 같이 한 번 살펴보자. 소책자들 속에서, 텔레비전 드라마 속에서, 넘쳐 나는 정보 속에서나 광고들 속에서, 가장 확연히 눈에 띄면서도 가장 감추어진 것이 무엇인지 한번 찾아보자…. 생 제르맹SaintGermain거리48)에서 모임 후에 또는 저녁에 선술집이나 일을 마치고 나오는 사람들의 얼굴에서, 흥분과 피곤함 뒤에 감추어져 있는 사람들의 눈빛을 보자. 공통점을 찾는 것은 그리 어렵지 않다. 그것은 젊은이들이나 노인들, 이주 노동자들이나 학생들, 술잔을 앞에 둔 파시스트들이나, 경찰의 추격을 받고 있는 좌파분자나 모두에게서 발견되는 두려움의 감정이다. 우리는 사방에서 일종의 뿌리 깊은 두려움과 마주친다. 구체적으로 이것은 이 세상의 불안, 이 세상을 사는 인간들의 불안, 이 시대에 대한 불안, 인간이 만들어 낸 집단들에 대한 불안이다. 불안은 한 시대와 모든 문명의 가장 큰 동력이다. 당신은 친히 다가갈 수도 있었던 젊은이들의 고뇌에 찬 호소를 잘 들었을 것이다. 당신도 알다시피 마약에 의존하는 것은 무엇이라고 규정하기조차 어렵고, 어디에서 비롯된 것인지도 알 수 없는 목을 조르는 고통에서 다만 몇 시간만이라도 벗어나려고 하는 몸부림에 불과하다. 인간이 원래부터 불안 속에 사는 존재인지는 모르겠다. 하지만 내가 아는 것은 불안이 오늘날 우리 서구 사회에서 문화의 모든 연안들을 점점 잠식해 가면서, 불안 할 이유가 전혀 없는 사람들을 압박한다는 사실이다. 게다가 행복이 증가하는 것처럼 보일수록, 인간은 의심을 품고 스스로 불행하다고 말한다. 또, 안정감이 높아질수록, 인간은 내일을 두려워하고, 하찮

---

48) [역주] 문학가, 철학가, 예술가들이 즐겨 찾았던 파리의 유명한 거리 이름.

은 폭력을 무서워하고 지속적인 불안정 속에서 허덕이고 있다. 그리고 인간은 소비가 늘어남에 따라서, 더욱 부족함에 허덕이고, 일이 더 쉬워질수록 죽도록 지겨움을 불평한다. 인간이 삶을 즐길만할 때가 되었는데도, 인간은 더욱 권태로워지고 말로 표현할 수 없는 어떤 새로운 것을 찾는다. 그리고 인간은 지식이 늘어 갈수록, 우주란 의심스럽고 알 수 없는 것이라는 것을 발견한다. 모든 것이 인간을 위협하고, 모든 것이 그를 짓누른다. 그는 유례없는 약한 존재가 된다. 이성도, 양심도 없다. 모든 사람이 불안을 가지고 살아가면서, 도대체 그것이 무엇인지 모른다는 것은 본질적인 역설이다. 이런 모순 속에서, 인간은 "나는 샘물 앞에서 목이 말라 죽겠다…"라고 말한다. 우리 각자는 현실의 모순을 느끼고 있다. "매우 환영을 받지만, 각자에게서 거절당한다."…나 자신을 피하고, 나 자신에게서 벗어나게 해 줄 머나먼 저편의 세계로 도망가야 한다. 인간에 대한 과학 분석의 심오함에도, 인간이 끊임없이 불행을 느끼고, 정확하게 규정되지도 않은 불안 속에서 살고 있다는 점을 제외하고는, 오늘날의 인간은 자기 자신에 대해 잘못된 진단을 내리고 있다. "당신은 그것이 무슨 말인지 잘 알고 있다. 다시 말해, 인간은 자신의 진보와 퇴보에 대해서 말할 때 매우 과장한다. 그리고 그것이 인간의 가벼운 머리로는 이러지도 저러지도 못하는 상황이라는 것을 알고 있다. 그러나 또한 당신은 인간이 과장하고 있지 않다는 것도 알고 있다. 그것은 그가 자신이 벌거벗었고 떨고 있다고 말할 때, 그리고 그가 불행과 모든 죽음과 짙은 안개 아래 있다는 것을 말할 때 나타난다." 우리의 세계를 휩쓰는 불안은 어디에서나 마찬가지다. 이는 무가치한 것에서부터 부스러지고 있고, 역사의 악마들에게 팔리고 있는 부유한 나라들이나, 원시시대의 악마들이 다시 출현하고 있는 빈곤에 허덕이는 제 3세계에서나 마찬가지이다. 거기에서는 조상 대대로 내려오는 사악한 힘들에 대한 두려움이 자신의 정체성 상실에 대한 불안과 현대적 불안이 맞물린 복합적인 불안을 형성한다. 그 불안은 기근과 더불어 원자력에 의한 죽음에서 오는 공포로 말미암은 불안이다. 그리고 또한 바다 자원의 소멸에 따른 불안인데, 생명을 보장해주어야 할 곳에서 미나마타병[49], 수은 중독 등, 인간의 사악한 정신만이 낳는 오염이 바로 그것이다. 우리도 역시 풀 줄 모르는 실타래 안에서 선과 악의 완전한 혼동 속에 있다. 또한 우리는 길을 잃어버린 곳에서 스스로 출구를 찾지 못한다는 분명한 사실을 알고 있다. 그것은 원자력에 대한 두려움이거나 숨겨진 위험에 대한 두려움이다. 그리고 그것은 결핍에 대한 두려움이고 통제할 수 없는 인간에 의해 일어난 것이기 때문에 더욱 보이지 않지만 분명히 존재하는 미지의 위협에 대한 두려움이다.

그리고 우리는 현명하게도 견습 마녀[50] 노릇을 했다고 되풀이해서 말하며, 머리를 떨군다. 그러나 만일 우리가 이처럼 알려진 전설에 빗댄다면, 이야기를 계속 이어가 보는 것이 좋을 것이다. 한 가지 알 수 있는 것은 우리가 이러한 무모한 모험에 이른 것이 처음이 아니라는 사실이다. 그것은 이미 역사 속에 존재했다. 견습 마녀에서 이미 이야기된 것이다. 우리는 물이나 빗자루를 멈출 문구를 잊어버린 나머지 정숙한 베일을 던져버린 것이나 다름없다. 우리가 이와 같이 말한다면, 그것은 우리의 전적인 무능력을 자인하는 꼴이 된다. 당신이 원할 때, 신앙 속으로 자신을 내던져야 한다. 왜냐하면 지식은 무능하기 때문이다. 무신론 과학자들은 여전히 승리의 유레카[51]를 외친다. 미래는 우리에게 속해 있다. 그러나 그

---

[49] [역주] 일본 미나마타시에서 발생한 수은 중독에 의한 병으로 미나마타만 연안의 어패류를 먹은 어민들에게서 발병하여 미나마타병으로 이름이 붙여졌다. 미나마타병은 수은 중독에 의한 공해병을 대표한다.
[50] [역주] 만화에서 흔히 등장하는 견습 마녀 이야기는 청소를 맡은 초보 마녀가 자신의 마법을 써서 빗자루를 움직이게 하려다가 스스로 통제할 수 없는 상황에 이르는 단순한 이야기다. 엘륄은 인간의 기술이 인간의 능력을 남용하여 통제할 수 없는 지경에 이르렀다는 것을 말하고자 이 예화를 언급하고 있다.
[51] [역주] '유레카'란 '알았다'라는 뜻의 그리스어로 왕이 아르키메데스에게 자신의 왕관이 순금인지 아닌지를 확인해 주라는 요청을 받고서 고민하던 중, 아버지와 목욕탕에 갔다가

들 역시 그들의 양심 깊은 곳에서는 과학이 문제제기의 대상이 된다는 것을 인정하고 있다. 심지어 수학자들도 마찬가지다. 그리고 우리는 아무 것도 제어하지 못한다는 것을 잘 알고 있다. 그리고 "지식을 더하는 자는 근심을 더하느니라"전1:18고 성경은 이야기한다. 그러나 그것을 어떻게 자인할 수 있는가? 이것은 그들이 내세우는 확고한 확신을 잃어버리게 할 것이다. 그리고 그들이 거부하는 이 신앙을 향해 자신을 내던질 것이 분명하다.

따라서 우리는 그럴 가능성이 없음에도 착각 속에서 과학이 모든 문제들을 해결할 것이라고 끊임없이 선포한다. 문제의 초점은 지식과 과학적 실험의 놀라운 성장을 부인하는데 있지 않다. 여기서 말하고자 하는 핵심은 과학이 발달하면 할수록 인간은 소우주나 대우주의 광대한 그림자 뒤로 물러나게 된다는 것이다. 또한 연달아서 알려지지 않은 차원이 늘어나게 되고, 결국은 알 수 없게 된다는 것이다. 세계, 즉 여러 규칙성에 따라 움직이는 세계는 점점 더 복잡한 것으로 드러날 것이고, 점점 더 파악하기 어려운 것으로 여겨질 것이다. 결국 그것을 구체적으로 표현하는 것은 불가능하게 된다. 우리는 19세기 과학이 기대했었던 실재의 한계에도, 지식의 한계에도 도달하지 못한 채 규칙과 사물의 미세한 부분만을 발견하게 될 게임을 시작한다. 이 게임에서는 모든 법칙이 우리의 발전과 더불어 끊임없이 변한다. 결국 우리는 사실상 우리가 도달하게 될 것이 가장 작은 실재인지 아닌지 더 이상 알 수 없다. 게다가 우리의 모든 지식이 단지 지성의 훈련을 위해서 우리에게 주어진 규칙의 산물인지 아닌지조차 알지 못한다.

아버지의 목욕탕의 물이 넘쳤지만 자신의 목욕탕에는 물이 넘치지 않는 것을 보고 문제 해결의 실마리를 얻고 '유레카'(알았다)하며 알몸으로 뛰쳐나갔다는 이야기에서 유래한다. 그는 왕에게 가서 같은 통에 물을 가득 채우고 한 쪽에는 왕관을 다른 쪽에는 같은 무게의 순금을 넣어 같은 양의 물이 흘러나오는 것으로 왕의 왕관이 순금임을 증명했다.

물론 대중은 가장 진보한 순간에서도 과학적인 것의 불확실성에 대해 별로 알지 못한다. 물론, 엄청난 규모의 논쟁들은 이미 우리의 능력을 넘어섰다. 우리는 그저 멀리서 울리는 메아리만 듣고 있을 따름이다. 그러나 대중이 보는 것은 분명 정치인들이 사건을 제압하지 못하는 것, 경제학자들이 위기를 해결하지 못하는 것, 그리고 기술자들이 가장 작은 기술적 사건에 답변하지 못한다는 것이다. 익스톡Ixtoc사社의 석유 누출을 10개월이나 지나서 막을 수 있었다. 유조선 타니오Tanio호를 인양하는데 실패했다. 그렇다면 이러한 재난 앞에서 인간은 무슨 생각을 할 것인가? 이는 누구나 다 아는 사실이다. 이 상황에서 우리는 종교심으로 달려간다. 하나님의 침묵은 우리에게는 심술궂고 미심쩍게 느껴진다. 이 상황에서 우리는 화해의 필요성을 느낀다. 만일 우리가 하나님의 분노와 복수심을 달래고자 어떤 희생제물을 원하지 않는다면, 우리에게는 선한 그리고 우리를 살려주시는 하나님을 필요로 한다. 우리의 불안은 도처에서 그리고 우리 자신에게서부터 먼저 찾아온다. 우리가 두려워하고, 제어할 수 없는 존재인 우리 자신의 깊은 곳, 즉 이 무의식에서 찾아온다. 우리의 불안은 그 자체를 인정하지 않으면서 우리를 죽음의 두려움에 떨게 한다. 그리고 바로 여기에 이 불안이 있다. 따라서 연극을 해야 하는가? 그리고 아무 것도 아닌 것처럼 연기를 해야 하는가? 이것은 마치 파리 사람들이 밤마다 이해할 수 없는 두려움에 떨면서도 두텁게 담을 높이 쌓지 않는 것과 같다. 또 사실 불안에 떨지만 기물들을 파손하는 공격적 행동으로 자신의 두려움을 감추는 젊은이들과 같다. 이런 행동은 그들 스스로도 이해할 수 없는 것이다. 어떤 것도 우리를 치료할 수가 없는 이 상황에서 어떻게 종교심이 주는 구조의 손길을 거절하겠는가? 상관관계는 매우 뚜렷하다, 우리는 매일 경험을 통해서 불안과 신앙의 부재 사이의 상관관계를 배운다. 우리 서구 사회는 각 성원들에게 전체적인 해석, 목적, 의미를 주는 것을 포기했다. 그래서 우리는 이 사실에서 서구의 정체성을 더 이상 알아보지 못한다. 분명 서구는 관용을 베푸는 사회다. 그러나 그 사회가 이제는 정체성을 잃은 채 더 이상 자기 자신을 알지 못한다. 사람들은 한 밤 중처럼 길을 잃었고 그들의 발걸음을 인도해줄 어떤 빛도 존재하지 않는다. 기준이 되는 체계가 없기 때문에 불안이 생겨난다. 한 집단이 그들의 정체성에 대해 주장하지 않을수록, 이들은 자신의 정체성을 상실하게 된다.이것은 역설이다! 그리고 두려움이 증가할수록 알지 못하는 위험이 확산된다. 우리 서구 사회에서의 불안은 정체성의 부재와 연결되어 있다.다시 말해서 종교심들의 그물망 부재가 원인이다! 젊은이들에게서 그리고 기성세대에서의 정체성의 퇴화가 바로 그것이다. 우리는 신앙을 찾는 세상 앞에 있다. 그리고 이것은 신경증의 증상이거나 진리의 반영이다. 그리고 인간의 약함을 표현하거나 인간의 다채로운 빛의 표현이다. 의지의 대상이 된다면 무엇이나 상관없다. 당신이 지금 물에 빠진 사람 앞에 서 있다고 생각해보자. 당신은 그를 구조할 수단이 남은 마지막 모델이라는 핑계로 구명 튜브를 던지지 않을 것인가? 또는 그것이 자본주의 산업의 산물 즉, 프롤레타리아의 착취의 결과라는 핑계로 당신은 구명 튜브를 던지는 것을 거부할 것인가? 그리고 또 다른 많은 핑계들도 가능하다. 우리 세계는 신앙을 찾고 있다. 이것은 자신의 약함과, 자신의 불안을 극복하게 해줄 것이다. 아마도 이 문제에 대해 쏟아 진, 셀 수 없이 많은 책들은 이런 상황에 대한 단순한 반영에 불과할지 모른다. 우리는 만족스러운 종교심을 갖고 있지 않다. 우리는 결정적 확신을 갖고 있지 않다. 그리고 이 모든 것은 유행의 문제라고 하기에는 너무 진지하다. 그리고 우리는 반대로 모든 이, 그리고 각자가 문제의 핵심에 있다. 우리는 우리에게 일어난 일을 이해하고, 동시에 새로운 지성과 인간이 승리자가 될 전투에 가담하도록 용기를 이끌어낼 중심에 있다. 용기가 필요하다. 불안을 떨쳐버려야 한다. 적어도 이 불안을 떨쳐내도록 우리를 도울 수 있는 것은 정신분석이 아니다. 두려움을 극복해야만 한다. 그것은 매우 일반적이면서도 사실에 근거하고 있기 때문에, 영적인 조수의 한 물결만으로도 우리에게 승리를 줄 수 있다.

2장 · 포이어바흐, 당신이 옳았었다.

그렇다면 포이어바흐Feuerbach 52)가 옳은 생각을 했었다. 네가 내게 방금 말한 모든 것 그리고 그의 심도 있는 종교에 대한 분석 말이다. 그것에 대해 나도 확실히 부인하지 않았다. 생각해 보아라, 생각해 보아라.…만일 인간이 신을 창조했다면, 그것은 무엇보다도 그들의 원초적 두려움에 대한 응답이었을 것이다. 또한 알려지지 않은 어떤 존재에 자신을 맡겨 스스로 위안을 삼으려 했던 시도였다. 인간은 스스로 폭풍을 향해서 직접적으로 행동할 수 없었다. 그러나 만일 이것이 신이 일으킨 것이라면! 오, 얼마나 인간을 닮았는가? 그것이 신의 분노의 표현일 때, 인간은 그 노여움을 잠재울 방법을 알고 있다. 나는 나의 유력한 적 앞에서 무릎을 꿇을 수 있었고, 나의 약함을 드러낼 수 있었다. 마치 강아지가 두려운 수컷 앞에서 몸을 추스르는 것과 비유해 볼 수 있다. 나는 나의 과오를 인정하고 벌을 받지 않을 수 있다. 아니면 적어도 나의 죄책을 인정하면서 그것을 경감할 수 있다. 한편 공인된 심판자인 적은 나에게 복수하고픈 생각을 누르고 관용을 보일 수 있다. 나는 마지막 수단으로 희생물을 바칠 수 있다. 나의 제물과 그리고 다시는 같은 잘못을 저지르지 않겠다는 맹세로 신의 분노를 잠재울 수 있다. 적어도 나에게 닥칠 진노를 경감시킬 수 있을 것이다. 나에 대한 신의 분노는 희생된 제물에게 전가된다. 그리고 나는 안심할 수 있다. 왜냐하면 이 폭풍은 신의 진노가 분출됨과 함께 누그러뜨려질 것이기 때문이다. 만일 그것이 소용없다면 이것은 내가 신을 달래는 올바른 방법을

---

52) [역주] 루트비히 안드레아스 폰 포이어바흐(Ludwig Andreas von Feuerbach, 1804 – 1872), 독일의 철학자, 인류학자, 대표작으로 『기독교의 본질*Das Wesen des Christentums*』(1841) 이 있다. 이 책에서 그는 신학은 곧 인간학이라는 주제를 전개해 큰 영향을 준다.

사용하지 않았다는 뜻이다. 이 경우 알지 못하는 이 신을 진정시키려면 종교적 발명에 더더욱 힘써야 한다.

어떤 식으로든, 나는 내 문제를 해결할 수단을 확보했다. 이 수단이 잘못 되었다고? 과학이 우리에게 그것을 확증한다고? 그러나 처음에는 즉, 과학 이전에 이 수단은 확실히 유용했었다. 그것은 인간이 지닌 조건의 약점을 극복하고자 인간이 사용할 수 있는 유일한 수단이었다. 그것은 그에게 존재할 용기를 주었다. 나는 그것을 인정한다. 그러나 오늘날 우리가 어떻게 다시 이 조잡한 표상表象들에 만족할 수 있을까? 더욱이 포이어바흐가 인간이 발명해낸 신들은 미지의 것과 이해할 수 없는 것에 대해 손쉽게 설명하기 위한 것이라고 그렇게 쉬운 것은 아니지만 반복해서 말한 것은 올바른 지적이었다. 인간, 이 움직이는 기생충, 이 견딜 수 없는 약탈자는 그가 이해할 수 없었던 것을 찾으려고 애썼다. 그때, 감각, 반사적 행동, 충동, 직관, 자기 방어를 위한 의태擬態를 수단으로 아직 용암처럼 형체가 없는 혼란스런 세상에 머물기보다 그는 위계, 대응, 의미, 한계, 힘의 체계, 금지, 명령으로 이루어진 설명 가능한 세상을 조직했다. 이것은 모두 거짓되지만 생존을 위해서는 유용했다. 실질적으로 놀라운 것은 그럼에도 불구하고, 이 모든 것이 거짓, 신화, 최면, 상상 다시 말해서 기만에 불과하지만 허용되었을 뿐 아니라 효과적이고 알맞는 행동으로 이어졌다는 것이다. 더 나아가, 이것은 거짓으로 표상되고 해석된 실제와 정확하게 맞아떨어져 적절한 행동과 조직에 이르게 했다는 것이다.

포이어바흐와 그의 후예들을 계속 따라가 보자. 결국 우리가 이해할 수 없었던 것을 모두 신에게 돌렸다는 사실은 매우 분명하다. 그리고 네가 방금 말했던 것처럼, 오늘날 우리는 똑같은 일을 하려고 하고 있다. 그러나 우리는 이러한 기교의 한계를 잘 알고 있다. 참된 설명, 다시 말해서 과학적인 설명이 등장할 때, 그때까지 세계를 설명해 주었던 신의 위엄 있는 모습은 안개 속에 사그라진다. 의학의 발달은 주술과 영혼 그리고 마귀들과 의학의 신을 쫓아냈다. 종교의 시대가 지나 과학의 시대가 도래 한 것이다. 포이어바흐 이후에 꽁뜨Comte 53)가 옳은 생각을 했다.

— 하지만 모노스, 꽁뜨 자신도 가장 큰 종교적 광기 속에서 생을 마감했음을 잊지 말아라.

— 말을 막지 말아라 우나, 너는 곧 대답하게 될 것이다. 신의 죽음의 날들을 선포하는 불경한 표현에 따르면, 하나님에 대한 우리의 지식은 그저 임시변통적인 것일 뿐이다. 지식이 증가하면서 우리들이 모르는 세계가 줄어들 것이다그것에 대해서 확신하느냐 모노스? 우리는 지식의 모든 영역에서 대부분 우리의 욕구를 충족시켰다. 이제 임시변통적인 하나님은 그 효용성과 중요성을 상실했다. 우리는 현대인이 했던 행동에서 보는 것처럼 하나님에게 등을 돌렸다. 과학의 기적들에 대해 사람들이 하는 말을 살펴보는 것은 의미 있는 일이다. 이것은 단지 인간이 이해할 수 없었던 세계에 과학을 통해서 접근할 수 있게 되었다고 말하기 위함이 아니다. 그 이상의 문제다. 우리는 과학에 예전부터 하나님의 질서에 속했던 것을 부여한다. 다시 말해서, 우리가 하나님을 필요로 했었던 영역이 계속해서 줄어들고 있다.

원인과 결과의 체계 속에서 과학적으로 완전히 설명된 사건 속에 하나님을 개입시키는 것이 무슨 소용이 있겠는가? 오늘날 하나님의 개입에 대해 되풀이해서 말하는 것은 무용한 일이다. 다만 다소 위선적인 겸양의 표현으로 "내가 그것에 붕대를 감았고, 하나님이 그것을 치료하신다." 암브로와즈 빠레Ambroise Paré 54)처럼 말할 수 있을 것이다. 하나님은 이 역

---

53) [역주] 오귀스트 꽁뜨 (Isidore Marie Auguste François Xavier Comte, 1798−1857), 프랑스의 사회학의 창시자. 사회 현상을 과학적, 실증적 방법에 의해 연구하고자 하였다. 그의 『실증철학 강의』에서 인류의 발전 단계를 신학적 단계, 형이상학적 단계, 실증적 단계로 규정하고 인간을 종교나, 철학이 아니라 실증적 원리를 통해서 이해하려고 했다.
54) [역주] 1510년경에 태어난 프랑스의 의사로 현대 외과의학의 아버지다.

사 안에서 할 일이 더 이상 없다. 치료와 수술은 정확하게 우리가 기대했던 결과를 얻었다. 이런 현실에 부응해서 우리는 차라리 진창 속에 빠진 라 퐁덴La Fondaine의 아이러니한 우화를 채택할 것이다. 기도로 불러온 쥬피터는 마차꾼에게 그가 필요한 기술적인 충고만을 해준다. 그리고 작은 채찍질 한 번으로 마차는 다시 출발한다. 회의주의는 "하늘은 스스로 돕는 자를 돕는다"는 상황 속에서 생겨난다. 왜냐하면 엄격히 말해 우화 속의 하늘은 아무 것도 하지 않기 때문이다. 마차꾼은 스스로 감탄하면서 순전히 자기 자신의 노력을 쥬피터에 비유한다. 라 퐁덴의 우화가 진정 말하려고 했던 것은 바로, '기술적으로 필요한 것을 해라, 그러면 그것은 성공할 것이다'이다. 쥬피터에게 비는 것은 소용없는 짓이다. 우리는 예수에게 떡 두 개와 물고기 다섯 마리를 인간이 할 수 있는 최소한의 것이다 가져다 준 복음서의 이야기와 매우 동떨어진 상황 가운데 있다. 그리고 예수는 부족함 없이 오천 명을 먹이셨다. 인간이 할 수 있는 최소한의 것은 하나님의 큰 기적을 위해 반드시 필요한 것이다. 그러나 이것은 하나의 큰 기적으로 남아 있다. 그리고 인간은 최소한의 것을 한다. 그리고 이것이 바로 암브로와즈 빠레Ambroise Paré가 말한 바이다. 우리는 이 모든 것을 바꾸어 버렸다. 현대적인 사람은 바로 라 퐁덴이다. 그리고 참된 기적은 어떤 개입 없이도, 하나님의 도움이 없는 상태에서 일어나는 것이 아니다. 개봉 심장 수술은 하나의 기적이다. 달 위를 걷는 것도 하나의 기적이다. 그러나 하나님이 거기에 나타나실 필요는 없다. 그에게 남아 있는 유일한 영역은 돌발적인 일, 예기치 못한 사건들이다. 수술이 실패하면, "예상 할 수 없는 변수들이 존재한다."라고 말한다. 달리 말해서, 이 하나님은 불필요한 것, 실패, 부정적인 우연에 불과한 것이다. 올바른 표현은 "내가 그것에 붕대를 감으면, 하나님은 그것이 치료되는 것을 방해했다."이다. 그렇다면 하나님은 악한 존재인가? 질투로 가득 차 인간의 힘이 결국 실패하도록 하는 존재인가? 실패와 재난을 가져다주는 하나님인가? 지금은 이 정도에서 그치자. 그러나 너는 결국 이것이 바로 인간이 돌아가야 할 자리라는 것을 알고 있다. 이 사실을 통해 너는 포이어바흐가 예감했던 것의 연장선에서 우리가 집단적으로 종교적인 것에서 벗어났다는 것을 이해하게 된다.

또한 포이어바흐는 인간이 선이라고 간주하는 것을 절대자에게 투사(投射)한다고 설명하면서, 우리가 이 거짓된 하나님의 발자취를 따라가게 해준다. 인간은 정의, 선, 순결, 연대, 그리고 자유를 원한다. 인간은 이 모든 것, 즉 모든 가치들을 가지고 있지 않고, 기껏 조금 가지고 있다 해도 그것들을 집단적으로 실현하지 않는다. 실현할 수 없기 때문에 절망해야 하는가? 인간이 이러한 가치들을 결코 갖지 못할 것이고, 이 가치들은 결코 실현할 수 없는 것일까? 이때 인간은 종교를 발명해 낸다. 공간적, 시간적 유한성을 피해갈 수 있는 절대적 정의, 절대적 선을 가진 절대적 존재에게 그 속성을 부여하면 간편하지 않겠는가? 우리는 변하지 않고, 전체를 아우르는 존재를 손쉽게 상상해 낸다. 그러나 이는 위험을 동반하고 있다. 왜냐하면 우리가 말한 대로 이것은 두 가지 결과를 초래하기 때문이다. 먼저, 절대자를 얻는 대신 우리가 보는 것들이 어떤 유익도 어떤 가치도 없으며 심지어 경멸할만하다는 생각을 하는 것이다. 우리가 멀리서 절대적인 정의를 보고 있는데, 왜 가까운 곳에서 보잘 것 없는 정의를 실천해야 할 이유가 있을까? 우리가 가진 정의라는 것은 보잘 것 없기 때문에 스스로 정의로워야 할 의무는 없다. 그리고 다음으로, 우리가 그저 편히 앉아 예배에 참석하기만 하면 된다는 식의 태도를 볼 수 있다. 모든 정의가 하나님 안에 있기 때문에, 그리고 그가 하나님이시기 때문에 그것을 우리에게 주시지 않겠는가? 그것을 기도하는 것으로 충분하다. 그의 선의를 기대하는 것으로 충분하다. 기다리면서 우리는 아무 것도 하지 않는다. 그리고 인간은 자기 자신 안에 있는 더 좋은 것, 즉 그의 인생의 가장 중요한 사명을 벗어버림과 동시에 그것을 실현해야하는 의무도 벗어버릴 수 있다. 인간은 다만 하나님이 그 일을 실행하시기를 기다리면 된다. 이렇게 모든 선을 하나님에게 투사하는 것은 하나님을 일종의 인류의 흡혈귀로 삼는 것이다.이 낭만주의기에 흡혈귀가 크게 유행했었다는 것을 잊지 말라! 그리고 마르크스는 이 비유를 자유 사용했다! 포이어바흐가 증명한 종교적 과정은 근본적으로 마르크스의 이론과 근본적으로 동일하다.

　오늘날의 상황은 변했다. 아마 심리학이 종교적 수단을 대신하고 있는 것 같다. 그러나 인간이 신이 되고 그것들을 숭배하고, 그것들을 섬기는 과정은 늘 포이어바흐의 발견에 빚지고 있다. 포이어바흐의 발견은 정말 대단한 것이었고 종교심을 해체한 것이었다. 그러나 포이어바흐의 문제의식은 과학의 도래와 함께 시작한 기독교의 와해에서 기독교를 구해내는데 있었다는 것을 잊지 말자. 그러나 기독교에서는 경향, 구조는 존재하지 않는다. 오직 믿음과 사랑만 있다. 바로 하나님에 대한 믿음과 인간에 대한 사랑이다. 우리는 종교심의 영역에 속한 것은 혼자서 지탱될 수 없고, 설명이 필요하다는 것을 알고 있다. 그리고 이것은 인간이 믿어야 하는 거짓된 이유들을 설명했을 때, 아무 것도 남지 않을 뿐만 아니라, 결국 종교심은 파괴된다는 것을 보여준다. 그러나 사랑은 어떤가? 사랑에 대한 기독교의 가르침은 과학적인 시각에서 공격할 수 없다. 그렇다면 우리는 몇 배나 견고한 땅에 있는 것이다! 그것은 인간관계의 열쇠, 사회 안에서 삶의 가능성또한 거기에 과학의 발전이 의존하고 있다!이다.

　여기서 기독교는 인간에게 있어 진정한 길이 무엇인지를 보여준다. 하지만 이웃을 사랑하려고 하나님을 믿는 것은 완전히 쓸모없는 짓이다. 우리는 인류의 깊숙한 역사까지 거슬러 올라가는 기독교에서 다음의 것들을 분리해 내야 한다. 그것은 두려움에서 오는 종교심, 가치의 절대화, 하나님의 유익을 위해서 인간을 박탈하는 것으로, 이것은 인간적 시간 안에 있는 무익한 잔존물일 뿐이다. 그렇게 할 때, 영원한 진리로 남아 있는 것은 바로 인간이 더욱 인간이 된다는 사실과 인류에 대한 사랑이다. 또한 이것은 인간을 신격화하는 수직적인 신학에 대립하는 수평적인 신학과 그리고 성년이 된 기독교55)의 실천을 위해 성경의 하나님이 얼마나 무용한가를 드러내는 신의 죽음의 신학에서 우리가 목격하는 것이 아닌가? 지금 우리는 예수가 작고, 가난하고, 비천한 사람들 각자에게, 즉 우리의 형제들에게 있다는 것을 잘 알고 있다. 부자들, 권력가들, 지체 높은 사람들만이 우리의 형제가 아니다 그리스도가 저 높은 곳에 또는 하나님 오른 편에 앉아계신 것이 어디에서든 무슨 소용이 있는가? "하나님"에 대해서 이야기 하면서 "높은 곳에" "우편에" 계시다는 것이 무엇을 의미하는가? 오늘날 기독교인들이 "주님"이라는 단어를 사용하는 것을 들을 때, 이러한 표상들은 사람들이 가지는 생각과 같이 지극히 문자적으로 이해된다. 이것은 중세적 종교심을 잘 반영하고 있다. 다시 말해, 반계몽적이지 않으냐? 오 모노스, 너에게도?

한동안 우리는 기독교란 서로가 서로 사이에서, 이웃과 이웃 사이에서 존재하는 것이고, 사랑이라는 것은 이웃을 통해서만 가능하다는 것을 증명하려고 애썼다. 우리는 이 환상을 좇았다. 우리는 노동자 신부 운동, 미

---

55) [역주] '성년이 된 기독교'는 본 훼퍼의 신학에서 등장한다. 이 표현의 그의 유명한 '종교 없는 기독교'와 같다고 할 수 있다. 바르트를 따라서 본 훼퍼도 종교를 인간의 주관성의 산물이라고 본다. 따라서 그에게 종교라는 것은 참된 기독교 신앙의 걸림돌인 것이다. 본 훼퍼에 따르면 현대 기독교의 문제는 종교와 그리스도의 메시지를 구별하지 못한 것에 있다. 그가 진단한 현대 세계는 그가 1944년 4월에 그의 절친한 친구 에버하르트 베트게에게 보낸 편지에 잘 나타나 있다. "점점 나를 괴롭혀온 문제는 오늘날 진정 기독교가 무엇인가 하는 것이네. 신학적이거나 경건한 말들을 수단으로 하는 모든 것을 끝이 났고, 내면성과 양심의 시대가 왔네. 그리고 그것은 일반적인 종교의 시대를 의미하지. 우리는 완전히 종교 없는 시대로 접어들고 있어. 사람들은 지금 더 이상 종교적일 수 없어. 자신을 정직하게 "종교적"이라고 소개하는 사람들조차도 종교적 행동에는 별로 관심이 없어, 그들은 아마도 "종교적"이라는 것에 다른 의미를 부여하고 있는 것 같아." 엘륄은 본 훼퍼를 '성년이 된 기독교'를 기독교를 세상 정신에 동화시키는 것으로 이해하고 있는 것 같다. 이것은 엘륄의 본 훼퍼 신학에 대한 이해 부족이라고 할 수 있다.

시옹 뽀퓰레르Mission populaire, 카톨릭 노동자 운동ACO 56)을 시도했다. 타인을 사랑하려면 그 사람의 조건 안으로 들어가는 것만이 유용하다는 것을 실험하려했고, 신앙의 안개는 형제애가 빛을 발하여 정의를 추구하고 승리하려 할 때 사라진다는 것을 실험했다. 만일 그것을 하나님이 원하신다면, 하나님은 다른 곳이 아닌 예수의 인간성 속에, 그리고 사랑의 모델인 그리스도에게 있다. 왜냐하면 그리스도는 거기 계시면서 사랑을 실천하고 가장 작은 자들과 함께 하시기 때문이다. 이처럼 신의 죽음의 신학과, 수평적인 신학은 오늘날 기독교의 궁극적인 진리를 표현한다. 종교심에 관해서 말하자면, 그것은 허약한 정신에게나 어울리는 것이다. 들어 보아라! 우나, 몽떼뉴가 올바로 보았듯이 "믿는다는 것과 설복된다는 것이 소박함과 무지의 탓이라고 해도, 이 믿음과 설복됨이 근거 없는 모험 속으로 들어가는 것이라는 뜻은 아니다. 왜냐하면 예전에 형성된 신앙이라는 것은 우리의 영혼에 각인된 인상과 같은 것이기 때문이다. 또한 그것이 더욱 유연해지고 저항을 덜 받을수록, 영혼에 어떤 인상을 더 쉽게 남긴다는 것을 배웠던 기억이 있기 때문이다."*Essai*, I, XXVII 이것은 결코 명백한 것이 아니라고? 거기에 너는 어떻게 대답할 수 있을까?

---

56) [역주] Action Catholique Ouvriére.

3장 · 어디서나, 종교심이

오늘날이라고? 모노스! 넌 정말 그렇게 생각하니? 나는 오히려 어제에 더 귀를 기울일 것이다. 왜냐하면 이러한 신학이 성공적으로 타오르기는 커녕 오히려 쉽게 사라지는 것을 보기 때문이다. 이것은 마치 진액이 묻은 한 줌의 톱밥이 잘 소제된 모래 위에 모아져 검은 연기와 함께 아무 것도 남기지 않고 순식간에 사라지는 것과 같다. 나는 단지 다소 한물 간 이 진리를 주장하는 뒤떨어진 사람들을 볼 따름이다. 네가 그것의 원인에 대해서 우리에게 상기시켜 주었다. 이러한 상황은 그래이Gray가 그의 불멸의 시 튜울립에서 말했던 "또 실패한 초계함 한 대"로 표현할 수 있다. 기독교의 새로운 표현을 사로잡고자 떠났지만 결국 기운이 빠져 길을 잃은 초계함과 같은 것이다. 예언자들은 다소 너무 빨리 말했다. 다시 떠올려 보아라. 포이어바흐에 이어서 오귀스뜨 꽁뜨, 그리고 이어 마르크스는 기독교가 겨우 한 세대만 지나면 사라질 것이라고 생각했다. 마르크스는 19세기 말을 기독교 해체의 마지막 날로 공포했었다. 그 반대로 생각하는 사람들도 많았지만, 실제로 19세기 말과 20세기 전반기는 모든 종교적 신념들이 파괴되는 시기인 것 같았다. 그러나 우리는 노동자 세계에 파고들어가려고, 혹은 제도를 견고히 하려고, 또는 신학을 재정립하려고 필사적으로 노력하는 데 일조했다. 그렇지만 흐름은 역전되었다. 1960년 이후에 신자들과 그에 이어 신부들의 대량 유출은 교회 안에 남아 있었던 사람들에게 세계 종말의 이미지를 심어 주었다. 이런 현상이 오래 갈 것인가? 나는 그것에 대해서는 잘 모른다. 사실 나는 이것이 일시적인 현상이라고 굳게 믿고 있기에 비교적 이런 현상에 무관심하다. 그러나 정황은 있는 그대로이고, 그렇기 때문에 나는 "내가 늘 그것을 말해왔다!"라고 말하면서 자조 섞인 웃음을 짓지 않을 것이다. 왜냐하면 나는 네가 전혀 다른 측면을 생각해보기를 더 바라기 때문이다. 이를테면, 혹시 신앙이 도처에 존재한다고 생각해 보았느냐? 특정한 하나님에 의해서 특성화된 신앙을 말하지 말자. 단지 단순한 신앙을 전제로 하는 모든 관계를 상상해 보아라. 그리고 밑바탕에 신앙이 없는 과학을 생각하도록 애써 보아라.

괴델Götel 57)이 우리가 알고 있는 문제들에 대한 수학적 증명의 타당성에 대해서 이의를 제기했을 때, 그는 우리가 확실하게 과학적이라고 생각했던 모든 영역을 뒤흔들어 놓았다. 토마스 쿤Thomas Kuhn 58)이 과학의 진보에 대한 연구에서 패러다임이론을 내놓았을 때, 그는 안정되게 자리 잡은 확실성을 뒤집었다. 그것에 따르면 지식은, 확실하고 증명된 지식에 덧붙여지는 것이었다. 과학이라는 것은 우리가 정확하다고 간주하는 여러 전제들에 기초하고 있다. 우리는 단지 그렇다고 간주할 따름이다…다시 말해서 우리가 그것을 믿고 있는 것이다. 그러나 개개 과학자의 연구는 부득이하게 자신의 전문분야에 제한되기 때문에, 다른 전문가들이 그들에게 말하는 것을 믿을 수밖에 없다. 그리고 심지어 자신의 전문 분야에서조차도, 모든 실험과 증명을 재미삼아 반복하지는 않을 것이다. 나는 그

---

57) [역주] 오스트리아의 수학자이며 논리학자로, 괴델의 정리로 유명하다. 이에 따르면 어떤 공리체계 안에서 어떤 방법으로든 증명해 낼 수 없는 명제가 있다는 것으로 엘륄은 여기서 수학조차도 절대적 확실성을 보장할 수 없다며 자신의 주장을 이 수학자에 의지해 펼치고 있다.

58) [역주] 토마스 쿤(Thomas Kuhn, 1922-1996)은 과학사가, 과학철학자로 1962년 『과학혁명의 구조The Structure of Scientific Revolution』에서 패러다임 이론을 제시해 여러 분야에 파급시켰다. 그의 패러다임 이론이란 과학의 발전 과정을 이해하기 위한 핵심 개념으로써, 과학이 지식의 축적에 의해서 점진적으로 발전한다는 상식을 뒤집고 과학의 발전 과정을 패러다임의 혁명적 교체로 설명한다. 가령, 지동설에서 천동설로의 전환은 패러다임의 전환으로 볼 수 있다. 패러다임이란 한 과학자 공동체 내에서의 공유되는 신념 체계를 말하는 것이다. 그러므로 우리는 절대적 진리를 주장하는 과학 이론이 사실은 상대적이고 특정 공동체 내에서만 가능하다는 것을 배울 수 있다. 엘륄은 바로 이러한 사상을 그리스도 계시의 절대성과 인간 지식의 상대성이라는 자신의 주장을 뒷받침하고자 사용하는 것이다.

것을 기정사실로 간주한다. 다시 말해서 그것을 믿는다. 이것은 간혹 놀라운 지적 사기가 되기도 한다. 세계적으로 알려진 슈베르트Schubert와 덴Den의 매우 흥미진진한 일화를 상기하도록 하자.59) 그들은 1978년, 수년간의 연구와 실험을 토대로 독성 금속, 또는 플루토늄이나 카드뮴을 흡수해 중독 된 노동자들을 치료할 효과적인 치료법을 발견했다고 공포했다. 연구의 중요성 때문에 세계적으로 일곱 개 팀이 구성되었고, 그 팀들은 연구 결과를 가능한 빠른 시일 내에 도출하기 위해 그들의 연구를 지속하였다. 그리고 일 년이 지난 후, 동경 학회에서 이 연구자들의 모든 연구가 근거가 없는 것이고, 그들이 이전에 제시했던 연구결과는 아무 의미가 없다고 발표했다. 왜냐하면 그것들은 파편적인 사실에서 만들어 낸 것이었고, 학회는 그들이 발표했던 것 속에서 어떤 것도 얻어내지 못했기 때문이다. 우리는 단순히 그것을 믿었을 따름이다. 그러나 거기까지 가지 않고서라도, 모든 과학의 영역에서 신앙이 차지하는 부분은 막대하지 않는가? 우리가 물리학과 생물학 그리고 천문학에서 관찰하는 방법을 배워야 했던, 단순한 사실을 생각해 보자. 다시 말해서 우리는 이미 관찰하도록 **정해진** 것을 보는 방법을 배워야만 한다. 왜냐하면 사실상 우리는 우리가 신뢰하는 선생님들로부터 이미 전문가들 사이에서 합의된 사실을 바탕으로 어떤 모호하고 불확정한 형태나 어렴풋한 형체, 또는 밀도의 변화가 의미하는 바를 미리 배우고, 현미경이나 천문 망원경으로 물체를 '보게 되기' 때문이다. 이것은 임의적이지 않는가? 나는 그렇게 믿고 싶다. 하지만 이것은 적어도 그것이 정확하지 않다는 것이 증명될 때까지는 '유효하다'!

이런 사실은 실험 방법이 엄격하다고 믿을 때도 동일하다. 그것은 절대적인 실재들을 보여주지 않는다. 진정한 의미에서 모든 것의 열쇠가 되는

---

59) *Nature*, n° 281, 281, 1979, *New Scientist*, n° 84, 1979. *La Recherche*, n° 106. 오랫동안 진실로 인정되온 "과학적 사기들"에 대한 전반적 사항에 대해서는 BLANC, CHAPONTHIER, DANCHIN: "Les fraudes scientifique" in *La Recherche*, n° 113, 1980.

단순한 탐지의 문제를 생각해 보아라. 그러나 이 '탐지'에서는, 상당 부분 임의적인 선택이 숨어 있다. 다시 말해서, 우리가 선택한 것을 "진정 의미 있는" 것으로 믿는다. 즉, 도박이 있는 것이다! '선택은 근거가 없는 것이 아닌가?'라는 생각에 나는 동의한다. 그러나 신앙이 단순히 근거 없고 부조리한 것이라고 생각하는가? 우리는 앞에서 그것이 합리적인 태도와 전적으로 일치한다는 것을 보여주었다. 삐에르 부르디외P. Boudieu 60)는 전적으로 옳다. 그는 "신앙"에 움직이는 "체계"가 있다는 것을 보여주었다. 또한 그는 모든 체계심지어 경제도는 그 체계를 움직이는 밑바탕에는 신앙이 있다는 것을 보여 주었다. 다른 이들이 이것을 그 이전에 말했었다! Interview, La Recherche, n° 112-1980

    신앙과 과학은 서로 배타적인 두 영역이 아니다. 과학 안에는 이미 깊숙히 신앙이 개입되어 있다. 결정적인 부분에서 과학은 일반적으로 승인된 믿음의 체계에 의존하고 있다. 이를테면, 과학은 이성을 믿는 것에서부터 시작한다. 그렇기 때문에 우리는 순수한 의미에서 어떤 합리주의도 존재하지 않는다는 것을 알 수 있다. 우리는 신앙의 세계가 인위적으로 만들어 낸 근거 없는 생각들에 의존해 있다는 사실을 알게 되었다. 결국 오늘날 소위 객관성을 주장하는 과학의 세계라는 것도 바로 그러한 인위적 개념들에 의존되어 있다는 결론에 이르게 되었다. 이 사실은 물질의 세계라는 것은 우리가 가진 관념과는 정확하게 일치하지 않는다는 말이 아닌가? 모노스, 때때로 아름다운 과학적 그림들과 원자와 핵 그리고 전자, 중성자 그리고 양자를 우리에게 보여주는 모델들을 떠올려 보아라. 그리고 기억해라. 보통의 지성으로 "이것이 사실이야."라고 생각할 수 있지만, 우리는 쉽게 이것이 단순한 과장임을 알 수 있다. 정확하게 빗대자면, 이것은 평범한 사람이 로마의 판테온 앞에 위엄 있는 아데나 여신상을 상징이 아

---

60)[역주] 프랑스의 세계적 사회학자, 철학자, 문화비평가로 2002년 사망했다.

닌 하늘에 있는 실재 아데나를 구현하고 있는 것이라고 생각하는 것과 마찬가지이다! 과학적 재현은 순전히 상징적이다. 그리고 우리는 표현할 수 없는 실재에 대한 관념을 갖도록 도울 것 같은 것만 신뢰한다. 그러나 이것은 신의 조각상만큼이나 자의적이고 인위적인 것이다.

그리고 우리의 일상적 인간관계에서, 우리 안에 살고 있는 신앙은 무엇을 말하는가? 다행스럽게도 내가 정육점 주인에게 갈 때, 나는 그를 의심하지 않는다.

◆ 그것은 신뢰에 속한다, 우나….

◆ 너는 어떻게 신뢰와 신앙이 정확하게 같은 뿌리를 갖는 것을, 어떤 사람을 신뢰한다는 것은 그를 믿는다는 것이고, 믿는다는 것confidere은 신앙fides에 관련된다는 것을 모를 수 있느냐?

신앙fides은 어떤 이의 말을 믿음과 동시에 신뢰를 갖는 것이다. 예를 들면, 우리가 정육점에 갈 때, 정육점 주인이 독이 든 고기를 팔지 않는다고 믿기 때문에 고기를 사는 것이지, 그 믿음이 없으면 절대 고기를 살 수 없다. 이처럼 우리의 모든 관계들은 이러한 신앙, 다시 말해 상대방의 성실성과 그의 말에 대한 신뢰에 기초한다. 그것이 없는 삶은 불가능하다. 우리 시대의 비극은 우리가 정신분석학을 제대로 이해하지 못하고 잘못 소화한 덕분에, 우리는 더 이상 타인을 신뢰하지 않고, 그의 말을 믿지 않는다는 사실에 있다. 우리는 대화하면서 사람들이 숨기는 것을 찾는다. 드러나는 말 보다 배후에 있는 것을 찾는다. 우리는 다른 사람이 결코 의도하지 않았더라도, 그 사람이 무의식적으로 그렇게 말한 이유를 해독하려고 애쓴다. 지금은 의심의 시대다. 나는 다른 곳에서 이것을 충분히 말했다. 이것은 무수히 많은 다른 것들을 비롯해 사회의 치명적인 질병이다. 사회 구성원 모두가 한결같이, 서로를 믿지 않는 것, 이것은 자기 자신이 생존하는 것을 방해하는 어리석은 행동이다. 그리고 현 시대와 같이 극단적인 경우, 그것은 질병이 되고, 결국에는 피해망상으로 악화된다. 사람의 말을 신뢰하지 않고, 그 말을 여러 가지로 해석하려고만 하면, 말하는 사람을 파괴하게 된다. 이것은 명석한 분석인 듯 보이지만, 엄밀히 말해서 광기가 승리를 거두는 것이다.61)

더 나아가 나는 사실상 신뢰로서의 신앙이 더는 존재하지 않는 곳에서는, 인간이 광기에 사로잡혔다고 말하고 싶기까지 하다. 우리는 광인들을 감금하는 것에 분노한다. 그러나 그들은 우선 자기 자신 안에 감금되어 있다. 그리고 이것은 그들의 본성이 진실하고, 선하고 사랑할 만하다는 신뢰로서의 신앙을 상실했기 때문이다. 모든 인간관계는 서로 사랑하는 남녀의 모델을 표준으로 삼는다. 왜냐하면 이 관계는 서로가 서로를 믿는 데 기초하기 때문이다. 우리가 더 이상 배우자의 신의와 좋은 신앙, 그리고 진실함을 믿지 않을 때 부부 관계는 지속할 수 없다. 어떤 증거나 증명도 신앙과 신뢰를 대체할 수는 없다. 어떠한 이성적 탐구도 의심을 멈추게 하고 분리된 간격을 메울 수 없다. 오직 신뢰만이 사람들 사이의 간격을 메울 수 있다. 신뢰와 신앙이 없다면, 우리는 이성과 증거만 살아 있는 메마르고 건조한 환경에서 살게 된다. 과학이 아무리 위대한 발전을 이루었을지라도, 인간은 엄격하고, 딱딱한 환경 속에서, 추상적인 경험과 익명의 코드가 만들어 낸 희박한 공기 속에서는 결코 살 수 없다. 모든 관계는 가장 가까운 사이의 일상적인 대화에서부터 가장 친밀하지 않은 관계에까

---

61) [역주] 현대 구조주의 언어학에서는 인간의 언어 이면에 있는 무의식적 구조를 파헤치려 한다. 이 논리를 따르면 말하는 사람의 인격성이 상실되고 인간의 그 구조에 종속된 비인격체가 되고 만다. 하나님의 자유와 그에 맞물린 인간의 자유를 화두로 삼은 엘륄에게 이러한 사상은 광기에 지나지 않는다.

지 신뢰-신앙에 근거한다. 이것은 영혼에게 쉼을 주고 타인이 있음으로 기쁨을 느끼게 하는 것이다.62) 그러한 관계 속에서 타인과 있는 곳은 더 이상 지옥이 아니다. 그들과 함께함이 지옥으로 바뀌는 것은 바로 그들을 바라보는 자신의 시선이 고고학자와 곤충학자의 시선으로 바뀔 때이다. 그들의 시선에서 타인이라는 존재는 해독해야 하는 파피루스나, 복잡한 분류체계에 따라 정리해야 할 곤충에 불과하기 때문이다. 그러므로 모노스…순수하고 배타적인 이성의 이름으로 네가 행하는 온갖 노력에도 불구하고, 너는 이 광기에 우리를 길들이지 못할 것이다.

---

62) CASTELLI, *L'Enquête quotidienne*, 1972.

4장 · 종교심에서 축출로

◆ 사랑하는 우나, 너는 혼동하고 있다. 혼동하고 있어. 우리는 뿌리가 다른 단어임에도 쉽게 종교심과 신뢰를 혼동한다. 어떤 진리를 믿는 것과 어떤 사람을 신뢰하는 것, 그것은 전혀 다른 차원의 문제이다. 이 사실을 나는 한없이 말했었다.

◆ 너는 그것을 믿는가? 그것을 믿느냐고? 인격과 독립해서 존재하는 진리를 보았느냐? 그리고 사실 너는 진리가 아니라 인격에 너의 신뢰를 쏟지 않느냐?

◆ 우나, 나는 열광을 낳는 맹목적인 종교심을 도저히 견딜 수가 없다. 너는 사랑에 대해 말했었지. 그리스인들이 큐피트를 눈먼 신으로 삼은 것은 옳은 일이었어. 사랑은 눈을 멀게 하고, 또 사랑 때문에 눈 멀게 되지.

◆ 정말, 정말 모노스야, 너는 믿니? 유명한 딜레마는 해결되지 않는구나. 어떤 이를 사랑하는 것은 그를 아는 것이 아니야. 왜냐하면 사랑하면 그에 대해서 객관성을 상실하기 때문이지. 그러나 반대로 그 사람에 대해서 다른 사람은 알 수 없는 것을 본인은 알게 되지. 왜냐하면 사랑은 지식으로 가는 길이니까….

◆ 그러나 내가 말하고자 하는 것은 사랑이 아니야. 그것은 종교심이야.

그리고 너는 어떻게, 그리고 얼마나 종교심이 사람을 벽으로 둘러싸 자기 자신 안에 가두고, 문을 닫아버리는 지를 알고 있니? 사람이 한 번 믿으면, 그 순간부터 더 이상 다른 종교심은 받아들일 수 없고, 오직 자신과 같은 신앙을 가진 사람과만 관계를 가질 수 있다. 그래서 그때부터 그는 진리를 가지고 있다고 생각하고 믿게 되지. 역사를 떠올려 보고, 네 주위를 생각해 보아라. 신앙을 가진 사람만큼 더 배타적이고, 더 무자비하고, 더 탄압적인 사람을 본적이 있느냐? 반면, 학자는 오랜 산고를 통해 진리를 밝혀낼 지라도, 그 토대가 빈약하고, 언젠가는 반드시 다른 진리에 의해서 극복될 것임을 잘 알고 있다. 그리고 회의론자는, 사실 거기에도 하나의 지혜가 있는 것이지만, 다른 사람이 무엇을 말하든 관대한 태도로 경청한다. 그 이유는 무엇일까? 그러나 신앙을 가진 사람은 먼저 자신의 확신 때문에 비판의식을 상실하고, 즉시 자신의 대화 상대자를 개심시키려고 한다. 바로 신앙인이 목적이 수단을 정당화한다는 문구를 발명했다는 것을 잊지 말아라. 분명 변하지 않는 진리 하나만을 믿는 것은 정말 강력할 뿐만 아니라 눈을 번쩍이게 하는 일이다. 그래서 다른 사람을 어떤 방식으로든 천국에 들여보내고자 그를 이길 모든 수단을 강구하게 된다! 그리고 만일, 이러한 신앙심이 어떤 종교적 진리와 연계된다면, 최악의 상황이 벌어진다! 왜냐하면 인간의 구체적이고 실제적인 삶은 영원한 구원을 위해서 중요치 않기 때문이다! 나는 네가 오직 신앙만을 선포하는 사람들의 시건방진 주장과 무지한 단순주의에 빠지지 않도록 하겠다. 이것은 사람을 죽이는 것이다.[63] 그들은 분명 자신이 말하는 것의 의미를 모를 뿐만 아니라, 이 영역에서 살아 있는 경험을 한 일도 없다. 그들은 역사에서 자신의 신앙과 공통된 테마를 두서없이 파악해 거기에서 비순응주의 예들을 뽑아내는 것에 그치고 있다! 이 질문들에서 진지성의 결여되어

---

[63] Bernard HOUDIN, *La Foi qui tue*, 1980.

있다는 사실은 가끔 사악하지만, 종교심을 문제 삼는 그들의 지적은 정확하다.

◆ 이단 재판이나 샤를마뉴 대제가 색손인들에게 세례를 준 것을 상기시키는 것은 소용없는 일이지, 그렇지 않느냐? 그러나 이것은 가볍게 넘어갈 일이 아니다. 여기서 열쇠는 종교 전쟁이다. 모든 종교전쟁. 우리가 경제적인 이유로, 영토를 점령하고, 자원을 독점하고자 전쟁을 하는 한, 그것들은 제한적이다. 병합하고자 하는 나라를 황폐화하는 것은 소용없다. 우리가 부유한 사람의 재산을 차지하고자 전쟁을 일으켜 마지막 사람까지 전부 학살하는 것은 무의미하다. 모든 전쟁은 영광과 진리, 정의의 문제가 되는 순간부터 근본적으로 변한다. 다시 말해서 폭력에 가치를 부여하는 것은, 그 폭력을 정당화하고자 가치를 이용하는 것이다. 영광은 이미 종교와 신앙의 문제가 되었다. 그것은 군사적인 힘으로 드러나고, 지도자는 신격화 된다. 그는 적을 무찌르는 것 이상의 일을 하는데, 그것은 다른 본질에 속한 것으로 드러난다. 그는 종교적 열정에 호소한다. 그리고 이것은 그것이 적들의 간과 심장을 먹을 때 특징적으로 드러난다. 그는 그들의 힘을 차지한다. 또 아즈텍의 잔인한 관습에 따르면 살아 있는 추장의 피부의 형태를 그대로 유지하면서 속을 도려낸다고 한다. 그리고 시체를 공기로 부풀려 멋진 북을 만든다. 음악학자와 민속학자들은 이 흥미로운 수술이 놀라운 북소리를 만들어 낸다고 한다. 이러한 기술적 기교로 상당히 진보한 타악기의 형태에 이르게 된 것이다.

◆ 종교적인 것이 되었든, 마술적인 것이 되었든, 그리고 정치적인 것이나 이성적인 것이 되었든지 간에 거기에 종교심이 연루되면 전쟁은 억제할 수 없다. 죽음은 더 이상 죽음이 아니다. 이것은 오히려 영웅들을 위

한 영광스러운 천국 문을 여는 것이고, 패배한 적은 영원한 화염 속에 던져지는 것이다. 이 적은 더 이상 자신을 변호할 수 있는 인간이 아니다. 그것은 악의 화신, 거짓의 화신이다. 이것은 결국 우리가 인간이 되려면 배재해야 하는 것들에 대한 표현이다. 르네 지라르Girard 64)의 희생에 대한 해석의 정당성은 바로 이 수준으로 제한된다. 약속의 땅에 들어가기 시작할 때 히브리인들이 벌인 성전과 헤렘65)으로 끝나야만 했던 전쟁, 또는 아랍인들이 사람들을 이슬람교로 개종시키려고 불신자들을 몰살하며 벌인 지하드, 또는 개신교와 카톨릭 사이의 전쟁, 또는 미국의 정복 역시 종교전쟁이었다…도처에서 종교적 신앙은 매번 잔악함으로 이어진다. 왜냐하면 진리를 유일한 진리로 유지하려면 오류가 있는 다른 어떤 것이 지속되어 살아남아서는 안 되기 때문이다. 추후, 이것은 반드시 또 다른 진리가 될 것이다. 그러나 우리는 고전적 종교의 쇠퇴와 함께 아무 것도 얻은 것이 없다. 순전히 경제적인 동기의 식민 정복은 공산주의가 자본주의를 상대로 벌인 전쟁에 비하면 아무 것도 아니었다. 여기서 다시 종교의 문제가 대두되며, 전쟁이 민족주의 종교나 왜곡된 '애국주의'에 연루가 되었을 때 얼마나 더한가를 알게 된다. 설상가상으로 황폐화는 다시 시작된다. 대표적 종교인 나치즘이 히틀러의 카리스마 안에서 종교심을 가질 수 있음을 보여준다면, 다른 대표적 종교인 공산주의는 하나의 교조 안에서 종교심을 가능케 하는 것을 보여준다. 너는 방금 나에게 말하면서 현대 세계가 신앙을 찾고 있는 세계라는 것에 기뻐했다. 그러나 그것은 나를 떨게 한다…나는 나이가 많기 때문에 1937년을 기억한다.…그때는 열광한 나치가 폭발적으로 증가했던 시기이다. 공산주의는 우리가 알고 있는 대로

---

64) [역주] 프랑스의 철학자로 소위 인간 욕구의 모방성을 바탕으로 한 모방 이론(théorie mimétique)의 발명가로, 자신을 폭력과 종교적인 것에 대한 인류학자라고 규정한다. 대표작으로 낭만적『거짓말과 낭만적 진실』(1961), 『폭력과 성스러움』(1972)등이 있다.
65) [역주] 헤렘이란 일반적으로 유대 공동체에서 가장 엄격한 출교 행위를 가리킨다. 성경에서는 완전한 파괴를 뜻하는 때가 있다, 본문에서는 이 뜻으로 쓰인 것 같다.

냉혹한 광기가 되었다. 어떤 프랑스 정치인들아마도 달라디에(Daladier), 뽈 레이노(Paul Reynaud), 삐에르 꼬(Pierre Cot), 귀 샹브르(Guy Chambre)은 프랑스를 약화시킨 것을 설명하려고 대담화를 했지만, 그것은 이상의 결여였다. 프랑스 젊은이에게 필요한 것은 젊은이들을 동원할 수 있는 이상이다. 열정, 열광, 열의를 회복해야 한다. 물론 그것은 행동 이데올로기, 죽을 수 있는 이유, 독재와의 싸움에 몸을 던지도록 해주는 맹목적인 종교심을 말하는 것이다.

젊은이들에게는 이상이 필요하다. 이것은 젊은이들이 목숨을 바치도록 할 수 있는 어떤 것이 필요하다는 말이다.…사람이 진리를 얻었을 때, 종교심이 그를 앞으로 나아가게 할 때, 인간에게 휴식이란 없다. 오직, 그 진리를 다른 사람과 함께 나누어야 한다. 잔인함이라는 것은 늘 종교심의 충실한 동지이다. 왜냐하면, 진리를 공유할 수 없는 다른 사람은 더 이상 인간이 아니기에 그는 단지 희생양일 뿐이다. 만일 그가 없어지게 될 때, 결국 우리는 순수해 질 것이다. 유대인을 죽여라. 나치를 죽여라. 부르조아를 죽여라. 공산주의자들을 죽여라. 그러면 우리는 결국 투명하고, 순수하고, 정의로운 사회로 다가갈 것이며, 평화는 결국 실현될 것이다. 왜냐하면 믿음을 가진, 이른바 늘 순수한 의도를 가진 사람들은 분명 전쟁을 일으킨 주범이 아니다. 이들은 질서를 혼란시키며 서로 인정하고 잘 지내는 것을 막는 사람이 아니라는 것이다. 이들은 결코 그렇지 않다. 카타르시스는 단지 종교심의 부산물일 뿐이다. 그는 모든 악을 다른 이에게 투사하면서도 자신의 이러한 일 때문에 자신은 오히려 더 순수해지고, 그러므로 자신의 행동은 정당화 될 수 있다고 생각한다. 타인은 속죄양처럼 집단에서 축출되고, 사막에 내던져지고 칠흑 같은 밤 한 가운데 버려져 더 이상 인간이 아니라 물건이 된다. 우리가 이 이야기를 고려할 때, 우리는 신앙이 없는 자는 신자의 온갖 저항에도 불구하고 끝없이 신자에게 도전한다는 것을 이해하게 된다. 매우 이상하게도, 프랑스만큼이나 비기독교화된 나라에서 바로 얼마 전에 우리는 언뜻 보기에 놀라운 무신론자 연맹 위원회 위원장의 선언문을 읽게 되었다. "하지만 우리가 관용의 사회에서 비신앙인이 된다는 것은 매우 어렵다. 반대로 신앙인으로서 이 관용의 사회에서 어려운 점은 놀랍게도 스스로 신앙인이라고 선언하는 것이다! 이것은 아마도 기존의 질서를 흔드는 소수자들이 정부를 마비시키기 때문일 것이다. 성스러움에 대한 다양한 형태의 금기에 과감하게 도전하는 자유사상가들은 사회에서 배척받는 자들을 대변해 준다.… 무신론자들은 다양한 모습으로 남아 있지만, 진실로 그들은 "타자들"이다.…무신론자로서, 나는 단순하게 불신앙의 자유를 설명하고, 옹호할 불가침의 권리를 요구한다."66) 이것이 표현하는 바는 의심의 여지없이 불신자들, 회의주의자 그리고 심지어 자유주의자들의 감정이다. 우리는 소위 자유주의적이라 말하는 대학조차 이러한 두려움에 빠져있는 것을 얼마나 많이 보아 왔는가? 왜냐하면 대학은 좌파와 우파의 신앙에 따라 엄청난 위협을 받고, 항상 큰 고독 가운데 있게 되기 때문이다. 분명 1980년의 프랑스 사회에서는 어떤 것도 위협적이지 않았다. 그러나 얼마나 많은 사람이 열광적 종교심 안에서 너무도 쉽게 자신의 몸과 영혼을 던져 넣었는가! 그리고 만일 파스칼이 진리의 증인으로서 스스로 죽을 수 있는 그런 진리만을 믿는다고 말할 수 있었다면, 우리는 죽음을 선택하는 것이 거짓과 오류를 참된 것으로 만드는 것이 아님을 말할 수 있었을 것이다. 하지만, 슬프게도 우리는 서로 다른 두 가지 실재를 배웠다. 히틀러주의자와 공산주의자들은 영웅심에서 스스로 죽음을 택한다. 그리고 우리는 자칭 진리의 이름으로 타인을 죽인다. 우리는 여기서 네가 나에게 증명하려고 하는 것과 정반대의 사실에 이르게 된다. 내 사랑하는 자여, 너는 믿어야 한다는 일반적 사

---

66) CAILLAVET, *Le Monde*, 8, avril, 1980.

실에서, 즉 믿지 않는다는 것은 불가능하다는 사실에서 너의 논증을 끌어냈다. 결국 너의 논리에서 모든 것은 종교심에 달려 있다. 그러나 이런 증명은 다시 너에게 적용될 수 있다. 너의 증명은 결국 오직 종교심만이 필연적 질서에 속해 있다는 것을 말해준다. 인간에게 종교심은 필수적이다. 아마 인간은 그것 없이는 아무 것도 못 할 것이다. 하지만, 바로 그것이 내가 말한 것이다! 믿는 사람은 종노릇하는 사람이다. 그리고 그것은 진정한 자유가 아니다. 왜냐하면, 인간은 피할 수 없는 필연성에서 벗어나야 하기 때문이다!

5장 · 가장 불확실 한 것, 가장 그럴싸하지 않은 것

맙소사! 모노, 네가 방금 말한 모든 것들은 너만큼이나 나도 잘 알고 있는 사실이 아닌가! 그리고 나는 그것 때문에 너보다 더 고통을 받고 있다. 왜냐하면 그것이 내 삶 중심에서부터 거부감을 일으키기 때문이다. 이 얼마나 이치에 맞지 않은가! 얼마나 정상적 궤도를 벗어난 것인가! 너는 종교심과 절대적 확실성 사이에 근본적인 모순이 존재한다는 것을 보지 못하느냐? 나는 내 손을 편다. 그리고 이 장미꽃을 내 테이블 위에 놓는다. 나는 이것이 장미꽃이라고 믿을 필요가 없다. 그렇지 않는가? 뚜렷하지 않는 것, 연약한 것, 흐리고 애매한 것이 종교심에 속한 것들이다. 내가 믿는다면 그것이 확신을 심어주거나, 증명해주거나, 내가 믿는 바대로 될 것이라는 것을 보장해 주어서가 아니다. 반대로 그럴싸해 보이지 않고, 헤아리기 힘든 것이기 때문에 믿는 것이다. 내가 그런 것에 빠지지 않을 지혜를 갖추고 있는가? 그것은 내 능력 밖에 있는 것이 아닌가? 그러나 이것이 늘 인간을 움직였던 것이 아닌가? 더 멀리 가라. 어느 누구도 그 능력을 나타내지 않았던 우리가 알지 못했던 곳으로 가라. 늘 태양이 저무는 서쪽으로 가라. 중앙아시아의 초원으로 무한정 말을 타고 가거나 대서양의 대 물결을 타보아라. 믿어라. 왜냐하면 그것이 인간 존재의 조건이기 때문이다. "보지 못하고 믿는 자들을 복이 있도다." 요20:29 여기에 우리 문제의 핵심이 있다. 종교심을 가진 자가 된다는 것은 적을 제압하는 요새에 진을 치는 것이 아니라, 가장 노출되어 있고 가장 취약하며 긴장이 팽배한 곳에 위치하여 온갖 공격에 자신을 내어 던지는 것이다. 그렇지 않으면 나는 믿을 필요가 없다. 명백성, 증거 또는 현실성을 갖추면 충분하다. 그리고 믿음을 가지면 그것으로 충분하다. 그렇지 않으면, 아마 우리는 너무 불편한 상황에 오래 견디기 힘들 것이다.

나는 네가 환기시킨 이 역사적 현상들을 너와는 달리 해석할 것이다. 진리의 문제를 놓고 신앙을 갖는다는 사실 자체는 견디기 힘든 것이 아니다. 오히려 신앙의 유약함이 이성을 잃은 인간으로 하여금 존재의 빈 공간을 메우도록 밀어 넣는 것이 견디기 힘든 것이다. 왜냐하면 근본적으로 내가 믿는 것은 불확실하고, 연약하고, 흐릿하기 때문이다. 이것은 정말 미미한 바람이라도 나의 신앙을 바꾸어 놓을 수 있다는 것을 의미한다. 반면에, 나는 어떤 증거도, 어떤 확실성도 없으며 방어할 수도 없다. 동시에 나는 실존적 원천에서 이 신앙이라는 것이 중대하다는 것을 알고 있다. 그리고 신앙은 존재의 중심을 차지하고 있기 때문에, 신앙을 잃어버린다면 내 존재 자체가 위기에 처한다는 것을 안다. 그렇기 때문에 나는 신앙의 요새를 쌓아 신앙을 더 견고하게 하며, 이런 식의 배타적인 신앙은 나에게 더 많은 확실성을 보장한다. 신앙을 보호해주고 그것을 견고하게 해줄 것을 기대하면서 말이다. 그리고 그 한계 내에서 나는 모든 비판을 배재한다. 나는 다른 모든 신앙을 배제한다. 그리고 다른 신앙을 지지하는 사람을 거부한다. 그리고 더 나아가 내 신앙이 훼손되기 전에 제도라는 성벽을 축조하고 방어하기 위한 고지들로 교조들을 축조한다. 바로 이 신앙의 유약성 때문에 강경한 태도가 불가피하다.

이것들이 어떤 점에서 가장 헛되고, 폭력적이며, 왜곡되고 배타적인 신앙심인지를 생각해 보아라. 이단종파는 늘 교회보다 더 비타협적이고 폐쇄적이다. 나치즘의 야수적인 성격을 보아라. 실제로 이것은 모두 순수한 혈통의 아리안 족속이라는 멍청한 사실과 민족의 대표로 등장한 한 인간의 신적 성격을 깊은 원천에서부터 믿기 때문이 아닌가? 신앙의 힘은 그 자체의 진실성에서가 아니라 그것의 불합리성, 즉 어떤 수단을 써서라도 그것을 믿을만하게 하는 불합리성에 있다. 스탈린주의도 마찬가지며, 공산주의의 위세는 우리가 마르크스 레닌주의의 과학적 성격을 의심하면서부터 시작된다. 그리고 각자가 어떤 대가를 치르더라도, 즉 다른 이를 희생해서라도 자신의 신앙의 진실성을 유지하려 한다. 너는 이런저런 이유로 신앙심이 파괴된 사람들의 상황을 생각하기만 하면 된다. 신앙을 버린 전직 신부들, 전직 목사들을 보아라. 전 공산주의자들의 정신적 혼란을 보아라(당에서 축출되는 것으로는 충분치 않다. 더 이상 믿지 말아야 한다). 그들은 종교심 없이는 삶을 이어갈 수 없다. 하지만 이것은 유약한 존재나 지능이 떨어지는 사람들의 문제가 아니다. 오히려 그들은 일반적인 기준으로 볼 때, 근사한 남자와 여자들이다. 그들에게 종교심이 무너지는 것은 마치 나침반을 상실한 배와 같아서 그들은 방향을 상실한 채 방탕한 삶으로 빠진다. 이윽고 그들은 어디에서도 자리를 잡지 못한 채로 깊은 상처를 경험한다. 가끔 그들은 상처를 입어서 그늘 속으로 숨어 들어가는 개처럼, 무한정 자신의 상처를 핥아댄다. 그러나 이것은 더 이상 그들의 행동을 설명하는 예외적 사실이 아니다.

한 사람이 힘 있는 교회와 보편적 당 앞에서, 자신이 신앙을 상실했다고 주장하여 일어섰다. 이윽고 이 배교자는 축출되었고, 고독해졌다. 그래서 결국 잔혹한 상황이 벌어진다. 지금 성직에서 벗어난 성직자들, 공산당을 떠난 공산당원들, 그들은 지금 외인부대가 되었다. 그렇지만 그들은 어떤 상황에서도 한없이 불행하다. 이제 우리는 왜 종교심을 가진 인간이 꽉 쥔 주먹처럼 자신의 존재를 닫는지, 그를 의문시하는 자를 공격할 태세가 되어 있는지를 이해하게 되었을 것이다. 이것은 일종의 생명의 반사작용이다. 신앙은 항상 불확실한 것, 가장 그럴싸하지 않은 것에 근거를 둔다. 그렇지 않으면 그것은 종교심이 되지 못한 채 실험적이고 이성적인 확신이 될 것이다. 물론 종교심이 객관적인 증거에 의해서 뒷받침 될 것이지만, 가장 근거가 미약한 때에 그것은 나의 확신과 확실성에 의해서만 뒷받침 될 것이다. 그리고 나는 이처럼 하나의 전체로서의 나 자신을 긍정해야만 한다. 그러나 여기서 한 조각의 생각이 나를 꿈꾸게 한다. 나의 생각 그대로 그렇게 되어야만 한다. 다른 대안은 없다. 내가 옷 입고 있는 종교심은 여기 이 세상 안에 속한 것이다. 우리는 시간적인 것들, 정치적 성공, 사회가 받아들이는 진리에 대해 종교심을 갖는다. 왜냐하면 나에게 주어진 외부적인 확실성, 사회와 세상의 무게 외에는 달리 어디에서도 보증을 찾을 수 없기 때문이다. 그리고 반드시 이 세상에서의 신앙은이 믿음은 따라서 기독교인들이 수평적이라고 부르는 여기, 이 세상에서 일어나는 것의 성격을 모두 취한다. 또한 그것은 반드시 폭력으로 옷을 입는다. 왜냐하면 우리 사회의 모든 것, 거의 모든 것이 폭력에 근거를 두고 있기 때문이다. 신앙은 배타적이고 급진적인 폭력성을 띠게 될 것이다. 왜냐하면 세상의 다른 것들처럼, 진리의 핵심을 건드리는 것은 곧 죽음이나 마찬가지기 때문이다. 이 시도는 일괄적이고 치밀한 공격이라고 여겨질 것이다. 왜냐하면 만일 우리가 그 진리를 비판하고 상처를 입히면, 즉시 **아무 것**도 남아 있지 않을 것이기 때문이다. 우리가 여기 이 세상의 구체적인 현실 속에 들어가는 순간, 바로 거기서 어떤 것이 사라진다. 심지어 재도 없고 추억도 사라진다. "히틀러, 이 사람은 누군가?"를 생각해 보자. 우리는 그가 일으킨 험한 전투들을 이해하게 된다. 여기 이 세상에서는 모든 것이거나 무이다. 자유주의 태도는 엄정하게 유지할 수 없다. 그래서 결국 오래 지속되지 않는다!

하지만 우리가 잡을 수 없는 초월적인 존재에 기대고 있을 때에도 행동이 같을 것인지는 모를 일이다. 그때 종교심을 가진 자는 스스로 말하게 될 것이다. 비판과 공격을 한들, 그리고 신앙을 과학적이며 합리적으로 파괴한들, 내 교회를 파괴한들 어쨌거나 하나님이 하나님이시라면, 그는 미치지 못하는 거리에 계신다. 그리고 내가 그분을 방어할 수 없는 것과 마찬가지로, 나는 유일한 하나님이신 하나님의 변호인이나 챔피언이 되는 우스운 꼴이 될 수 없다. 따라서 나는 뚜렷한 눈으로 하나님에 대해서 공격하여 기껏해야 몇 가지 오류를 파괴하는 무기력한 자를 볼 수 있을 따름이다! 내가 보기에 이것이 거기서 정상적인 유일한 태도가 될 것이다. 세상이것은 이웃, 가난한 자, 선, 진리…과 직접적 관계를 가지고 있는 신보다 더 위험하고, 폐쇄적인 존재는 없다. 초월적인 것과 관계를 가진 신앙만큼 가장 열려 있고, 명석하며 덜 공격적인 것은 없다.67) 그러나 모노스, 좀 전의 너의 말은 일리가 있는 것이다. 근본에서 그 둘은 서로 동화된다. 그렇다면 내가 보기에, 하나의 설명을 할 수 있을 뿐일 것 같다. 초월자에 대한 신앙은 일종의 신앙이 아니라는 것이다. 그것은 단지 하나의 말하는 방식, 우리 자신의 무능력함을 숨기려하는 태도, 그리고 우리에게 의존되어 있지 않은 어떤 것이 존재한다는 것을 우리가 인정할 능력이 없다는 것을 말한다.

기독교인은 마치 자신이 선포하는 하나님이 그 자신 밖에서, 자신의 교회와 그 교회의 밖에서 어떤 행동적 실재를 갖지 않는 것처럼 행동한다. 다시 말해서 자신의 종교심을 강화하면서 자신이 속한 세계 외에는 다른 아무 것도 믿지 않는다는 것을 입증해 보인다. 엄청난 교회의 제도적 기제, 에큐메니컬하거나 여타 성격의 위원회들, 엄청난 교의_{敎義}들로 이루어

---

67) [역주] 여기서 또 우리는 엘륄의 바르트적 신학을 엿볼 수 있다. 바르트는 그리스도 계시가 인간의 철학과 전혀 접촉점을 갖지 않는다고 강하게 주장한다. 바르트는 자신의 『로마서 주석』 서문에서 이것을 곡선과 접선하는 탄젠트 선에 비유하는데, 이 선은 곡선에 무한히 다가가지만 결코 접촉하지는 않기 때문이다. 이러한 바르트의 신학은 자연계시와 그리스도 계시가 혼합되었던 자유주의 신학에 대한 반감에서 온 것으로, 그의 자유주의 신학 스승들(하르낙, 헤르만 등)이 독일이 일으킨 세계 전쟁 선포에 찬성하는 서명을 했다는 것에 큰 충격을 받았다고 추정할 수 있다. 후에 바르트는 이 문제를 가지고 스위스의 신학자 에밀 부르너(Emile Brunner)와 유명한 논쟁을 벌이기도 한다.

진 지적인 정교한 체계, 전제적인 신학 체계, 변증이나 선교를 위한 무기들의 비축, 또는 도덕의 법전화 또는 권징, 그리고 예전禮典의 통합, 신조의 통일 또는 배타적 신앙 고백, 이것들은 초월자를 우리의 수준으로 축소시키는 것이다. 그리고 일반적으로 종교심이라는 것은 믿기 어려운 초월자를 대상으로 한 종교심 보다 더 가장 사실 같지 않고, 불확실한 것이다. 그렇기 때문에 만일 내가 자유롭고 주권적인 하나님을 괄호 안에 집어 넣는다면, 내 종교심과 관련된 모든 것은 그때부터 다른 어떤 것보다도 더 위협적이고, 폭력적이고 전제적이 된다. 만일 내가 그것을 진정으로 믿는다면, 나는 유연하고, 자유롭고 인간적인 삶으로 들어갈 수 있을 것이다. 그리고 나는 공격과 비판에 대한 두려움 없이 나 자신을 이 가치 없는 소란의 밖에 머물면서 내가 믿었던 다가갈 수 없는 존재에 나를 바칠 수 있을 것이다.

6장 · 현실적인 것과 해결책

그렇지만 네게 의심스럽고, 해롭고, 파괴적으로 보이는 것은 비단 종교심만이 아니다. 내가 보기에 더 걱정스러운 것은 종교심의 영향이다. 이는 종교심이 현실과 겹쳐지는 경우에 볼 수 있다. 생각해 보아라 우나, 얼마나 종교심들이 우리를 둘러싸고 있는 실재와 현실과의 관계를 변질시키는 지를 이해하고 분석하는 대신에 이미 기정사실이 된 전제들을 꿰뚫어 보아라. 나는 너의 기독교를 공격하는 것이 아니다! 그러나 가령 불교와 이슬람의 탈속脫俗의 문제를 예로 들자면, 우리에게는 실재가 존재하지 않고 우리가 사는 세계는 단지 환상에 불과하다. 또한 시간과 공간은 우연에 불과하고 모든 것이 스스로의 기만에 의한 의미로만 존재한다고 가르친다. 이러한 세계관은 얼마나 극적인 결과를 낳는가! 우리는 이것을 지혜로 받아들인다. 하지만 이 지혜의 논리에 따르면 절대적인 것이 끼어들 여지가 없다. 그렇다면 왜 이 환등 놀이를 통해서 무엇이 되었든 간에 소원 성취하려고 하는 이유는 무엇이냐? "들의 짐승들"이 차라리 옳다. 더 멀리 생각을 밀고 나가야 된다. 가령 이 환상을 품는 것을 버려야 한다. 왜 시간의 흐름 속에, 유령 같은 텅 빈 세상 속에서 살아가느냐고? 만일 그렇게 생각하다면 더 이상 먹지 마라. 스스로 목숨을 끊어라. 만일 모든 것이 환상이라면, 그 환상을 벗어버리는 것만이 유일하게 해답이 될 것이다. 그러나 그런 경지에 이른 부처도 역시 목숨을 끊지 않았다. 또, 환상을 이어가고 그것을 유지할 아기를 갖지 말아야만 한다. 그러나 우리는 정반대의 현상을 보고 있다. 불교가 왕성한 나라들에서 아이들의 증식이다. 완전히 앞뒤가 맞지 않는다. 나는 알고 있다. 나는 어떤 것이 이 증식력의 종교적 다른 토대인지를 알고 있다. 그러나 이것은 단지 그 종교심의 모순을 의미할 뿐이다! 그리고 더 나쁜 것은, 모든 것이 사실상 환상에 불과하다는 확신 덕에 최고의 지혜를 얻은 사람들이 존재한다는 것이다. 무엇에, 그리고 어떻게 이 지혜를 적용할 것인가? 권력을 행사하는 것에? 이상한 결과이다. 고행자는 고통을 감내하려고 애를 쓴다. 도대체 왜? 유럽인의 눈에 기적을 행사하는 것에, 왜? 사실, 사람들은 쉬지 않고 설명한다. 우리에게 모든 것이 환상이기 때문이라고, 혹은 우리가 자신의 몸을 완전히 제어할 수 있기 때문이라고, 그리고 우리가 시간과 공간에 대해서 영향을 미칠 수 있기 때문이라고 설명한다. 행동하는 것, 그것은 어디에 소용이 있는가? 그리고 이 기적들은 무엇을 의미하는가? 내가 제대로 이해했다면 이런 현상을 권능이 나타난 것이라고 해석하는 것은 바로 서구의 정신상태에서 비롯된다. 왜냐하면 우리는 그것에 물들어 있기 때문이다! 그것은 우리에게 이색적인 행동으로 보인다. 그러나 한 번 더, 모든 것이 환상이라면 이것은 무슨 의미가 있는가. 왜 스스로에게 고행의 고통을 주는가? 자신을 극복하는 것, 그리고 시간과 장소의 변화를? 일관성이 없다. 아이를 결코 가져서는 안 되는 카타리파[68]와 마찬가지이다. 그러나 가족들은 역시 넘쳐난다. 그렇다면 이런 현상은 무엇을 의미하는가?

이 극단적인 종교심들은 결국 가장 하층민들에게 참될 뿐이다. 인간의 몇몇 부류가 끝까지 그것들을 가져갈 능력이 있다. 그러나 이러한 종교심이 완전히 변조되어 우리가 흩어진 몇 가지의 단편들만을 유지할 때가 있다. 그리고 이 상태로 죽음의 본능이 프로이트가 옳든 틀리든 중요하지 않다. 내가 보기에 논의의 여지없이 존재하는 것으로 보인다! 자신의 종교적 본능에 자신을 내어 던져 버릴 사람들에게 퍼지게 될 때에 위험은 시작된다. 그리고 이것은 실

---

[68] [역주] 알비파라고도 하는 이 카타리파는 중세 기독교 이단 종파로, 영지주의와 이원론을 특징으로 한다. 물질은 악과 동일시하는 이원론에 기초해 있기 때문에 아기를 갖는 것은 금기라는 것을 쉽게 이해할 수 있다.

재에 대해서 부조리한 행동의 연속으로 인간을 끌고 간다. 그리고 한편 종교심 가운데서 불교와 반대 편 극에 있는 이슬람교를 보아라. 이슬람에게 실재는 결국 정복과, 침범, 독점의 장소가 된다. 나는 여기서 신비주의자들과 현대인들의 이슬람교를 말하는 것이 아니다. 현실주의적 성격의 이슬람에 대해 말하는 것이다. 그것은 세계 역사에서 정말 결정적이었을 뿐만 아니라 정치적 수장들이었고 아미르69)였으며, 땅과 바다를 지배하는 광기어린 집단이었다. 애석하게도, 나는 평범하고 통용되는 언어를 사용한다. 그러나 다른 어떤 것도 맞아 떨어질 것이다. 이것은 이슬람교에 정확하게 맞아 떨어지는 표현이다 이 집단에게 실재적인 것이란 이슬람교가 전적으로 충족시키는 가상현실에 불과하다. 모든 실재적인 것은 이슬람교가 담고 있는 내용 외에 다른 목적을 갖고 있지 않았다. 이슬람교는 그 내용에서 형식과 미래를 받는다. 그리고 세계 전체는 거기에 복종해야 한다. 이슬람교에는 이것 외에 다른 어떠한 실재에 대한 개념도 존재하지 않는다. 아베로이스와 네가 나와 대립시키는 철학자들이 있음에도! 따라서 어떻게 가장 불확실한 것, 가장 연약한 것에서 종교심에 대해 이야기 할 것인가? 이슬람 신앙은 철모를 쓴 전사와 결코 다를 바가 없다. 쇠사슬 옷을 입은 기사나 손에 바주카포를 든 팔레스타인인과 다를 바가 없다.

    이 실재에 대한 태도는 우선적인 관심을 연구하는 대상에 대한 존경과 자아를 배제하는 것에 두는 과학자와 얼마나 차이가 나는가! 종교심은 반드시 지배와 자아에 대한 긍정을 낳는다. 그리고 종교심을 가진 인간들이 과학자들의 역할을 빼앗는다면, 그때 모든 재앙이 우리를 파고들게 된다. 사실상, 종교심을 가진 인간이 과학에 기대하는 것은 몇몇의 구체적인 질문에 대한 답이다. 그것은 해결책이다. 그리고 해결책을 갖고 있다고 확신을 가진 사람보다 더 위험한 사람은 없다. 이는 항상 종교심이 낳는 현

---

69)[역주]이슬람 세계의 왕족과 귀족을 칭하는 말.

상이다. 그러나 맞다! 과학, 이성은 화학적으로 던져진 질문이 있는 곳에서 해결책을 가져다 줄 수 있다. 나는 다시 한 번 쥬브넬Jouvenel이 한 구분을 반복한다. 그리고 이것은 근본적으로 보인다. 문제가 되는 진술은 우리가 수학적 "문제"라고 알고 있는 것과 비견 될 때에만 해결책이 존재한다. 결과적인 의미에서. 그러나 실재에서는 이런 것은 없다. 일반적인 의미에서, 경제적, 정치적 인간적 실재 이것은 결코 제한된 문제로 축소할 수 없다. 여기서 모든 자료는 알려지고 고정될 수 있다. 그러나 늘 변수가 존재한다. 그리고 그 문제에 끼어든 맥락이라는 것이 존재한다. 실제로 그것을 "문제"의 진술에 대입하기에는 흐릿하고, 불확실하고 또한 결국 매개변수가 무한정 많다는 것이다. 그렇다면 종교심을 가진 인간은 바로 그가 어디에서나 해결책을 찾을 수 있다고 확신하는 사람이다. 그는 해결책에 대한 믿음을 가지고 있다. 그러고는 해결책을 제시하지 못하는 사람에게 비난을 퍼붓는다! 우리는 이 직설적인 고발을 매우 자주 듣는다. 이처럼 1968년, 젊은이들의 폭발에 맞서, 다음과 같은 큰 비난이 있었다. "그들은 그들이 원하는 것조차 모른다. 당신이 그들에게 어떤 사회를 갈망하는 지를 묻는다면, 우리는 더듬거림을 보거나 일반적이고 비현실적인 생각을 듣게 된다. 그들은 단지 부정적인 파괴자이다. 그들은 프로그램이 없다. 그들은 어떤 해결책도 제시하지 않는다." 그리고 우리는 이와 같은 말을 정확하게, 똑같이, 주기적으로 듣는다. 젊은이들이 또다시 성인들의 세계에 대항할 때, 무슨 내용이 되었든 간에 이것은 젊은이들에게 하는 말이 된다. 그러나 지금은 매우 드물게! 또는 좌파주의자들에게. "보아라. 그들이 공격한다. 그들은 사회를 파괴하기를 원한다. 그러나 그들이 원하는 것은 무엇인가? 그들은 그것에 대해서 아무 것도 모른다. 그들은 현재의 어려움에 대해서 어떤 해결책도 가지고 있지 않다." 그리고 생태주의자들에 대해서는? 마찬가지다. "그들은 핵을 원하지 않는다고? 그들이 주장하는 대체 에너지는 우리에게 필요한 것에서 고작해야 십 퍼센트 정도밖에 되지 않다. 거기에는 에너지 문제에 대한 다른 어떤 해결책도 없다. 그리고 더더욱 오염에 대해서도 마찬가지다. 그들을 이상주의자들이다." 그렇다면 우리는 이상한 급변의 와중에 있다. 그것은 젊은이, 좌파주의자들, 생태주의자들이 위험한 이상주의자로 비쳐지고 있다. 그들은 비합리적인 믿음에 빠진 것으로 이해되는 반면, 그들을 비난하는 사람들은 땅에 다리를 박고 있는 현실주의자로서 열정이나 믿음들에 경도된 자들이 아니라고 인식된다. 그러나 나는 오히려 정반대라고 주장한다. 좌파주의자들, 생태주의자들, 제3세계주의자들, 여성주의자들, 이들은 현실주의자들이다. 그들은 현실을 있는 그대로 본다. 그들은 위협을 감지하고, 그것을 백일천하에 알린다. 그리고 정확하게 문제의 새로움을 경고한다. 비난을 일삼은 자들은 위험한 이상주의자들이다. 그리고 상상에 빠진 자들이다. 왜냐하면 그들은 **종교심만을** 갖고 있기 때문이다. 또한 유일하다고 믿고 있는 해결책이 아닌 해결책을 가지고 있다. 우리는 프로그램이 없이 우왕좌왕 하는 운동을 비난하기 전에 우리 성인, 늙은이들이 지난 반세기 동안 우리 앞에 나타나는 상황들에 실제적인 해결책을 가지고 있었는지를 먼저 자문해야 할 것이다. 우리는 답변하였는가? 분명히 그렇지 않다! 그리고 우리가 심지어 이 사실에서 젊은이들을 비난한다. 우리가 어떻게 감히 이 상황에서, 인스턴트식품을 만들어 내듯이 수많은 과학적, 철학적, 인본주의적 연구들에서 우리 자신도 찾아내지 못했던 것을 발견해 내라고 젊은이들에게 요구할 수 있겠는가!

  불행히도 우리는 이 시점에서 또다시 종교심과 만나게 된다. 왜냐하면 우리가 우리 문제에 대한 정확하지도 참되지도 않은 해답이 없다 해도, 보다시피 우리 모두는 해답을 가지고 있다고 믿기 때문이다. 각 정당은 자신의 해법을 가지고 있다고 믿는다. 그리고 행정부, 지식인들, 그리고 기술자들도 마찬가지다. 우리는 모두 올바른 사회를 건설할 비결을 쥐고 있다고, 위기들을 벗어날 묘책이 있다고 믿는다! 그러나 나는 해결책에 대한 이 종교심은 가장 해로운 것들 중 하나라고 생각한다. 우리는 여기서 오류에서 거짓말로 가게 된다. 그리고 지시에서 독재로 가게 된다. 우리가 해결책을 가지고 있다고 생각할 때마다 오류가 있다. 반면 우리가 그것을 위에서 이해했던 의미에서는 문제가 없다. 우리는 그것을 도시계획가와 함께 보았다. 그들은 인간의 주거 환경에 대한 "문제"를 제기했다. 그러나 이것은 "문제"가 아니다. 그것은 구체적이고, 제한되고, 명백한 데이터의 일정 수로 축소될 수 있다. 우리가 이것을 문제로 공식화하는 순간, 우리는 분명 한 가지 해결책을 발견한다. 왜냐하면 우리가 문제를 제기했기 때문이다! 그러나 이 해결책을 적용할 때 항상 인간에게 재앙이 나타났다. 그때까지 어떤 도시계획가도 자신이 만들어낸 조개껍질 속에서, 그리고 역시 자신의 창조성을 통해 행복을 가져다 줄 것으로 믿었던 것들이 실질적으로 무엇인지 발견해내지 못한다.

 일들은 삶의 더딘 진행과 함께 상황과 반응에 따라서 이루어진다. 물론 당신은 이 삶의 리듬을 빠르게 할 수 있다. 그리고 암탉들이 매일 두 개의 달걀을 낳게 할 수 있다. 그러나 일 년이 지난 이후에 그것들은 쇠진하고 말 것이다. 당신은 한 달 안에 팔 수 있는 닭을 만들 수 있다. 또는 송아지를 6개월 이내에 만들어 낼 수 있다. 그러나 이것은 비열한 짓이다. 모든 일은 자신의 리듬에 따라서 이루어진다. 만일 우리가 그 일들이 잘 되기를 바란다면, 그것의 리듬에 대한 해결책을 다시 부여하지 않고, 그 느림 자체를 존중해야 한다. 또한 이 해결책들은 늘 참된 것을 비껴 나간다. 사물들, 생명체들 그리고 인간은 이해관계에 따르는 임의적인 선택, 뭔가 남다른 길을 가는 것처럼 보이는 이해 당사자들의 계속적인 결단을 통해서 만들어 진다. 하지만, 무르익으려면 느림이 필요하다. 그리고 이 모든 것은 미래에 대한 계획이나 교훈을 끌어 낼 과거의 경험에 의존하지 않고 그때그때마다 발명되어야 한다. 이처럼, 믿는다는 것, 혹은 확신을 갖는다는 것은, 다시 말해 우리가 "해결책"을 가지고 있다는 말은 늘 살아 있다는 것 그리고 살 수 있다는 것과 모순된다. 결국, 해결책은 그것이 문제를 악화시킴에도 오직 그의 시스템만이 문제에 답할 수 있다고 확신하는 사람 때문에 불가피하게 적용된다. 다시 말해서, 합리적이고 신중한 태도 속에 있는 과학자는 늘 의심을 거치고 사물과 거리를 두고 너그럽게 고찰하지만, 그도 역시 해결책을 믿고 있다는 것이다! 반드시 그는 그 해결책을 적용하고 말 것이다. 왜냐하면 해결책에 대한 신앙을 갖기 때문에, 말하자면 자신의 광기가 모든 사람의 구원과 안녕을 보장해 준다고 믿기 때문이다. 우리가 정치적 또는 경제적 문제의 해결책을 가지고 있다고 믿는 것은 우리 사회의 재앙들 중의 하나이다. 모든 영역에서 계획화라는 것은 미래 예측가만큼이나 치명적인 질병이다. 이런 의미에서 우리 사회는 종교적 세계 속에서 살았던 사회보다 더 나쁘다. 왜냐하면 이 사회는 의심과 불확실성을 알고 있었기 때문이다. 반면 과학적이고 기술적 해결책에 대해서 종교심을 가지고 있는 사람은 조각상만큼이나 양심의 가책에 무감각하다. 그렇기 때문에 이들은 우리 세계에서 용서받을 수 없는 집단적 학대자이다.

7장 · 베일에 덮인 현실

　나는 네가 하나의 종교심만을 여러 문제들의 참된 열쇠로 생각하는 위험을 진단하고 고발한 것을 합당하다고 본다. 그러나 현실적인 것에 대한 너 자신의 확신에 대해서는 마음이 불편하다. 너는 신앙이 현실적인 것과 부합하는지를 다시 의심하지만, 이 현실의 존재 자체에 대해서는 상당히 긍정적인 것 같다. 현실적인 것이란 무엇인가? 실재란 무엇인가? 우리는 나의 눈이 보는 것, 나의 손이 잡는 것, 거기에 실재적인 것이 있다는 단순한 관념을 넘어선다. 우리는 실재란 그 자체가 하나의 만들어 진 것이라는 것을 알고 있다. 네가 나보다 더 잘 알고 있듯이, 우리가 사실이라고 부르는 것 하나의 구성물이다. 사실이라는 것이 존재한다고 가정하면, 그것은 우리의 문화 세계를 통해서 우리에게 해석된 기호들의 전체라고 할 수 있다. 우리는 유모의 동요 가락그것이 아직 존재한다면!, 그리고 동시에 그림과 자르기를 통해서 유치원에서 배웠던 독서의 틀을 통해서 실재를 읽어낸다. 나는 형태들, 색깔들, 단어들을 배운다. 그리고 나는 이 학습을 통해서 나중에 실재적인 것이라고 부르게 될 것을 파악하고, 구성하고, 해석한다. 따라서 이것은 정확한 의미에서 지식의 전체가 아니라 다소 임의적인 신앙들이다. 더 풍성한 신앙과 정보를 갖게 될 사람은 그에게 더 중요한 현실적인 것을 잘 해석할 수 있을 것이다! 그리고 과학자들이 실재라는 것은 단지 물리학에서 가장 정교화 된 측정의 수단을 통해서 그것의 존재를 가정하게 해주는 것에 불과하다고까지 말하는 것을 모르느냐? 때문에 너는 기구의 정확성을 믿는 것에서 시작해야만 한다. 여기서 나는 믿는다는 것이란 단순히 진리를 향해서가 아니라 실재에 손을 내미는 것이라고 생각한다. 손을 펼치는 것, 그것은 실재의 한 작은 단편을 얻고자 구걸하고 애걸하는 손을 펼치는 것이다. 이 실재의 한계를 발견하려고 탐색과 조사하는 손을 펼치는 것이다. 이 손은 실재를 만질 수도 소유할 수도 없을 것이다.…믿는다는 것은 실재의 현존을 긍정하거나 증명할 수 없는 상태에서 그것을 믿으며 세계를 향해서 손을 내미는 것이다. 그리고 인간과 더불어 자연을 받아들이려고 손을 내미는 것은 나에게 아무런 의미도 없는 세계, 내가 결코 다가가지 못할 이웃에 대한 참을 수 없는 의심에서 스스로를 해방하는 것이다. 믿는다는 것은 아킬레스와 거북이의 거리를 없애는 것이다.70) 어떻게 너는 실재에 대한 단호한 긍정 없이 이를 할 수 있는가? 그리고 이 긍정은, 네가 실재라는 말을 할 때, 신앙에 속한 것이다. 우리는 지금 정말 근본적이고, 창조적이고, 기초적인 것이 무질서이거나 소음이거나 의사소통 체계에서 아니면 교란이라는 것을 배웠다. 이것은 정확하고, 엄격하게 형식화 되지 않은 것이고, 고정된 그리고 존중되는 법칙에 순응하지 않는 것이다. 신과학의 열쇠를 쥐고 있는 것은 더 이상 질서도, 규칙성도 아니다. 그것은 "투명한 결정체結晶體와 연막" 사이에 존재하는 혼란, 예측 불가능성이다. 나는 특정 과학자들을 분노하게 할 것이라는 것을 분명히 알고 있다. 그러나 내가 보기에 그들은 너무 지나치게 나갔다.

그리고 여기에 상당부분 예측할 수 없는, 움직이는 우주가 있다. 그리고 그것은 자신을 통제할 힘이 없고 미래도 없다. 왜냐하면 그것은 새로운 무질서의 힘을 항상 내포하고 있기 때문이다. 그렇다면 내게 말해라. 이 우

---

70) [역주] 아킬레스와 거북이의 경주는 그리스 엘레아 학파의 제논이 제시한 논증으로 거북이보다 열 배나 빠른 아킬레스와 거북이를 100미터 경주로 가상 대결시킨다. 먼저 거북이를 아킬레스 앞 10미터 앞에서 출발하게 한다. 그런데 누가 이길까? 제논에 따르면 결코 아킬레스는 거북이를 이길 수 없다. 왜냐하면 아무리 아킬레스가 빠르게 달려도 아킬레스가 거북이를 쫓아가는 동안 거북이도 앞으로 전진하기 때문이다. 이 과정은 무한히 계속될 수 있기 때문에 결코 아킬레스는 거북이를 이길 수 없다. 여기는 수학을 논하는 자리가 아니기 때문에 이후의 반론은 생략한다. 엘륄은 여기에서 믿음이 아니고는 아킬레스가 거북이를 따라잡을 수 없는 것처럼, 결코 실재에 도달할 없다는 의미로 이 논증을 이용하고 있다.

주 안에서, 우리는 어떻게 신앙 없이 정돈된 삶을 살 수 있겠느냐? 너는 반드시 이 무질서를 가로질러서 질서가 정립되어 있다는 것과 무질서가 질서 자체를 삼킬 능력이 없다는 것, 그리고 혼돈은 결국 무질서가 아니라 한 존재의 가능성이라는 확신을 간직하고 있어야 한다. 너는 이 확신을 가지고 있다. 이것이 없는 과학은 생각할 수 없을 것이다. 그리고 여기에서 우리는 긍정적인 것과 부정적인 것 사이의 긴밀한 관련을 정확하게 발견했다. 이것은 네가 신앙에 대립시키는 실재의 뿌리와 자원이다. 우리는 지금 사물들이 생각만큼 단순하지 않다는 것을 알고 있다. 그리고 아무 것도 과거의 해석들이 제공하는 매우 명확한 카테고리에 들어맞지 않는다는 것을 알고 있다. 오늘날 나는 과학자들과 더불어 다차원적이고 상호 모순되는 인간의 실재를 존중한다! 가령 에스파냐Espagnat71)의 매우 중요한 책이 신중하게 접근하는 『베일에 쌓인 현실』을 생각해 보아라. 이 책은 물리학자들과 실증주의자들이 우리가 알 수 없는 것과 관련된 문제들은 더 이상 과학적으로 어떤 의미도 없다고 선언할 때, 그들이 얼마나 뜬구름을 잡고 있는 지를 보여주고 있다. 의미를 박탈당한 것은 바로 과학자들의 환원주의적 설명이다. 현대 물리학자는 과학적 기술이 빈번히 은유들이나 심지어 신화들이라는 것을 인정할 수밖에 없다. 그리고 분리 불가능성72)의 정리는 오늘날 과학 사상의 중심적 토론중 하나인데 이것은 실재가 베일에 싸여 있다는 것을 알게 해 준다. 물리학자는 실재에 대해서 아무 것도 할 말이 없다는 무능력함을 인정해야만 한다. 그는 그들이 얻은 측정

---

71) Bernard d'ESPAGNAT, *À la recherche du Réel*, 1979. 이 책은 자끄 모노의 책보다 엄청나게 중요한 책으로, 우리에게 놀라움과 기쁨을 자아낸다.
72) [역주] 하아젠베르크의 불확정성의 원리와 관련된 정의다. 불확정성의 원리란, 가령 원자핵을 도는 전자의 운동량을 측정하려고 해도, 전자는 이미 운동중이기 때문에 물질의 실체를 규명하는 것이 불가능하다는 것이다. 분리 불가능성이란 물질을 구성하는 것들이 상호작용하기 때문에 특정 측면 만을 분리해서 사물의 있는 모습을 규명한다는 것이 부조리하다는 것을 말해 주고 있다. (이 내용은 프랑스 국립과학원(CNRS)의 도원희 박사가 제공한 정보를 토대로 작성하였다.)

결과에 대해서 장황하게 늘어놓는 것을 포기한다. 그리고 점점, 에스빠냐Bernard d'Espagnat는 올바른 과학이 계속해서 가능하며, 비환원적 성향을 지속하려면 "먼 실재론實在論"에 도박을 걸 필요가 있다는 것을 보여준다. 이 실재론은 물리적 성격의 실재론이 아니고, 우리가 경험하는 실재를 이해하려면 물리적인 세계를 넘어서는 실재의 존재가 반드시 필요하다는 것을 말해주고 있다. 오, 모노스 너는 이 놀라운 책을 읽어야 한다. 그것은 우리에게 이 시대의 가장 엄격한 과학자들이 백 년 전 승리를 구가했던 명석하고 단순한 개념을 더 이상 가지고 있지 않고, 현실적인 것을 알리려면 근본적인 하나의 신앙이 필요하다는 것을 보여주고 있다. 네가 하듯이 주관적인 것과 객관적인 것을 구분한 시대가 있었다.

그러나 모노스, 너는 과학의 객관성과 신앙의 주관성을 구분하는 것은 지나치게 단순하고 별 이득이 없다는 것을 알지 못하느냐? 19세기에는 빈약하지만 그것에 대해서 만족할 수 있다. 그러나 만일 신앙이 어린애의 더듬거리는 말더듬이 아니라면, 우리는 이 두 지식의 분리를 받아들일 수 있겠는가? 또한 하나님이 어떤 분이신가를 규명하려고 객관성을 포기한다면, 누가 더 이상 존재하겠는가? 그리고 그렇게 되면 타인의 존재도 또한 불가능하게 되는 것이 아닌지 알지 못하느냐?[73]

---

[73] 이 두 점에 대해서, A. Dumas의 탁월한 저서 『하나님의 이름 *Nommer Dieu*』(1980)을 보라.

8장 · 죽음에 대한 신앙

   그러나 "믿는다"라는 행위가 가진 약점은 적용할 대상이 막대하다는 것에 있지 않느냐, 우나? 내 이성이라는 것은 변수가 적으며 정확한 형식들에만 적용하고, 관련할 수 있다. "믿는다"는 것, 나는 너처럼 그것을 도처에서 본다. 그러나 바로 이것이 나에게 의심스러워 보이는 것이다. 우리는 모든 것을, 그것이 무엇이든 믿을 수 있다. 즉 아무런 의미도 없는 것도 믿을 수 있다. 이것은 무차별성을 내포한다. 그러나 이토록 열정적이며 이상한 무차별성이 바로 신앙이다! 다시 한 번 더 우리 시대의 파괴된 것과 뼈대가 부서진 것에 대한 열정을 보아라. 너는 조소의 승리와 사물의 파괴에서 그리고 이것들이 18세기의 평온한 풍경이나 충만한 삶보다는 오히려 사람들이 놀라는 폐허에서 고통을 느끼지 않느냐? 문화혁명처럼 바쿠스신의 광기들은 아무 것도, 신앙심의 모델들을 용서하지 않는다. 그리고 오늘날 신앙은 부드럽게 살아 실재하는 것으로 끌려가기보다는 더욱 죽음, 무無로 기울어 가는 것으로 보인다. 오늘날의 신앙은 언어를 파괴하는 것을 숭배하고, 합리적인 말을 어름어름 말하는 것을 더 좋아한다.

   만일 지금 스스로 목숨을 끊는 수많은 젊은이들이 있다면, 이것은 비단 사회적 병리와 절망만이 아니다. 이것은 무無에 대한 어두운 열정이다. 우리는 부분적으로 낭만주의에서 알려진 것을 알고 있다. 그러나 이것은 경박한 젊은 부르주아적인 지성인 층과 관련된다. 지금은 집단적으로 무에 매료되고 있다. 이것은 집단적 홀로코스트가 다가오고 있다는 징조인가? 통일성과 파악 가능한 토대의 부재 안에서 늘 애매하고, 위험한 종교심의 부정적인 측면인가? 이러한 흐름의 모델로서 우리 시대의 영웅들이 있다. 유끼오 미쉬마Yukio Mishma는 다재다능한 사람으로, "화려함, 여행, 활동, 사치"로 삶을 영위 했던 사람이다. 그는 우리 시대의 진부함과 고대의 가치를 버린 것에 대항한 싸움에서 1970년에 의식적인 자살로 자기를 표현한다. 죽음에 대한 매료, 이것은 어떤 것을 증명하기 위한 것인가? 정확하게 무엇을? 자살을 통해 고대의 영웅적 가치들이 지속되어야 한다는 것과 그 가치를 따를 수 있다는 것을 증명이라도 할 수 있다는 말인가? 따라서 이것은 자신의 삶 자체를 부정하는 동시에 역으로 그 삶이 세워지기를 희망하는 미친 짓이 아닌가? 이것은 빈번하게 보여 지는 종교심의 도박이 아닌가? 헤밍웨이Hemingway처럼 몽떼르랑Montherland 74)을 보아라. 살고자 하는 극단적 의지 그리고 마지막으로 그들 자신의 정체성을 시험하는 중대한 필요성에서, 그들은 실제로 살아 있다는 것을 자살로서 증명할 수 있는가? 내가 보기에는, 종교심의 자살 행보는 오늘날에 특별히 두드러지게 보인다. 너는 나에게 다른 시대 이야기라고 말할 것이다.…나는 그것을 모른다. 그리고 나는 이 땅이 그리고 종교심이 활보하는 도처에, 인간에 대한 부정과, 무엇인지 알 수 없는 것에 대한 리포트들이 넘쳐나는 것을 본다. 문자 그대로, 나는 현재의 허무주의의 물결이 겁이 난다. 이 허무주의는 실제로 반드시 자살로 이어지지는 않는다. 그러나 허무주의는 한 군중, 집단, 한 사회가 폭풍 치는 이미지와 소리들의 치명적인 파도에 자신을 던져 넣고, 스스로를 동화시키고, 스스로를 근거 짓고, 자기 자신을 잃어버리면서 스스로를 확인하고, 자신의 정체성을 잃어버리면서 정체성을 찾고, 타인이 되거나 아무 것도 되지 않는 자포자기에 빠지는 것으로 표현된다. 그러나 이 스펙터클과 이 패러디에 들어가려면, 집단적 생

---

74) [역주] 앙리 드 몽떼르랑(Henri de Montherland, 1895-1972): 프랑스의 작가, 헤밍웨이처럼 자살로 생을 마감했다.

존, 겉으로 드러나는 기분전환과 일 그리고 관계를 믿어야 한다. 이러한 것들은 그저 허울 좋은 포장일 뿐이고, 그 속에는 아무 것도 없다. 그러나 만일 허무함 속에서 하나의 가능한 것에 대한 신앙조차 없다면 이것은 참을 수 없을 것이다.

따라서 종교심의 확산 속에서 나를 두렵게 하는 것은, 종교심이 모든 집단적, 개인적, 열정적인 그리고 외관상 합리적으로 보이는 파괴와 나란히 간다는 사실이다. 종교심은 이러한 속성들을 담고 있는 것 같다. 이러한 현상은 종교심을 판단할 결정적 기준이 전혀 없다는 사실에서 기인한다. 종교심은 가장 어린애 같은 태도이고, 가장 위험한 행보이다. 어떤 것도 그것을 멈추게 할 수 없고, 합리화 할 수 없고, 그것을 부정할 수도 없기 때문이다. 그것은 철학자들의 정신을 점령하고, 그 정신은 무無가 지탱하고 있다. 아니면 부조리가 모든 것을 침탈해 버린다. 이것은 종교심의 문제 일 뿐이다. 그러나 그것에서부터 살아남을 수 있는 어떤 수단도 없다. 그리고 나는 이 빛나고 실망스러운 한 경험을 생각한다. 그것은 지식인들을 기쁨으로 떨게 했고, 규칙도, 규범도, 의무도, 금기도, 훈육도 없는 반정신의학anti-psychiatrie75)이었고, 또한 억압적이고, 강제적으로 짓누르는 사회 안에서 매우 칭송되는 놀라운 프로그램인 서머힐의 자유로운 아이들Libres Enfants de Summerhill이라는 새로운 교육학이 있었다. 이 교육학이 아이들에게 표준, 모델, 규범이 필요하다는 것을 알지 못하고(확실히 그것이 지나치게 엄격해서는 안 된다! 동시에 규칙을 어기는 것이 우리의 존재를 구성하는 일부라는 것, 그리고 그 위반이 없이는 어린이는 계속 어린이로 남아 있게 된다는 것을 보지 못하는 것은 큰 오류이다. 어린이가 자신이 하고픈 것을

---

75) [역주] 반정신의학이란 1960년대에 일어난 정신의학 흐름으로서 기존의 정신의학에 대항해 정신병의 원인을 개인에 두기 보다는 사회적, 정치적, 도덕적 요인에 두고 있다. 즉, 정상과 비정상의 구분을 사회적인 요인에 토대를 두고 있다. 프랑스의 철학자 미쉘 푸코(Michel Foucault)의 『고전 시대의 광기의 역사Histoire de la folie à l'âge classique』(1972)는 좋은 예이다.

마음껏 할 수 있을 때, 그리고 생각 없이 마음대로 돌아다닐 수 있을 때 행복하다고 믿는 것은 얼마나 잘못된 생각인가! 그러면서 아이는 자신을 어디에 놓아야 할지 표준이 없기 때문에 끔찍한 불안 속으로 들어가게 된다. 그들은 당장 그에게 기쁨이 주는 행동을 한다. 그러나 그들은 그것에서 어떤 즐거움도 찾을 수 없다. 왜냐하면 그들은 놀이 시간을 정복하지 않았기 때문이다. 그들은 늘 불확실성 속에 있고 권태 속으로 빠져들어 가게 된다. "무엇이든지"라는 다양성은 결코 만족을 주지 못한다. 그들은 늘 충고가 필요하다. 그리고 자신을 안심시킬 틀이 필요하다. 그들에게 "동일시 모델"이 없다면 그들은 전혀 성장하지 못할 것이다. 서머힐의 교육학에 따라서 길러진 수많은 아이들이 어른이 되었을 때 군대나 경찰로 들어가는 것은 우연이 아니다. 그들은 기성세대처럼 가장 강제적인 직업들을 택한다. 그들은 거기에서 젊었을 때 전혀 만나지 못한 엄격한 규칙들을 발견했다. 그리고 그 선구자 자신은 단지 새로운 것을 발명했을 따름이다. 정확하게 그는 엄격한 규칙으로 둘려 싸인 어린 시절을 지냈었고, 그는 어떤 사람이 되는 것으로 그것을 극복하려 했다는 것이다. 나는 그 인격을 정죄하지 않는다. 왜냐하면 그는 법에 대해서 승리했기 때문이다. 비극은 그가 모든 문제에 대한 스스로의 해결책을 가지고 있다는 것을 믿는 것에 있었다. 만일 내가 숙제 때문에 그리고 내가 복종해야 했던 강제적 권위 때문에 내 어린 시절이 불행했었다면, 어린이들이 행복하도록 이것을 모두 없애 버리자. 그러나 그가 만일 이 규칙들을 거슬러 싸울 필요가 없었다면, 그는 비록 행복해 보일지라도 유충의 상태에 있었을 것이다. 아무 것에도 복종하지 않는 "자유"는 과도한 강제보다 충격을 주고 중심을 잃게 한다. 우리는 더 이상 그것을 향해서 아무런 싸움도 할 수 없다. 그리고 이 인간에 대한 잘못된 지식에 근거한 신앙은 그리고 심지어 다른 신앙, 특히 인간의 자연적인 선함에 대한 신앙에 기초하고 있는 이 신앙은 가만히 놔두면 모두 잘 된다는 신앙이다. 이러한 신앙들은 어떤 점에서 우리가 체험된 실재에서 벌어지게 하는 것인지 그리고 어떤 점에서 이 세계 속에서 인간의 존재를 왜곡시키는 것인지 보여준다. 또 어떤 점에서 우리가 신앙이라는 지지대로 이끌리게 되는지를 보여준다. 한 신앙은 다른 신앙에 의해서 증명되고, 바로 그 신앙은 그 이전의 신앙에 의해서 확증된다. 하지만 그것은 단지 삐걱거리는 지지대일 따름이다.

그러나 내가 종교심이 현실에서 유리된 것이라고 말할 때, 그것은 완전히 정확한 것은 아니다. 종교심의 근본에는 실재에 대한 취약한 부분이 있다. 그러나 보다시피 여기에도 끔찍한 절차가 성립한다. 믿는다는 것은 인간의 마땅한 본질을 왜곡시키면서 실재를 뒤틀리게 한다. 믿는다는 것, 모든 것을 믿는다는 것. 돈에 힘을 불어 넣어 주고, 경제적 집착, 잔악한 자본주의 그리고 종류는 다르지만 역시 잔악한 공산주의가 초래한 재난들은 바로 종교심이 낳은 결과들이다. 만일 돈이 순수한 도구로서의 자신의 수준에서 어떤 환상이나, 이상화되지 않고 이데올로기가 섞이지 않는 구체적인 효용성으로 매력이나, 환각 없이 존재한다면, 결코 돈은 인간에게 권세를 행사하지 못할 것이고 어떤 왜곡도 일으키지 못할 것이다. 그러나 돈이 무엇이든 할 수 있도록 해주고, 무엇이든 살 수 있게 해주는 덕택에 권세가 우리에게 있다는 종교심이 돈에 덧붙여지고 말았다. 이 덧없는 성스러움을 새로운 신의 후광으로 장식하고, 현대세계에 부정의와 학살을 초래한 것은 바로 이 종교심이다. 그리고 나는 그것과 함께 정치권력에 대해 말하겠다. 명령하고, 경영하고, 조직하는 평범한 권력이 온갖 권력, 무기, 권리들, 악습들을 집중시키는 숭고한 기능으로 변하게 하고, 그것도 피억압자들의 자발적인 동의를 얻어내는 것이 바로 종교심의 힘이다. 얼마나 이상한 연금술인가? 그들은 이 가치, 이 모든 권세를 신앙하고, 멍에를 채우도록 목을 내민다. 수동성을 낳는 것은 바로 종교심이다. 그러나 종교심은 일종의 초실재적인 것을 낳고, 이 초실재적인 것은 소외를 가능케 한다. 인간은 베일과 환상 없이 실재 자체 앞에서 냉정하고 소박하게 서서 자신을 억누르는 것과 싸우면서 자유에 다가갈 수 있다. 이 신화들과 그 종교심들을 부수는 것으로 시작해야 한다.

  아, 무정부주의자들은 옳았다. 그들은 모든 소외를 하나님에 대한 신앙과 결부시켰다. 하나님에 대한 신앙을 제쳐놓고 나면, 싸워야 할 실재들만 남게 된다. 그리고 우리는 이 실재들의 위에 있다. 만일 우리가 국가를 신앙하기를 멈춘다면, 우리는 불복종할 수 있을 것이다. 그리고 만일 이것이 집단적으로 이루어진다면, 국가는 그 무기와 법에도 불구하고 사실상 어떤 권력도 가질 수 없다. 이처럼 사회의 모든 악은 이 사회에 대한 신앙에서 나온다. 나는 분명 그것에 대해 처음으로 말한 사람이 아니다. 그러나 오늘날 그것에 대해서 정말 의식해야 한다. 오늘날 우리는 하루하루 신앙의 현상들과 모든 질서, 기술 그리고 권력들의 위험들이 동시에 증가하는 것을 본다. 이러한 동반 현상은 결코 우연이 아니다. 그리고 너는 잘 알고 있다. 우나, 내가 여기서 예외적인 것, 히틀러주의의 집단적인 광기들에 대해서 말하고 있지 않다는 것을, 이러한 현상은 이 세계 안에 모든 이들의 운명이다. 다시 말해 종교심들로 가득한 완전히 허구적인 세상에서 사는 것은 위험의 새로운 상승을 의미한다. 하지만 실재적인 것에 바탕을 둔, 위험하고 억압적인 종교심들은 우리가 정면에서 정복해야할 것들이다. 이것은 바로 환상주의자들이 힘을 다해 막으려고 하는 것이다. 왜냐하면 종교심은 자신의 권력을 지켜주는 것이기 때문이다. 그것은 당신이 초실재적인 것을 신앙하도록 만든다. 그것은 유용한 것이다. 무척 유용하다. 예를 들면, 우리로 하여금 인간이 스스로 선하다고 믿게 하기 때문이다. 그리고 더 어린애 같은 짓은 서로가 서로에게 미묘한 종교심들을 드러내 보여주는 것이다. 실재를 받아들이게 하는 초실재라는 것은 없다. 실재에 덧붙여 위안을 주는 종교심들이 있다. 이것은 그것들 역시 실재싸워야 할를 받아들이게 한다. 왜 그럴까? 만일 인간이 악하다면, 만일 혹시 인간이 모든 성인이 아닌 어린이라면, 만약에 혹시 인간의 밑바닥에 증오, 죽음에 대한 의지, 탐심, 권력과 정복 정신, 지배 정신, 고독하고 야수적인 늑대가 있다면, 권력과 파괴의 수단이 끝없이 증대되는 것을 어떻게 받아들일 수 있겠는가? 세 살 어린애에게 당신은 수류탄을 줄 것인가? 아니다. 그것은 아니다. 그러나 만일 당신이 이 세 살 아이가 특별하고, 합리적이고, 절제 있는 자신의 행동의 결과를 가늠할 능력이 있는 오직 선만을 추구하는 아이라고 믿게 된다면, 그에게 수류탄을 주지 못할 이유가 어디에 있겠는가? 당신은 그가 우연히, 무의식적으로 자신의 작은 동무들에게 나쁜 짓을 하는데 수류탄을 사용하지 않을 것이라고 완전히 신뢰할 것이다.

그리고 도덕적 파탄으로 우리를 몰고 가는 것은 인간의 탁월성에 대해 부조리한 바로 이 신앙이다. 오늘날 우리가 보는 것과 그리고 서머힐의 자유로운 아이들이 그것에 대한 환상을 가지고 있다는 것이 심히 걱정이 된다. 모든 도덕은 없어지고 무의미해졌다. 무의미해졌다함은 고대의 낡은 규칙들이 그저 습관화되는 것을 말한다. 이것은 가령 사회주의 체제가 그 무엇이 되었든 새롭게 도덕으로서 발명할 능력이 없어 보일 때, 그리고 그 체제에서 노동, 성, 결혼, 복종, 시민의 군사적 의무에 대해서 가장 나쁜 부르주아 도덕에 빠져 들어가는 때이다. 사회주의는 새로운 것을 아무것도 건설하지 않았다. 사회주의는 그 영역에서 명백히 낡고 건조해 진 것을 그저 반복만 할 따름이다. 그러나 반대편 자본주의에서는 우리가 보는 대로 자유라는 이름으로 도덕을 완전히 부정하면서 오는 안이함을 목격한다. 이것은 비일관성, 부조리 그리고 유약성과 관련된다. 수많은 소설들과 희곡들은 어제의 그제, 할아버지 세대의 금기들그리고 더 나아가 증조부 시대의, 누구도 중요성을 두지 않는 규칙들에 대항해 신랄하게 공격한다. 하지만 우리는 해골들을 죽이고, 머릿속에만 존재할 뿐인 뿌리치고 싶은, 그리고 그것으로 영광을 얻을 것이라고 생각하는 환상을 이겨내려 하는 큰 용기에 대해서 서로서로 축하하는 것을 보면 가소로운 아이러니다.

 단순히 종교심을 파괴하는 종교심들은 이미 죽었다. 여기서 다시, 이 거울의 놀이들에서, 우리는 종교심의 현상이 얼마나 현실을 왜곡하고, 어제나 그제의 사회가 아니라 여기 있는 그대로의 사회와 현실과의 피나는 거친 싸움을 방해하는 지를 보게 된다. 우나 너는 신앙하는 인간에게 어떤 긍정적인 가치가 있는지를 나에게 확신시킬 수 없을 것이다. 나는 종교심들을 둘러보았다. 그리고 그 모든 것들이 헛되고, 허망하고, 해로운 것임을 발견했다. 나는 매혹적인 것 아래 숨어 있는 많은 기만, 환상, 그리고 감추어진 허점들을 보았다. 나는 자기 자신을 알기를 거부하는 이성을 잃은 사람을 보았다. 이 모든 것은 믿는 것이고, 믿은 것은 바로 이것뿐이다. 그리고 나는 사실 모든 종교심은 헛되기 때문에, 인간은 결코 성년의 상태에 이르지 못하고, 인간 자신과 모순되는 사물들을 당당하게 직면하지 못한 채로, 반복해서 슬쩍 회피하고, 종교심은 무한히 종교심 또는 반反종교심을 낳고, 어쨌든 여기서 해아래 새 것이 없다고 생각하게 된다.

9장 · 다시 발견되려고 스스로를 잃어버리는 것

모노스 너의 괴물들의 갤러리로 우리를 겁주는 것을 멈춰라. 너는 연민도 사랑도 없다. 여기에 문제가 있다. 믿는다는 것은 네가 말하는 것이 아니다. 그것이 전부가 아니다. 그러나 나는 신앙심 안에서는 네가 말하는 것이 역시 있다는 것을 인정한다! 신앙의 내용과 대상을 선택하도록 보증된 기준이 없는 것은 명백하다. 우리가 종교심을 어떤 종류의 광기에든지 덧붙일 수 있고, 현실을 변형시켜 현실을 올바로 보는 것을 막거나 열정적 광기 가운데서 종교심을 이용할 수도 있다. 그러나 그렇게 해서 너는 무엇을 보여주었느냐? 종교심이라는 것이 얼마나 유아적 상태나 착란의 상태를 일으키는가? 아니면 반대로 만일 우리가 종교심 없다면, 가장 최선의 것을 위해서 그리고 최악의 것을 위해서 아무 것도 얻을 게 없다는 사실과, 결과적으로 종교심이 바로 우리의 자유와 선택, 그리고 역시 책임의 자리임을 알지 못하는가? 만일 네가 순응되어 있고 엄밀하게 네게 입력된 실재의 수준에만 머문다면(왜냐하면 무엇의 이름으로 너는 순응하지 않을 것인가?), 너는 그 실재에 의해서 좌우되고 만다. 만일 네가 논리의 수준에만 머물러 있고, 비이성적인 것에서 너를 보호하려고 너를 유혹하는 합리적인 수준에만 머물러 있다면, 그때 너는 논리의 규칙과 이성의 명령에 의해서만 결정된다. 너는 상상속의 것이나 신화 그리고 원초적인 것을 통해서만 결정론을 피한다. 시원으로의 회귀 그러나 이 세 가지 중에서 어떤 것도 가능하지 않다. 또는 종교심이 이 세 가지에 뿌리를 내리고 있는 것과 마찬가지로, 어떤 것도 종교심 없이 심각하게 고려할 수 없다.[76] 우리는 이것이 인

---

[76] LAPLANTINE, *Les Trois Voix de l'imaginaire*, 1972.

간이 살려면 반드시 필요한 것이라고 말했다. 늘 이와 같았다. 운명을 좌초시키고, 숙명을 피하려면, 종교심이 필요하다. 그러나 물론, 이성의 간계, 역사의 간계만이 있는 것이 아니다. 역시 운명의 간계라는 것도 있다. 이것은 자기편에서 신앙을 노예상태로 그리고 치명적인 숙명으로 만들어 버린다. 그러나 이것이 전부가 아니다. 그리고 거기에 인간의 상상력이 끼어들어 숙명에 대한 책임을 스스로 지게 만들고, 이상하게도 인간은 그 숙명을 거듭나게 만들어 버린다. 만일 현실이 나를 인간의 가능한 자유를 보장해준다면, 그것은 바로 인간 안에 각인된 차원, 곧 종교심이다. 그러나 전체적 문제는 무엇을 믿고, 누구를 믿는가라는 문제, 또는 어디에 신뢰를 둘 것 인가 하는 문제. 너는 인간의 선함에 대해서 순진한 신앙을 정당하게 고발했다. 그러나 인간의 근본적인 사악함에 대한 신앙도 내게는 비극적으로 비춰진다.

  분명히, 분명히, 나는 다시 이 문제를 다루려고 한다. 우나 내가 이 고발을 하도록 내버려다오!

  하지만, 수많은 은하로 구성된 우주에서 유일한 인간의 기적을 믿는 것이 중요할 것이라는 것처럼 보아다오. 하나님을 믿는 것을 중단하면서, 현대인은 외로움을 덜 느끼고자 다른 곳에 생명체가 있다는 것을 심각하게 상상하기 시작했다. 그리고 우리는 외부에서 메시지를 받았다고 믿었다. 한동안 과학자들은 사실 데이터들을 신호로 해석하려고 무척 애썼다. 학자들의 종교심을 보아라. 그리고 우리가 환상에 빠지지 않도록 보호해준다는 과학과 이성이라는 것이 얼마나 보잘 것 없는 것인지를 보아라. 물론, 우리는 갈릴레이 이후로 뜬구름 잡는 것과 같은 생각에 불과한, 하나님을 거스르는 논증들, 나아가 예수 그리스도를 대항하는 생각들을 끄집어내었다! 엄청난 은하의 현존 앞에서, 끊임없이 팽창하여 우리가 결코 그 기원을 알 수 없는 우주 안에서, 왜 하나님은 우리의 작은 지구에, 이 소행성과 무한히 멀리 떨어져서 사심 없이 관심을 가지고 계실까? 그리고 인간이 가능한 수백만의 다양한 삶 한 가운데에서, 우주에 퍼진 이 지성들 가운데서, 인간 안에 성육신해 들어온 하나님의 이야기는 무엇인가! 이 모든 것은 어린애 같은 짓들에 불과하다! 이 어린애 같은 짓들은 단지 이성적 논리의 수준에서 속하는 것이다! 우리가 사실상 세상에서 혼자라는 사실을 생각하기 시작한 과학자들이 늘어가고 있다. 우리 지구와 태양 사이의 거리에 조금이라도 변화가 생긴다면 생존은 불가능하기 때문이다. 태양과 ±1퍼센트의 변화가 있으면 지성을 가진 어떤 생명체도 출현할 수 없다! 이 사실에서 다른 곳에 그러한 생명이 출현할 가능성은 극히 적다는 결론을 내릴 수 있다. 하나님이 유일한 정원을 가꾸려고 지구를 선택하고, 거기에 유일한 생명을 탄생시키고, 유일한 지성을 가진 존재를 출현시키는 오래된 전설은 어느 것에 해당하는가⋯신앙, 신앙, 그러나 만일 우리가 이 유일성을 믿는다면, 우리는 얼마나 신중해야 하고, 책임감을 느껴야 하는가? 만일 이 유일한 창조가 있었다면, 그 공간이 공허해지고 아무도 관조하지 않는 맹목적 매커니즘의 갤럭시가 되지 않도록 그것을 보존할 줄 알아야했을 것이다. 과학적 확률은 오늘날 인류 초창기의 개화된 신앙과 합치한다. 이 인간은 스스로 일어나 그가 유일하다는 것을 발견한다. 그는 모든 것을 자신과 관련해서 이름 짓는다. 인간은 심지어 자신과 닮은 하나님을 보았다. 이것은 원시적 신인동형론일까? 최초의 신인동형론일까?종교심에 거슬러 성년이 된 인류는 거만스럽고 멸시하는 태도로 작은 웃음을 지으며 이 사실을 물리쳐 버리지 않는가? 그런데 인간의 우연과 필연의 산물들 중 하나임을 발견했던 이 오만함의 결과는 무엇인가? 인간 전체가 멸절할지 모르는 상황에서 조차도 인간이 하찮은 단순한 우연이라는 놀라운 착상은 도대체 어디에서 온 것인가?

  고도로 발달한 우리가 이성에 접근했기 때문에, 신앙을 버리는 것은 경멸과 학살이 난무하는 용서할 수 없는 시대로 우리를 들어가게 했다. 신앙 때문에 전쟁을 했던 원시인들은 그들이 죽여야만 했던 적들을 매우 높이 평가했었다. 우리가 하늘이나 지옥의 신들에게 죄수를 희생 제물로 바쳤을 때, 그것은 그가 전령역할을 하도록 하기 위해서였다. 그리고 그가 신들에게 최고의 희생으로서 바쳐질 만한 탁월한 가치가 있었기 때문이었다. 오늘날은 우리가 우주에서 결코 특별하지 않다고 확신하고, 인간 탄생의 빛나는 기적에 대한 믿음을 상실해서 우리는 우리가 학살하기를 원하는 대중을 멸시하고, 영적으로, 도덕적으로, 물리적으로 파괴하기 시작했다. 우리는 인간 안에 인간적인 것을 파괴할 정도로 만취하여 고차원적 신앙에서 벗어났다. 얼마나 큰 진보인가? 이 기적에서 종교심을 다시 찾아야 한다. 유일한 자 앞에서 존경과 두려움에 다시 사로잡혀야 한다. 성스러운 땅을, 인간의 삶을 하나의 경이로 만드는 터부를 다시 찾아야 한다. 우리를 위해서 만들어졌던 아름다움에 대한 종교심을 다시 찾아야 한다. 아 바로 그렇다! 별들은 우리가 그것들을 바라볼 때 맹목적으로 움직이는 눈이 먼 천체가 아니다. 수학자들이 아니라 시인들이 옳았다. 별들은 우리에게 기호들을 알려준다. 그것들은 바로 바다처럼, 그리고 봄의 식물들에서 보는 생명의 만개처럼 의미로 가득 차 있다. 그리고 만일 우리가 모든 것이 우리를 위해서 만들어 졌고, 또한 우리가 수호자와 책임자가 되도록 우리에게 알려진다는 근본적인 신앙함을 가지고 있다면, 우리는 그때 얼마나 더 신중하고 겸손해 질 것인가! 창세기의 오래된 신화를 보아라. 나는 네가 그것을 믿지 않는다는 것을 알지만, 어쨌거나 너는 그것을 볼 수 있다! 이 이야기는 하나님이 아담에게 땅과 정원에 대해 아담이 절대적이고, 무제한적인 독단적인 주권을 부여받았다는 것을 말하지 않았고, 이 인간이 이 재산을 파괴와 착취하라는 것을 결코 말하지 않았다. 반대로 인간은 존귀하게 여겨지며 최정상에 그리고 중심에 있다. 인간은 수호자다. 다시 말해서 그는 그것을 아름답고, 선하고 원래 하나님이 계획한 상태대로 보호하고 유지하는 관리인이며 책임자다. 다시 말해서 그는 하나님 앞에서 거기에서 일어난 것을 대답해야 할 것이다. 그리고 하나님은 늘 그에게 물을 수도 있다. 이 세계의 아름다움에 너는 무엇을 했느냐, 이 조화와 이 완전함에 무엇을 했느냐? 그는 사랑을 위해서 그리고 사랑으로 일하는 청지기이다…그렇다 만일 하나님이 그에게 "지배하라"고 했으면…이 문구는 인간이 모든 착취, 이용, 차별을 허용하도록 하고자 이용했던 것이다! 이것은 남자와 여자가 함께 하나님의 형상임을 선포한 **바로** 다음이었다. 하나님의 형상, 그것은 사랑이다. 다른 어떤 의미도 없다. 그리고 이것이 의미하는 바는 인간이 하나님이 하신 것과 **정확하게 같이** 피조물을 지배해야 하는 것을 의미한다. 다시 말해서 힘에 의해서, 강제, 기술적 수단들이 아니라 사랑에 의해서다. 사랑은 신화의 유일한 지도적 힘이다. 그리고 인간은 사랑에 의해서 그리고 사랑 안에서 이 세상을 경영하도록 부름 받았다. 그러나 세상의 일체성이 더 이상 존재하지 않는 순간부터, 우리가 사는 곳이 공간 안에서 길을 잃은 파편 조각이 된 순간부터, 우리가 막연한 화학적 조합에서 생겨난 존재가 된 순간부터, 너는 우리가 어떤 존엄과 한계를 가지고 있다고 생각하느냐? 강해지면 된다. 수단들을 축적하고 모든 것에서 이득을 빼내면 된다. 유아적인 이 신앙들의 죽음은 역시 우리가 사는 세상의 죽음을 말한다.

   그러나 우리가 효율성과 소비에 더 이상 도취되지 않게 되면, 이 세상의 조화와 아름다움과 영속성이 하나가 되는 것에 사로잡히지 않을까? 물론 진부하다! 그러나 꽃이 열매보다 앞선다. 그리고 왜 이곳이 그토록 아름다워야 하는가? 인간의 문화적 발명이 꽃보다 더 아름다운가? 유일한 것은, 동물들의 매력과 꽃들의 아름다움 앞에서 찬탄과 숭배에 사로잡히지 않는 사회 집단은 없다는 사실이다. 마치 어떤 심층적인 본능이 인간에게 약속된 이 은혜를 부여하는 것과 같은 이상한 조화다. 그리고 여기에 그것 공짜가 아니라는 사실이 있다. 꽃들이 꿀벌들을 유인하려면 향수를 뿌려야 한다. 나머지는 우리가 잘 알고 있다. 재생산을 위해서, 종족의 유지를 위해서는 여자로서의 아름다움과 남자로서의 아름다움이 필수불가결하다. 사랑이 이루어지면 새로운 탄생을 위한 사랑이 이루어진다. 모든 것은 단순한 기계적 메커니즘을 가진 시계나 컴퓨터가 될 수 있었다. 그러나 아무 것도 이런 것들과는 상관없었다. 은혜의 보충이 있었을 뿐이다. 기쁨의 질서, 아름다움의 질서, 선물로 주어진 질서 등 이 모든 것이 인간을 위한 것이었다. 인간의 종교심과 연관하여 사실 이것은 그를 위한 것이었다. 거기에 아무도 없다면, 어떤 은혜도, 어떤 즐거움도 없다. 그 신앙 안에서, 인간은 틀리지 않는다. 그는 틀리기 시작하고 그가 기만당했다고 스스로 믿을 때 길을 잃게 된다. 그러나 모든 결과들을 보아라! 오 모노스, 너는 부조리한 믿음에 의해 도덕이 사라지는 것을 슬퍼했다. 거기에 나는 그의 역학과, 책임, 일체성 안에서 그의 신앙을 잃어버렸다는 것을 덧붙일 것이다. 그러나 너는 신앙에 기대지 않고 엄격한 명령과 외부적 강제 그리고 '사회적 통제'를 찾는 것 외에 어떻게 도덕을 세울 수 있다는 말인가? 나는 알고 있다. 나는 이것이 유행이 아니라는 것을 알고 있다. 나는 과학 위에 도덕을 세우려는 모든 시도를 알고 있다. 다시 말해 의무도 없고, 제재도 없고 다만 인간성의 직접적인 표현인 도덕을 세우려는 시도를 알고 있다. 하지만 이런 시도는 지적 유희에 불과하다. 왜냐하면 이 수준에 속한 어떤 도덕도 몇몇 전문가 그룹을 넘어서지 못할 것이기 때문이다. 도덕은 공통된 토대를 갖고, 모두에게 자발적으로 받아들여지지 않는다면 존재할 수 없다. 그리고 그것을 위반하는 사람은 그가 "악"을 저질렀다는 것과 그의 집단에서 추방될 것이라는 것을 안다. 선한 인간이라고? 이 사실에서는, 어떤 도덕도 출현하지 않는다. 그리고 악만 난무한다. 이것이 바로 우리가 관찰하는 바다. 너는 그것을 말했다. 그럼 적어도 유일한 인간에 대한 신앙에서 출발해서 바로 선과 악을 구분하는 도덕의 의미를 되찾아야 한다. 이처럼 새로운 도덕이란 우리가 지난 세기들에서, 그리고 다양한 문화 속에서 계속해서 도덕이라고 불렀던 것과는 분명 다르지만, 우리의 길을 인도하고 선택해 줄 필수불가결한 도덕을 말한다. 나는 개인의 도덕, 자유, 선택, 책임의 가능성을 믿는다. 이것은 항상 다른 곳, 즉 도덕, 과학, 종말로 도피하지 않고 현재를 정복하는 일상의 도덕이다. 진리의 참조점으로 삼아 전수되는 경건한 채 하는 지혜자, 학자, 정치인들의 놀라운 미라들을 보아라. 레닌과 암브로스의 관. 미라, 미라 이것은 우리가 도덕의 씨앗을 찾을 곳이 아니다. 이 씨앗이 없으면 우리는 번개 같은 속도로 자살로 달려갈 것이다. 사회로부터가 아니라 인간은 유일한 존재이고 또, 개인이 모든 것이 창조되는 밑바탕이라는 신앙에서 나오는 반드시 필요한 이 도덕적 발명에 대해서 스스로 믿고 스스로 받아들일 책임, 책임이 각자에게, 각자에게만 있다. 그러나 이러한 창조는 우선 우리를 노예로 만드는 것을 거칠게 파괴함을 뜻한다. 다시 자신을 찾으려면 스스로를 잃어버려야 한다. 모든 것을 삼켜 버릴 것이라는 그 주장 때문에 파괴된 사회처럼 스스로를 잃어버리는 것에서, 기원과 목적을 다른 곳에 두는, 목적도 방향도 없는 사람처럼 스스로를 잃어버리는 것에서 우리 자신을 되찾아야 한다.

  만일 시작과 끝이 우리 자신 안에 있다면, 우리는 새롭게 도덕을 정립할 가능성이 전혀 없다. 새로운 도덕이 정립되지 않는다면 이 세계, 구체적으로 20세기의 서구 세계는, 곧 자살로 치닫게 될 것이다. 나는 절실한 마음으로 말하는 것이다. 우리 앞에는 자살이냐, 아니면 개인적, 공동체적 책임의 도덕을 다시 정립하느냐의 선택 밖에는 없다. 올바른 선택을 하면 모든 것은 올바른 자리로 돌아갈 것이다. 이 새로운 도덕의 정립은 다른 곳이나, 과거에 호소해서 이루어지는 것이 아니다. 신앙을 통하지 않고는 거기에 도달할 수 없다. 과거나 미래도, 그리고 우리의 기술적 수단이나 과학, 혁명도 우리의 삶을 가능하게 하고, 우리의 생명을 보장하지 않는다. 과학, 힘, 금을 가지고 있었던 마술사들이 유일하게 별이 받아들여질 가치가 있는 징표라고 소박하게 믿었듯이 우리도 이들처럼 부조리해 보이는 시도를 해야 할 것이다. 하지만 어떤 방식이나, 어떤 별이든 다 괜찮은 것은 아니다. 여기서 실수해서는 안 된다.

10장 · 사탄에서 에로스로

우나, 너의 탄식은 감동적이다. 우나, 그러나 누가 그것을 듣겠느냐? 어떤 대중, 계급, 엘리트, 교회, 정당이 오늘날 이 사막 위의 행진에 가담할 준비가 되어 있겠느냐? 보아라, 우리는 멈추지 않고 심지어 달 위에서도 계속 걷는다. 그리고 우리의 수단들은 매우 완벽해서 우리는 늘 더 빨리 앞으로 나아간다.

- 그런데 우리는 어디를 향해서 걸어가고 있느냐, 모노스?
- 우리는 지난 두 세기 전부터 그때까지 걸어 왔던 길과 본질적으로 다른 길 속에, 또 다른 하나의 길에 들어서고 있지 않느냐? 이것은 얼마나 광기어린 짓이고, 얼마나 아이러니한 일인가! 네가 믿고 있는 사람이 너의 기대와는 반대로 자기 자신에게만 정신이 팔려 절대 악만을 신봉하는 사람이라면 너는 어떻게 그를 움직이게 할 것이냐?

우리 세기의 이상한 모순을 생각해 보렴. 분명히 그는 너의 의미 있는 별들을 더 이상 믿지 않는다. 초월적인 것의 기호 자체를 믿지 않는다. 그러나 그 기호들은 사탄적이라고 규정하지 않지만 사실 사탄적인 힘들에 문을 열어주는 기회를 제공한다. 하지만 인간은 더 이상 초월적인 것을 믿지 않는다. 우리는 마귀와 사탄과 같은 단어를 듣고 웃는다. 하지만 얼마나 매력적인가! 너는 이 시대의 신앙의 밑바탕을 알고 싶어 한다. 그러나 그것은 마귀를 믿는 것이다. 끔찍하고 마귀적이라 불리는 영화들의 성공을 보아라. 분명 우리는 모든 사람들, 매우 지성적인 사람들의 눈동자가 휘둥그레지는 것을 볼 수 있다. 로즈메리의 아기(Rose-mary's Baby77)는 꿈의

---

77) [역주] 로만 폴란스키(Roman Polanski 1933-) 감독의 스릴러 영화로, 주인공은 사탄을 숭배

해석의 열쇠로 남아 있다! 지적이고 엘리트라는 사람들이 얼마나 유아적이고 위험한 상태에 빠져 있는가! 물론, 우리는 중세의 귀신학을 더 이상 믿지 않는다. 그러나 우리 자신들의 직무 속에 숨어서, 이름 없이 숭배되고, 맹신 되는 마귀를 더 지독하게 믿고 있다. 디아-볼로스$^{Dia-bolos}$, 분열시키는 자를 다시 생각해 봐라.

그리고 어떤 세계가 우리 세계만큼 갈기갈기 찢기었던가? 어떤 세계가 모든 부분에서 스스로 분열되었던가? 예수가 스스로 분쟁하는 왕국은 멸망할 것이라고 말해봐야 헛수고였다. 이것은 바로 우리의 일이다. 그리고 아마도 우리세계는 그것 때문에 파괴될 것이다. 현재 우리는 모든 곳에서 분열을 보고 있다. 세대 간에, 가족 간에, 세계의 블록 간에 그리고 이슬람교는 이슬람교를 대항해서, 제국주의는 제국주의를 대항해서, 공산주의는 공산주의를 대항해서 분열하고 있다. 가장 친밀하게 연합된 국가들이 찢겨지는 것을 보아라. 결혼관계는 그것이 그림자였던 것처럼 무너진다. 그리고 탯줄은 엄마와 태아를 더 이상 연결시켜 주지 않는다. 엄마는 탯줄을 끊어 버리고 싶어 한다. 이 저주의 시대에는 분열밖에 없다. 그것은 위엄 있는 변증법적 질서에서 나오는 분열이 아니라, 부조화와 불합리에서 오는 분열이다. 근본적으로 에로티즘을 빼고는 사랑이 존재하지 않기 때문에 오는 분열, 조소에서 나오는 분열, 위선과 과시에서 오는 분열이다. 너는 누구를 부르고 싶으냐? 누가 별을 향해 걷는 발걸음에 함께 할 것인가? 실제적으로 인간에게는 더 이상 예배, 신앙, 주ᵃ가 없어 보이지만, 인간이 행동으로 표현하는 모든 것은 바로 마귀다. 우리는 우리가 오래된 신화들에서 벗어났다고 잘 믿었다. 그러나 여전히 여기에서 우리 보다 더

한 이웃에 의해 환각 속에서 아기를 임신한다. 그녀는 아이가 사탄에게 바쳐질 것을 두려워 떤다. 폴란스키 감독은 십대 소녀 성추행 협의로 오랫동안 추문을 일으켰으며, 최근에 다시 체포되었지만, 스위스 법원은 그를 석방했고 미국의 인도 요청을 거부하고 있는 상태다.

교활한 것을 발견한다. 마귀는 자신의 얼굴을 감춘다. 그러나 이전에 말했던 대로, 지금 진정시킬 수 없는 종교심들의 갈등 안에 열렬하게 가담해 있는 모두는 오늘날 인간에게 힘을 휘두르고 있는 종교심이라는 것이 인간을 유혹해 분열과 갈등을 조장하는 신비한 마귀만이 일으킬 수 있다는 사실을 직시해야 할 것이다. 서로 사랑해야 할 사이지만, 치명적인 분열이 폭발하는 곳에서, 또 집단적인 증오를 일이키는 고발의 손가락이 있는 모든 곳에서 사람들의 마음을 사로잡고 손을 움직이게 하는 것은 바로 마귀다.

그리고 또 우리 세계에서 고발의 괴수의 승리를 생각해보아라. 마귀는 고발의 희생자들에게 모든 책임을 덮어씌운다. 스스로 잘못을 인정하게 하는 정도가 아니라, 스스로를 고발하게 한다. 그 사탄은 매우 완벽하게 숨어 있다. 그래서 사탄의 역할과 희생자 역할 사이의 분명한 분리가 없다. 사탄은 교묘하게 그 희생자를 스스로 사탄이 되게 한다. 사탄은 자기의 일을 성취하려고 더 이상 사탄 노릇을 할 필요가 없다. 얼마나 멋진 성공인가! 무덤 안에서는 우리를 바라볼 눈이 없다. 사르트르는 매우 잘 "보았다." 타인에게 고발당하려면 타인의 시선아래 있기만 하면 된다. 이런 식으로 나의 죄책은 바로 이 타인에 의해 낱낱이 드러나게 된다. "지옥은 바로 타인이다." 그러나 미묘한 자기비판 메커니즘 덕에, 사실 자기를 고발 하는 자, 나 자신이 곧 타인이다. 정신분석도 역시 이 놀이를 했다. 타인과 나 자신 사이에서 교차되는 힘의 관계들! 너는 너를 바라본다. 너는 너에게 말한다. 너는 너 자신도 모르는 더 깊은 심연으로 내려간다. 너는 너의 어린 시절의 뿌리들로 거슬러 올라간다. 그리고 사람들은 너에게 다시 시작할 가능성, 해방의 가능성에 대해서 알려준다. 이것은 바로 정신분석학에서 동정심 많은 경찰이 너의 삶의 각 요소를 스스로 진단하도록 지도 할 때 일어나는 일이다. 너는 이론에 비추어서 신중하고, 은밀한 증인들 앞에서 네가 어디에서부터 오류를 범하고 올바른 방향에서 벗어나기 시작했는지를, 그리고 무엇이 너를 비참한 죄인으로 만들어 버렸는지를 말하게 된다. 이때, 너는 해방될 것이다. 너의 가슴과 너의 얼굴을 비트는 모든 것에서 해방감을 느끼고, 새 사람이 될 것이다. 그리고 두 가지 경우는, 너를 너 자신이 되도록 부추기는 그 옛날 사탄의 약속과 똑같다. "만일 네가 타인을 고발하면, 그때 너는 하나님처럼 될 것이다. 하나님처럼 자유롭고 전지하게 될 것이다." 우리는 가장 오래된 신화가 수많은 방향에서 그리고 수많은 가면을 쓰고 존재하는 놀라운 시대에 살고 있다. 그러나 우리는 그 사실에 대해서 전혀 모른 채, 맹목적으로 믿으며 우리 자신의 삶이 아닌, 비인간적인 삶 속으로 들어간다. 왜냐하면 그때부터 우리는 자기 자신을 정죄하는 것에서 벗어나, 사탄, 고소자가 되기 때문이다. 모든 보도를 들어보아라, 이 환각적 세계의 연출들을 보아라, 온통 고발뿐이다. 스스로 사탄이 된 사람만큼 더 좋은 고소자는 없다. 스스로를 고발하는 재판관보다 더 좋은 재판관은 없다. 그리고 자상한 정신분석가물론 아니다. 그는 자상하지 않다, 그는 환자를 치료하는 단 하나의 목적밖에 없다. 물론 아니다. 그는 목적을 가져서는 안 된다! 바로 이 정신분석가 자신이 자신의 정신분석 대상이 되어야 한다. 고소가 시작되면, 중단할 수 없다. 사탄의 승리, 그것은 평범한 젊은 사자들Young Lions78), 낭만주의에서 흡혈귀의 유아적인 이미지가 아니다, 아니면 말도로의 노래Les Chants de Maldoror79)가 아니다. 이 모든 것은 재미나는 문학에 불과하다. 사탄의 승리는 모든 것이 모든 것에 대항하게 하는 일반화된 고소에 있다. 우리는 각자가 격분해서,

---

78) [역주] 프랑스 판 제목은 『저주받은 자들의 무도회*Bal des maudits*』로 어빙 쇼우(Irwin Shaw)의 소설을 토대로 1958년 에드워드 드미트릭(Edward Dmytryk) 감독이 제작한 영화. 2차 세계 대전을 배경으로 세 군인의 다른 운명을 그린 영화. 여기서 나치 장교인 크리스찬 디스틀(Christian Diestl)은 나치즘에 열광한 이상주의자였지만, 홀로코스트를 경험하고 나치즘에 환멸을 느낀다.

79) [역주] 이 작품에서 말도로는 현실에 대해서 초월한 비현실적인 반항과 승리를 상징한다.

열정적으로 고소자가 되는 거대한 과정을 살고 있다. 이것은 재판관이나 설명자가 되는 터무니없는 일이다. 네가 타인을 고발할 때마다 파시스트 또는 공산주의 또는 유대인 또는 이민자들 또는 젊은이들… 동시에 너는 심판에서 벗어나고 스스로의 의를 얻을 수 있다. 너는 너를 위한 희생양을 찾았다. 사실 우리는 주어진 시간을 이 대상을 찾는데 보낸다. 우리의 손을 그것의 머리에 얹고, 우리의 모든 잘못을 전가시켜, 사실 너 자신의 미움을 상징하는 뱀, 몽마夢魔80), 음몽마녀淫夢魔女81), 마귀, 망령이 되게 하려고 사막으로 쫓아낸다.

과학과 지성의 놀라운 성공 가운데서 우리에게 주입되고 유포된 우리의 종교심이라는 길을 통해 사탄은 빠짐없이 모든 곳에서 승리를 거두었다는 것을 인정해야 한다. 이것은 우리가 스스로의 주인이 아니라는 뜻이다. 우리는 우리 자신이 되면 충분하다. 우리 자신을 믿는 것으로 충분하다. 그때 우리는 자기 자신 속에 갇히게 된다. 이러한 고소가 확산되면, 자기 자신 속에 감금되는 것, 자기 스스로에게 만족하는 것, 자기가 충분하다고 생각하고 자만하는 것밖에 남지 않는다. 나르시스는 스스로 물에 빠지지 않을 것이다. 왜냐하면 그는 이미 죽었기 때문이다. 그는 자신의 고발 안에서 스스로를 살해했다. 그러나 그는 계속해서 살아야 한다. 오늘날 에로티즘의 빈곤함을 보아라. 놀라운 왜곡이다. 그러나 더 놀라운 것은 에로티즘을 통해서 자기를 실현한다는 것이고, 사드Sade82)가 해방과 인간의 초월의 영웅으로 나타난다는 것이다. 이 해방은 자기 자신에게서의 해방과 초월이라는 뜻인가? 누가 에로틱한 행동에서 자기 자신을 표

---

80) [역주] 자는 사람을 누른다는 귀신.
81) [역주] 자는 남자와 관계를 갖는다는 귀신.
82) [역주] 도나티앙 알퐁스 프랑수아, 사드 후작 (Donatien Alphonse François, marquis de Sade) '사디즘'이라는 용어 때문에 잘 알려졌다. 프랑스의 사상가이며 작가이다. 변태적 성을 주제로 해서 기성 사회 질서에 도전하는 작품을 썼다. 대표작으로 쥬스틴 덕의 『불행』Justine ou les Malheurs de la vertu, 『소돔의 120일』Les cent vingt journées de Sodome 등이 있다.

현하고 스스로를 성취할 수 있겠는가? 왜냐하면 다시 잘 읽어보아라, 너는 알게 될 것이다. 도덕적 측면에서가 아니더라도 이 애정 행각들 모두는 결국 불가능하여 실패로 끝이 나는 것을 보게 될 것이다. 그리고 다른 측면에서, 너는 너 자신의 애정 행각에서 무엇을 얻었느냐? 나는 이 자유스러운 오만한 발견자들이 허세부리는 태도에 웃음이 난다! 너는 여자를 하나의 사물로 만들어 버렸다. 나는 그것에 동의한다 에로티즘에 의해서 여자는 스스로 해방될 것이고, 결국 자기 자신이 될 것이다…그러나 에로티즘은 늘 고독한 즐거움이다. 그리고 상대자는 나의 쾌락을 만족시키기 위한 하나의 사물에 불과하다는 것을 어떻게 깨닫지 못하느냐? 에로티즘에서 타인은 좀 더 완벽한 인공 음경에 불과하다. 나누어주는 에로티즘이란 없다. 그것은 사랑이다 에로티즘은 자기 자신 속에 감금되는 것에 불과하다. 그 이상도 이하도 아니다. 한편, 언제고 던져버릴 이 물건은, 네가 행복하게 타인에게 투사한 너의 파렴치한 흔적을 담고 있는 자이다. 결국 너는 타인의 시각에서 벗어나고자 자신이 만든 갑옷 속에 숨어 들어가는 것이고, 동시에 모든 고발에서 너를 보호하려고, 그리고 살아 있지만 죽은 것이나 다름없는 나르시스의 끔직한 열정을 만족시키려고 타인을 이용하는 것이다. 보아라, 우리가 여기에 있다. 그리고 여기에 모든 인간의 근본적인 종교심이 있다. 거기에 여자도 물론 포함된다 우리 이성과 진보의 시대에! 그리고 너는 감히 사랑과 따스함으로 유일한 종족에 대해서 말하는가? 너는 그것을 감히 믿는가! 너는 감히 지금 필사적으로 자살을 하려고 노력하는 이 우연한 종족의 통일성을 믿는다고 말하려고 하느냐! 너는 상투적 생각에 빠져든다. 너는 너의 영혼의 선함 속에 빠진다. 너는 희망이 없는 곳에서 희망한다. 그때부터 나는 나 자신에게, 내가 비난하고 무無만을 신봉하는 사람들의 신앙에 굴복한다. 세계가 지금 진행되는 행태를 생각하면서 그리고 인간이 스스로 마귀와 사탄으로 되는 것을 생각하면서, 나는 악

외에는 다른 생각을 하지 못한다. 내가 스스로 기독교인이라고 생각하고, 여전히 원죄라든가 악신을 믿는다면…나는 수백만의 다른 사람들과 이 신앙을 나누지 않겠는가? 무엇이 "종교심"이상의 것이겠는가? 만일 네가 창세기를 잘 고찰하기를 원한다면, 그 단절의 아름다운 이야기에서 유추할 것은 죄의 문제가 아니다. 이 본문에서 "죄"를 구성해 낸 것은 해석가들, 그리고 해석가들의 해석가들이다. 그것은 눈앞에 펼쳐지는 악에 대한 단순한 그리고 안도감을 주는 설명인 "원죄"교리의 문제가 아니다. 이 이야기는 하나님을 가리키는 신화가 아니라 인간 스스로를 위한 설명적 실재로서 이해되었다. 원죄의 개념의 정립은 인간의 자기 자신에 집착의 표현이고, 이것이 그의 유일한 관심임을 보여준다. 하지만 성서 본문은 이러한 열정을 해체시켜 하나님을 바라보게 한다. 그러나 이 종교성은 내가 너에게 설명하려고 하는 틀 안에 잘 들어간다. 인간의 모든 잠재성을 파괴하는 원죄, 이것은 비교하자면 그리스의 아낭케보다 더 나쁘다. 그것은 결코 인간을 으스러뜨리고 지배하는 외부적인 힘이 아니다. 이 인간이 균열을 발견할 때 어쨌거나 가능성, 희망이 존재했다. 아니다, 지금 이 교리 때문에 인간이 무엇을 하든지 존재 자체에 악이 자리를 잡고 있다. 인간은 악 속에 있다. 가장 높은 곳과 가장 아름다운 것에서부터 인간이 건설할 수 있는 모든 것은, 죽음, 폐허 그리고 재난이 담고 있다. 이것은 단지 그것이 인간에게서 나왔기 때문이다. 이것을 확신한 한 문명의 십여 세대는 이 치유할 수 없는 종교심 안에서 살았다.

◆ 전혀 그렇지 않다. 모노스 예수 그리스도를 잊지 말아라.

◆ 나는 돌이킬 수 없는 사실에 대해 말하고 있다. 왜냐하면 인간이 쥐고 있는 것은, 예수가 아니고 자신의 절대적인 패역성이기 때문이다.

그리고 만일 그것이 매우 절대적이라면, 그는 하나님의 죽음에 대한 죄를 지게 되었다. 너는 이 절대적 패역성이 인간에게 미치는 영향에 대해 생각해 보았느냐? 그렇다면 원죄에 대한 종교심으로 인간이 마귀와 사단에게 큰 문을 열어주고 그것에 사로잡히게 되었다는 사실이 그리 놀라운 일이 아닐 것이다. 놀라운 부패이다. 왜냐하면 만일 네가 힘들여서 성경을 읽는다면, 이 창세기의 유일한 이야기는 히브리 성경에서 극히 작은 부분을 차지하고 있다는 것을 알게 될 것이다. 한 이야기가 있고, 그리고 나서 모든 것이 삭제된다. 모든 것은 다른 곳에서 일어난다. 선지자와 왕들, 율법과 사사들, 족장들과 지혜자들의 행렬 가운데서 우리는 죄도, 절대악도, 유전적 치명성에 대해서도 언급하지 않는다…후에 "타락"이라고 명명된 이야기는 이 천 년의 "계시들" 가운데서 완전히 고립되어 있다. 하지만 이 교리는 어두운 종교심 안에서 어두운 시대를 지배하게 된다. 그리고 만일 지금 우리가 원죄에 대해서 더 이상 말하지 않는다면, 그것은 이 교리가 우리 서구인의 행동과 생각 속에서 흔적이 남지 않을 정도로 영혼 속에 깊숙이 뿌리 박혀 있기 때문일 것이다. 여기에 종교심이 있다. 악에 대한 종교심. 그것은 그 자체가 악이고 모든 악들이 여기에서 비롯된다.

11장 · 용서와 망각

나와 뗄 수 없는 존재, 모노스, 지금은 사랑을 자기 자신에 대한 미움으로, 은혜를 끊임없는 고발로 만드는 끔찍한 왜곡을 밝히는 때와 장소가 아님을 안다. 그렇지만 전에, 너는 믿는다는 것의 또 다른 측면을 받아들일 수 없느냐? 용서하려면 너는 이미 믿음을 가져야 하는 것이 아니냐? 너는 세상을 버리기만을 바라는구나. 왜냐하면 신앙을 넘어서 그것은 결국 인간의 모든 것을 버리는 것이기 때문이다. 용서 위에서가 아니라면 우리의 삶을 어디에 기초할 것이냐? 나는 까뮈가 그의 가장 아름다운 작품들 중 하나를 끝내는 고뇌에 찬 문제를 상기시키는 것을 결코 멈출 수 없다. "누가 우리를 용서할 것인가?" 너는 모르느냐? 인간에게 다른 어떤 것보다도 필요한 것이 바로 용서라는 것을 느끼지 못하느냐? 우리는 "자연적인", 또는 "인공적인" "주관적인" 또는 "객관적인" 그리고 식량, 위로, 아름다움, 인간관계, 마약의 필요성에 대해서 그치지 않고 말한다. 그러나 인간에게 가장 깊은 필요는 불안 자체의 가장 깊은 곳에서 느끼는 용서의 필요이다. 문화적 경멸심을 가지고 그것이 유대 기독교 문명의 한 산물이라고 말하지 마라! 기독교 문명의 영향 바깥에 있는 세계를 둘러보면 충분하다. 너는 어디서나 희생, 제식, 금기를 발견한다. 너는 봉헌들이 행해지는 것을 알고 있다. 그리고 그것이 누구를 대상으로 행해지고 있느냐는 중요하지 않다, 그것들이 내세우는 목표들(강수나 전쟁에서 승리, 적의 죽음 또는 사냥과 수확의 성공 등)이 무엇이냐 하는 것도 거의 중요하지 않다. 이러한 것들은 모든 사회에 그리고 모든 때에 "받아들여 짐"이라는 중요한 모티브를 반영하고 있다. "받아들여진다는"것은 미지의 존재, 말할 수 없는 존재에 의해서 우리 자신이 누구인지를 확인하고, 나아가 우리가 한 행위에 대해서 더 깊숙이 용서받는다는 것을 의미한다. 우리 동료 인간들과, 우리 이웃, 우리 자녀들, 우리 친구에 의해서 그리고 자기 자신에 의해서 용서를 받는 것이다. 심지어 그렇게 생각이 되지 않더라도 말이다. 나는 나 자신을 전혀 책망하지 않는다. 하지만 내 존재 전체를 긍정할 필요가 있다. 다시 말해 죄의식이라는 어떤 환상에 대해서가 아니라, 존재 자체가 용서 받을 필요가 있다. 너도 말하듯이 인간이 스스로 마귀와 사탄 된다는 것이 사실이라면 얼마나 더 용서가 필요한가! 왜냐하면 인간이 그렇게 된다면 결코 자기 자신을 용서하지 못할 것이고, 죄를 사함 받지 못할 것이며 세마포를 입고서 즐겁게 앞으로 나아가지 못할 것이기 때문이다. 참조, 계시록 10:8-역주 **누군가가** 그를 용서해야 한다. 모노스 너는 너의 절망과 명석함 속에서 느끼지 못하느냐? 용서의 부재가 끊임없이 너로 말하게 하지 않느냐? 그리고 용서가, 우리가 아뢰고 그의 이름으로 용서하는 그 하나님께 속하지 않았다 할지라도그리고 하나님이 우리 모두를 용서하기를 원하시길 기도하자, 타인에게 요구되고, 타인을 향한 용서는 나에게 매일의 양식보다 더 본질적이다. 그리고 그것은 부조리한 양심의 가책과는 상관없다. 섬세한 영혼과도 관련 없다. 부르주아의 사치스런 근심과도 관련이 없다. 가장 무덤덤한 범죄자가 그 근본에서 불안을 간직하고 있음을 우리는 알았다. 그리고 커다란 정치적 퍼레이드, 록 음악이나 원시적이라고 불리는 의식적 춤에 미친 듯 빠져드는 것, 신에게 홀린 것, 샤머니즘이라는 것은 정화되고, 정당화되고, 씻겨지고자 하는 억누를 수 없는 필요, 한 마디로 용서될 필요의 표현이 아닌가? 이것은 마귀를 쫓아내거나, 악을 적에게 전가시키는 문제라고 할 수 있다. 이러한 것들은 어떻게 해서든 내가 물들어 있는지조차도 알 수 없는 악이 내 속에서 떠나게 하는 수단이 된다. 다시 말해서 실질적으로 내가 용서 받았는지를 알고자 함이다. 그러나 우리가 하나님 없이 세상의 중심이 되고자 한다면, 종교심 없이 어떻게 용서하고 용서 받을 수 있겠는가? 사형을 선고하거나 집단 수용소로 보내는 정치 경찰, 현대의 이 큰 제사장은 푸뀌에-땡빌Fouquier-Tinville 83)의 영원한 상속자다. 이 사람의 임무는 사실상 공화국을 순수하게 하고, 때묻지 않게 하고 공화국을 타락시키는 것을 막는 것이다. 그 사람 자신도 종교심에서 행동한다. 이 종교심 덕에 그의 눈에는 무고한 수백만을 처형하는 것이 단지 살인자를 처단하는 것에 불과하게 보인다. 이것은 집단 전체의 용서와 체제의 순화를 얻기 위한 것이지만, 그 자신은 죽음의 천사이다. 그는 이 처형으로 생겨나게 될 매우 행복한 인류에 의해서 자신의 불의를 용서받는다. 용서가 없이는 삶이 가능하지 않다. 종교심 없이는 용서를 받을 수 없다. 그리고 네가 제시했었던 사례들조차도 얼마나 나의 확신을 강화시키는가? 너는 인간과 마귀를 계속해서 동일시한다. 그러나 너는 잘 알아차렸다. 거기에 역시 종교심의 문제가 있었다는 것을, 그리고 너는 근본적인 구원을 위해 마귀 쫓기逐邪를 바라지 않았느냐? 사실상, 나는 인간이 모든 시대에 그를 초월하는 힘들에 의해서 사로잡혔음을 확신한다. 어제는 숲의 마귀들, 밤의 마귀들, 죽은 유령에 의해서, 오늘날은 돈 또는 정치, 기술적 일탈에 의해서 사로잡혀 있다. 그러나 올바른 이성이나, 명석한 기하학으로는 해방에 결코 이를 수 없을 것이다. 또한, 우상 파괴적 의식이 거행되는 무의식의 어둠 속, 더 깊은 동굴 속으로 침잠해 들어가는 것으로도 마찬가지다. 너는 이 정신 분석적 의식들과 해석학적 투영들이 자신에 대한 집착을 더 강화시킨다는 것을 잘 알고 있다… 그리고 이 영혼이 깨끗하게 비워져서 정화되었을 때, 일곱 마귀가 그 자리를 차지하려 돌진해 온다…마귀가 쫓아냈지만 나중에는 더 많은 마귀

---

83) [역주]프랑스 혁명 당시 혁명 재판소의 검사로 공화제에 반대하는 이들을 무차별 사형 선고를 내려 악명이 높았다.

가 달려온다. 여기에 축사가 필요하다. 이 축사는 중세적인 것, 제식적 암송, 엄숙한 제스쳐, 어떤 마술적인 행위도 아니다. 그것은 용서라는 축사이다. 이 축사는 용서받은 자에게 실질적으로 그 안에 모든 것이 지워졌다는 완전한 확신을 심어준다. 그리고 너의 마귀들은 그 용서에 대해서 어떤 것도 할 수 없다. 사실 메피스토펠레스가 할 수 없는 유일한 것은, 바로 용서이다. 그러나 만일 종교심이 없다면 서로가 서로에게 이 축사를 어떻게 행할 것인가? "금식과 기도가 아니면 이런 류가 나가지 아니하느니라."마 17:21이는 반드시 한 신앙의 행위의 표현이다. 그리고 만일 타인을 믿는 것으로 시작하지 않는다면, 어떻게 네가 기술했던 단절과 고발을 극복할 것인가? 믿는다는 것, 비록 그가 네게 거짓말 하더라도, 역시 진리를 말한다. 비록 그가 너를 미워한다 하더라도 어쨌든 그에게 다른 가능한 것의 뿌리가 있음을 믿어야 한다. 너는 그를 신뢰하는 것에서 시작해야 한다. 비록 그가 틀렸다 하더라도, 너는 그 안에서 진리의 불씨가 있음을 발견해야 한다. 비록 그가 좋은 사람이라고 자처하지만, 너는 그 반대되는 사람임을 알고 있을 때도, 너는 그가 한 희망을 표현한다는 것을 알아야 한다. 그리고 만일 그가 너에게 자신이 인정이라고는 없는 사람이라고 말한다면, 너는 물 한 방울이라도 솟아날 틈을 발견할 수 있어야 한다. 이것은 단순히 타인 앞에서 어리석고, 쉽게 믿는 바보가 되는 것이 아니다. 그렇지 않다. 그렇지 않아. 모노스. 총명한 모노스, 정말 총명한 모노스. 그리고 너는 말한다는 것이 무엇을 의미하는 지를 명확하게 알고 있다. "말한다는 것"은 군소리, 객설, 속임, 험담, 신비한 지식 등에 불과하다. 너는 이것들을 피할 수 있다. 그리고 아마도 너는 속으로 모순되게도 그것을 즐기고 있을 것이다. 그러나 이것은 자신을 보여주는 것이 아니다. 왜냐하면 유일한 출구는 바로 어쨌거나 완전하게 그를 신뢰하는 것이기 때문이다. 다른 이가 나타날 수 있다. 우리가 하나님을 믿는 것처럼 그를 믿는 것은 아니다. 그를 믿는다는 것은 그가 스스로에 대해서 말하거나 주장하는 것 때문이 아니라, 그가 나와 맺고 있는 관계 때문이다. 이 관계는 항상 다소 변화하고, 상처를 입을 수 있다. 하지만, 상대방이 "나는 믿을 만하다"라고 말하면서도 뒤에서 당신의 험담을 한다 할지라도 그 관계는 지속된다. 당신을 험담한다 해도 관계에 있어 치명적은 아니다. 나를 잘 이해해 다오, 모노스. 거기에 우리 모두, 우리 인간의 유일한 길이 있다. 용서의 길을 통해서 권세들을 쫓아내지 않으면, 그 다음에는 망각이 찾아온다.

그것들이 피상적이고 헛되기 때문에 그들은 "용서 없이, 망각하도록 하자"라고 말한다. 또는 정반대로, 대학살의 기념식에서는 "우리는 용서한다. 그러나 결코 잊지 않겠다."라고 선포한다. 말쟁이들의 초라한 수사다. 그들의 웅변술이란 매우 그럴싸하게 들리지만, 사실 텅 비어있다! 도대체 용서가 없는 망각이란 무엇인가? 시간이 흐르면 상처가 재가 되어 땅 속에 묻힌다고 생각할지 모른다. 그러나 페인트를 칠한 외관 뒤로 녹이 파고든다. 그리고 금속을 파괴한다. 그렇게 되면 아무 것도 남지 않을 것이다. 우리의 기억에 새겨진 악을 지울 수 없는 용서라면 무슨 소용이 있는가? '기억들'을 되새기는 인위적인 예식을 통해서 정의가 부정되었다는 사실을 다시 새롭게 떠올리게 하면 지금 어떤 화해나, 우정이 자리를 잡을 수 있을까? 무엇에 대한 기억인가? 무엇을 되새길 것인가? 타인들이 자행한 악을? 영구화된 친족 간의 불화를? 만일 용서가 있다면 우리의 뼈아픈 기억들은 사라질 것이다. 사실 사회적, 집단적, 역사적 기억보다 우리 가슴 속에 더 비참한 것이 있을까? 용서와 망각은 단순히 어두운 자아의 환상에서 아니라 올바른 근거를 가질 때 함께 가는 것이다. 용서와 망각은 우리가 함께 할 가능성의 상호적인 조건이다. 그것이 없이는 오직 파괴만이 우리 앞에 놓여 있다. 그것이 바로 정보과학이 내게 심히 위험스럽고, 빈틈없어 보이고, 망각하는 법이 없으며, 용서가 없는 것으로 보이는 이유다…기술의 조작들! 그러나 다시 말하지만, 용서와 망각이 엄격하고 고결한 지식에 토대를 두지 않고, 종교심 즉 과학적 이성에 근거를 둔다면, 결코 용서는 없는 것이고, 과학에 근거를 둔 것이 아니라 종교심에 근거를 둔다면, 결코 용서는 없을 것이고, 죄 있는 자를 결코 평화롭게 못할 것이며모두에게 죄가 있다! 매번 분노한 에리니에스84)를 잠에서 깨울 것이다. 나를 속였던 자가 새로워질 수 있다는 가능성을 겸손하게 믿는 것만이 나의 삶을 해방시키고, 여러 교차로 가운데에 그의 삶을 계속해서 열린 가능성으로 남겨 둘 것이다. 이것은 그가 자신의 과거와는 다른 선택을 스스로 하도록 하기 위함이다.

---

84) [역주] 제우스가 우나로스의 성기를 자르면서 태어난 세 여신. 죽은 자에게 벌을 주는 신이며, 라틴어로는 푸리에스Furies, 즉 화의 신이다.

12장 · 내가 믿는 것

우나, 울창한 숲 속에서 빈 터를 발견하는 것과 같이, 믿는다는 것의 새로운 면모들을 발견하게 해주는 길들을 우리가 늘 따라가지 않았느냐. 하지만, 그 과정에서 나무들 사이로 새롭게 비춰는 빛들은 종교심의 모호한 측면들이 드러나도록 하지 않았느냐! 그것은 모든 것이다. 하지만, 그것은 아무 것도 아니다. 그것은 모든 것을 대상으로 한다. 다시 말해서 무엇이든 상관없다. 그리고 역사 가운데서 광포한 역할을 한다. 하지만, 그것은 영사기에서 스치고 지나가는 음영과도 같다! 그리고 바로 이 때문에 나는 근심을 가지고 나에게 질문을 던진다. 그리고 이것이 "내가 믿는 것"에 대한 수많은 책들이 이상하게도 성공을 거두는 것에 대해 놀라는 이유이다. 따라서 이 고백들에 어떤 중요성들이 부여되는가? 내가 보기에 대중의 이러한 부르짖음은 우리 사회에서 믿는 것의 결여 또는 공포에 의해서만 올바르게 설명되는 진정한 사회학적 흐름을 대변하고 있다. 공포, 즉 나침반이 제구실을 못한다는 의미에서의 공포다. 여기에 나는 얼굴을 찌푸리게 하는 세계 속으로 빠져 들어간다. 덜 마그리(Dulle Margriet85)와 비견되는 인물들에 둘러싸여 또는 제롬 보쉬(Jrome Bosch86)가 그린 예수를 둘러싼 얼굴들에 둘러싸인 채로 모든 것이 네게 매혹적이면서도 끔찍하게 보인다. 나는 마치 우주 안에서 걸어가는 것 같다. 그 세계의 광기는 매우 유쾌한 측면들을 제시한다. 나는 거울들이 돌고 있는 방 안에 있다. 매번 내

---

85) 프레데릭 호농 교수에 따르면 덜 마그리는 Dulle Griet(=Margot la folle)를 가리킨다. 이는 Bruegel의 그림에 등장하는 인물로 지옥을 정복하려고 달려가는 끔찍한 인물이다.
86) 네델란드의 화가로 괴물, 텅 빈 눈, 지옥의 모습 등 기괴한 모습을 많이 그려 초현실주의에 영향을 주었다. 여기서 엘륄은 이 작가의 "십자가를 진 예수Portement de Croix"작품을 암시하고 있다. 이 그림은 인터넷에서 열람할 수 있다.

주위에서 불규칙하게 변화하고 놀라운 수많은 조합을 만들어 내는 돌고 도는 거대한 만화경의 중심에 있는 것이다. 어디에 확실성이 있을 것인가? 나는 고뇌 속에서 나에게 질문을 던진다. 어디에 나를 자리매김 하고, 어디에서 나를 발견할 참조점을 찾을 것인가, 무엇이 되었든 간에 결국 어떻게 안정된 것을 잡을 것인가. 그리고 여기에 어떤 이가 "내가 믿는 것"이라고 선포하고자 온다. 결국, 내 불확실성에서 내가 구원될 것인가? 이것은 타르타르 사막 한가운데서 길을 안내해줄 사람을 찾는 부르짖음과 같은 것이다. 결국 참된 것을 말하려고 어떤 이가 내게 온다. 우리는 **증인들**이 필요하다. 무엇에 대해서인지 우리는 아직 모른다. 그러나 어떤 이가 나에게 믿을만한 **영원한** 무엇인가가 존재한다는 사실을 확신시켜주고, 비록 모든 사람이 공포에 떪에도 한 밤중에 겁을 먹은 어린아이에게처럼 나에게 어떤 확실성을 붙잡을 수 있다는 것을 확인해주며 안심시켜 주는 것이 필요하다. 우리는 서로가 서로를 부르면서 "믿는다"라고 나에게 말해주는 어떤 이의 음성을 들으면서 나를 안심시킨다. 그리고 나도 역시 나의 길을 계속 갈 수 있다고 스스로를 확증한다. 그러나 만일 네가 사물들의 실재성을 생각하기를 원한다면, 더 부조리한 것은 없다. 이미 문구 자체 "[내가 믿는] 것Ce que[je crois]"은 중성적이다. 단지 이것뿐이다. 이러한 단순한 문법적 관찰은 결국 믿는 것에서 모든 능력, 말하자면 실존적인 능력을 제거한다. 만일 그것이 중립적인 것과 관련 있다면, 어떻게 내가 그것에 대해서 가르침을 받았겠는가? 그것은 평범한 의견에 불과하다. 그리고 나는 의견들을 제시하는 것에 불과하다! 그것은 한 대상, 단지 대상 그리고 그것이 무엇이 되었든 간에, 즉 교리, 과학, 사상의 받침돌 위에 조각상처럼 놓인 그 하나님 앞에서 우리는, 나는 절을 한다. 그것은 구체적으로 집단, 계급, 민족, 영도자, 또는 서기장 그리고 내 손으로 만든 위대한 작품, 위성 그리고 마이크로 프로세서, 역사 또는 소명, 그리고 "인간" 자신이다. 내가 믿는 것은, 대형 도자기다. 그밖에 다른 것도, 그 이상의 것도 아니다. "~하는 것"은 놀라운 비밀을 담고 있는 것으로 너에게 주는 대형 도자기를 지칭할 따름이다. 그리고 '나'는 '~하는 것' 다음에 온다. 앞에서 보듯이 불어에서는 '나'가 '믿는다' 다음에 온다-역주. 따라서 이러 저러한 사람이 어떤 신앙을 갖든 나와 무슨 상관인가? 이것은 말을 하는 사람에게는 아마도 흥미로운 일이 될 것이다. 나. 내가 여기에 있다. 자신이 믿는 바에 관한 책들에 대한 열광은 기억들, 일기들, 결국 잡다한 일반 소설류에 불과한 것에 대한 열광이나 다름없는 것임을 말해야만 한다. 소설은 인간 안에 존재의 사라짐에 따라서 비상한다. 너의 삶이 보잘 것 없을수록, 너는 타인들의 이야기를 읽는다. 네가 영웅이 아닐수록, 너는 영웅을 만날 필요가 있다. 네가 성적 만족감이 덜할수록, 너는 에로티즘을 보고 읽으려고 한다. 너의 삶이 본질적으로 덜 모험적일수록, 너는 타인의 모험을 경험하고자 한다. 이처럼 우리는 아무 것도 아니라는 감정을 가지고 있다. 혼자가 아니라는 감정을 가지고 있다. 우리의 삶은 다른 사람들이 이야기한 꿈의 삶 가운데서 시작한다. 그리고 이 이야기들은 우리가 위험천만한 질문, "이 모든 것이 어디에 소용이 있는가, 나의 삶, 나의 일, 내 사람, 이 문명, 이 문화, 이 사회, 이 조직, 어디에 가치가 있는가?"라는 질문의 불 가운데서 스스로를 불태우는 것을 막아주고, 이 니트로글리세린을 조작하는 것을 피하게 해 준다. 다행스럽게도, 기꺼이 도울 자신의 작은 요정 이야기를 들려주는 사람이 나타났다. 소설. 그러고 나서 우리는 더 진지한 어떤 것으로 옮겨간다. 체험담. 자신에 대해서 말하는 위대한 사람. 위대한 작가, 철학자, 원수, 민족의 영웅, 대통령, 음악가가 되기 위한 어떤 사람이 필요하다. 이 모든 것은 그 자체로 절대적이다. 그는 내가 가지고 있지 않은 이 비밀을 지니고 있어야 했다. 그리고 아마 한 페이지만 넘겨봐도 나는 그를 성공하고 위대하게 한 요인을 흘깃 볼 수 있을 것이다. 아마도 거기에는 비결이 있을 것이다. 내가 실망한다 해도, 적어도 공인된 이 위대한 사람에게 나의 정신을 접촉시킬 수 있고, 거기에서 나는 어떤 교훈을 끄집어 낼 것이다. "일기"는 모범이 되고 참된 삶의 한 단편을 제공한다. 그러나 우리는 새로운 진보를 했다. 지금 그것은 앙드레 지드Andr Gide의 수작만 부리고 가는 손님의 흥미로운 문제와 관련이 없다. 또는 주앙도Jouhandeau87)의 전형적인 결혼생활의 다툼과도 관계되지 않으며, 심지어 찰스 드골Charles de Gaulle의 영광스러운 묵상이나 말과도 관계되지 않는다. 지금 우리는 진지한 문제의 중심에 도달한다. 어떤 이가 나에게 그가 믿는 것을 말한다. 이것뿐이다. 그러나 이것이 전부다. 나의 삶은 자신의 의미를 찾았다…그리고 여기서 나는 진리를 찾았다…그러나 우리는 결코 피란델로Pirandello88)의 책처럼 이 책들을 읽지 않는다 그리고 여기에서는 세계를 얼마나 긍정적으로 읽을 수 있는가.

…내가 믿는 것. 따라서 다소 건전하지 못한 호기심을 한 쪽에 제쳐놓자. 이것은 자기과시에 빠지게 한다. 저속한 모방현대인에게는 미메시스라고 말해야 할 것이다은 작가 스스로 고발장을 쓰는 것이나 다름없다. 좀 더 거친 시선이 필요하다. 무엇보다 정직하게 말해서, X 또는 Y의 신앙이 나에게 무엇을 줄 수 있는가? 그리고 S씨가 무엇을 믿든, G씨가 무엇을 믿든, 내게 무엇이 중요한가? 어떤 보증을 나에게 줄 수 있는가… 제롬 꼬아나르J rome Coignard89)의 견해들보다 더 낫지도 못하지도 않다. 그는 적어도 가명을 쓰는 것을 수치스럽게 생각할 줄 알았다! R씨는 이것을 믿는다…, 그래 그 사람에게는 잘 된 일이! 그것은 그 사람의 일이지 내 일이 아니다. 어떻게 그의 종교심이특히 하나의 종교심! 내가 누구이고 어떤 인간이지를 알

---

87)[역주] 마르셀 앙리 주앙도Marcel Henri Jouhandeau(1888–1979) 프랑스의 소설가.
88) 역주] Luigi Pirandello(1867–1836) 이탈리아의 시인, 소설가, 드라마 작가. 노벨 문학상을 수상했다. 작품에 회의주의적인 색채가 있고, 여기서 엘륄은 그의 작품 『진리는 각각Chacun savérité』(1916)을 암시하고 있는 듯하다.
89)[역주] 프랑스의 언론인.

도록 도울 것인가? 따라서 그는 자신의 종교심을 간직하고 나는 나의 것을 찾도록 내버려두면 좋겠다… 나도 나름의 종교심을 가질 만큼 진지하지 않은가? 반대로 나는 우선 나를 위해서 힘들게 그것을 따라간다. 그리고 나는 우선 나를 겨냥하고 있는 이 비판에서 어떻게 대응해야 하는지 매우 잘 알고 있다. "~하는 것$^{Ce\ que}$"을 다른 사람에게 가져다주는 것은 의미가 없다. 하나의 "종교심"을 가져다주는 것은 의미가 없다. "나"라는 것이 남아 있다. 모든 것은 그 자아에 달려 있다. "나" 전체가 필요하다. 그러나 나는 스스로를 의심하는 것을 배웠다. 왜냐하면 "나"라는 것은 그 무엇이 되었든지, 수많은 변형과 뜻밖의 사건들에 민감하기 때문에, 하나의 신앙함을 선포하는 것은 일시적인 것이고 아마도 미래를 보장할 수 없기 때문이다. 우리는 지식인들이 자신의 믿는 바에 대해서 힘주어 주장하는 것을 충분하게 보지 않았느냐, 바로 그것은 그들이 그것을 믿지 않기 때문이다. 그리고 지성에 대한 일종의 뿌리 깊은 의심이 지식인들의 가슴에게 그들을 갉아먹는 의심에 대항하여 말하도록 압박하고, 그들 스스로를 위해서 확실성을 보장해 주는 가이드와 다른 사람들과 그 확신을 공유하게 해주는 종교심을 스스로에게 부여하는 것이다. 나를 의심하도록 만드는 것은 "나"의 주관적인 성격에 기인한 것이 아니다. 나는 객관성에 대해서 결코 믿어본 적이 없다 역시! 이것은 우리 시대와 같은 시대에 "나" 자신의 불확정성에 불과하다. 그리고 우리들은 종교심을 바꾸고 몇 달, 아니면 며칠 안에 정반대의 종교심을 확신하는 것을 보았다. 나는 정말 이런 종류의 장본인들을 알고 있다. 그리고 얼마나 내가 그 증인들을 인정했는지! 그때 그들은 증인들이었다. 그러나 만일 네가 가장 위대한 인물들을 생각한다면, 그들의 불확실성이 얼마나 큰 것이지 보아라. 하이데거는 히틀러주의에 유혹되었다. 내가 보기에는 용서할 수 없는 죄다. 왜냐하면 만일 내가 그러한 철학자에게 기대하는 것이 명철한 사고라고 한다면, 한편으로 그가 명백한 진리라고 여긴 나치즘보다 수천 배 더 풀기 어려운 실재와 관련된 문제일 때, 그리고 다른 편으로, 아무 것도 검증할 수 없는 진리들의 문제일 때, 내가 그에게 어떤 신용을 줄 수 있을 것인가? 그리고 사르트르, 그는 더 나쁘다. 그는 항상 우유부단한 사람이다. 참여를 설교하지만 결국 그는 아무 것에도 참여하지 않는 지식인이다. 왜냐하면 결국 회합, 시위, 서명, 이것은 참여만큼이나 비용이 많이 들지 않기 때문에 그리고 그는 그러한 솔직함과 비교할 수 없는 단호함으로, 다시 말해 종교심으로, 시간이 지나감에 따라 완전히 모순되는 주장을 한다. 그리고 오늘날, 볼만한 변종들을 보아라.90)

 여기서 또한 우리는 매혹적으로 유행하는 지식인들 가운데서 "내가 믿는 것"에 대한 책들의 유행만큼이나 "선풍적인" 인기를 끄는 지식인들을 보게 된다. 그리고 나는 "내가 더 이상 믿지 않는" 유행이라고 부를 수 있을 것이다. 그것은 유혹적인 고백의 이면이다. 그러나 거기에 속아서는 안 된다. 이면은 역시 영광스럽고, 적절하고, 유익하다. 두려움에 떨며 새롭게 자기를 발견한 전 스탈린주의자…그리고 공산주의자이기를 포기한 자. 혁명이나 가난한 자들 혹은 공산주의에 끌려 기독교인이기를 포기한 기독교인. 그리고 다른 많은 사람들. 너는 내가 역시 이 모든 "나"에게 어떤 중요성을 부여하기를 바란다. 이 "나"는 스스로 너무나 진지하게 취해진다. 그리고 너는 그들이 우리에게 가이드, 표준, 표지가 되어주기를 바란다. 그리고 결국에 그들도 아무 것도 알지 못하는 진리의 증인이 되어주기를 바란다. 이처럼, "내가 믿는 것"은 나에게 흥미를 주지 못한다. 왜냐하면 나는 한 대상을 찾을 이유가 전혀 없기 때문이다. "나"는 헛되이 요동치는 것에 불과하다. "믿는다."에 관해서 말하자면, 우리는 그것에 대해서 많이 토론했다. 우리가 종교심을 갖기에는 우리는 그것에 대해서 너무

---

90) 자끄 엘륄, "De l'Inconséquence", in *Mélanges De Rougemont*, 1978.

잘 알고 있다. 그리고 우리는 종교심에 사로잡히기에는 종교심이 무엇인지를 너무 잘 알고 있다.

그러나 역시 나는 너에게 동의한다. 우나, 우리는 어떤 점에서 인간이 신화 속에 사는지 너무 잘 알고 있다. 그 신화들을 박탈당하자, 인간은 소경이 된 오이디푸스 왕에 불과하다. 늘 왕이지만 그에게는 냉정한 세상으로 자신의 길을 헤쳐 갈 능력이 없고 자신을 인도할 안티고네밖에 없다. 이 세계 속에서 그의 신화들은 세상에 의미를 부여하고, 이 사실에서 세상을 지배할 가능성이 생긴다. 우리는 인간이 살아갈 이유를 끊임없이 자신에게 부여하면서 산다는 것을 잘 알고 있다. 그리고 그것이 멋진 것이든 조야한 것이든 간에, 그것은 몇 평 안 되는 땅을 얻기 위한 이유에 불과하다. 그는 그것을 숭고한 모험으로 변화시킬 것이다. 만일 사정이 그렇다면, 나는 가슴과 머리를 숙이기만 해야 했다. 그리고 종교심을 배제한다는 것이 불가능하다는 것을 인정하기만 해야 했을 것이다. 그러나 역시 그리고 동시에 우리는 너무 잘 알고 있다. 그렇지 않은가. 인간은 그의 전설과만 그리고 전설을 통해서만 관계한다. 이것은 인간을 상처받기 쉽고 연약하게 하는 것이다. 왜냐하면 곧 전설, 신화는 참된 의미로 또는 거짓된 의미로 정당화의 수단으로 이용될 것이기 때문이다. 안티고네는 스핑크스로 변했다. 그리고 과거에 인간적인 도시였던 살아 있던 땅을 오늘날 우리가 황폐화시켜 사막과 고독으로 만들어 버리면서, 우리는 눈먼 오이디푸스가 되었다. 그리고 우리는 그 사실을 모른다.

13장 · 자유의 오늘

아, 모노스, 너의 절망이 내 마음의 가장 깊은 곳을 물들이고 있다. 그리고 이 회의주의는 너의 이성적 사고들 만큼이나 나를 짓누른다. 나는 너의 생각이 정확하다고 생각한다. 그러나 역시 너에게 있어서 이 이성적 판단들은 너의 이성을 넘어서지 못한다. 아니야, 너는 어쨌거나 내가 생각하는 것보다는 그것에 대해 잘 알고 있다. 지금. 과학조차도. 우리는 과학이 지금까지 닫았던 문을 내 앞에서 열어 보일 때 그것에 대해 이미 말했다. 바로 그때 나는 과학적 진리의 성격에 대해 확신하게 되었다. 그리고 너는 이러한 과학적 진리에 대한 문제제기가 실제로 일어나고 있다는 것을 잘 알고 있다. 과학적 진리라는 것은 증명을 통해 얻어지는 것이 아니다. 왜냐하면 우리가 이 문제에 가장 심각한 질문들을 제기하는 시대에 접어들었기 때문이다. 오늘날 수학자는 그들의 증명을 반박할 수 없을 토대가 무엇인지 질문하기에까지 이르렀다. 그리고 결국 하나의 증명이 무엇인지 묻기에 이르렀다. 그리고 만일 우주가 나누어질 수 없는 것이라면, 우리는 매우 가볍게 지금까지 물리학이 우리에게 가져다 준 실재에 대한 부분적인 확실성을 정당하게 받아들일 수 있겠는가? 칼 포퍼(Karl Popper[91])의 노력들을 생각해보아라. 이 논리적 궁지를 생각해 보아라. 왜냐하면 포퍼

---

91) [역주] 20세기의 가장 영향력 있는 과학 철학자 중의 한 사람. 그는 과학적 이론의 참됨을 입증하는 방법으로 '검증 가능성'의 기준을 거부한다. 다시 말해서 관찰과 귀납의 방법론을 거부하는 것이다. 쉽게 말해, 중력의 법칙을 예로 들면, 중력의 법칙이 참되다는 것을 증명하려고 무수한 사례를 통해서 이 법칙의 참됨을 확립할 수 있다는 것이 관찰-귀납의 방법이라면, 포퍼에게는 이러한 방법론은 사이비 과학에 불과하다. 다시 말해 만일 중력의 법칙에 위반하는 한 개의 사례만 있어도 이 법칙의 참됨은 무너진다. 따라서 그는 '반증 가능성'이 과학적 이론의 타당성을 검증하는 기준이 된다. 그의 사고를 따라가 보면 관찰-귀납의 방법론에 기초한 모든 과학은 사실 빈약한 토대 위에 세워진 것이라고 할 수 있다. 엘륄은 바로 이 사실을 염두하고 자신의 주장을 뒷받침하고 있다.

자신의 이론도 자신의 이론의 적용 대상이기 때문이다 이 논리적 궁지는 우리의 과학적 명제들이 모든 경우에 거짓으로 판명될 가능성이 있다는 사실에 있다. 참된 것은 검증할 수 없는 것 안에 갇혀 있었다.

그리고 신학자들과 그 반대자들이 같은 논리로 하나님의 존재는 경험적으로 증명할 수 없고, 그가 존재하지 않다는 사실도 더더욱 경험적으로 증명할 수 없다는 결론에 이르렀을 때, 이것은 우연한 일치일까? 너는 아주 오래 전에 인간이 이미 이 사실을 알고 있었다는 아름다운 이야기를 말하겠지. 물론 그랬었다. 그러나 오늘날 이것은 하나님이 과학의 수준에 있지 않다는 것을 말한다. 따라서 과학은 하나님에 관해서 아무 것도 할 말이 없다는 것을 뜻한다! 오늘날 과학이 풍성한 종교적 기반을 갖고 있기 때문에, 종교심은 더 이상 면전에서 웃음거리가 되지 않는다! 사실 자신의 확실성을 매우 신뢰하는 과학은 이데올로기적인, 철학적인 그리고 심지어 종교적인 맥락에 의존해 있다. 개념 자체와 과학의 발전에 대한 사회의 일반적인 신앙의 역할에 주목하는 것은 더 이상 "과학 역사가"나 철학자들이 아니다. 그것은 과학자 자신이다.[92] 과학자들이 모든 것이 미리 정해져 있지 않고, 엄격한 결정론은 결국 그 근거를 상실하고, 그리고 우리의 우주가 임의적인 세계에 불과해서 과학이라는 것이 신앙에 가깝다는 사실은 깨닫게 된 것은 큰 발견이 아닐 수 없다! 질서와 가능한 삶의 원천으로서 무질서와 불균형을 우리가 사는 세상의 본질적 요소로 설정하는 이 사상이 가진 풍부함에 우리는 놀라게 된다. 그리고 결국 이 정보를 가능하게 하는 것은 정보 속의 소음이다. 그리고 움직임이 실재의 모든 현상을 구성한다는 생각, 그리고 질서는 일시적으로 흔들림 속에서 성립된다는 생각, 불안정성, 동역학 이론에서의 복잡성, 현재 공인된 "산일散逸구

---

[92] 예를 들면, 이미 인용된 B. d'ESPAGNAT의 책, 그리고 PR?OGINE et STENGERS, *La Nouvelle Alliance*, 1979.

조"93)의 중요성…등은 이 사실을 확증해 준다. 우리가 다음과 같이 말할 때. "인간이 만들어낸 과학은 세계 속에서 자신이 어떤 방식으로 존재하는가라는 문제를 다시 제기하고 있다…."94) 어떻게 기뻐하지 않을 수 있겠는가? 인간 전체가 다시 새롭게 현존한다. 과학은 더 이상 생명 없는 눈과 딱딱한 구조를 가진 차가운 이성의 여신이 아니다. 그리고 우리가 항상 활성화할 정보의 재생을 제외하고 우리는 모든 것이 엔트로피에 종속되어 있다는 것을 알아냈다. 그렇지 않은가? 나는 인간이 자신의 종교심에 푹 빠져서, 그 종교심으로부터 시작하여 행하는 과학적 종합의 노력들을 이해하고 얼마나 즐거워하는가.95) 왜냐하면 인간은 종교심과 분리될 수 없다는 사실 때문이다! 그러나 만일 내가 지금 기뻐하고 있다면, 우리가 합리적이고, 실험적이고, 이론적인 그리고 반박이 불가능한 지하 감옥에 감금되는 것처럼 느꼈었기 때문은 아닐까? 또 우리가 자연의 희생물이 되었었다가, 이제는 과학의 경직성에 의해 희생물이 되었다고 생각이 들어서가 아닐까? 새로운 감옥. 그리고 여기에 감옥이 열린다. 햇살이 크게 파고든다. 그리고 우리는 우리의 동굴을 다르게 보게 된다. 나는 죄수였다. 여기에 다시 엄격한 규범을 넘어서 찾고 실험할 자유로운 정신이 새롭게 있다. 그렇다면 나는 이 과학을 믿는다! 그러나 너는 우리를 앞서갔던 이들을 보느냐. 우리는 매우 편협한 과학과 스스로에게 너무도 자신만만해 하는 과학에 스스로 감금되도록 내버려 두었다고 그들을 너무도 잘 비난했고, 그리고 그들이 과학을 신뢰한다는 것을 나무랬다. 그것은 과학주의였다! 그들도 똑같은 영감에 사로잡히지 않았나? 인간은 단단한 방 안에 갇혔다. 그리고 점점 운명에 대한 확신, 운명, 고칠 수 없는 것에 대한 확신

---

93) [역주] 일리야 프리고진이 제출한 개념으로 평형 상태가 아니라 비평형 상태에서 나타나는 거시적 구조다.
94) PRÉOGINE et STENGERS, *op.cit.*
95) *Le Paradigme humain*과 *La Méhode* 이후로 E.MORIN의 현재 모든 연구.

이 그를 정복했다. 이러한 확인은 모든 영역에 미쳤다. 천체의 운행은 필연적인 운명의 놀이를 암시했다. 마찬가지로 노예나 프롤레타리아는 처음에 자신이 속한 사회 질서를 운명인 것처럼 받아들였다. 그리고 여기에 갑자기 과학이 나타났다. 그것은 이 감옥에서 그를 해방했다. 자연과학들은 그에게 이 실재를 정복하는 법을 가르쳐 주었다. 그때부터 인류의 거대한 운동이 시작된다. 인간은 자연을 정복하고, 뛰어 넘으려고 그것을 이용하기 시작했다. 의학은 질병을 정복하고, 마르크스의 과학은 노예들에게 역사의 법칙이 그의 해방이라는 것을 가르쳐주었다. 어떻게 자유의 길의 문을 열어주고 보여주는 이 과학을 믿지 않았을 수가 있었을까? 그러나 보다시피 바로 과학이 그의 새로운 감옥이 되었다. 그리고 마르크스를 따르는 마르크스주의는 어떤 자유도 끼어들어갈 여지가 없는 음울한 메커니즘이 되었다. 그래서 새로운 섬광과 함께, 사슬이 찢겨지고, 과학 자체는 과거의 자신의 본질을 부인하고, 또 부인하며 더 이상 과학이라고 부를 수 없게 되었다. 그러나 이것은 자연적 운명으로의 후퇴를 뜻하지 않는다. 과학은 앞으로 어떤 길을 밟아야 할지 모르는 불확실성 속에 있다. 아직 약속들로 가득한 사막의 불확실성이다. 거기에 우리는 지식과 희망의 담지자를 집어넣어야 한다. 그리고 마르크스주의는 역시 그의 엄격한 공리들을 고착시켰다. 우리는 어떤 것도 예측할 수 없는 다양한 가능성에 열려 있는 사회의 끊임없는 움직임 속에 와 있다. 그런데 왜 오늘날 이 사회는 과학이라는 것을 그토록 기뻐하며 환영하는가? 왜 그것은 나에게 간청하는가? 왜 나는 스스로 일어서도록 종용하는가? 왜냐하면 그것은 간단히 말해 닫혀 있는 우리 안에서 문을 열기 때문이다. 나는 그것을 너에게 말했었다. 아마도 그것은 어제의 과학보다 더 이상 절대적인 진실이 아니다. 절대 안에서 모든 것을 관조하는 한 하나님에게, 그것은 인간의 추구 안에서 한낱 우연에 불과하다. 그리고 잘 자리잡은 이전의 다른 진리에

추가된 진리가 아니다. 나는 지금 그것을 참되다고 믿는다. 단순주의 시각을 따라서가 아니고, 이것이 이러저러한 나의 과거의 확신을 확증해 주기 때문도 아니며, 내가 지적으로 경험적으로 딜레마에 빠졌었기 때문이다. 나는 획득된 진리의 방 안에 갇힌 죄수였다. 그런데 갑자가 과학적 연구에 의해서 한 출구가 나에게 주어졌다. 어떻게 이 과학의 진리를 믿지 않을 수가 있겠는가?

정치범, 프롤레타리아, 노예, 피식민자들에게 정확하게 같은 사실이다. 이들은 흥분하여 그들을 해방하는 운동에 가담할 것이다. 아마도 그들은 이 해방자들이 더 가혹한 노예제도의 유지자라는 것을 의심조차 하지 않고서 자신의 능력을 믿을 것이다. 그러나 그들은 당장 자신을 철창에서 빼어 내줄 사람이 아니면 다른 누구에게 갈 것인가? 그때 과학은 유혹의 힘으로 옷을 입는다. 그것은 빛이 된다. 그러나 나는 증거와 논리적 추론의 확실성보다는 내가 걸어가야 하는 커다란 길, 즉 가능한 연구의 영역이 내 앞에 열리는 것으로 더욱 조명을 받는다고 느낀다. 그리고 나는 다른 이들과 더불어 나 자신을 거기에 던져 넣는다. 나는 이것은 참되다고 생각할 수밖에 없는데, 그것은 이것이 행동과 창조의 한 가능성을 나에게 주기 때문이다. 이 빛은 어떤 문제에 대한 해결책만이 아니라, 우리의 존재 속에 더 깊숙이 파고드는 것으로서, 내가 믿는 것이 참임을 확신하게 해 준다. 오늘날, 이것은 객관적으로 참되다. 왜냐하면 내가 그것을 믿기 때문이다. 그리고 나는 그것을 믿는다. 왜냐하면 인간이 자신을 해방시켜야 한다고 생각하는 대상에 종교심을 덧붙일 때마다, 이 빛에 의해서 내 존재의 깊숙한 곳에 도달했기 때문이다. 나는 앞에서 너를 죄수들과 관련해서 인용했었다. 그러나 여기서 중요한 것은 사실이라는 것이 안정성, 제도, 반복, 지위, 조직 가운데 존재하는 것이 아님을 확인하는데 있다.

자유라는 것은 순간적인 폭발적인 해방감을 느낄 때만 존재한다. 이것은 정신적 삶에서 만큼이나 사랑에서도 그리고 정치에서도 마찬가지다. 순간적인 도피, 아마도 몇 년간의 투쟁과 탐색 끝에 갑자기 문이 열린다. 이렇게 인간은 열림의 순간에 자유를 체험한다. 그 순간에 그는 기발하게 진리를 얼핏 본다. 그리고 그 순간 증오하는 주인이 죽는다. 또한 제도가 폭발하고, "모든 것이 가능하다"라는 흥분이 실재가 된다. 하지만 이 명제가 논리상 "따라서 아무 것도 실현 가능하지 않다."라는 명제에 귀결되기도 전의 일이다. 이처럼 과학의 진리라는 것은 오늘날 내가 믿는 것에 기인한다. 그리고 그것은 덜 참된 것이 아니다. 왜냐하면 나는 이 "오늘"을 덧붙이기 때문이다. 그것은 헛되지 않다. 왜냐하면 인간들은 지적일 뿐 아니라 역시 이 지성을 바탕으로 그들의 영적인 몫을 감당할 것이기 때문이다. 의식 있는 모든 지식인, 과학자는 모든 베일이 벗겨지는 지식의 종점에 어느 날 도달할 것이라고 더 이상 믿을 수 없다. 우리는 과학의 위대한 승리들 중 하나인 이 상대성 안에서 살고 있다. 그러나 이것조차도 아마 십년 안에 반박될 것이다. 그러나 오늘날, 우리는 실증주의자들의 무거운 짐에서 벗어났다. 그리고 우리는 우리의 겸손에서 나오는 깊숙한 종교심에 의해서 어둡지 않고 더 맑고, 사실, 더 청명한 하늘 속으로 들어가고 있다.

14장 · 말을 마치며

◆ 사랑스러운 우나, 나는 네가 이 모든 상황 속에서 말에 희망을 걸고 있다는 사실이 두렵다. 너는 네가 믿는 것에서부터 사실 지루하게 이야기를 한다. 그러나 이것은 말에 불과하다. 그리고 경험은 우리에게 다른 것을 보여준다. 슬프게도 우리는 지금 말한다는 것이 무엇을 의미하는지를 알고 있다. 하지만 중요한 것은 말한다는 사실에 있지 않다. 우리는 **어떤 이**가 아니면 **어떤 것**이 우리의 입 안에서 말하고 있다는 것을 알고 있다. 그리고 나는 너의 순진한 종교심과 너의 신앙함에 대한 옹호가 이 익명성에 양보하게 될까 두렵다. 너는 말한다. 그러나 너의 종교심은 처음 너의 말들과 다르지 않은가? 결국 너의 종교심을 부인하는 것이 너의 말이 아닌가? 너는 단지 네가 말한 것을 믿지 않는다.

◆ 모노스 나는 잘 이해하고 있다. 그렇다면 내가 말한 것이 어디서 오는지 나에게 설명해 봐라? 이것은 단순히 앞뒤가 맞지 않는 연쇄인가, 이것은 단순한 음소, 단순히 무의미한 소음인가? 그렇지만 너는 내가 말했던 것을 잘 이해했다. 공통의 의미라는 것이 있었다. 네가 그것을 이해하는 대로 메타언어[96]나 아니면 다른 용어로 불러라. 내가 말하는 것 안에는 **말해진 것**이 있었다. 그리고 나의 종교심은 단지 순간적인 산물이 아니었다!

---

96) [역주] 메타 언어(metalanguage)란 한 언어, 다른 언어를 분석하는데 사용하는 상위의 언어를 말한다.

◆ 하지만 너는 우리가 오늘날 더 거친 저항에 사로잡혀 있다는 것을 알고 있다. 그리고 말은 불신의 대상에 불과하다는 것을 알고 있다. 모든 말은 의심을 받는다. 종교심이 우리 과학의 선별기를 통과하는 것과 마찬가지로, 우리의 해석학에 의해서 갈기갈기 찢긴 말은 더 이상 존재하지 않는다. 따라서 너는 네가 덫을 놓는 사람들 그리고 네가 유혹하는 사람들이 아니면 누구를 납득시킬 거라고 생각하느냐? 그러나 너는 정말로 그러한 불확실성으로 타인들의 삶을 가지고 좌지우지 할 것이냐?

◆ 그러나 누가 불확실성에 대해서 말하는가? 구체적으로 그들은 다른 종교심에 빠져 있는 사람들이다. 그들은 슬프게도 너무도 강한 편견에 사로잡혀 사는 바로 그 사람들이다. 아니면 안이하게 살고, 말하고, 생각하는 재미에 스스로를 내맡기는 바로 그 사람들이다. 그러나 이것은 결코 나에게 어떤 사상을 확신시키는 것과는 상관이 없다. 환상적인 종교심 또는 임의적인 종교심과 상관이 없다. 만일 내가 말한다면, 그것은 내 인생의 더 깊은 것, 확실한 것, 그러나 역시 가장 자유롭고, 가장 기쁘고, 가장 열려 있는 것을 나누기 위함이다. 너는 그것이 하나의 환상이라고 말하는가? 그러나 내일에 대한 불안과 두려움 밖에 사는 것, 존재의 확실성과 함께 사는 것, 이것은 결코 환상이 아니다. 그리고 나는 늘 이 자유는 종교심과 우리를 다른 대상과 매듭지어 주고 그 대상을 근거로 삼게 하는 신앙함에서 나오는 것이라는 사실을 알고 있다!

◆ 그렇지만 너는 네게 무척 유익한 이 말이 정신에 미치는 위험을 내게서 지울 수 없다. 너는 나에게서 내가 굳게 신뢰하는 롤랑 바르트

Roland Barthes97)의 다음과 같은 의심이나 판단을 지울 수는 없다. "말한다는 것, 그리고 훨씬 더 정확하게 말해서 이야기한다는 것은 의사소통하는 것이 아니다. 우리가 수없이 반복해서 말한 대로, 그것은 종속시키는 것이다. 모든 언어는 일반화된 지배다. 모든 언어의 실행으로서의 랑그는 반동적인 것도 아니고, 진보적인 것도 아니다. 그것은 단순히 파시스트적이다. 왜냐하면 파시즘, 그것은 말하는 것을 막는 것이 아니고, 말하게 하는 것이기 때문이다…."

◆ 그리고 이 말의 현격한 특징은 거기에서 말을 하지 않을 아름다운 기회를 잃어버리게 한다! 왜냐하면 결국 그가 말할 때 그는 꼴레즈 드 프랑스98)의 열렬한 팬들 앞에서 어떤 것을 그들에게 전달하는 것이 아닌가? 이것은 구체적으로 언어가 파시스트적이라는 종교심을 표현한 것이고, 언어의 실행에 대한 분석을 그 청중들에게 전달하려는 것이 아닌가? 다시 말해서 그것들에게 어떤 형식을 부여하는 것 뿐 아니라, 그들에게 어떤 일정한 지식을 전달하는 것을 말한다! 따라서 누가 그를 말하도록 강제하는가? 이것은 결코 언어가 아니었다! 그것은 단순한 의식들이었다! 사회에, 파리의 지성계로, 꼴레즈 드 프랑스에 승리하여 입성하기 위한 의식들이었다! 이것이 바로 그가 의미했던 파시스트적 종교심이다! 그리고 그는 그것을 영광으로 생각하며 믿었다. 롤랑 바르트!

◆ 너의 얼굴이 딱딱해 진다. 우나….

---

97) [역주] 프랑스의 구조주의 철학자.
98) [역주] 꼴레즈 드 프랑스(Collége de France)는 16세기 프랑소와 1세가 기욤 부데Guillaume-Budé의 건의로 설립된 프랑스의 고등교육 기관으로, 학위를 수여하지 않고 일반에게 무료로 수학, 자연과학, 철학, 고고학, 사회학, 역사학 등을 강좌가 열린다. 이곳의 교수가 된다는 것은 프랑스 최고 지성의 영예를 얻는 것이 된다.

◆ 나는 진정성을 추구하고 마법사의 재주를 찾는 것이 아니다.

◆ 너의 얼굴이 딱딱해 진다 우나. 그러나 너는 의심이 우리의 마음과 사고에 들어오는 것을 막을 수 없다. 언어도 종교심도 더 이상 순진하지 않다. 그러므로 우리는 경계를 늦추지 말아야 한다. 정확하게 이 세상에서. 그러나 롤랑 바르트는 우리가 이 경계심을 갖도록 도왔는데, 그것은 애석하게도 그의 도락, 유희, 회의주의 속에서였다. 이러한 것들은 언어의 폭력 앞에서 그에게 좋은 무기구실을 한다. 우리는 도처에서 종교심에게서 양분을 받는 페스트가 다시 탄생하는 것을 보는 이때에 종교와 정치적 격정을 본다. 이때 우리는 새로운 홀로코스트가 준비되는 것을 본다. 아! 우리는 얼마나 단어들의 격분에, 언어의 미덕에, 종교심의 권위에, 메시지의 진지함에, 가슴을 닫는 것에 냉정함을 유지하고 양보해서는 안 되는가….

◆ 너는 잘 말하고 있다. 모노스, 그리고 나는 너의 생각을 따른다. 너는 비판과 경계의 과정 속에서 그것을 알고 있다. 그러나 나는 너의 말에 대한 **불신**에는 양보할 수 없다. 나는 모든 것이 여기서 움직인다고 생각한다. 그런 점에서 나는 롤랑 바르트보다도 프로이트를 더 선호한다. 그는 다음과 같이 쓰고 있다. "어떤 사람이 말하는 곳에서, 날이 밝는다." 그는 아마도 이보다 더 깊이 있는 말을 한 적이 없을 것이다. 말과 빛 사이의 관계가 맺어지면, 말이 가능해 진 순간부터 닫혔던 장미가 열리고, 쥐었던 주먹이 펴지는 것을, 시선을 찾는 시선을, 우리가 혼자가 아니라는 사실과 어떤 사람이 그에게 그때부터 중요한 너에게, 너에게만, 너에게만 할 말이 있다는 것을 발견하는 것을 우리는 보게 된다. 그리고 날은 말과 함께 시작한다. 또 그것이

참된 말이 되어야 하는 모든 존재를 짊어지고 있는 것이 되어야 한다. 그리고 말은 그것은 이 순간 완성된다. "태초에 말씀이 계시니라 이 말씀이 하나님과 함께 계셨으니 이 말씀은 곧 하나님이시니라."요 1:1

◆ 날이 밝아야 한다. 모노스, 우리는 앞으로 나아가야 한다.

제2부
종교심과 믿음

1장 · 전통적인 혼동

'믿는다.'라는 한 단어에서 근본적으로 반대되는 두 가지 행동 양식을 도출할 수 있다. 하나는 종교심이고, 다른 하나는 믿음이다.

그렇지만 자신의 믿음을 표현하고 싶을 때, "믿음^{foi}을 가지고 있다."라는 최악의 표현을 쓰지 않는 한, 우리는 '신앙한다^{croire}'라는 동사를 통해서 자신의 믿음을 표현한다. 지금까지 우리는 구체적으로 "신앙한다^{croire}"라는 주제를 가지고 일반적인 수준에서 대화했다. "신앙함"에 대한 상이하거나 대립적인 여러 관점들과 서로 조화할 수 없는 요소들은 결국 모두 이 혼동에 기인한다. 가끔 정말로 문제는 종교심에 있었다. 또 가끔 우나는 믿음에 대해서 말하기도 했다. 그러나 나는 여기서 문제를 명확하게 하고 싶다. 종교심과 믿음을 대립시키면서, 종교심의 세계와 믿음의 세계가 구별되어 객관적으로 존재한다고 주장하는 것은 아니다. 이 두 용어를 구분하는 것은 단지 내 언어 사용의 편의를 위해서다. 다시 말해 나는 임의적으로 두 단어를 선택했다. 사실 이러한 구분은 내가 다른 책에서 인간의 두 가지 존재방식을 지칭하고자 희망^{espoir}과 소망^{espérance}을 임의적으로 구분했던 것과 마찬가지다.[1] 소망과 희망은 각자의 다른 실재를 갖고 있지 않다. 다만 이것은 실재에 대한 태도를 말한다. 나에게는 영적으로 대립하는 두 가지 실재를 지칭하려면 두 단어가 필요했다. 그리고 여기서도 마찬가지로 나는 나와 관련한 믿음, 즉 예수 그리스도 안에 있는 믿음에 대해 말할 수밖에 없다. 내가 사용하는 믿음이라는 용어는 예수 그리스도의 계시에 대한 태도를 말하는 반면, 종교심은 종교적인 것, 비합리적인 것,

---

[1] [역주] 참조. 자끄 엘륄, 『잊혀진 소망』, 이상민 옮김 (대장간, 2009).

비기독교적 체험에 바탕을 둔 다른 모든 태도를 가리킨다. 하지만 이러한 대조를 통해서 나는 기독교 신앙의 우월성을 주장하려는 것은 결코 아니다! 더군다나 조금이라도 다른 종교나 종교심들을 폄하하려는 생각은 전혀 없다. 그러나 기독교 신앙이 많은 종교심 가운데서 변종 중에 하나라고 사람들이 말한다면, 나는 다른 신앙들과 구별되는 기독교 신앙의 커다란 독특성을 제시하지 않을 수 없다. 분명, 다른 종교들도 역시 자신만의 독특성을 표현할 수 있을 것이다. 다시 말해서 이슬람교도나 불교인도 역시 그들의 신앙이 다른 신앙들과 특별하게 구분된다고 증명할 수 있다. 나는 그 점에 전적으로 동의한다. 왜냐하면 사회학이나 종교사는 이 독특성들을 진정으로 강조하지 않았기 때문이다. 구체적으로 이 학문들은 종교 일반에 대한 실증적 연구이고, 따라서 각 종교의 독특성을 부수적인 것으로 취급해 버린다.

   종교사학과 종교 사회학은 과학적 연구를 한다고 하지만, 근본적으로 늘 환원주의적이다.[2] 이 분야의 학자들은 자신들의 연구와 관찰의 대상에서 독특한 것, 다시 말해, 비교의 대상이 될 수 없는 신앙을 제거했다. 그들은 사실상 비교가 불가능한 여러 종교 사이의 차이들을 밝혀내면서 종교에 대해 설명하고 있다고 착각하고 있다. 흥미로운 세공작업이다. 그러나 불행히도 자신의 내면에서 자신의 신앙이 주는 자기 결정적 성격을 아는 사람에게나, 종교 현상에 대해 외부에서 잘못된 설명을 제공받는 사람들에게 모두, 이러한 연구는 별 의미가 없다. 그런데도 종교 사학자들

---

2) "마찬가지로 (정신분석학자들의 오류를 보여준 후에) 언어학과 기호학의 몇몇 전문가들은 에로틱한 습관을 연구하는데 빠져 있는 정신분석학자들처럼, 인간의 심층 심리를 파헤친다고 생각하면서 실상은 피상적인 수준에서 오류를 범하는 또 다른 '불행한 자들' 이다. 이들에게 있어서는, 믿음은 종교심일 따름이고, 모든 종교심은 '실재를 은유(隱喩)화 한 것'에 불과하다 (Sullivan, L'Exode.).[역주] 환원주의(還元主義)라는 것은 복잡한 현상을 하나의 단순한 원리로 축소시켜 설명하는 오류를 말한다. 가령, 모든 현상을 경제현상으로 축소시킨 마르크스와 인간 행동의 원인을 성욕(libido)으로 축소시킨 프로이트 등이 대표적 환원주의자이다.

과 종교 사회학자들은 이 사실을 모른다. 그들은 비교 연구에 만족하며 과학적 정신 덕에 그들이 헛된 미신들 위에 군림하고 있다고 자만한다. 그리고 항상 우연적이고, 보통 중요치 않은 비본질적인 요소를 가지고 여러 종교 사이의 관계를 설정한다. 가령 우리가 유대교, 기독교, 이슬람교를 가리키고자 '책의 종교'를 말하는 것처럼! 결국 내 관점에서 보면, 종교는 일반적인 요소로 환원될 대상이 아니다. 모든 종교 안에서는, 말하자면 하나님과 또는 하나님의 한 측면과 독특한 관계가 늘 존재한다. 여기에서 나는 기독교의 독특성을 주장하지만, 타종교에서 아무런 진리의 빛도 찾을 수 없다고 말하고 싶지는 않다.3) 그러나 나는 기독교인이다. 내가 기독교인이 된 것은 우연의 결과가 아니다. 그것은 하나의 선택이고, 하나님의 결정과 나의 결정인 맞물린 이중적 결정이다. 이것은 선천적이거나 환경에 기인한 사실이 아니다. 따라서 나는 기독교 신앙의 배타적 성격을 증명해야 한다. 기독교 신앙이란, 한편으로 우리가 일반적으로 종교라고 부르는 것과 전적으로 다른 범주에 속한 것이고, 다른 편으로 다른 영적인 운동들이나 종교심의 범주로 축소할 수 없는 것이다. 따라서 나는 두 가지 대립되는 용어를 사용하겠다. 종교와 기독교 신앙믿음이 그것이다. 여기서 종교라는 용어는 일반적인 의미로 사용한 것이다. 즉, 구체적으로 역사가들과 사회학자들이 그 존재를 분명하게 파악하고, 다양한 종교심들 안에서 가장 겉으로 드러난 현상이라고 인정하고 있는 사실을 말한다. 나는 모든 오해를 방지하고자 믿음이 가진 독특한 점과 일반적인 점을 동시에 밝혀보려고 한다.

처음부터 우리는 종교적인 신앙이 성경에서 계시된 하나님에 대한 믿

---

3) [역주] 여기서 우리는 자끄 엘륄의 타종교에 대한 태도가 칼 바르트와 유사함을 볼 수 있다. 칼 바르트는 칼빈이 종교를 일반은총의 영역에 속하는 것이라고 생각했듯이 종교 그 자체의 가치를 배격하지는 않았다(하지만, 칼빈은 바르트보다 훨씬 자연이성의 가치를 강조했다). 바르트에게 있어 종교는 어디까지나 인간의 영역에 속해 있는 것이고, 계시와는 상관이 없다. 그래서 바르트는 종교를 인간이 달성할 수 있는 극단이라고 생각한다. 이런 점에서 바르트와 엘륄의 종교 다원주의에 대한 견해는 포괄적 배타주의라고 할 수 있을 것이다.

음과 다르다는 사실에 부딪혔다. 이 하나님은 과학자들과 철학자들의 하나님과는 상관없다. 파스칼이 하나님을 신뢰하는 믿음을 갖는 것은 우리 자신의 의지적 행동이나 관여 그리고 우리의 지식으로 결코 축소할 수 없으며, 그러한 신앙함은 사변가들이 하나님의 속성으로 부여한 예지, 영원, 전능과 같은 단어와 관계가 없다고 말했을 때, 그는 늘 그렇듯이 옳은 주장을 한 것이다. 이 모든 것은 지적으로 근사한 말이다. 하지만 성경의 하나님이 계시되는 것과는 전혀 상관없다. 우리가 하나님에 대해 하나님은 고통 받으시고, 인간을 찾으신다고 말할 때, 그리고 그 분이 근본에서 생명과 연결된 말로 표현할 수 없는 자신의 이름을 스스로에게 부여했을 때, 우리는 거리낌 없이 그의 이름을 "영원자" 등으로 번역함으로써, 성경 본문과 그 위에 덧입혀진 개념 사이에서 현격한 모순이 발생하는 것에 일조했다. 하나님은 인간과의 동행을 통해서, 그리고 인간과 함께 하는 행동을 통해서 규정되는 분이다. 하나님은 결코 철학자나 과학자들의 하나님처럼 혼자서 존재하는 분이 아니다. 어떤 이미지나 철학적인 개념을 수단으로 해서 하나님에 대해 말하지 않는다. 왜냐하면 그가 영원한 존재라고 말하는 것은 아름답지만, 엄밀히 말해 우리는 영원하다라는 말의 뜻을 잘 모르기 때문이다. 또는 하나님의 전능성에 대해서 말할 때, 만일 우리가 우리 은하계의 기원에 있었던 에너지 폭발을 수학적으로 계량화할 수 있다 해도, 이것은 전능하다는 것과는 결코 비교할 수 없는 것이다. 아무 것도 말하지 않는 것보다는 무언가를 말하는 편이 낫다는 이유로 부정확한 사실을 말하는 것 보다는, 하나님에 대해서 말할 것이 없음을 깨닫고 입을 다무는 편이 낫다. 바로 이것 때문에 학습적, 교리문답적 기독교 "종교"가 나타난 것이다.

성경 본문 전체를 통해 하나님이 세계 가운데 임재하고 계신다는 사실은 의문의 여지가 없다. 그 하나님은 창조주이심과 동시에 아버지시다.

예수가 우리에게 하나님을 나의 아버지라고 부르도록 가르쳐 주시긴 했지만, 이것은 새로운 사실이 아니다. 왜냐하면 이스라엘의 하나님은 역시 아버지이시고 아버지들의 하나님이기 때문이다. 이것이 의미하는 바는 비단 창조자로서의 하나님만을 말할 뿐 아니라, 우리에 대한 그분의 친밀함을 내포하고 있다. 그는 창조자이다. 이 창조주의 개념이 성경에서는 자리가 없고 단지 후대의 신학이 하나님에게 부여한 속성에 불과하다는 것을 상기시킨다 하더라도 그러나 하나님은 아버지와 같은 창조자이고, 창조자이시기 때문에 늘 새롭게 나타나는 아버지시다. 두 번째로 그는 말씀과 언약의 하나님이다.4) 다시 말해서 마음과 마음 사이에 용서, 화해 그리고 재통일, 화합을 이루시는 분이시지, 진노와 복수 그리고 어둡고 가혹한 정의의 하나님이 아니다. 다시 한 번 우리에게 하나님의 진노를 알리는 모든 본문은 항상 용서와 생명에 대한 약속을 동반하고 있다는 것을 상기해 볼 필요가 있다. 매몰차게 정의의 실행을 알리는 모든 본문들은 항상 자비가 정의에 앞선다는 것을 알려주고 있다. 이 둘을 분리하는 것은 불경스러운 거짓말이다. 이것은 신학자들나는 인간의 죄악과, 불을 손에 쥐고 계신 하나님을 설교하는 설교자들의 긴 계보를 생각하고 있다뿐 아니라 계시의 하나님을 번개를 든 쥬피터의 얼굴로 만들

---

4) 뒤마(A. Duma)는 이 조건들 안에서 해석학에 대해 뛰어난 분석을 하고 있다. "성경의 상황은 두드러지게 해석학적이다…그리스인들에게 안다고 하는 것은 놀랍게도, 비판, 변증, 사색이었다. 기독교인들에게는…믿는 것은 들음, 주석, 해석, 순종이었다…성경의 해석학적 상황은 세 가지 수준에서 이해된다. 우선, 하나님은 여기서 말씀으로 불린다…말씀이시기 때문에, 하나님은 교통을 하시면서 세우신다…두 번째 수준에서…하나님을 아는데 우리에게 가용한 수단은 그의 행동들뿐이다…말씀은 대화적 순환이다. 우선, 하나님은 성육신한다. 말씀은 언어, 의도, 역사가 된다. 육신을 입으시면서, 하나님은 복음서의 비유에서처럼 우연한 이야기를 통해 최종적 진리가 구현된다는 것을 뜻하는 이중적 의미 속으로 들어가신다…인간 편에서는 이중적 의미는 지식의 기관이 믿음이라는 것을, 다시 말해 기호들에서 하나님의 현존을 해독하는 것을 의미한다…믿음은 그 자체로 지식이 아니다. 다시 말해서 명확성과 구조의 측면에서 자충족적이지 않다. 믿음은 의심을 하지 않으려고 의미의 부재에 맹목적으로 달려드는 맹신이 아니다. 믿음은 말씀에 붙들려 있다. 말씀은 그 행동들 안에서 그리고 행동들을 설명하는 글들에서, 다시 말해, 기표(記標 signifiants)들에 의해서 기의(記意 signifiés)들에 접근하므로써 믿음을 낳는다. 이 둘은 서로 불일치한다. 그러나 유비는 존재한다. 전적인 일치는 지식을 위해서 믿음을 제거하게 될 것이다. 유비가 없으면 믿음은 맹신에 빠질 것이다." (『하나님의 이름Nommer Dieu』에서)

고, 하나님을 '천군'의 전쟁의 하나님으로 만들어, 결국 하나님을 미움의 하나님으로 이미지화하는 반기독교인들에 의해서도 거짓은 자행되었다. 그러나 만일 이 둘을 분리해서는 안 된다면, 늘 용서, 자비, 화해, 언약이 정의와 심판에 이어서 온다는 것, 다시 말해서 거기에 궁극적 뜻이 있다는 것을 강조해야 한다. 성서적으로 볼 때, 하나님의 사랑 그리고 사랑으로 자신을 계시하신 하나님을 넘어서는 것은 아무 것도 없다. 그의 '정의'는 그의 사랑 안에 포함되어 있다.

그리고 우리가 이것을 이해하게 될 때부터 모든 것은 변한다. 우리는 더 이상 심판 아래 있지 않다. "믿음, 그것은 아마도 살아 있는 사람과 싸우는 것처럼 하나님과 싸우며 사는 것이지, 단단한 돌이나 죽은 사람과 씨름하는 것이 아니다."A.Dumas

이 하나님에 대해서 우리에게 드러난 명백한 두 번째 측면은, 그가 해방자시라는 것이다. 하나님은 우선 해방자로서 이스라엘에게 계시된다. 또한 여기서 우리는 어떤 잣대로 본문 전체를 해석해야 하는지를 알아야 한다. 우리는 텍스트들을 분리하면서 해석할 수 없고, 본문 자체 속으로 들어갈 수도 없다. "하나의 시각"을 가져야 한다. 그리고 성경은 이 시각을 우리에게 제공한다. 한편으로, 노예상태에서 그 백성을 해방한 하나님의 행동을 이스라엘에게 계시된 하나님의 우선적인 행동으로 삼는 것이다. 그리고 더 나아가 다른 편으로, 기독교인들에게 최종적인 노예상태, 최종적 숙명인 죽음의 정복자이신 인간의 조건을 넘어선 예수 그리스도에 의해 성취된 최종적인 해방의 약속을 긍정하면서 본문을 해석하는 것이다.

성경을 마음대로 읽어서는 안 된다. 자의적으로 읽는 것은 위험하다. 성경 읽기는 다음의 관점 속에서 실행해야 한다. 예를 들면 율법,5) 계명들

---

5)토라는 일반적으로 율법으로 번역한다. 그런 가르침 아니면 심지어 계시로도 이해할 수 있다.

그리고 역시 예수의 말씀들을 궁극적으로 해방과 언약이라는 근본적인 계시의 관점에서 읽어야 한다. 그때 하나님에게서 강제적인 법과 여러 의무들을 짐으로 부여하는 일종의 독재자 이미지가 일소된다. 하나님은 예수의 입을 통해서 결국 "내 멍에는 쉽고 내 짐은 가벼움이라."마11:27라고 말하게 된다. 그러나 나는 우리가 우발적이고 개인적인 해석에 빠지지 않았다고 주장한다.6) "당신은, 이 시각을 선택하지만, 우리는 다른 시각을 선택할 것이다…." 나는 우리가 특정한 관점이 아니라, 다양한 시각을 아우르는 독해를 한다면, 이 하나님에 대한 또 다른 계시에 접근할 수 없다고 생각한다. 그 하나님에 대해서는 우리에게 그의 존재 자체, 그의 자기되심Ipséité 타인과 구별되는 자기만의 성질-역주의 여러 모습들, 그리고 그의 보편적인 의지에 대해서는 우리에게 아무 것도 알려진 바가 없다…그리고 여기에 가능한 것은 부정의 신학7)밖에 없다 그러나 하나님이 인간의 역사 안으로 들어와서 그분이 사랑과 자유일 뿐이라는 것을 구체적으로 알려주시려는 목적을 성취하려고 인간과 동행하셨을 때, 우리는 이 계시를 들음으로써 하나님이 어떤 분이심을 알게 된다. 다른 차원, 다른 시각, 형이상학적 개념들을 선택하는 것은, 하나님 자신이 선택했던 양식을 거부하는 것이다.

이것, 나는 이것만을 말할 것이다. 이것은 기독교 신앙의 심장이며 그래서 다른 모든 종교심들과 구분된다. 이것은 형이상학적인 개념이나 하나의 윤리를 통해서가 아니고, 자신을 이처럼 계시하신 하나님의 결정에 대해 "설명하지 않음"을 통해서다. 물론, 이 모든 것에서 변증이 전혀 필요

---

6) 나는 나의 다른 책들에서 이것과 똑같은 생각을 읽었던 몇몇 독자들에게 사과한다. 그러나 여기서 내가 다른 곳(가령, 『자유의 윤리Éthique de la liberté』에서 칼 바르트 이후로 길게 개진했던 것을 요약적으로 상기시키는 것이 꼭 필요하다고 사료된다.

7) [역주] 부정의 신학(negative theology)이란 긍정의 신학(positive theology)과 대비되는 개념으로 하나님을 직접 정의하려고 하는 긍정의 신학과 달리, 하나님을 직접적으로 정의한다는 것은 불가능하기 때문에, 부정적인 방식으로 하나님을 정의하는 신학이다. 가령, 하나님은 선이다 라고 긍정의 신학에서 말한다면, 하나님을 특정한 선의 개념에 가두어 버릴 수 있기 때문에 부정의 신학에서는 '하나님은 악이 아니다' 라고 정의하면서 하나님이 구체적으로 어떻게 선하신지를 우리가 알 수 없다는 것을 표현하고 있다.

없다는 것은 아니다. 우리는 단지 하나의 선택 앞에 있다는 것이다.8) 선택이라는 것은 다름 아닌 이 계시를 인정하느냐 그렇지 않느냐 하는 문제일 뿐이다. 그러나 나는 이 선택의 필요성이 믿음의 약화, 즉 믿음에 대한 일종의 반대증거가 된다고 생각하지 않는다. 믿음그리고 지금부터 나는 이 용어를 단지 –반복하지 않으면서– 아브라함, 이삭, 예수 그리스도의 하나님에 대한 믿음 그리고 예수 그리스도에 대한 믿음으로 사용한다은 임의적인 것이나 불확실한 것이 되지 않는다. 왜냐하면 그것은 인간이 자신의 자유를 증명하는 선택과 결정의 소산이기 때문이다. 그러나 이미 이것은 우리에게 더 멀리서 발견하게 될 사실을 보여준다. 즉, 이 믿음은 소위 기독교적이라고 불리는 수많은 종교심에 동화되지 않는다는 사실이다. 이 종교심은 개신교의 문자적 성경해석, 카톨릭의 특정 마기교9), 도덕주의, 정치적인 것, 신비적인 것 아니면 형이상학적인 것, 그리고 문화적 수준에서 사회학적 차원, 구조, 조직, 운동으로서의 기독교가 채택하는 모든 영예로운 형식들 안에서 표현된다. 여기서 우리는 믿음과 종교심의 결과를 고찰할 필요가 있다.

  이 결과들은 뒤바뀌었지만 그것에 놀랄 필요는 없다. 나는 그것들을 모두 다루지는 않겠다. 첫째로, 내가 보기에 핵심은, 종교심은 인간의 질문들에 답변을 가져다주지만, 믿음은 결코 그렇지 않다는 사실에 있다. 나는 바로 이 점이 믿음과 종교심을 구분 짓는 결정적인 기준이라는 생각이 든다. 인간은 자기의 안전을 위해서, 그리고 문제의 해결책을 찾고자, 다시 말해 자기 자신의 질문들에 대한 해답을 찾으려고 종교심을 갖는다. 그는 기원의 문제뿐 아니라그것이 세계의 기원이 되었든, 자기 자신의 생명의 기원의 되었

---

8) "믿음은 소외와 해방일 수밖에 없다. 종교적 비판은 결과적으로 인문학의 수준에서만 가능하다. 그 비판은 기도 속에서 믿음의 심장부에서만 의미를 가진다. 아니다, 이것은 비판의 과정, 강력한 통찰력, '부정의' 그리고 선지자들의 폭력을 배재할 수는 없지만, 오직 믿음만이 믿음을 정화한다는 빈축을 살 만한 주장에 도전하게 하지는 못할 것이다." (SULLIVAN, 『출애굽L'Exode』).
9) 이원론과 성신숭배에 기초한 고대 페르시아 종교다.

든, 로마에서처럼 그리고 자신의 도시, 천둥과 폭풍의 기원이 되었든, 또는 사해와 같은 독특한 풍경의 기원이 되었든지, 이런 저런 다양한 집단의 기원이 되든지 간에 악, 고통, 복잡다단한 증오의 "문제"와 부딪히게 된다. 그리고 그는 스스로 종교심의 체계를 만들어 낸다. 이것들은 신화, 전설, 이상으로 표현되어 자기 자신에게 설명하고 자기 자신에게 대답한다. 인간은 자기 자신에게 답변하는 데에만 열정을 갖는다. 그리고 바로 이 점에서 성서적믿음과 종교심은 정반대에 위치한다. 계시는 그런 흥미로운 점에 대한 설명을 제시하고 있는 것이 아니라, 인간에 대한 그리고 우리 각자에 대한 여러 질문을 던져서 우리가 여러 질문이나 한 질문을 듣도록 한다. 이런 확연한 대조를 무시하면서, 성서 신화들을 다른 종교적 현상들과 동일시하는 역사가들과 주석가들은 일련의 의미의 현격한 왜곡을 저지르고 있는 것이다. 그들에 따르면 창세기 이야기는 기원에 대한 이야기기 되고, 욥기는 악의 문제를 다루는 것이 되고, 가인의 사건은 형제간 불화의 기원에 대해 답하게 된다.

  하지만 반대로 우리는 줄곧 답변하기를 거부하시는 하나님 앞에 있다. 우리가 하나님을 우리의 이성으로 파악하고 싶을 때, 그는 "나는 스스로 있는 자다."라고 선포하신다. 우리가 희생 제물들을 통해서 하나님을 억지로 움직이게 하고 싶을 때, 하나님은 그것들을 혐오한다고 선포한다. 우리가 주권자이며 왕이신 메시야를 기다릴 때, 그는 힘없는 한 초라한 인간을 보내신다. 그리고 우리가 그의 의지에 대해서 알아보고 싶을 때, 그는 우림과 둠밈 판결법10)에서 보는 대로 카드게임 같은 우연 속으로 들어가신다. 아니다, 하나님은 설명하지 않으시고 인간의 호기심이나 걱정들에 반응하지 않으신다. 그러므로 무엇보다 우리는 굳은 마음으로 나의 문제에 대한 답을 찾으려고 성경을 찾는 나쁜 습관을 반드시 버려야한다. 물

---

10) [역주] 히브리인들에게 성스러운 물건중 하나 (이것은 두 개의 주사위나, 작은 막대기로 레위인들에게 사용이 한정되었다. 이것들은 "예" 아니면 "아니오"로 답을 알려 주었다. 사전에 규약 된 대로 뽑힌 것이 하나님의 뜻이 되었다.

론 당신은 항상 어떤 본문이든 당신의 문제에 대한 대답으로 해석할 것이다 그리고 하나님이 특별한 구절을 주실 것을 기대하면서 우연히 성경을 열어보는 짓을 버려야 한다. 또한 하나님이 나의 재정이나, 가정적 어려움에서 벗어나게 해주시기를 바라면서, 또 직장을 쉽게 찾을 수 있도록, 내 문제들을 해결해 주시도록…기도하는 습관도 버려야 한다. 하나님은 물론 우리의 기도에 응답하실 수 있다. 왜냐하면 그는 사랑이시고 우리의 모든 필요를 아시기 때문이다. 그러나 이렇게 하면 계시가 우리에게 질문을 던지면서 우리의 믿음에게 말할 때수다가 아니라 성서적 계시의 핵심을 놓치는 것이 된다. 그는 우리에게 역사, 세계의 기원, 유전학, 천문학을 가르쳐주지 않는다. 그는 질문을 던진다.11) 그 일련의 질문들은 인간을 책임 있는 존재로 만드는 질문들로써즉, 대답하게끔 인간을 자유롭게 하는 질문들이다.

그리고 종교심들과 달리 믿음의 본질은 하나님의 질문을 듣고 우리에게 부과된 답변들에 모험으로 투신하는 것에 있다. 그 질문들은 성경의 모든 영역을 관통하고 있다. 그리고 특히 세 가지 핵심적 문제를 제기한다. "아담아 너는 어디에 있느냐?", "가인, 너는 네 동생에게 무슨 짓을 하였느냐?" 이 두 질문은 인간에게 던져졌던 첫 질문이다. 아담, 너는 나 자신과 완전한 연합 속에 있지 않다. 너는 어디에서부터 길을 잃었느냐? 다시 말해서 너는 누가 되었느냐? 아니면 다른 표현으로 "너의 자리는 어디냐?" 그리고 너 가인, 첫 창조 때의 아담처럼, 너는 청지기이며 보호자였다. 너에게 가장 가까웠던 사람에게 무엇을 하였느냐?

우리 역사의 한 가운데 있는 두 번째 질문은 예수가 그의 제자들에게 했던 질문이다. "그리고 너희들은 나를 누구라 하느냐?" 그는 자기 자신에 대해서 선포하지 않는다. 그는 선언하지 않는다. 그를 알아봐야 하는 것

---

11) 질문을 하시는 하나님에 대한 많은 연구(특히 바르트 신학에 대한 연구) 가운데서, A. DUMAS, 『믿는 것과 의심하는 것 Croire et douter』, 1971.

은 바로 인간이다. 예수 그리스도 안에 있는 하나님은 질문을 던지는 것에 그친다. 이것은 진정한 질문이다. 마지막으로 특히 중요한 것은 우리가 지상에서 혼자인가 아니면 하나님이 "뜬 구름 속에 있는 분"이 아니라 우리를 만드신 바로 그 분이신지를 알아보는 것이다.

그리고 세 번째로, 종말에 예수 그리스도의 부활과 함께 다음의 질문이 주어진다. "너는 누구를 찾느냐?" 그리고 이어 "만일 내가 원한다면…너에게 무엇이 중요한가?" 이 질문들은 우리가 추구하고 있는 것이 무엇인가를 물어보는 질문들이다. 우리는 사실 무엇을 찾고 있는가? 우리 인간의 역사는 어디로 가고 있는가? 어디에서 우리는 십자가에 달렸다가 부활하신 분을 알아보지 못했는가? 질문과 동시에 당신은 답을 알고 있다. "당신의 뜻이 이루어지기를…"라고 기도해야 한다. 우리는 보다시피 결정의 기로에 서 있다. "만일 내가 이것이나 저것을 원한다면…무엇이 너에게 중요한가?" 지식, 과학, 판단들에 대한 우리의 보잘 것 없는 주장들에 비추어 볼 때, 우리에게 정말 중요한 것은 무엇인가?

이 세 질문들 속에는 성경을 가로 질러서 하나님이 우리에게 던지는 질문들이 있다. 그리고 믿음은 거기에 대답한다. 가령 욥의 질문은 이 세 가지 질문들 속에 포함된다. 욥기를 주석하면서 네모Nemo가 표현한 놀라운 다음의 말을 우리가 되풀이 해 볼 수 있다.[12] "계시된 것은 단지 너와, 그리고 질문으로서 내 얼굴에 던져진 세계와 함께하는 나이다. 계시된 것, 그것은 질문이다. 한 영혼에서 한 영혼으로 전해지는 '무슨 목적으로?'라는 질문에 진정으로 답변해야할 일이 남아 있다…" 그리고 주인으로서의 하나님을 인정하는 문제와 관련해서 그는 말하기를, "그는 숨을 죽이게 하는 침묵이나 세상에 대한 잡다한 말들에 의해서가 아니라, 앞으로 다가올 모든 것을 문제 삼으며 자신 스스로가 **질문이 되심**으로써 말씀하신

---

[12] Philippe NEMO, 『욥, 악의 과잉 *Job et l'Excés du Mal*』, 1978.

다…." 그리고 하나님의 전적 타자성에 대해서 말하자면, "그분은 우리가 그에게 던진 질문, 그리고 그가 우리에게 돌려보내는 질문이시다. 어떤 목적으로? 만일 우리가 결국 하나님이 자비로우신지 그렇지 않으신지 알고 싶다면, 이 질문에 대해 완전한 답변이 필요 없다. 왜냐하면 현재로선, 오직 질문만이 베일이 벗겨졌기 때문이다. 하나님 그 분은 그 유일한 질문 속에서만 존재하는 선과 악을 구별하기 어려운 질문 자체이시다 …." 성경에는 모든 답변이 없다. 그리고 우리는 **우리의** 질문들이 "너에게 중요한 것이 무엇인가!"라는 호소 속에 포함된다는 것을 배워야 한다. 우리의 질문들은 하나님에 의해 제기된 문제에 의해서 곧장 최소화된다. 그리고 그것들이 결정적이다. 그러나 오직 믿음만이 인지하고, 믿음만이 답변을 해야 한다는 것을 느낀다. 게다가 이 질문들은 고도의 형이상학적 질문들이나 신학적 질문들이 아니라, 가장 구체적이고 실제적인 삶의 문제들을 겨냥하고 있다.

동시에 바르트가 매우 자주 상기시킨 대로, 우리는 믿음의 본질이 우선 듣는 것에 있다는 점에 집중하게 된다. 종교심은 말하고, 말하고, 말 속에 흠뻑 젖는다. 그것은 신들에게 호소한다. 그것은 주도권을 먼저 쥔다. 종교심은 행동한다. 그것은 진지한 행동 속에 들어간다. 그리고 자기 자신 외에 어떤 것도 결코 만날 수 없다. 믿음은 정확하게 정반대편에 서 있다. 그것은 기다리고, 경계를 게을리 하지 않고, 표적들을 모으고, 가장 희미한 비유들을 해석한다. 그것은 침묵 속에서 하나님의 말씀이 충만하게 들릴 때까지 참을성을 가지고 묵묵히 듣는다. 그 이후에, 들음에서부터, 다음의 것들이 올 수 있다. 대답, 메시지, 도덕, 행동, 참여가 그것이다. 그러나 이 모든 것은 믿음을 소진시킨다. 이것은 침묵 속에서 들음과 경성함을 통해서만 다시 태어나고 다시 원천을 찾는다.

그리고 만일 하나님이 성경을 통해서 우리에게 질문한다면, 그 성경은 마찬가지로 타인의 질문을 듣게 한다. 성경은 들음의 책이다. 믿음은 하나님이 던진 질문에서부터 그 질문이 무엇을 뜻하는지 알고자 타인에게로 향하게 한다. 네 아우에게 무엇을 했느냐? 그리고 만일 하나님이 대답이 없다 해도, 우리는 이 사람에게 표준화되고, 뚜렷한 그리고 설명적이고 결정적인 대답을 제공할 필요는 없다. 우리는 그에게 기독교의 탁월성을 보여줄 필요가 없다. 또 그에게 그가 믿음 안에서 답을 발견할 것이라는 것을 약속할 필요도 없다. 그는 질문들을 바꿀 것이다. 그가 오늘 스스로에게 던지는 질문들은 더 이상 근심을 주고, 짓누르고, 불안하게 하지 않을 것이다. 왜냐하면, 하나님이 그에게 던지는 질문은 가장 중심적이고, 생기 있고 근본적이어서, 다른 질문들은 그 강도를 잃기 때문이다. 타인의 질문을 듣는 것, 그것은 그가 하나님의 질문을 듣는 것을 돕는 역할을 한다. 그리고 그를 확실성이 아니라 대답한다는 것이 불가능하다는 상황으로 데려가는 것이다. 이 상황은 절망과 헛수고로 귀결되지 않고, 믿기 어려울 정도의 해방감을 주는 유일한 은혜 안에서 기쁨을 얻게 한다. 정확하게 말해서, 이것은 그의 불안과 집착에서의 유일한 해방이다. 타인의 질문을 듣고 그것을 진지하게 받아들이지만 동시에 참된 질문실존적인 존재 전체를 움직이는과 단순 호기심, 사디즘, 무도덕성, 정치적 자유, 고발의 동기에서 나오는 거짓 질문들을 분별하는 것이다. 이러한 경우 수많은 질문은 타인을 고발하기 위한 수단일 뿐이다. 믿음은 하나님에게 질문을 받아 인간의 참된 질문이 무엇인지 밝혀주려고 거짓 질문들을 닦아내는 일종의 신酸이다. 그것은 참된 질문을 밝히 드러나게 하고자 모든 사람의 눈에서 그러한 질문들의 거짓된 성격을 밝혀낸다. 빼앗기고 빈곤해진 곳에서, 인간은 모두 그의 질문 속에 들어가게 되고, 위험을 무릅쓰고 질문을 제기한다. 그때, 믿음은 나를 다른 인간과 함께 그 질문을 떠안도록 한다.

그러나 만일 믿음이 타인의 질문을 듣도록 인도한다면, 바로 이 점에서 믿음은 종교심과 차이를 갖는다. 종교심은 사람을 모으지만, 믿음은 타인들에게서 고립시킨다. 종교심은 다시 한 번 말하지만, 나는 기독교와 타종교를 구분하지 않는다 사람을 모은다. 우리는 종교적 흐름 속에 종교적 제도 안에 있으며, 모든 것이 같은 종교적 대상을 바라보고 있다. 우리는 종교적인 조직 안에서 몸을 담고 종교적 제의, 예전을 실행한다. 우리는 종교적 문화를 만들어 내고 종교적 언어를 말한다.

 종교심은 사회를 작동시키는데 유용하다. 그것은 나의 인간적 연약함에 힘을 불어넣어 준다. 이처럼, 나는 종교심 덕택에 우리가 다수이고 함께라는 사실을 발견한다. 그것이 하나님에 대한 신앙이거나 민족 또는 흑인적 특성에 대한 신앙이거나 아니면 사회주의나 프롤레타리아, 또는 진보 등 그 이름은 중요치 않다. 종교심은 늘 그 자체로 존재한다. 그리고 나 자신의 의식과 혼란에서 따라서 나의 질문들에서 해방시켜 주는 하나의 연합 속으로 이름도 없이 만족스럽게 나를 빠뜨린다. 종교심은 우리가 찾고 있는 이 연합의 열쇠이다. 그것은 얼마 전부터 공동체의 본질로 알려졌다…이 사실에 대해 강조하는 것이 이상할 정도로 이 문제는 명백해 졌다. 그러나 우리는 믿음이 종교심과 같은 수준의 문제라고 쉽게 생각할 수가 있다. 그리스도에 대한 믿음은 자신의 이웃을 사랑하라는 계명을 담고 있지 않는가? 이 믿음은 최종적으로 교회를 세우고, 나아가 제한적 범위 내에서 기독교와 기독교 사회를 낳지 않았는가? 하지만 나는 결코 기독교가 종교심의 수준으로 전락하지 않았다고 말한 적이 없다. 우리는 길게 이 문제를 살펴 볼 것이다. 우리가 방금 인용한 모든 것, 그리고 심지어 교회조차도 제도, 의식, 도덕, 그렇다, 기독교를 움직이는 종교심들의 산물이다. 따라서 사물들은 그렇게 단순하지 않다. 종교적 신앙은 모임의 구심점을 제공한다. 그리고 이 회합을 위한 골격을 만들어 낸다. 따라서 그것은 사회를 위해서 유용한 것이다. 단지 그뿐이다.

믿음은 정확하게 반대의 역할을 한다. 믿음은 개인화시킨다. 그것은 늘 배타적으로 개인적인 문제이다. 왜냐하면 나는 아브라함, 예수 그리스도에 대한 믿음을 말하는 것이지, 결코 추상적이고, 일반적인 그리고 다른 모든 종교들과 유사한 하나님에 대해서 말하는 것이 아니기 때문이다. 나는 그것이 하나님과의 인격적 관계라고 말할 것이다. 하나님 자신은 인격으로서 자신을 계시하신다. 이 하나님은 개별화시키고, 따로 분리시키고, 독특한 정체성을 주신다. 반면 말씀을 듣는 인간은 하나님의 말씀을 듣는 유일한 존재다. 그는 타인들과 분리된다. 그는 하나님과 유일한 관계 속에서 타인과 함께 그 관계를 나눌 수 없는 단독자가 된다. 그리고 나는 이 관계를 설명하고, 해명하고, 분석한다고 주장하는 사람들을 얼마나 존경했던가! 그것은 모든 심리학자들을 두고 하는 말이다. 그들은 이 현상의 주변조차도 이해하지 못한다는 것을 보여주고 있다. 그리고 자신들의 '경험들'을 넘치게 말하는 신자들과 신비가들도 마찬가지다 이 하나님은 우리에게 성경을 상기시키면서, "내가 너를 지명하여 불렀나니"사43:1라고 말씀하시며 개별화시킨다. 자신만의 독특한 이름은 우리에게 계시록을 떠올리게 한다. 하나님이 이 사람에게 말할 때, 종교적 집단 속으로, 영적 용광로 속으로 그 사람을 결코 용해시키지 않는다. 하나님은 그를 타인들과 분리시킨다. 그는 이 순간 유일한 자, 다른 자가 된다. 내가 너를 지명하여 불렀다. 성서의 세계에서 이름이 얼마나 근본적인지를 다시 한 번 되새길 필요는 없을 것이다.13) 이 이름들은 사회적 에티켓이 아니라 깊은 영적 존재의 표현이고 가장 은밀하고 참된 실재의 표현이다. 이 하나님, 이 예수에게 있어서 비극적 상태는 사람들이 집단과 군중으로 모인 상태이다. 예수는 군중 앞에서 연민에 사로잡혔다. 군중은 인간 이하의 상태이

---

13) 여러 책들 가운데서 이름에 대한 성경적 의미에 대한 A.Duma의 연구, 『하나님의 이름 Nommer Dieu』(1980)을 추천한다. 특히, 이 책에서 은유들, 관념들, 가명들과 이름을 대조하는 것이 흥미롭다. 이름이라는 것은 한 통합체를 지칭하는 기호로, 그것은 중심, 드러냄이지 표상(表象)이나 정의가 결코 아니다.

다. 인간은 군중 속에 있으면 늘 방향을 잃고, 자기 자신을 잃어버리고, 스스로를 박탈당한다. 이것은 단지 인간이 수적으로 많이 모였기 때문이다. 그때 예수는 그들을 "목자 없는 양과 같이 고생하며 유리한다"마9:36고 민망히 여기셨다. 믿음은 고립시키고 단독자가 되게 한다.14) 그리고 이것은 키에르케고르의 중심적 경험이다. 나는 키에르케고르가 모든 기독교 저자 중에서 가장 훌륭히, 가장 진정으로 그리고 가장 근본적으로 믿음의 실존적 실재를 설명했다고 본다. 실재를 비껴가며 말해서는 안 된다. "하늘을 믿었던 사람, 믿지 않았던 사람"15)에 대해서 매우 즐거워하며 만족해서는 안 된다. 그것은 멋지다. 손에 손을 잡고 모든 세계가 화목을 이룬다. 용감한 아라공! 무엇의 이름으로 "모두가 하나 되어" 이 작은 차이를 없앨 것인가? 프랑스의 이름으로, 그리고 『프랑스의 기상나팔 *La Diane française*(1945)』이로다.16) 여기에는 종교심과 신화가 그 앞에 있다. 왜냐하면 프랑스가 하늘보다도 더욱 중요하기 때문이다! 나는 하늘을 믿지 않는 사람이 '위엣 것은 별로 중요하지 않다.'라고 떠드는 것을 이해한다. 그러나 이 말에 눈이 멀어 이 말을 받아들였던 기독교인들은 이해할 수 없다. 그들은 다른 종교심과의 집단성을 위해서 하나님과 인간 사이에 세워진 차이를 없애버렸다! 사람들이 그것들을 받아들이고, 그 용감한 공산주의자들이 기독교인들과 손에 손을 잡고 기독교인들을 그들의 행진에 함께하게 했을 때 얼마나 행복했는가! 믿음은 홀로 있게 만들고 분리되게 한다. 그리

---

14) 신경에서 "나"의 의미에 관해서 말하자면, "우리가" 믿는 것이 아니라 "내"가 믿는 것이다. 믿음이 개인적이어야 한다는 것을 요구하는 신조의 목적에 대해서는 다음을 참조하라. A.MAILLOT, 『사도신경*Credo*』, 1979.
15) [역주] 루이 아라공(Louis Aragon, 1897-1982)의 『장미와 물푸레 나무*La Rose et le Réséda*』라는 시의 첫 두 행이다. 이 시는 종교와 정치적 차이를 극복하고 나치 저항 운동을 해야함을 호소하고 있다. 여기서 "하늘을 믿었던 사람, 믿지 않았던 사람"에서 말하는 것은 바로 저항을 통해서 종교적 균열을 극복하자는 것이었다. 루이 아라공은 프랑스의 시인, 소설가. 다다이즘과 초현실주의에 가담했고, 좌경 작가로 전향해 활동했다.
16) [역주] 루이 아라공(Louis Argon)의 시선집으로 독일 점령 아래서의 저항을 주제로 하고 있다. 2차 대전 중에 쓰였지만, 1944년 말에야 출간되었다.

고 우리는 성경적으로 성도는 구별된 자를 의미한다는 것을 떠올려야만 할 것이다. 거룩하다는 것은 다른 나머지, 대표적으로 민족, 세계, 집단에서와 분리된다는 것이다. 창조적이고 분리시키는 이 말씀에 의해서 믿음이 생겨난 후에, 사명을 가지고 홀로 된다는 것은 다른 어떤 사람에 의해서도 성취할 수 없는 것으로, 그것은 우리가 믿음 안에서 받는 것이다.

그러나 영혼을 근심케 하는 질문들을 즉시 듣는가? 그렇다면 교회는 어떤가? 이 주장들에 따르면 당신은 단지 너무도 유명한 저 프로테스탄트 개인주의의 희생양인가? 이 마지막 점에 대해서 나는 이 프로테스탄트 개인주의는 아름다운 환상이고 고집스럽고 부조리한 전설이라는 것을 강조하고 싶다. 16세기에 종교개혁에서 강한 개인화의 경향이 있었고, 박해만큼이나 성경 읽기가 하나님 앞에 서 있는 개인에게 개신교의 정체성과 관련해 큰 의미를 지녔었다는 것은 사실이다. 그러나 훨씬 오래 전에, 종교개혁이 일어나기 전, 적어도 2세기, 아니면 3세기 전에 기독교도들은 매우 친절하고, 순종적이고, 과격함이라고는 전혀 없는 양의 작은 무리였지만, 가장 진보적인 집단이었다. 적어도 프랑스에서는 그들이 파리의 지성인들이나 이미 해체되고 있던 좌익 그룹의 행동양식을 바로 뒤에서 쫓아가고 있었다…아니다. 분명 개신교 개인주의가 나를 하나님에 의해서, 그리고 믿음에 의해서 창조된 믿음의 유일한 담지자로서, 단독자와 개인으로서 인정하도록 하는 것이 아니다. 반대로 다음을 말해야한다. 개신교 모델과 중산층 개신교와 결별해야 한다! 바로 교회다! 단순한 두 가지 요소를 되새길 필요가 있다. 이사야의 말씀에 따라서 바울에 의해서 다시 취한 말씀에 비추어 참된 "일꾼들"이 필요하다. 든든하고 원기왕성한 사람들이 필요하다. 개인들이 필요하다. 그러나 내가 든든하고 왕성하게 말할 때, 병든 노부인을 지칭할 수도 있다. 그리고 사업가 또는 정력적인 지식인은 단순히 아무 것도 아닐 수 있다 교회는 자기 스스로를 인정하는 법을 배운 단독자들, 고립된 자들의 만남과, 연합, 우정에서 존재한다. 그리고 한 번 더 신비적 용광로와는 전혀 상관없다. 그러나 교회는 피할 수 없다. 우리는 정말 어리석은 이유로 교회에서 떨어질 수 없다. 나를 홀로 있게 만드는 믿음은 예수 그리스도의 하나님에 대한 믿음, 예수가 사랑이라 한 하나님에 대한 믿음이다. 그래서 사랑이 있다면 구석에서 홀로 있다는 것은 불가능하다. 이 사랑은 하나님과의 배타적인 관계가 아니다. 왜냐하면 나를 정확하게 타자로 정하신 분이 바로 하나님이시기 때문이다. 그리고 다시 말하지만, 다음의 사실을 심각하게 주장해야 한다. 사랑을 낳게 하는 것은 바로 타인이 있기 때문이라는 사실이다. 사랑이 존재해야 한다면 그것은 하나님이 나를 타인에게 보내시기 때문이고, 반대로 타인을 나에게 보내시기 때문이다. 만일 이분이 사랑이신 하나님이 아니라면, 타인과의 만남은 우리를 정치를 하도록 이끌거나 복권을 사도록 하겠지만, 결코 우리를 존재하게 하지는 못하게 할 것이다. 이처럼 고립시키는 사랑의 하나님에 대한 믿음은 교회를 세우게 한다. 하나님은 내가 사랑하도록 명령한다 몇몇 개인이 이 믿음을 체험하는 곳에서는, 반드시 빵과 잔을 나누게 된다. 믿음이 교회의 기원이다. 다른 어떤 것도 아니다. 온갖 기능적인 메커니즘, 제도적 구조, 이데올로기적 상부구조, 이것들은 종교적 외양이다. 그리고 이것들은 피할 수 없는 어리석음들이다. 왜냐하면 우리는 이미 믿음 안에서 그리스도가 이루어 낸 사회 안에 있기 때문이다. 바로 교회다. 따라서 그것은 사랑 안에서 그리고 개인적으로, 분리되어, 하나님이 그들에게 부여한 기능을 달성하고자 개인으로 나누어져 부름을 받은 사람들의 사랑에 의한 회합이다. 그리고 만일 회합의 유일한 장소가 사랑이라면, 그렇다면 분명, 이 남녀들은 연합된다. 그러나 각자는 어쨌건 근본적으로 하나님과의 대화 속에서 개인적이다. 믿음은 고립시키고, 종교심은 모은다.

　세 번째 근본적인 반대는 의심과 관련된다. 그리고 매우 평범하고 자주 들리는 의견과는 반대로, 나는 신앙은 의심을 전제하고 있는 반면, 종교심은 그것을 배제한다고 말할 것이다. 어떤 카톨릭 신학은 전통적으로 믿음이 의심을 배재한다고 가르친다. 그리고 의심이 있는 곳에는, 그것이 아무리 작은 것이라고 해도, 믿음이 없는 것이라고 한다. 가령 시몬 베드로를 본보기로 삼는다면, 그는 호수 위로 걸으면서 두려움에 사로잡혔다. 다시 말해서, 예수의 말씀을 의심한 것이다. 그리고 풍덩 빠지고 만다. 믿음이 없다는 분명한 증거다. 또는 예수가 부활했을 때 도마의 의심 많은 태도에 대해 예수가 구체적으로 말한다. "너는 나를 본 고로 믿느냐…." 요 20:29 따라서 이전에 도마의 의심은 믿음을 배제했다. 그러나 이러한 가르침 그리고 심지어 성경 속의 사례도 나를 확신시키지 못한다. 의심의 가능성을 완전히 배재하는 것은 종교심이다. 그것은 성스러운 전사적 태도다. 두려움에 접근할 수 없는, 그가 더 약하기 때문에 더욱 갑옷을 입혀야 하는 그런 태도다.17) 종교심의 모델은, 그것은 깔비노^{Calvino}18)의 존재하지 않는 기사이다. 완전한 갑옷, 동요되지 않고 멀리서부터 다른 기사들을 압도하는 효과가 있지만, 속이 비어 있는 갑옷이다. 모든 것은 알맹이 없는 행동에 불과하다. 내가 바로 이렇게 종교심이 있는 사람을 볼 것이다. 그것은 완전하게 계명과 율법을 실행한다. 그는 자신의 신념의 방

---

17) "참된 것과 확실한 것, 종교심의 강도와 믿음의 질 사이를 혼동하는 것은 가장 큰 유혹이다. '이 사람은 신자다.'라고 말하는 것은 열광주의자의 감탄이다. 이 사람들의 확신의 견고함은 그 확신들을 생각하는 것을 거부하는 것과 비례한다." (B: CHARBONNEAU. 『나는 존재했었다Je fus』, 1980). "분명 우리는 종교적 도덕이 인간의 경험에 뿌리를 내리고 있다는 것을 알고 있다. 그러나 그것은 효율성이라는 목표와 사회학적 안정이라는 조건하에서 형식화된다. 철학적, 신학적으로 죽은 언어 안에서 합리화되고, 절대화되어, 그것은 상황, 차이, 복잡성, 모순의 비극 밖에서 개인들의 독특성을 넘어서 이상화의 메커니즘으로써 작동한다. 그것은 희생을 요구하는 우상이 된다. 선과 악이 뒤섞인 실재와 괴리되어, 그것은 결국 죽음밖에 말할 것이 없게 된다."(J.SULLIVAN, L'Exode).

18) [역주] 이탈로 깔비노(Italo Calvino), 쿠바출신의 이탈리아 작가로, 엘륄은 그의 『부재(不在)의 기사(騎士)Il Cavaliere Inesistente』(1959)를 염두해 두고 있다. 이 작품은 깔비노의 우화소설로, 작품의 주인공 아질루프(Agiluf)는 충성심과 기사도를 갖춘 중세의 기사지만, 사실 이 주인공은 안에 사람이 없는 유령 같은 텅빈 갑옷에 불과하다. 깔비노는 여기서 인간의 정체성의 문제를 탐색하고 있으며, 특히 근대의 관료제 아래서 텅빈 인간이 되어버린 현대인을 풍자한다.

속에 완전히 갇혀 있다. 그는 어떤 차이도, 어떤 일탈도 참지 못한다. 그리고 엄격함과 절대주의를 극단까지 밀고나간다. 이는 종교심의 표현이다. 그는 정확하게 신자와 비신자의 경계를 설정하며, 쉬지 않고 이 종교심의 표현을 세련화하고 그것을 가능한 일관적이고 완전한 체계로 만들어 지적으로 설명하기를 추구한다. 그는 어떤 차이도 견디지 못한다. 행동과 사고는 법전화되고 엄격해진다. 그리고 이 모든 것은 아주 큰 효율성으로 인도한다. 믿는 자는 효율성을 추구하는 인간이다. 그러나 중심에는, 심장부에는 아무 것도 없다. 우리가 구체적으로 "종교심"에 대해서 일련의 행동과 감정, 그리고 경직성을 일으키는 결정적 신앙의 행동이라고 말할 때, 이것은 놀랍고 비난받을만하게 보일 수 있다. 신앙의 행동은 바로 매우 불확실하고 매우 연약하며 덧없는 것이어서, 만일 실존적으로 가장 참된 경험을 할 수 있다면, 그것에 대해 너무 큰 자긍심을 가져서, 그것과 나머지 모든 것을 바꾸는 엄청난 위험성이 있다. 다시 말해서 이 모든 "나머지"는 더욱 더 기념비적인 것이 되고, 엄격한 것이 되며 그 중심이 비고, 또 빈약해지며 불확실해진다. 믿는 사람은 너무도 작은 내적인 실재를 가지고 있기 때문에 그는 관습적이고 체계화된 전체 안에서 그리고 그것에 의해서만 그것을 살고 표현할 수 있다. 역시 그는, 우리가 위에서 보았듯이, 모이는 사람이다. 믿는 사람은 다른 사람들의 현존 안에서 힘을 얻고 확실성을 갖는다. 이 확실성이란 타인들이 진정한 종교심을 가지고 있다는 확신이다. 영성체(領聖體)[19]가 실존적 공허를 대신한다. 이것은 또 우리가 이 그룹의 사람들, 즉 신자들에게 완전한 만족을 주는 제의와, 참여 그리고 활동들을 늘리는 이유이다. 이 순간, 이 사람은 진리에 대해서 또는 그의 종교심의 실재에 대해서 질문을 던질 필요가 없다. 적극적 행동

---

[19] [역주] 영성체(領聖體)란 성찬식에서 그리스도의 살과 피를 받아 모시는 것을 말한다. 카톨릭 교회에서는 그리스도의 살과 피가 떡과 포도주로 화한다는 교리를 견지하고 있는데(화체설) 성찬(또는 성체) 때에 그리스도의 살과 피를 받아 은총을 입는다고 한다.

주의가 모든 것을 대체한다. 그러나 우리는 그때 어떤 점에서 종교심들이 차이를 참을 수 없는 것이 되는가를 이해하게 된다. 만일 다른 사람이 다른 측면, 다른 지향성을 주장하면서 나타나면, 그 신자를 자신의 신앙으로 돌아서게 한다. 그리고 타당성에 대한 질문을 스스로 던지게 하고, 자신의 종교심의 내용을 질문하게 한다. 결국 이것은 신자가 자신의 마음이 텅 비었다고 결론을 내리게 한다. 그는 그것에 대해서 의심을 품어서는 안 되며, 그것에 불확실성을 가져서는 안 된다. 왜냐하면 이것은 근본적으로 파괴적인 성격을 가지고 있기 때문이다. 결과적으로 우리는 차이를 참을 수가 없다. 차이라는 것은 늘 다른 방식의 질문의 뿌리, 자기비판의 뿌리, 따라서 의심의 뿌리다. 그러나 의심이 나타나면, 모든 것이 깨진다. 행동, 계명은 더 이상 충분하지 않다. 그것은 일탈이다. 바로 종교가 급속하게 확대되고 많은 신자를 모을 때, 군중이 믿음으로 접근하는 것은 불가능하기에 종교심으로 접근하게 되고, 이것은 질서, 의식, 정통으로 변질되기 때문이다.

    믿음의 진리라고는 하지만, 사실상 껍질만 있는 텅 빈 종교심의 증가와 그에 따른 변질은 불가피하다. 이처럼, 의심과 동시에 차이를 대체한 것이 바로 종교심이다. 정반대로 믿음 전체는 "저는 믿습니다. 주여. 나의 불신앙에서 저를 구하러 와주십시오."라는 중심적 말로 표현된다. 분명 믿음을 바위에 비교할 수 있다. 하지만 믿음의 첫 번째 발걸음은 예수 그리스도의 믿음과 나 자신의 가슴 속에서 뛰고 있고 머물며 믿음 사이에 존재하는 거리를 의식하는 것이다. 다시 말해서 믿음은 무엇보다도 어느 정도나 믿음의 삶을 살고 있는가, 그리고 어떤 점에서 내가 이 중심적 진리에서 멀어져 있는가, 그리고 어떤 점에서 믿음이 나의 삶을 채우고 있는가를 재어보게끔 한다는 것이다. 이것은 지적인 의심의 문제가 아니다. 이러한 비판적 유희는 무신론자들을 기쁘게 하고, 그들이 보기에 덜 성숙하고,

유아적으로 보이는 이 믿음을 쉽게 이겼다고 믿게 한다. 그들의 눈에 치유할 수 없는 갈등에 대한 질문들, 성서의 역사적 정확성에 대한, 그리고 악을 일으키는 하나님의 선함과, 또는 그가 전능하지만 무능하다는 것에 대한, 또 하나님의 예지豫知와 인간의 자유 사이에 대한 질문들은 효과적인 의심과 전혀 상관이 없는 유아적 행위다.

왜냐하면 믿음은 알콜처럼 모든 불순한 것을 소독하는 효과를 갖고 있기 때문이다. 그것은 나의 삶과 나의 사회를 구성하는 모든 것을 시험대에 올려놓는다. 어떤 것도 안식처에서 보존되고, 따로 분리될 수 없다. 그것은 반드시 온갖 확실성, 도덕, 종교심, 정치에 대해서 질문을 던지게 한다. 믿음은 종교심과 마지막 신뢰를 인간 활동의 모든 표현에 결부시키는 것을 금지한다. 믿음은 우리를 모든 것에서 떼어놓는다. 우리를 돈에서, 가족에게서 그리고 직업에서, 지식에서 떼어놓는다…"내가 아는 모든 것은, 내가 아무 것도 모른다는 사실이다." 이를 가장 확실하게 우리에게 인식시켜 주는 것이 바로 믿음이다. 믿음, 그것은 예수의 품 안에 신뢰를 품고, 즐거이 안기는 것이 아니다. 너무 단순한 생각이다! 믿음은 자신의 믿음을 의식하기 때문에 모든 것을 비판적으로 볼 수 있다. 나는 예수의 말에 비추어 나의 믿음을 재어보는 것을 말하고 있다.[20] 우리는 키에르케고르가 인간적인 측면에서, 늘 자신의 믿음과 아브라함의 믿음 사이의 간격을 재어보곤 했다는 것을 알고 있다. 그리고 만일 믿음이 아브라함의 믿음이 아니라면, 그것은 아무 것도 아니다. 믿음은 반드시 아브라함의 믿음과 나의 믿음을 견주어 보게 한다. 만일 나의 믿음이 아브라함의 믿음이 아니라면, 아무런 가치도 없다. 그리고 믿음은 나의 무능력함, 나의 부족함, 나의 불완전함, 결국 나의 믿음 없음을 인정하게 한다. 왜냐하면 믿음은 모든 종교심들을 가장 확실하게 파괴하는 것이기 때문이다! 믿음을 믿음 되게 하는 것이 바로 여기에

---

[20] VALLOTTON, 『예수의 믿음 La Foi de Jésus』, 1996.

있다. 이런 방식으로 믿음은 존재하고 나를 만들어 간다. 그리고 이 잣대 안에서 종교심은 인간을 안심시킨다. 종교심 안에서 사는 인간은 피난처에 있다는 느낌을 받는다. 하나님은 그에게 보호자와 보증인이 되어 주신다. 믿음은 반대로 우리가 칼날 위에 선 것같이 느끼게 한다. 왜냐하면 믿음은 하나님이 아버지 되심을 알고, 하나님의 능력을 축소시키지 않기 때문에, 인간을 두려움에서 심지어 공포로 사로잡는다. 여기서 잠잠해진 폭풍의 이야기는 매우 의미심장하다. 친구이자 스승인 예수에 대한 믿음 안에 사는 배 위의 제자들은 예수가 그의 말로 폭풍을 잠잠케 했을 때, 폭풍에 대한 두려움에서 공포로 넘어갔다라고 마가는 우리에게 진술하고 있다. 이것은 행동하시는 그리고 매우 가깝게 임재해 있는 하나님의 능력을 만난다는 사실에 대한 두려움이다.21) "이 어떠한 사람이기에 바람과 바다도 순종하는고?"마8:27 이것은 믿음의 문제이다. 종교심에서는, 문제들이 간단하다. 하나님은 전능하다. 따라서 하나님이 그것을 하시는 것이 정상적이다. 그러나 우리가 하나님을 그렇게 규정하면, 관계는 거짓이 된다. 하나님의 능력이 우리에게 일상적인 것으로 보이면, 그것은 종교심이 우리를 속이는 것이다. 믿음은 측량할 수 없는 거리를 가늠하고, 따라서 살아계신 하나님의 말로 형언할 수 없는 성격을 재는 것이다. 하지만 동시에, "아바" 그리고 "아버지"라고 외칠 수 있게 하는 것은 바로 믿음이다. 그리고 예수는 사실 평화와 기쁨을 주는 분이시다 그 둘은 서로 모순되지 않는다. 그러나 믿음의 살아 있는 통로와 연결고리가 된다. 이처럼 의심과 두려움은 믿음에 통합되는 요소들이다.22) 이 사실을 다시 이해해야 한다. 이것은 하나

---

21) 한 세기 전에 박식한 주석가들의 보잘 것 없는 "심리학"을 보자. 그는 가령 부활 기사가 내삽된 것이라고 생각했다. 그 이유는 내적인 모순이 있다는 것이었는데, 가령 마태복음에서, 천사는 여자들에게 "두려워 말라"라고 말한다. 그리고 이어 그 본문은 그녀들이 즉각 "두려워" 물러섰다고 진술하고 있다는 것이다…이것은 마치 어떤 이가 당신에게 두려워하지 마십시오라고 말했을 때, 당신에게 아무런 두려움의 감정도 생기지 않았다고 하는 것과 마찬가지다!
22) 그러나 의심은 "아무 것이나 믿는" 것과는 다르다! 의심은 그것이 진리에서 진리와 함께 싸

님의 계시에 대한 의심이 아니다. 또는 예수 그리스도의 임재에 대한 의심이 아니다. 그것은 나 자신에 대한 의심이다. 따라서 종교심과 정확하게 반대이다! 효율성에 대한 의심, 나의 교회와 나의 사회에서 내가 하고 있는 것과, 내가 복종하는 것의 정당성을 의심해 보는 것이다. 그리고 심지어, 그것은 자기 자신을 시험해 본다. 만일 내가 내 속에 있는 믿음의 움직임을 구별한다면, 첫 번째 요구는 구체적으로 나를 남용하지 않고, 내가 아무 종교심에나 빠지지 않도록 주의를 하는 것이다. 따라서 나는 엄격하게 내가 믿는 바에 대해서 비판을 해야 한다. 모든 반대를 듣는 것, 모든 공격을 듣는 것은 나의 믿음이 무엇에 근거해 서 있는가를 알기 위함이다.

믿음은 반쪽 진리, 반쪽 확실성을 견디지 못한다. 바로 이것이 믿음이 끊임없이 이 믿음을 거부하고 부정하는 타자의 상황 속으로 나를 밀어 넣는 이유이다. 이것은 지적인 현학인가? 깨끗하지 못한 양심이라고? 그것이 아니다! 이것은 아브라함의 신앙만을 표준으로 삼을 수밖에 없는 유일하고 배타적인 태도이다. 전부이거나 아니면 아무 것도 아니다. 그러나 이 전부는 반드시 내가 아무 것도 아님을 확인하게 한다. 그리고 사실 내가 이렇게 할 때에야 비로소 전부를 받아들이는 것이다. 거기에서부터, 이 의심을 늘 담고 있는 믿음이 의심이라는 비옥한 부식토 위로 싹이 트면

울 때만 진리를 갖는다. 1970년 경에 유행했던 이 맛없는 종교적 혼합주의가 아니다. 1980년 8월에 미시옹 드 프랑스의 빛바랜 선포들과 함께 오래된 가죽부대를 새롭게 채우는 것을 보았을 때, 우리는 막힌 하수구가 뚫리는 것 같이 생각했다. 우리는 그 변함없는 어리석음을 새롭게 선포하는 것을 들었다. 새로운(?) 선교 비전은 상호성, 즉 다른 종교에 속한 다른 사람들과 함께 나눔에 의거하고 있다. "예수-그리스도를 통하는 것 외에 하나님에게 다가갈 길은 없는가?" 이러한 의심은 믿음과 하등 상관이 없다. 왜냐하면 이 질문을 던지는 것은 종교심들을 살리고자 믿음을 없애는 것이기 때문이다. 거기에서부터, 명백히 "우리는 예수 그리스도의 진리를 전달하려고 노력하지 않는다." 예수가 "나는 진리다."라고 말한 것이 뭐가 그리 중요한가. 그러나 우리의 선교사들은 예수보다 더 재치 있는 사람들이다. 매우 덕망 있게도 중용을 찾으면서, 우리는 죽고 부활하신 예수를 증거하고 우리가 기독교의 독특성을 견지하고 있다고 선포한다…그러나 잡다한 다른 종교들도 역시 참되고 그것들이 조화로운 심포니를 이루어 내도록 시도를 한다. 몇 세기 전에 이것은 다음의 문구들로 시작되었다. 좋은 것과 참된 것이 도처에 있다…이것은 보지 못하나 생명보다도 더 본질적이고 비교할 수 없는 이 믿음 안에 뿌리를 내린 욥과 야곱의 의심과는 전혀 관계가 없다.

서 반드시 꽃을 피운다! 이 믿음이 누구를 정죄할 것인가? 살아 있는 율법을 성취할 때는 바로 간음한 여인을 돌로 칠 준비가 되어 있는 자들이 그들의 돌을 내려놓고 생각하며 돌아가는 바로 그때다. 바로 그때가 그들이 믿음으로 접근할 때다. 내가 바로 이 불신자일 때, 나의 믿음이 나의 불신앙을 확신시킬 때, 어떻게 내가 불신자를 판단할 수 있을 것인가? 내 믿음이 나를 예수 그리스도에게로 인도하는 다양한 길을 나에게 보여줄 때, 어떻게 이 이단을 판단할 것인가? 믿음이 나에게 모든 한계들을 넘어서고, 믿음으로 부름을 받는 사람들을 선택하시는 예수 그리스도의 하나님을 보여줄 때, 어떻게 내가 믿음을 가지고 정죄를 하며 이 한계들을 정할 수 있을 것인가! 그러나 이것은 내가 아무 것이나 다 받아들인다는 것을 뜻하는 것이 결코 아니다. 또는 모든 것이 가능하다고 말하는 것도 아니다. 나를 저울로 달아보고 나를 한계 짓는 이 믿음은 나를 일정한 행동으로 인도하고, 어떤 열매를 맺게 하고 그리고 만일 그것들이 진정 믿음의 열매라면, 그것들은 본보기가 될 것이고, 다른 사람에게 기회와 진리로 구실을 할 것이다. 그러나 나의 믿음 없음을 하나님의 손에 맡길수록 내 믿음이 확실하고, 내 확실성은 더 커진다. 그와 더불어 나는 다른 것들에 열린 마음을 갖게 되고, 나는 존재들과 사물들, 교회, 시들, 사상들, 행동들의 다양성을 받아들이게 된다. 그리고 내가 하나님의 경이로운 자비하심에 감탄할 뿐 아니라, 매우 경이로운 피조물 앞에서 감탄을 하게 된다. 왜냐하면 믿음은 내가 내 믿음과 주님의 믿음 사이의 거리를 인정하게 하기 때문이다. 나는 타인들과 어깨를 나란히 하여, 누가 우리 모두에게 영원한 은혜의 은택, 유일한 은택이 되시는가를 분별할 수 있을 뿐이다. 여기에 의심과 믿음 사이의 관계를 잘 말해주는 네 가지 글이 있다.

◆ "의심한다는 것, 그것은 하나님에 대한 질문이 우리보다 앞서는지 그

리고 이 하나님에 대한 질문이 인간 전체를 위해서, 또 우리 각자를 위해서 중요성을 가지는 지를 자문해 보는 것이다. 의심한다는 것, 그것은 우리가 종교심들로 차 있는지 아니면 은혜로 받은 믿음으로 차 있는 지를 자문해 보는 것이다. 왜냐하면 종교심이라는 것은 우리가 우리 자신에 의해서 어렴풋이 알고 있는 것의 연장인 반면, 믿음은 진정으로 제기된 질문에 대한 하나의 답이기 때문이다. 그러나 만일 내가 질문의 실재에 대해 의심을 한다면, 어떻게 믿음에 대해서 내가 말할 수 있겠는가?…" 이어서 뒤마A. Dumas는 그가 믿는 것과 의심하는 것Croire et douter이라고 제목을 선택했다면, 이것은 바로 믿음은 의심이 없이는 불가능하다는 사실과 믿음은 의심을 포함하고 있다는 사실을 강조하기 위함임을 보여준다. "우리를 믿게 하는 이 단어들이 있다. 왜냐하면 그것들이 우리를 앞서기 때문이다…그러나 하나님의 말들이 우리를 앞선다. 우리가 그것들을 믿는다는 것이 정말 가능한가라고 우리가 스스로 자문할 때가 올까? 이러한 의미에서, 의심은 모든 신자의 가슴 속에 있다. 우나무노는 말했다. '의심을 가지고 있지 않은 믿음은 죽은 믿음이다.'" A. Dumas, 『믿는 것과 의심하는 것Croire et douter』, 1971

◆ "우리는 어떤 식으로든 어느 편에는 서야 한다. 종교, 문화 그리고 사고방식, 정치는 동일화를 표방한다. 그러나 그것은 투사의 문제이다. 예수는 늘 다른 곳에 있다. 그는 우리가 기대하는 분이 아니다. 모든 정돈된 것을 흩어 놓는 분이시다…불신앙과 믿음 사이의 친화관계에까지 내려가야 한다. 세계의 심장부에는 공허가 자리 잡고 있다. 종교심의 중심에는 늘 불신앙의 공허가 자리 잡고 있다. 불신앙의 중심부에는, 원초적 신뢰감에 접붙임 된 믿음의 가능성이 자리 잡고 있다. 믿음의 확실성은 과학적 확실성과는 아무런 상관이 없다. 그것은 끊임없이 극복되는 의심과 함께

깊어진다. 이처럼 그것들은 겸손하다. 왜냐하면 결국 우리가 직접적으로 받을 능력이 없는 은혜와 연결되어 있기 때문이다. 그러나 우리들 각자는 타인을 믿음을 모범으로 삼고서, 그 타인들을 통해서 우리가 종교심 속에서 자신의 존재를 확인 받게 되는 자연적 세계 속에서 살아야 할 필요 속에 있다. 그러한 필요는 우리가 유치한 사색가나 비극에 대해서는 전혀 모르는 사람들로 만들어 버린다. 믿음은 깊숙한 곳에서 허무주의를 제거한다. 그리고 믿음의 사람은 가장 지독한 허무주의 안에서 그가 이미 지나온 밤의 풍경을 인정한다…." J. SULLIVAN, L'Exode, 1980

◆ "모든 일은 대가를 지불하기 마련이다. 하지만 자유의 대가는 무한하다. 그런데 결정적으로 그것은 단 한 가지로만 살 수 있는데, 그것은 불안이다. 불안은 자유로운 행동의 대가인 세계와 타인과의 전쟁, 무리에게 거부당하는 대가인 외로움과 같이 개인적 확실성의 대가이다.B. CHARBONNEAU, Je fus, 1980 개인적인 진리는 교조적이고 과학적인 진리들과는 반대로 한 질문의 열매이다. 삶 가운데 계속 새롭게 몰아치는 파도를 제외하고는 아무 것도 진리를 보장하지 않는다. 그것은 어떤 권위의 도움에도 의지할 수 없다. 이성의 권위에도 호소할 수 없다. 합리적 진리는 그것 스스로 자충족적이다. 그것은 자신의 길을 따라가지 않는 모든 것을 무시한다…모든 개인적 사상은 허무주의로 귀결되는데, 허무주의는 사회 질서만큼이나 개인적 사상을 파괴할 위험이 있다. 만일 왕좌들과 지배자들이 내가 그들의 진리에 대항해 나의 진리의 확실성을 확인하고자 그들의 진리를 의문시하는 것을 멈추게 할 줄 모른다면, 나의 불확실성과 나의 연약성은 무엇을 할 수 있겠는가? 아니다, '나는 확신이 들지 않는다.' 바로 여기에 마음의 평화 그리고 진리가 있다. '나는 확신이 들이 않는다. 따라서 나는 존재하지 않는다.' 그렇다면 왜 이 지울 수 없는 '나'라는 기호는 자포자기 상

태의 나에게 끝까지 따라 붙는 것인가? 의심과 분리될 수 없는 믿음은 하나의 결단의 행동일 수밖에 없다. '질문, 비극, 의지를 넘어서서, 의심은 그가 받았다고 믿었던 것을 선택할 것이다.'"B.CHARBONNEAU

◆ "분명, 예수의 부활 때문에 실족하는 사람에게 그리스도인으로서의 자격을 비판하고, 박탈하는 것은 문제의 핵심을 비껴가는 것이다…사도들, 모든 시대의 기독교인들, 아테네 사람들 그리고 사두개인들처럼 나 또한 단순한 이유 때문에 어려움을 겪었다. 나는 예수가 삼일 만에 부활했다고 신앙 고백을 할 때 이성이 마비되는 것처럼 느껴진다. 나의 지성이 비웃고 있는 것처럼 느낀다. 나의 상식이 불평하는 것만 같다. 반대로, 그것을 도무지 믿고 싶지 않은 사람의 가슴에는, 이 신앙 고백이 선포되었을 때, 알지 못하는 희망이, 이해하기 어려운 소망이 고동친다. 결국 매우 사악한 자는 예수의 부활을 믿지 않으면서, 예수의 부활을 전적으로 믿을 수 있는 사람이 될 것이다. 그는 스스로에게 질문하지 않는 신자의 교회에 있지도 않고, 자기 심문을 하지 않는 불신자의 교회에도 있지 않다. "그것이 가능한가?" 라고 말하지 않는 자는 결코 신자가 아니다. 그리고 "그것이 가능하지 않을까?"라고 호기심을 갖지 않는 사람은 역시 불신자가 아니다. MAILLOT, *Credo*, 1979

그러나 만약 그렇다면 우리는 곧바로 새로운 차이를 발견한다! 그것은 매우 단순하게 표현할 수 있다. 종교심은 늘 궁극 이전의 것이다. 믿음은 늘 궁극적인 것이다. 그리고 이것은 두 가지 면을 표현한다. 종교심은 우리가 궁극 이전의 것이라고 분류할 수밖에 없는 사물들, 실재들, 그리고 행동들과 관계를 맺는다. 과학, 조국, 신들, 돈, 권력에는 종교심이 있다. 그리고 이 모든 것은 궁극 이전의 것들이다. 오, 얼마나! 종교심의 각 대상들에게 우리는 유명한 문구를 반복할 수 있다. "당신이 죽을 때 종교심을 가지고 갈 수 없을 것이다." 파탄이 찾아올 것이다. 당신은 확신 속에서 당신이 원하는 만큼 종교적 대상을 높이 들어 올릴 수 있다. 그리고 어느 날 당신이 죽을 것이고 이 종교심의 대상은 당신을 버릴 것이고, 어떤 것이 될지 모른다. 이 사실이 바로 내가 종교심에 대해서 화가 치미는 점이다. 수백만의 사람들 조국, 혁명에 대한 종교심 위에서 움직여 그들의 삶을 다 바쳐 프랑스 만세! 나 혁명 만세!를 외치면서 희생되었던 사람들은 도대체 무엇을 위해 자신의 목숨을 버렸던가? 전후의 정치가들의 하찮은 성공을 위해서? 그리고 무엇보다 만일 프랑스가 1914년에 점령되는 것을 수락했다면, 본질적으로 무엇이 바뀌었겠는가? 결국 그들은 혁명을 위해서, 집단 수용소들, 경찰의 독재들, 지도자들의 새로운 카스트의 특권들을 위해서 희생되었다…오, 이 모든 것들은 궁극 이전의 것이 아닌가! 나는 이것이 중요성이 없다고, 이것에 관심이 없다고 말하는 것은 아니다. 나는 정치적, 사회적 삶에 열광한다. 그러나 나는 거기에 자신의 종교심을 쏟고, 이 대상들에 궁극적인 가치를 부여할 이유가 전혀 없다고 생각한다. 반면 이 모든 것은 분명 흥미롭지만 상대적이다. 그리고 이것은 모든 가치들처럼, 가끔 그것들을 위해서 죽을 가치가 있지만, 우리가 상대적인 것, 그리고 궁극 이전의 것을 위해서 죽는다는 것을 알아야 한다. 어떤 이를 위해서 죽는 다는 것은 가치 있는 일이다. 그렇다. 그러나 이 어떤 사람은 어느 날 죽게 될 상대적인 것에 속한 사람이다. 명예를 위해서 죽은 것도 가치 있는 일이다. 오늘날, 이것은 더 이상 그렇지 않다. 그리고 '명예'라는 단어를 말할 때, 우리는 그것이 무엇에 대해 말하는 것인지를 알지 못한다. 나는 내 할아버지를 존경한다. 그리고 나는 늘 명예의 가치에 물들어 있다. 그러나 이 모든 것이 상대적이고 시간에 따라서 변한다는 것을 알고 있다. 이것은 종교심이 참지 못하는 것이다. 하지만 사실 종교심은 저절로 자신이 절대적인 가치를 부여한다고 주장하는 모든 대상이 궁극 이전의 것임을 알고 있다. 그것의 증거는 종교심이 궁극적인 것과 관계를 갖고 있다고 주장하는 바로 그 사실에 있다. 나는 스스로에게 설명한다. 종교심이 최고의 가치를 이 대상들에 부여할 뿐만 아니라 프랑스는 영원자가 되고, 또 과학은 대문자 V의 진리(Vrit가 된다 반드시 궁극적 목적으로 자신을 가장한다. 종교심은 내가 늘 영생을 질문하게 한다. 또는 천국, 또는 영혼불멸, 외계인에 대해서…다시 말해서 종교심이 늘 접근 불가능한 현상 너머의 세계로 돌아가려는 한도 내에서는, 그것이 묵시적으로 궁극 이전의 세계에 위치해 있다는 사실을 반증해 준다. 종교심은 궁극적인 것이 있는가를 분별하고 그것으로 돌아가는 데 그친다. 그리고 심지어 그것을 믿는다. 나는 이것이 독자들을 혼란스럽게 한다는 것을 알고 있다. 최종적인 것을 믿는다는 것은 믿음의 행위가 아닌가? 확실하다. 그러나 우리는 결코 종교심의 수준에 있지 않다. 왜냐하면 믿음은 현실적인 것을 궁극적 실재로 돌려보내지 않기 때문이다. 다시 말해서, 가난한 자들과 고통 받는 자들에게 다음과 같이 말하는 것은 종교심이다. 기독교의 날조 "네가 있는 곳에 머물러 있어라. 그 상태를 매우 만족스럽게 생각해라. 왜냐하면 하늘이 모든 것을 보상해 줄 것이다. 너는 하늘에 있을 것이다, 등등." 착취, 억압, 소외뿐 아니라 가난함은 축복의 상태가 된다. 이 현실에서 견뎌내야 한다. 왜냐하면 지복들至福, Batitude이 존재하고 이것이 신앙에 속한 것은 틀림없는 사실이기 때문이다. 그리고 다음은 역시 자주 제기되는 주장이다. 만일 당신이 지상에서 고통을 당한다면, 당신이 천국에 속해 있다는 사실이 당신의 비참함들을 보상해 줄 것이고, 고통이 더 이상 존재하지 않는, 그리고 나사로가 있는 새 하늘과 새 땅의 약속이 있다. 나는 이런 의미의 본문들을 수없이 인용할 수 있다.

　믿음과 종교심 사이에 전도와 역행 그리고 한결같은 모순이 여기에 있다. 우선, 우리가 살펴보았듯이 종교심은 인간적인 궁극 이전의 실재를 궁극적, 절대적 실재로, 다른 모든 것의 표준이 되게 한다. 종교심은 궁극적 진리를 준거로 삼는다고 하지만 정확하게 말해 궁극 이전의 것을 준거로 삼고 있다. 그것은 약속, 하나님의 말씀, 하나님의 나라에 속한 질서를, 일시적으로 지나가는 것으로, 경건한 좋은 말씀으로, 정부의 편익으로, 사회적 평화의 도구로, 자기정당화의 과정으로, "위로"로, 결국 절대적으로 심각한 것과 자신의 개인적 책임을 벗어버리기 위한 수단으로 변질시킨다.

하지만 믿음의 결단은 바로 종교심과 정반대에 있다. 무엇보다도, 믿음은 비판할 수 없는 진리 안에 있는 궁극적인 것을 인정하기 때문이다. 그때 믿음은 이 "궁극적인 것"의 대체물로서 제시되는 모든 것의 가치를 상대화 한다. 그것은 위대한 신들, 위대한 금기들, 권위들, 세상의 권세자들, 진리들을 분명 유용하고, 반드시 경멸이나 폐기의 대상은 아니지만, 늘 자신보다 더 큰 것에 종속되어 있는 궁극에 주어진 것들일 뿐이라는 것을 밝혀준다. "너는 너의 권세가 하늘에서 준 것이 아니라면, 네게 힘을 행사할 수 없을 것이다." 다시 말해서, 만일 네가 너의 권세에 대한 허가가 없다면 내게 힘을 행사할 수 없다. 그러나 궁극적인 진리들은, 애매한 미래에 돌려보내는 것이 아니다. 그것들은 타인들을 속이는 말이 아니다. 그리고 꾸며낸 천국에 대한 환상도 아니다. 이 진리들은 오늘 우리가 믿는 것이기 때문에, 반드시 오늘 체험해야 하는 것이다. 거기에 믿음의 문제가 있다. 그것은 외부에 있는 궁극적인 것으로 돌려보내는 것과 관계가 없다. 하늘나라는^{현재} 너희 안에 또는 너희들 안에 있다. 지금부터 그것을 세워야 하는 것은 바로 너희들이다.

믿음의 삶이란 우리가 알 수 없는 영원 때문에 현재의 삶을 제쳐두고 어떻게 될지 모르는 미래에 자신을 던져 넣는 것이 아니다. 반대로, 하늘나라는 지금 여기에 있다. 바로 역사하는 말씀을 받아야 한다. 만일 내가 "심령이 가난한 자는 복이 있나니"를 읽는다면, 그것은 현재이다. 예수는 당신이 지금 행복하다고 선포한다. 결국 하나님의 아들인 그는 이 말을 가난한 사람에게 말할 수 있다. 그러나 분명 나를 포함한 어떤 신자도 가난함을 있는 그대로 받아들이도록 그 말을 이용할 권리는 없다. 반대로, 그가 오늘 나에게 내 이웃을 사랑하라고 말씀하셨을 때, 이것이 의미하는 바는 분명 내가 또한 다른 것뿐만 아니라 이것도 역시 그의 비참함, 그의 고통, 그의 가난을 덜어주어야 한다는 것을 의미한다. 달리 말하자면, 믿음은 지금 이 세계 안에서 하나님의 나라를 구체화해야한다는 요구이다.

그리고 우리는 여기에 믿음의 세계라는 탁월한 차원에 들어간다. 우리는 모노스와 우나의 새로운 대화에서 실재적인 것과 종교심 사이의 관계를 살펴보았다. 하지만 믿음은 전혀 다른 차원에 속한다. 믿음에는 "실재를 통한 검증"이 존재한다. 이 검증은 과학적 가설을 위해서 수립된 것의 질서에 속해 있는 것이 아니라, 믿음을 구성하는 것이다.[23] 그것은 모호한 감정도 아니고, 회피도 아니다. 성경이 우리에게 보여주는 것은, 처음에서 끝까지 실재에 대한 증거가 없다면 믿음이 아니라는 사실이다. 이것은 하나님이 말씀하신다는 실증적인 증거가 아니다. 그것은 믿음에 대한 증거이다. 믿음에 대한 응답으로 사건이 일어난다. 이 사건은 가끔 우리가 기대했던 것과는 달리 나타나지만 이론의 여지없이 인간의 믿음의 태도와 연결된다. 일어나는 사건은 믿음의 독특한 방식으로 읽혀져야 한다. 일어나는 일은 이 믿음의 시금석이 된다. 거기에 근본적인 대립이 생겨난다. "종교적인 것은 하나님을 실재 바깥에의 도피로 만들어 버린다. 무신

---

[23] [역주] 이것을 가리켜 신학적 실재론(theological realism)이라 한다. 이것은 간단히 말해서 세상을 믿음의 눈으로 보아야 가장 정확하게 볼 수 있다는 뜻이다. 종교심을 바탕으로 보는 세상은 실재를 왜곡하여 볼 수밖에 없다. 엘륄의 생각이 바로 그렇다. 바로 이런 관점에서 엘륄은 이 세상의 이데올로기, 철학, 과학 등에 거리를 두고 있다. 이 주제는 바르트에게도 두드러지게 나타나고 있다.

론자는 실재를 하나님의 부재로 만들어 버린다. 믿음은 하나님 앞에서 실재를 잡고 있고, 실재 앞에서 하나님을 잡고 있고. 이 둘은 서로가 서로를 확증해 준다."24) 이것이 핵심이다.

그러나 한 번 더 나는 믿음과 종교심 사이의 이러한 대립이 타당하다는 것을 강조할 필요가 있다. 이미 말한 바대로, 나는 보통 사람들이 상호 교환해서 사용하는 이 단어들에 특별한 의미를 부여했다. 그러나 이것은 전혀 자의적인 것은 아니다. 나는 "믿는다"라는 동사의 활용에서 완전히 반대되는 행동의 양식들을 확인했다. 이 두 행동은 때론 뒤섞이기도 하지만, 많은 경우에 구별되고 모순되는 행동 양식이었다. 그러나 나는 이 행동들 안에 통일성이 있다는 것을 확인했다. 가령, 어떤 이들은 온갖 의심으로 모든 다양성을 배제하고, 스스로 당파적이라고 스스로를 긍정하고, 하나님의 약속들을 자신의 의를 보장하고자 사용하고, 사람들을 규합하려고 하고, 의례와 제식을 늘리는 사람이 있다. 이 모든 것은 통일적인 전체를 이룬다고 나는 말할 것이다. 이와 반대로 다른 이들이 있다. 그들은 하나님 앞에서 외로운 존재다. 이 사람은 이 세상에 속한 실재들을 궁극 이전의 것으로 축소시키고, "내가 너희 절기를 미워하며 멸시하며 너의 성회들을 기뻐하지 아니하나니"암5:21라는 말씀을 마음에 새기고, 진리의 표현의 다원성을 인정하고, 의심을 거쳐서 불안과, 땀, 고통 속에서 확실성을 찾은, 진리를 실재로 만들고자 지금 여기서 진리를 살기 원하는 사람이다. 이것 또한 통일성 있는 전체를 구성한다. 매우 대조되는 두 가지 사실 앞에서 나는 그것들을 지칭하고자 같은 단어를 쓸 수 있겠는가? 무엇보다도, 믿는다라는 한 가지 동사가 존재하지만, 종교심과 믿음이라는 두 명사가 있다. 그래서 나는 이 두 용어들이 이 두 가지 행동 양식을 지칭하

---

24) André DUMAS, 『하나님의 이름 Nommer Dieu』, 저자가 게르하르트 에벨링(Gerhard Ebeling)의 신학을 요약한 부분을 보라.

는데 타당하게 사용될 수 있다고 생각한다.

그러나 여기서 우리는 그 둘 사이의 관계에 대해 우리에게 제기된 질문에 응답해야 한다. 종교심은 가끔씩 믿음과 다소 혼합 된다. 나는 루드Lourdes 25)에 병자들이 순례를 하는 것은 종교심에 속한 것이라고 말할 수 있지만, 나는 이것에 대해서 부정적인 판단을 유보할 것이라고 말하겠다. 왜냐하면 분명 이러한 순례에는 살아 있는 믿음이 있기 때문이다. 믿음은 흔히 종교심과 섞이고, 포개어져서 종교심으로 포장 된다. 나는 뻬귀Péguy, 베르나노스Bernanos가 영원한 프랑스에 대한, 육적인 조국들의 가치에 대한 종교심과 그리고 이 진리가 무시되어 그들이 겪은 고통을 두고 그들의 믿음을 비난할 수 없다. 그러나 이러한 믿음에 대한 평가는 믿음과 종교심의 혼합이라고 즉흥적으로 평가하기 보다는, 종교심과 믿음 사이의 움직임 안에서 평가되어야 한다. 나는 확신하건데, 결코 종교심은 믿음으로 옮겨갈 수 없는 반면, 종종 믿음은 종교심으로 변질된다. 첫 번째 주장은 길고 긴 전통을 부정하는 것이다. 그것에 따르면 종교심에 속한 모든 것은 행복했다고 한다. 가령 살아 있고, 움직이는 불합리한 것을 건조한 합리주의에 대립시키고, 인간의 깊은 원천에 호소하고, 생명의 약동과 영적인 것에 대한 표현과 같은 것들이다. 예술, 여러 종교들, 신비주의자, 유사의학들, 외계인들, 마술, 기독교, 이 모든 것은 삶의 같은 측면에 속해 있었다. 그리고 우리는 어떤 기독교적 시각 안에서 인간이 이러한 영적인 차원에 접근하자마자, 이것은 반드시 최고의 단계에 이르러, 인간은 믿음을 알게 될 수밖에 없다는 확신을 간직하고 있다.

하지만 우리는 특히 나치주의라는 신비주의의 대폭발이 일어났을 때,

---

25) [역주] 루드는 프랑스의 카톨릭 성지로, 바티칸, 노트르담 성당에 이어 세계에서 세 번째로 많이 찾아지는 성지순례지다. 매년 전 세계에서 600만 명이 다녀가며 현지 당국에 따르면 그 중에서 6만 명이 병자라고 한다. 여기가 성지가 된 것은 1858년 마리아가 나타난 사건 때문이다.

잔인하게도 한 순간에 환상에서 벗어났다. 하지만, 마르크스주의 앞에서는 판단을 유보한 채로 있을 수 있었다. 왜냐하면 마르크스주의는 합리주의, 과학적인 것, 유물론에 속한 질서로 쉽게 분류했기 때문이다. 그리고 결과적으로 공산주의의 종교적, 분파적 현상들로 생각하는 것을 피하면서 어떤 혼동도, 어떤 연속성도 생각할 수 없었다. 얼마나 큰 착각인가! 반면 나치주의는(더 거칠었지만, 그 단순주의에도 불구하고, 얼마나 사람들이 이 이데올로기를 신봉했는가. 프랑코주의26)도 마찬가지다) 우리에게 영적인 사실처럼 비쳐 졌다. 볼셰비키 무신론에 대항해 기독교를 수호하기 위한 선전과, 지존자, 전능자를 긍정하고 불러대는 것, 모든 백성의 깊고, 영적인 충동에의 호소, 그리고 영적 일치, 비합리적인 것, 땅, 과거, 피에 뿌리를 내리는 것에 대한 공포된 가치, 덕과 희생에의 호소를 잊지 말아라. 어떻게 우리가 영적인 것에 대해 바라는 모든 것을 보지 않을 수 있는가? 그리고 보아라. 이 종교심과 영적인 것을 드높이는 것이 무엇으로 인도하는가? 가장 최악의 경우, 인간에 대한 멸시, 무자비하고 강한 인간의 승리, 가난하고 약한 자들에 대한 멸시가 그 결과이다. 이것은 진정 기독교와 화합할 수 없는 것이다! 그러나 의심은 오랫동안 머물러 있었다. 하지만 이 경험은 기독교인들과 교회들에게 어떤 종교, 어떤 신앙, 어떤 영적 물결, 어떤 미적인 정서도 믿음으로 옮겨가지 않았고, 기독교적 관점에서 "믿는다"라는 것은 믿지 않는다는 것보다 "더 낫지" 않았고, 종교를 갖는 것이 갖지 않는 것보다 낫지 않았고, 우연과 필연을 믿는 것보다 프린스턴의 하나님을 기준으로 삼는 것이 더 낫지 않았다고 설득하는데 충분하지 않았다. 반대로 지금 우리는 엄중하게, 굳게 종교심에서 믿음으로의 전환은 없다는 것을 주장해야 한다. 제식들의 가치에 대한 확신은 하나님 앞에서의 유일한 존

---

26) [역주] 에스파냐의 Francisco Franco 장군이 주도한 정치 체제로 일당 독재, 검열, 민족-카톨릭주의를 특징으로 한 전제 정치 체제를 말한다.

재로 바뀌지 않는다. 우리는 음악의 취향을 신적 말씀인 예수를 받아들이는 믿음으로 전환할 수 없다. 나는 감히 반대로 말하겠다. 모든 종교심은 믿음에 걸림돌이다. 모든 종교심이 다 그렇다. 왜냐하면 종교심은 종교적 필요를 충족시키고, 믿음의 대체물들인 영적인 선택들로 인도하고, 예수 그리스도 안에서 계시된 믿음을 발견하고, 듣고, 받아들이는 것을 막기 때문이다. 그리고 물론, 거기에 나는 기독교적 종교심을 덧붙이겠다. 다시 여기에 키에르케고르가 있다. 어린 시절을 그리스도에 대한 이야기를 들으며 잠에 들고, 교회에서 작은 종교적 필요를 충족시켰던 사람은 자신을 만족시키는 대답에 결코 다가가지 못한 채로 그저 끝없이 찾기만 하는 사람보다는 계시의 충격을 받아들이고, 유일하신 분을 발견하고, 어두운 밤 속으로 들어가는 것이 더 어렵다. 기독교에, 기독교의 한 교회에 속해 있다는 것은 교회의 성가를 들으며 하나님을 만나고, 하늘의 마음이 아닌 돌 같은 마음을 고기처럼 부드러운 마음으로 바꾸는데 주요한 장애가 된다. "가장 작은 종교심"어떤 종류의 것이든에서는 조금도 믿음에 이르는 길에 결국 이를 수 없다.27) 이것은 모든 종교와 모든 영적인 것들을 분쇄시킨다.

하지만 우리는 믿음이 종교심으로 변질 되는 반대 상황을 보게 된다. 이러한 변질은 흔히 일어나고, 늘 가능한 것이며, 항상 위협적이다. 그리고 이것은 교회처럼 기독교인의 삶에 있어서 지속적인 비탈이다. 빛나는 계시의 빛 속에서 늘 머물러 있다는 것은 불가능하다. 모세는 산에서 내려가 이스라엘 백성들이 금송아지 신상 만들어 놓은 것을 보게 된다. 베드로는 그의 배타적이고 급진적인 신앙고백에 계속 머물러 있을 수 없었다. 그는 곧장 인간적 정치의 시각 속으로 들어간다. 엘리야는 바알의 제사장들과

---

27) "종교의 특성은 종교적 생활에 종지부를 찍는 것이다."(B: CHARBONNEAU) 하지만 나는 "믿음의 삶에 종지부를 찍는 것이다."라고 말하고 싶다.

의 문제에서 종교심과 믿음의 첨예한 갈등에 머물러 있을 수 없었다. 하나님 앞에서 그의 인정과 승리 이후에 그 단독자는 사막으로, 곤경 속으로, 두려움과 절망 속으로 도피한다. 믿음은 계속적으로 갖가지 종교심들로 변질된다. 사건으로서의 계시는 신학적 담론으로 변질된다. 사랑의 이름으로 교회와 사회의 제도적 차원의 연합은, 궁극적인 것이 점점 더 문화적오, 틸리히!, 정치적오, 제2의 바르트, 그리고 지성의오, 아퀴나스! 가치들을 흡수하게 한다. 우리가 받은 자유는 너무도 빨리 도덕이 된다.

어떤 문구도 "믿음을 가지고 있다."라는 흔히 통용되는 문구만큼 무감각한 이 변질을 더 잘 표현하는 것은 없다. 나는 믿음을 가지고 있다. 나는 믿음이 없다. 가장 명명백백한 선언들이다. 그리고 예수가 니고데모에게 말하는 거듭남과 무슨 상관이 있는가? 성령은 그 격동하는 자유로 자신이 원하는 곳으로 부는 가장 부드럽고, 가장 은밀한 것이다. 그런데 어떻게 우리는 우리의 의식에서 성령을 우리가 잡아서 우리의 소유라고까지 주장할 수 있겠는가? "내가 가지고 있다." 나는 성령을 소유하고 있다. 그리고 이 "나"는 집단적일 수 있다. 그것이 교회의 성령보다도 더 오래된 것인가? 나는 믿음의 소유주이다. 나는 나의 소유물들을 가지고 있고, 믿음은 그것들 중의 하나이다. 따라서 물론, 이것은 내가 원하는 대로 그것을 주무를 수 있다는 것을 뜻한다! 믿음을 가지고 있다, 이것은 모든 왜곡들 중에서 가장 최악이다. 왜냐하면 우리가 진리 안에서 말할 수 있는 전부는, "믿음이 나를 가지고 있다."이기 때문이다. 그 나머지는 종교심에 속한다. 믿음을 가지고 있다. 이것은 얼마나 많은 불화의 근원인가! "내가 믿음을 가지고 있다고?"라고 질문을 스스로 던지는 사람의 불안이란…진리를 대면하는 것을 거부하는 사람들의 쉬운 회피다. "어떻게든, 나는 믿음을 가지고 있지 않다." 의미 없는 세계다. 왜냐하면 만일 하나님이신 하나님을 참조한다면, 우리와 그의 관계에 긍정적으로든 부정적으로든 무엇으로 우리는 우리 자신의 주인일 될 수 있을 것인가? 믿음은 종교심이 아니고, 맹신도 아니며, 곤봉으로 한 방 맞는 것도 아니고, 사회학적 우연도, 이성적인, 지적 획득물도 아니고, 최종적인 결정을 통한 만남이다. 이 결정은 내가 책임을 져야하는 결정이다. 그것은 또 내가 분별할 수 있지만 궁극 이전의 실재에 나를 위치시킨다는 사실 안에서 가능하고, 이 같은 실재들 안에서 우리 가운데 있는 하나님의 나라에 오늘날 궁극적인 것을 구체적으로 표현하는 것이다. 나는 나의 책임을 담당하도록 부름을 받았지 어떤 자격이나 특전을 누리도록 부름을 받은 것이 아니다. 나는 영원하고, 현재적이고, 보편적이고, 인격적인 말씀에 의해서 부름을 받는다. 그리고 나는 그 부름을 받아들이고, 내가 책임을 지고 싶어진다. 나는 불합리한 모험의 길에 들어선다. 나는 그 글의 시작과 끝을 알지 못한다. 그러한 것이 종교심이라는 그늘이 없고, 나의 새로운 질문들과 나의 새로운 무력함과 함께 가는 믿음이다. 그리고 이러한 질문과 무능력은 내가 원하는 것보다 더 한 걸음 앞서서 스스로 해결되고, 없어진다.

2장 · 종교-계시

이 시점에서 오늘날 기독교 저술들에서 종종 만나게 되는 믿음과 계시의 대립에 대해서 어쨌거나 몇 마디 해야 할 필요가 있다. 나는 "계시와 종교"라는 표현을 더 사용하고 싶다. 이 표현은 일반화되지는 않았지만 인정을 받지 못한다 해도 적어도 납득은 되는 표현이다. 나는 한 20년 전쯤에 목사들과 신부들 앞에서 이 문제로 발표를 했던 것이 생각난다. 이 문제는 그들을 완전히 놀랍고 당혹스럽게 했고, 그들에게는 이해하기 힘든 주장이었다. 오늘날은 상황이 바뀌었을 지라도, 문제의 핵심이 널리 파악되고 있는지는 분명하지 않은 것 같다. 그럼 계시와 종교 사이의 유사성에서부터 시작해보도록 하자. "계시와 종교"라는 표현을 아는 사람들 가운데서, 종교 없는 기독교나 종교와 기독교 신앙의 대립은 본훼퍼Bonhoeffer에게서 찾아볼 수 있다. 그리고 바로 그의 종교 없는 기독교에 대한 다양한 해석으로 논쟁들이 불붙었다. 사실, 본훼퍼보다 앞서 10년도 전에, 종교와 계시, 종교와 기독교 신앙의 대립의 문제는 완벽하게 그리고 더 발전되지 않았지만 힘 있게 칼 바르트에 의해서 제기되었다. 그는 이 둘 사이에서 혼동을 일으키지 않는 놀라운 사고의 균형을 유지하고 있다. 본훼퍼의 종교 없는 기독교를 출발점으로 삼고서, 우리는 신의 죽음의 신학을 끌어 낼 수 있었다. 하나님은 단순한 종교적 개념이다. 하지만 만일 기독교가 종교가 아니라고 이해하고서 종교를 비워버린다면, 우리는 무신론적 기독교에 도달하게 된다. 이것은 그를 추종하는 사람들이 십여 년 동안 공허하고 일관성 없는 문구를 두고 기뻐하도록 했다. 또 그들이 가장 진보적 사상을 갖고 있다고 생각하게 했다. 말하자면 불신자들과 무신론자들과 함께할 수 있도록 가능하게 한 것이다. 왜냐하면 우리는 그들 자신의 문제 제기에 장애가 없었기 때문이다. 과학과 형이상학의 어려운 문제들이 동시에 무의미한 것들이 되게 할 수 있었다. 분명, 그렇게 하려면 성경의 삼분의 이를 없애버려야 할 것이었다. 그러나 모든 것이 "문화적"이라는 것 덕분에 빠르게 해결되었다. 만일 성경이 하나님에 대해서 말한다면, 그것은 문화적 문서로서 말하는 것이다. 편집자들은 당시의 언어와 개념들을 채용했다. 그러나 만일 해석을 잘한다면, 우리는 하나님에 대한 언어가 사실은 하나님의 부재를 의미한다는 것을 알아차릴 수 있다…항상 그렇듯이 본훼퍼에서 시작해서[나는 그가 이것을 받아드리리라고는 결코 생각하지 않는다!], 우리는 올바르고, 거룩하고 복음의 견고한 핵심인 수평적 신학[인간들과의 관계]과 헛되고 무익한 수직적 신학[인간과 하나님의 관계]을 구분할 수 있었다. 이것은 또한 기독교인들과 다른 사람들과의 관계에서 일어나는 문제들을 해소할 수 있게 했고, 특히 인간적, 정치적 또는 노조 투쟁에서 다른 저의 없이, 어떤 조건도 없이 참여할 수 있었다. 이는 그것이 포이어바흐를 통속적으로 그리고 보잘 것 없이 다시 반복하는 것인 줄 알지 못하고 그것에 빠지는 것이다. 이 문제는 다시 언급하지 않을 것이다. 이 두 가지 경향은 상당히 오래 지속되었다. 그것들은 유행이 되었다. 하지만 지금은 이 신학들이 유사 기독교적 환상으로서 박물관에나 정리할 수 있을 것이다. 그러나 바르트가 제기했었던 중심적인 문제는 여전히 타당하다. 그리고 종교심이 종교적 병기창의 분명한 일부가 되는 한, 그리고 신앙이 성경[이것 자체는 결코 자동적으로 하나님의 말씀이 되지 않지만, 늘 그것이 될 수 있고, 기독교인으로서 나는 '다른 모든 글들은 제외하고…라고 말할 것이다]에서 말하는 예수 그리스도 안에 있는 하나님의 계시를 가리키는 한, 종교심과 믿음의 갈등은 계시와 종교 사이의 단절이라는 말로 바꾸어 쓸 수 있다.

그렇지만 문제의 심층으로 들어가기 전에, 오늘날 널리 통용되는 한 표현을 고려해야만 한다. "21세기는 종교적이 되거나 아니면 그렇지 않으면 더는 존재하지 않을 것이다." 이것은 앙드레 말로의 예언자적인 말의 일부이다. 오늘날 급속도로 번지고 있는 카리스마틱 운동은 그들의 열광을 확증해주는 것 같은 이 문구를 더욱 잘 퍼뜨리고 있다. 얼마나 현실을 확증해 주는 말인가! 그러나 작가 말로에 대해서 그리고 1930년에서 1944까지의 혁명가에 대해서 내가 가지는 엄청난 존경에도 불구하고, 그의 예언자적인 대부분의 말들은 일어나는 사건에 의해서 부인된다는 것을 인정할 수밖에 없다. 그리고 나는 감히 내가 까나 앙쉐네(Canard enchaîné 28)에서 전에 말한 것처럼 어리석은 도박 앞에 있다고 말한다. 사실, 종교적 열정들이 또다시 불이 붙을 것이고, 이것은 분명한 사실로 나타나서 모든 것이 종교적인 것으로 물들게 될 것이다. 정치, 기술, 사회, 문화, 예술 기타, 등등. 우리가 이러한 상태로 달려가고 있다는 것은 사실이다. 그러나 이것은 위로받을 만한 사실이 결코 아니다. 바로 여기에 숭배자들의 오류가 있다. 왜냐하면 결코 이것들이 "기독교적"이 된다는 것을 의미하지 않기 때문이다. 아니면, 중세 사회에서 기독교인들을 규정하려고 사용한 뜻과 같이 분명 나쁜 의미로 사용되고 있다고 할 수 있다. 그리고 우리는 기마 수렵, 대포, 선박 또는 '사형 집행인'을 축복하는 것과 같은 마술적인 행위로 모든 것을 '기독교적인' 것으로 삼는 기독교적 세례를 베푸는 것에 대해서 결코 축하해서는 안 된다. 오히려 이것은 이 세상의 활동적이고 유력한 실재들을 종교적인 것이 되게 하는 것이다.29) 슬프게도 우리는 모노스와 우나의 대화에서 사회적으로나 정치적으로 그것을 기대해야 함을 보았다! 현재 종교적인 것이 밀려오는 것에 대해 우리는 매우 염려해야 한다. 왜냐하면 갈등들이 종교적인 형태를 취해서 일어날 것이기 때문이다. 이미

---

28) [역주] 프랑스에서 매주 수요일 발간되는 풍자 주간지.
29) 참조. Jacques Ellul, 『새로운 마귀들린 자들 Les Nouveaux Possédées』. 이 문제를 주제로 삼는다.

40-45년의 전쟁은 나치에게 종교적인 성격을 띠고 있었다. 그리고 공산주의자들이 감행한 전쟁들은 종교적이다. 다시 말해서 그 전쟁의 목적이 근대적 행동의 수단과 함께 악마적 적을 완전히 소탕하는 의미를 지니고 있었다는 것이다. 이처럼 "21세기는 종교적이 되거나 아니면 그렇게 되지 않을 것이다."라는 감탄스러운 문구는 사실상 "21세기는 종교적이 될 것이다. 그리고 바로 이 사실 때문에 21세기의 종교는 종교답지 않을 것이다." 로 달리 표현되어야 한다.

종교와 계시의 대립은 엄청나게 단순하다. 그리고 우리는 그 결과들을 발전시키기 전에 한 문구로 요약할 수 있다. 종교는 상승운동이고, 계시는 하강운동이다. 결국 우리가 이것을 잘 이해했다면, 문제의 근본을 파악한 것이다.

태초부터 인간은 상승하기를 추구했다. 종교란 것은 이러한 상승의 주요한 도구임과 동시에 그것의 표현, 아마도 그것의 기원이다. 아담이 에덴에 있었을 때, 그는 하나님의 수준으로 올라가려 했다. 사람들이 공동의 일을 도모하고자 모였을 때, 그들은 반드시 도시를 만들었고, 또한 하늘로 향해 올라가는 바벨탑을 쌓았다. 그리고 나는 이 바벨탑에 대해서 성경 저자들과 모든 유대교 기독교 주석가들이 엄청난 왜곡을 했다고 기록했던 근동 유적의 고고학 전문가들의 단순한 어리석음에 놀란다. 오 이런! 탑은 분명이 한 지구라트였다. 다시 말해서 고대 중근동에서 하나님에게 올라가려고 건설했던 칠층탑이라는 것이다. 신을 향한 상승이 있었다. 아마도 그것은 신을 향한 종교적 입문의식과 관련 있을 것이다. 그리고 그때 그 고고학자는 종교적이었던 이 유대인들의 관점에서 지구라트를 정죄하는 것은 큰 오류였으며, 탑의 건설은 반대로 하나님에게 접근하기 위한 경이적인 노력이었다는 것을 이해했어야 한다고 말했다. 만일 그들이 이런 식으로 반응했었다면, 그것은 위대한 인류의 성취 앞에서 그 의미를 모른 채 무지하고, 두려워 떠는 유목민족다운 반응이었다고 그는 말했다! 불행하게도, 나는 이 학자가 그 의미를 이해하지 못했다는 생각이 든다. 그리고 우리에게 기술하고 있는 것은 하나님에게 다가가는 것을 금지하는 것의 표현이다. 그때부터, 에덴의 동쪽에는 위협을 주는 그룹들이 있었다. 누구도 올라갈 수도 돌아올 수도 없다. 하나님은 인간이 다가갈 수 있는 대상이 아니다. 자연적 수단으로는 알 수가 없다. 그리고 너무 높은 곳에 계셔서 올라가도 우주비행사들이란!! 여전히 순진… 결코 하나님을 만날 수 없다. 그러나 인간은 올라가고자 한다. 우리는 모든 제의에서 산이 차지하는 중요성을 알고 있다. 그리고 지구라트가 평지국가에서는 신을 만나는 산의 이미지이다. 올림푸스, 시내산, 종교적 필요가 우리를 올라가게 한다. 그리고 우리는 이스라엘에서 그리심산, 시내산, 느보산에서 이 오염을 발견한다.…그리고 히브리인들의 하나님은 여러 번 "산의 하나님"으로 규정된다. 이어서 사마리아인들은 산 위에서 하나님을 경배한다. 그리고 심지어 복음서에서도, 산상설교, 감람산… 종교적 환상, 거룩한 장소는 하나님이 지존자라고 불리며 "위" 하늘의 보좌에 계신다는 생각을 반영한다. 따라서 그를 만나려면 올라가야 한다.

 그리고 그것은 신비주의자들을 이끌었던 바로 그 충동이었다. 그들의 종교적 욕구는 신령화 되어서 위에 계신 하나님을 만나고자 산의 정상에 오르게 하지 않고, 영적인 하늘로 올라가게 한다. 이것은 종교적 감정과 결부된 자연적이고 자발적인 경향과 상응한다. 종교는 필요, 정서 그리고 사회적 필연성을 동시에 표현한다. 인간은 분명히 가장 고대에서부터 종교성을 가지고 있었다. 나는 그것을 자연적인 것이라고 부를 수 있다. 루소는 "사부아 보좌신부의 신앙고백"*Le Vicaire savoyard* 30)에서 그것의 진솔함을 발견한다. 인간이 죽음을 향해 특별한 관심을 갖고 있다는 부인할 수

---

30) [역주] 이 글은 루소의 교육론, 『에밀』의 제9권을 차지하고 있다.

없는 사실이 그것을 확증해 준다. 인간은 소용없는 물건을 버리듯이 자신이 죽어 아무데든지 가도록 하지 않는다. 죽은 인간을 쓰레기통에 버리지 않는다. 인간은 죽은 자를 그가 떠났던 무리에게로 다시 귀속시키고자 처리하고, 일정한 자세로 땅에 묻거나 아니면 화장을 시킨다. 그러나 인간은 결코 자신의 주검을 무가치한 것으로 다루지 않는다. 그러나 이것은 한편으로 삶에 그리고 각자의 죽음에 결속되어 있는 중요성을 표현하고, 다른 편으로 모든 것이 살아 있는 물질이라는 사실로 축소되고, 요약되지 않고, "죽음 이후의 차원" 다시 말해서, 반드시 종교적 차원이 있다는 확신을 표현하고 있다. 나는 오늘날 모든 것이 원시적으로 불리는 인간의 종교적 성격을 보여주고 있다는 생각이 든다. 아마도 인간이 '원시적'이기 때문에, 이것이 새로운 것은 아니다. 따라서 일종의 필요가 있다. 나는 이것을 조심스럽게 자연적인 또는 타고난 것이라고 생각하는 종교적 필요라고 생각한다. 그러나 모든 것은 그것이 자연적으로 타고난 것처럼 진행된다. 왜냐하면 우리는 이러한 종교적 성향 없이는 인간의 고대적 특성을 전혀 발견할 수 없기 때문이다. 인간은 우월한 힘, 인간을 넘어서는 존재, 미지의 존재, 영원한 존재를 향해서 알 수 없는 충동들과 감정, 그리고 인간이 다르게 설명할 수 없는 심층적인 상태를 느끼면서 어떤 종교적 감정을 경험한다.

무엇보다도 우리는 거기에 속지 말아야 한다. 여기서 나는 변증을 하고 싶은 것이 결코 아니다. 그리고 인간이 항상 종교적이라는 이유 때문에 외적인 위기를 제외하고는 기독교가 좋은 것이라고 주장하는 것도 아니다. 우리는 나중에 정반대의 사실을 말할 것이다. 그리고 19세기의 과학자들이 종교가 인류 역사의 한물 지나간 단계를 나타낸다고 선언했던 것은 소용없는 일이었다. 그들은 헛수고만 했다. 왜냐하면 우리는 도처에서 종교적 정서가 분출되는 것과 그것이 과거 어느 때보다 강력한 형태를 갖추고 있다는 것을 목격하기 때문이다. 그래서 인간은 이 자연적인 감정이나 자연적 필요에 의해서 종교들이라는 건축물을 세운다. 종교religion라는 말의 어원 중 하나인, **렐리가레**re-ligare는 다시 엮다, 붙들어 매다라는 뜻이다. 종교는 과거나, 영원, 조상, 아니면 신들에게 우리를 붙들어 매는 것이다. 하지만 역시 한 공동체를 결속시키는 것이기도 하다. 이것을 우리는 되찾을 것이다. 그러나 우리는 역시 "종교"를 **렐레게레**re-legere, 즉 다시 읽다와 연관시킬 수 있다. 그렇다면 우리는 다른 구조물인 신화와 제식 앞에 있다. 건설적 언어, 제식, 그 자체로 가치가 있는 양식을 다시 읽고, 반복, 재생산하는 것이다. 또는 건설신화를 낭송하고, 동시에 종말의 열쇠를 담고 있는 기원들에 대한 설명을 낭송한다. 그리고 이러한 다시 읽기나 붙들어 매기, 이것들은 사제들, 제식들, 성전, 헌금, 희생, 행동으로서 구체화 된다. 이것이 종교 "체계"의 전부이다.

나는 다음의 몇 줄이 과도한 점이 없다고 생각한다. 왜냐하면 나의 목적은 종교 체제 안에서 인간에게 순전히 자연적이고 일관된 성격을 보여주고자 하는 것이기 때문이다. 그러나 역시 순전히 사회학적 성격도 상기해야만 한다. 종교는 사회적 집단의 결속을 보증하고자 가장 편리한 그리고 없어서는 안 될 수단이다. 종교적 관계는 복잡한 집단의 구조를 세우지만 불가피한 것으로 여겨진다. 그리고 이것은 또 "상위의 것", 그것이 상위의 질서이든, 상위의 존재이건 간에 사회 조직은 하늘에 있는 관조된 질서의 반영이나 모사일 수 있고 아니면 명령의 표현일 수 있고, 위계질서를 정하는 신성이거나 관계들의 양상들일 수 있다. 그러나 항상 우리는 이러한 조직 없이는 살 수가 없다는 것을 상기해야만 한다. 늘 갱신되는 유일한 욕구나 자발성에서 나온 규칙, 제도 없이 살아 있는 공동체는 없다. 이처럼 종교는 개인의 필요의 표현임과 동시에 사회적 논리로 채택된 도구이기도 하다. 그것은 기원과 궁극적 목적을 설정해준다. 자끄 모노Jacques

Monod 31)는 우리에게 생물학에서는 어떤 목적성도 없다는 것을 말하고 있다. 그렇다고 치더라도, 인간이란 스스로 궁극적 목적을 부여하지 않고서는 살 수 없다. 종교는 사회적 유대의 가장 경제적인 양식이다. 종교는 집단의 구성원들에게 타당성을 보증함과 동시에 우리가 복종하는 규칙들의 합법성을 보증한다. 가령 종교적 감정이 수그러들자마자, 법률이 무게와 권위를 잃게 되는 것을 생각해보는 것으로 충분하다. 법률이 직접적으로 신의 영감을 받을 필요는 없다. 그것이 신적인 것과 연결되어 있기만 하면 된다. 그리고 자연법의 발명은 멋진 발명이다. 그것은 종교적인 것이 자연에 엮어져 있다는 것을 확증해준다. 그것은 초월되어 초자연으로 변형되었다. 따라서 종교는 쓸데없거나 오류가 아니라, 모든 영역에서 유용한 것이 된다. 그리고 아마도 이것은 훨씬 덜 알려져 있기 때문에, 과학자 세계에서 지적 통찰의 수단으로써, 해석의 망으로써, 과학적 연구의 틀로써 등장한다는 것을 환기시킬 필요가 있다.

나는 프린스턴에서 그노스gnose 영적 지식, 신비적 직관-역주가 유행한 이후에 일어났던 도道, Tao, 르네상스32)를 되새기고 싶다. 이는 종교적 유행의 다양한 방향성을 보여주기 위해서다! 지금, 고전 물리학의 개념들이 원자 이하의 영역에서 물리적 현상을 더 이상 설명할 수 없기 때문에, 서구인들은 동양사상 학파를 세우기 시작한다. 가령, 카프라Capra33)는 도가道家에서 모든 현상은 영속적인 우주적 흐름에 의해서 뒷받침되고 있다고 생각한다. 물질은 "춤을 추고 진동한다."는 엄격한 서양의 지성을양,陽 세계의 하모

---

31) [역주] 자끄 루시앙 모노(Jacques Lucien Monod, 1910-1976), 파리 루이 파스퇴르 연구소의 생물학자이자 생화학자로, 유전학에 대한 연구로 노벨 생리학, 의학상을 수상했다. 그의 대표적 저서인 『우연과 필연 Le hasard et la la necessité』(1970)은 큰 반향을 일으켰다.

32) P. THUILLIER, "La physique et l'irrationnel", in La Recherche, n° 111, 1980. F.CAPRA, 『현대 물리학과 동양사상 Le Tao de la physique』, 1978.

33) [역주] 프라조프 카프라(Fritjof Capra). 빈 대학에서 물리학으로 박사를 했고, 미국으로 건너가 캘리포니아 대학에서 물리학 연구를 계속했다. 동시에 그는 동양 사상에 심취해서 동양 사상과 물리학을 접목시키는 연구를 시도했고, 1975년 그가 쓴 『현대 물리학과 동양사상』(범양사 역간)은 세계적 베스트셀러가 되었다.

니에 민감한 동양의 여성적 태도음,陰로 보완해야 한다. 그러나 우리는 에스파그나B. dEspagnat의 사상과 어긋나게, 사고 이전의 신비적 개념과 현대 물리학 법칙의 기묘한 혼합 앞에 있다. 동양적 영성이 더 고도화된 물리학을 위한 철학적 틀을 제공한다고 선언하는 것으로는 충분치 못하다. 그리고 하이젠베르크의 텍스트나 아인쉬타인의 텍스트를 우파니샤드나 바가바드기타34) 인용과 나란히 놓는 것은 순전히 근거 없는 것이다. 같은 단어를 사용하고 있다는 것을 근거로 해서 한 사상과 다른 이들의 연구를 같은 수준에서 이해하는 것0은 피상적인 이해이다! 아니다, 창세기가 지질학적 계시를 담고 있지 않은 것처럼 도道도 또한 물리적 계시를 담고 있지 않다! 우리는 참기 힘든 자의적 종합의 시도 앞에 있다. 그러나 과학자가 과학에 의해 허무에 부딪혔을 때 종교에 호소하고 있다는 것은 의미심장한 일이다. 과학은 더 이상 종교를 배제하고 있지 않다. 종교의 복권은 우리에게 그것의 유용성을 되찾아 주고, 늘 더 큰 확실성에 대한 굶주림을 남겨둔다.

더욱 깊숙하고 결정적인 것이 있다. 종교는 역시 국민의 정체성과 연속성을 보증해준다. 자기 자신이 되게 하는 능력인 것이다. 종교는 고집스러움이다. 그것은 지속이다. 그것은 깊숙한 자아Soi이다. 유대인은 민족으로서 경의적인 모험이고, 정치적으로 파탄되었고, 육체적으로 찢겨졌고 무정하게 디아스포라로 전 세계에 뿔뿔이 흩어졌다. 유대인이 민족이라는 것은 더 이상 사실이 아니다. 다른 민족들도 흩어짐의 경험이 있지만, 그들에게 일치성을 주는 것은 민족이 아니다. 그들은 같은 종족에 속했었고, 집단들 간에 어떤 유대도 없었다. 그러나 이천 년 간이나 자신의 통일성을 유지하고, 유대인으로서의 정체감을 강력하게 유지했던 것은 바로 종교적 응집력 때문이었다. 그것은 성경이라는 공통된 기준, 동일한 대상

---

34) [역주] 거룩한 신의 노래라는 뜻의 고대 힌두교 경전.

에 대한 기도, 몸에 못을 박은 것 같은 종교적 희망, 예루살렘에 대한 기약 때문이었다, 또 회당에 대한 같은 개념, 하나님과 언약의 관계 때문이다. 바로 이렇게 종교적으로 견고한 토대가 이스라엘을 생존하게 만들었다. 그리고 우리는 불행히도 오늘날 반대 증거를 볼 수 있다. 이스라엘은 유래 없는 위험에 처해 있는데, 그것은 정치적 관심이 종교적 표준을 지배하기 때문이다. 왜냐하면 이스라엘 안에서 비종교적 정신, 반종교적 정신이 발전하기 때문이다. 그리고 이스라엘의 정체성은 유일한 그리고 엄격한 표준이었던 것에 대항하거나 망각함으로써 상실될 것이다.

그러나 덜 인상적인 지속기간임에도, 우리는 다른 예들을 발견한다. 폴란드를 생각해 보자. 공식적으로 무신론이고, 공산주의 체계, 반종교적 선전에도 불구하고, 폴란드는 40년 전부터 한 세대가 넘게 지속되어 온 본질적인 일치를 이루어 냈다. 이로 말미암아 공산주의자들이 더 나아가지 못하고 물러나 양보를 해 경제개혁을 할 수 밖에 없게 한 것이었다. 이러한 일치를 뒷받침 하고 있는 것이 바로 이 민족에 굳건히 버티고 있는 카톨릭 신앙이다. 사람들은 그 사실에 대해서 지나치게 엄격한 신학적 관점을 가지고 이러한 현상은 의식과 미신으로 이루어진 종교적인 것에 불과하다고 말할 것이다. 검은 성모상. 종교적인 형식과 권위에 대한 애착 등이 좋은 예이다. 하지만 나는 토론하고 싶지 않다. 이것은 분명 종교의 문제였다. 폴란드 사람들의 정체성과 연속성을 보증한 것이 바로 종교이다. 그리고 이들이 끔직한 공산주의 억압에 저항하도록 해 준 힘이었다. 그러나 이 종교와 공산주의 사이에서 개인의 인간성을 박탈하는 것은 바로 공산주의다. 대조적으로, 루마니아, 불가리아는 지고 말았던 것 같다. 그리고 저항할 어떤 자원도 없었다. 왜냐하면 그들은 근본적으로 뿌리 깊은 종교가 없기 때문이다. 나는 "~같다"라고 말한다. 왜냐하면 20년 전에 러시아 사람들이 완전히 공산주의 선전에 의해서 제압되었다고 말했기 때문이다. 오늘날 나는 젊은이들과 지식인들 사이에서 종교의 특별한 부흥에 일조하면서 같은 말을 하는 것이 아니다. 좋은 교육, 강력한 선전은 종교를 박멸시키지 못했다. 종교는 오랫동안 숨어, 말없이, 언뜻 보기에는 생명력 없어 보였지만 깨어날 시간을 기다리며 잠자고 있었을 따름이다. 그리고 오늘날 분명히 러시아인들이 새롭게 정체성을 되찾고 있고, 혁명의 소요를 넘어서는 자신의 역사를 되찾고 있다. 그리고 아프칸이나 쿠르드족은 무엇을 말해주고 있는가? 그들의 전쟁은 그들의 문화, 언어, 관습을 위해서 수행된다. 그러나 저항의 중심부에는 늘 종교적 요인이 자리 잡고 있다. 그리고 이것들이 모든 종교들의 퇴행적 회고주의적 성격의 증거라고 말하지 말자! 그들은 "진보", "과학" 그리고 "민족"을 거부한다. 아마도 좋은 것이다. 그러나 진보, 과학 그리고 민족이라는 가치를 존재의 정체감을 위해 희생시켜야 한다면, 이것은 물고기를 거부하는 개와 같은 것이다. 그들도 계속해서 살고 싶고, 사람들은 그들이 진보를 수용하지 않는 것을 비난한다! 개인의 정체감은 문화적 정체감 안에서 이해된다. 이 문화적 정체감은 사회적 정체감의 바탕이 되고, 모두가 종교적 표준에 의해서 한 다발로 연결된다. 이처럼 사실의 척도를 잘 취하도록 하자. 종교는 인간성이 계발되는데 있어 본질적 역할을 한다. 자연 종교는 인간의 수많은 활동에 **유용하다**. 그러나 늘 종교는 상승, 높은 곳을 향한 고정된 시선, 땅 위에 걷기를 포함하지만, 우리를 지도하는 별을 흘깃 보는 것은 신이 다스리시는 높은 곳에 결국 들어가게 될 것이라는 희망에서다. 그리고 종교와 과학을 화해시키려고 했던 샤르뎅Teilhard de Chardin을 상기시키면서 결론을 내려서는 안 되는가? 왜냐하면 그가 쓴 모든 것 안에 바로 종교가 있기 때문이다. 자신의 개인적 신앙을 문제가 되는 세계에 조금도 개입시키지 않고서 그리고 유명한 문구인 "올라가는 모든 것은 합쳐진다."는 바로 이 주장을 요약해 준다. 올라가는 것, 다시 한 번, 인간은 올라가면서 하나님에게 도달하려고 한다. 그가 만든 도식 안에서 인간종족에 이르는 진화는 상승 운동으로써 잘 제시되어 있다. 아래는 무생물, 가장 높은 곳에서는, 오메가 포인트 안에서 합류한다. 궁극적인 그리스도와 만나도록 인간을 이끄는 상승이 있다. 각 단계에선, 집중, 밀집화, 조직화 그리고 구조화가 있는데, 이것은 더 높은 수준으로의 질적인 비약에 이를 때까지 이어진다. 종교는 인간 집단의 집중과 조직화, 그리고 하나님을 향한 상승의 기능 모두를 수행한다. 이 모든 것이 인간을 위해서 완전히 정당하고, 유용하고, 필수불가결하다. 종교심은 인간을 향해서 말을 하고, 이는 종교심을 불어 넣는 것이고, 이 종교심은 인간이 이 종교 현상에 참여하게 한다.

그러나 이 모든 점들에서 아브라함, 이삭, 야곱의 그리고 그리스도의 하나님의 계시는 우리가 방금 기술한 것과 모든 점에서 반대한다는 사실이 우리를 아연실색케 한다. 그리고 중심적인 사실, 핵심은 여기서는 하나님이 인간을 향해서 내려오신다는 것과 결코 어떤 영역이나 어떤 방식으로도 인간은 하나님을 향해서 올라갈 수 없다는 것이다. 하나님이 내려와 인간의 수준에 맞추시기를 선택하셨다. 인간이 바벨탑을 세울 때 하나님은 "내려가자"라고 말씀하셨다. 이것은 단지 선언적 표현이 아니다. 하지만 신화는 매우 분명하다. 인간은 하나님에게 올라가 그와 접촉하고, 그와 같아지고, 상상하는 모든 것을 빼앗으려고 하나님에게로 올라간다. 그리고 이 의도에 맞서서, 하나님은 "내려가 보자"라고 선포한다. 일류 지성인은 이런 어린애 같은 문구를 비웃을 것이다! 하나님은 내려올 필요도 있으셨지만, 내려오셔서 "볼" 필요도 있으셨다. 그러나 어린애 같은 사람들은 바로 영리한 지성인이다! 중요한 것은 근본적으로 대립을 확인하는 것이다. 종교적인 인간은 올라간다. 성서의 하나님은 내려오시는 하나님이다. 그리고 계시를 담고 있는 분은 바로 그 분이다. 그리고 나는 계시는 바로 이것이다(여기에 있다.)라고 말하기까지 할 것이다! 시온에서도 정확하게 마찬가지다. 이 이야기에서 중요한 것은 하나님이 산에 계시냐 하는 문제가 아니고 이분이 모세에게 계시를 가지고 내려오신다는 것을 말하고 있다. 그 계시는 돌판에 심지어 하나님의 손으로 쓰인 것이다. 그것은 초인에게 계시가 접근한 것이 아니라, 인간에게다. 그러나 이것은 이미지가 아니다. 그것은 심지어 하나님의 흔적이라고도 말할 수 있다. 하나님이 인간에게 내려오신 것을 말하는 성경 본문을 열거하면 끝이 없을 것이다. 그러나 엘리야가 불가마를 타고 간 것을 제외하면 인간이 하나님에게 올라간 일은 없다. 하나님의 영은 비둘기처럼 예수 위에 임하셨다. 하나님에게 신비하게 올라간 예수, 그러나 이 상승은 단지 아들의 계시를 중단시켰다. 이제 이런 삽화적인 예에 이어 핵심으로 들어가자. 하나님이 말씀하신다고 하는 사실이다. 그는 말씀으로만 행동한다는 것은 그리고 말씀은 하나님과 함께 있었다. 창조 이야기 결코 신인동형론이 아니라 하나님이 인간에게 말씀하실 때, 하나님에게 특수한 것이 아니라 인간에게 특수한 양식으로 말씀하신다는 것이다. 그것은 바로 말씀이다. 하나님은 우리를 말할 수 없고, 그럴싸하지 않고, 표현할 수 없는 곳으로 집어넣지 않으신다. 그는 우리의 수준으로 내려와 만남이 가능하게 하신다. 그리고 마찬가지로, 구약성서가 하나님이 "후회하신다"라고 말할 때마다, 이것은 늘 하나님이 초월적으로, 강력하게 행동하시고, 인간 외적인 정의로 행동을 취하신다는 결정과 관련되어 있다. 그리고 하나님은 뒤로 물러가 인간이 그것을 참아낼 수 있고, 그것을 이해하고, 그것을 받아들이는 지점에서 반대편에 서 계신다. 그리고 하나님을 "산의 하나님"이라고 규정할 때, 아, 하나님은 골짜기와 평야의 하나님으로서 계시된다는 것이다! 왕상20:23~28

차이는 바로 여기에 있다! 인간에게, 하나님은 높은 곳에, 하늘에 계신다는 것이고, 바로 그것이 모든 종교이다. 그리고 물론, 인간이 하나님을 파악하고, 정복하고, 안다고 주장할 때마다 우리는 다음의 선언과 마주하게 된다. "하나님은 하늘에 계시고 너는 땅에 있다"전5:2 따라서 만남의 가능성은 전혀 없다. 땅의 인간은 하나님의 자리에 오를 수 없다. 인간이 하나님이 높은 곳에 있고, 그가 하나님의 생각을 가졌다고 주장하고, 그것을 하늘에 고정하고, 그것을 "높은 곳"이라고 정의하고 그렇게 하자마자, 그는 바로 "내 생각은 너희 생각과 다르며 내 길은 너희 길과 다르다"사55:8라고 말씀하신다. 본문은 매우 분명하다. 인간적인 당신의 생각은 하나님에게로 올라가려고 주장하는데 있다. 그리고 나의 신적인 생각은 반대이다. 내려가는 것은 나다. 당신의 길은, 그것은 올라가는 길이고 나의 길, 그것은 내려가는 길이다.

그리고 물론, 이 모든 계시는 예수 그리스도 안에서 그 의미의 충만함을 그리고 그 성취를 달성한다. 하나님의 "내려오심"의 연속적인 단계를 기술하는 빌립보 교인들의 놀라운 신앙고백참조, 빌2:6~11을 인용하는 것으로 충분할 것이다. "그는 근본 하나님의 본체시나 하나님과 동등됨을 취할 것으로 여기지 아니하시고, 오히려 자기를 비워 종의 형체를 가져 사람들과 같이 되었고, 사람의 모양으로 나타나셨으매 자기를 낮추시고 죽기까지 복종하셨으니 곧 십자가에 죽으심이라, 이러므로 하나님이 그를 지극히 높여 모든 이름을 주사, 하늘에 있는 자들과 땅에 있는 자들과 땅 아래 있는 자들로 모든 무릎을 예수의 이름에 꿇게 하시고, 모든 입으로 예수 그리스도를 주라 시인하여 하나님 아버지께 영광을 돌리게 하셨느니라"역자 삽입 예수는 인간의 조건으로 들어오시고자 그가 하나님으로 존재하실 때 가지셨던 그의 위대함, 그의 힘, 그의 불사 등을 벗어버리셨다. 그는 모든 점에서 평범한 인간이 되셨다. 심지어 유혹까지도, 그러나 유혹에 넘어가지 않는다는 사실 인간으로서, 그는 인간적 힘에 다가가려고 하지 않았다. 그는 그가 역시 하나님이라는 것을 보여주려고도 하지 않았다. 그는 세 가지 유혹을 거절했다. 자신의 필요에 응답하기 위한 기적, 정치권력에 대한 유혹,

그리고 종교적 증거에 대한 유혹이다. 그는 역시 십자가상에서 그가 바로 하나님의 아들이라는 것을 증거하는 기적을 행하기를 거절하셨다. 그는 어떤 형태가 되었든지 어떤 힘에 의해서 행동하지 않았다. 그는 단순한 인간으로서 고난의 길에 들어갔다. 그것은 하나님의 길이다 사도신경이 말하는 그의 삶에 대해서 모든 것은 "그는 고난을 받았다."이다. 그의 모든 삶은 고난으로 요약된다.

그는 행복한 목수로서가 아니라 떠돌이의 조건, 비참한 인간의 상황 속으로, 인간의 자격으로 세상에 들어갔다. 하늘의 새들은 둥지가 있고, 여우들은 굴이 있지만 인자는 머리를 둘 곳이 없었다. 유랑자에서 더 나아가 그는 더 낮은 곳으로 내려갔다. 나쁜 뜻을 품은 자들에게 붙잡혀, 그는 강도, 살인자, 악인들과 함께 취급되었다. 이 사실은 예수를 오늘날 어린애 짓에 불과한 민족, 혁명가, 게릴라의 명분에 속한 가치 있는 전투와 관련하여 선포하는 것보다 얼마나 더 중요하고 더 신학적으로 정확한가! 그리고 그는 폭동을 일으킨 노예의 처벌을 받았다. 바닥으로 내려가는 네 번째 마지막 걸음은 죽음 바로 그것이다. 이는 하나님에게 불가능한 것이다. 바로 여기가 하나님의 계시와 모든 종교 사이의 근본적인 대립이 완성되는 곳이다.

그리고 이것은 여러 결과를 초래할 것이다! 그러나 성육신에 맞서서 흔히 제기되는 주장을 떼어내어 살펴보자. 우리는 고대의 많은 종교 가운데서 인간이 된 하나님들을 알고 있다. 올림푸스산에 사는 자들은 종종 며칠 동안 인간으로 변신할 생각을 했다. 그러나 이 주제에 관한 이야기는 상스런 농담에 속한 것들이다. 쥬피터는 황동, 백조, 인간 그 무엇이든 될 수 있다. 비너스는 그러한 사람과 동침하고 싶어 한다. 그리고 여자가 된다. 쥬피터는 인간들을 실컷 둘러본다. 그는 암피트리온35)이 된다, 등등. 어

---

35) [역주] 그리스 신화에서 헤라클레스의 양부이다. 제우스는 전쟁에 나가 있던 암피트리온의 부인 알크메네에게 암피트리온으로 모습을 변장해 들어가 임신을 시킨다. 여기서 나온 아들이 헤라클레스다.

떤 점에서 이러한 이야기가 성육신에 비교할 수 있겠는가? 어떤 점에서 우리는 내가 본질적으로 여기는 것, 다시 말해 이스라엘의 하나님의 계획과 연속성을 찾을 수 있는가? 아브라함, 이삭, 야곱 그리고 예수의 하나님은 처음부터 마지막까지 힘들고, 유일한 길을 걸었다. 그는 인간을 향해서 왔다. 각각의 단계에서, 그는 우리가 이해하고 접근 가능한 수준을 채택한다! 이것이 바로 하나님의 교육학이라든가, 점진적인 계시라고 말할 수 있게 하는 것이다. 이 주제에서 늘 다음으로 귀결되는 심각한 오류들이 있다. 이스라엘은 발전함에 따라 그리고 그의 문화가 더 문명화됨에 따라서 하나님의 이미지를 늘 더 정교하고 완전하게 구상한다. 그러나 성경은 우리에게 반대의 길을 보여준다. 하나님을 상상하는 것은 이스라엘이 아니다. 문화의 틀에서 역사적 각 단계에서 자신을 계신하신 것은 바로 하나님이시다. 결국 인간은 하나님이 그에게 말하는 한도 내에서 그분을 이해할 수 있게 된다. "점진적인 계시"란 존재하지 않는다. 하나님이 인간을 만나고 인간이 처한 곳에서 자신의 수단들로 인간을 발견하고, 인간에게 접근 가능한 형식들에 따라서 자신을 계시하고자 하는 의지 안에서 하나님이 이루시는 문화적 변화들이 있다. 그렇지만 이런 과정 속에서 본질적인 것은 ~로 향해서 움직이는 계시다.

　그러나 계시의 이러한 하강적 움직임은 몇 가지 급진적인 결과를 초래한다. 정확하게 이것은 종교의 상승적 운동 때문에 얻어지는 것과 정반대의 결과이다. 그 결과는 폭력 행사의 포기, 인간 공동체의 불안정화와 통일성의 파괴, 법의 타당성에 대한 문제제기, 신앙의 궁극적 내용의 불규정성이다. 종교는 상승하는 것이기 때문에 늘 힘의 형태로 표현된다. 그리고 약간 더 큰 힘을 갖고자 신을 개입시킨다. 반대로 그것을 무한정 반복해야 한다. 하나님의 계시는 비록 그것이 '만군의 하나님'과 관련된다 하더라도, 그것이 그의 수많은 전투에서 승리로 이끄시는 하나님이시고 하더라도! 인간이 힘의 행사를 포기하게 하고, 하나님의 손에 붙들려 하나님의 자유로운 은혜에서와 같이 자유로운 결정으로 하나님께 내맡기는 백성이 되려고 인간적인 지배의 수단을 포기하게 한다. 왜냐하면 바로 이것 역시 전쟁과 힘이 지배하는 세상에서 전투와 승리의 문제이기 때문이다. 백성들의 승리를 위한 자신의 고유한 수단들, 부족, 군대, 기병대를 버리고, 하나님만으로 보호와 신뢰를 삼기 위함이다. 무기나 갑옷이 전혀 필요 없었던 사람은 바로 다윗이었다. 이것은 하나님이 원하시는 대로 그 분이 행동하시도록 힘의 행사를 포기하는 것이다. 그리고 이것은 인간을 향해 내려오신 하나님의 신학적 계시의 윤리적 측면과 일치한다. 나는 종종 비능력이라는 주제를 발전시켰지만, 그것을 다시 반복하지 않겠다. 나는 단지 늘 그렇듯이 예수님이 특별히 그가 자발적으로 체포당하도록 내버려 두었을 때. 이 비능력을 완전히 성취하셨다는 것을 되새기고 싶다. 비폭력을 훨씬 넘어섰다

종교는 공동체를 세우고, 일치를 달성하지만, 계시는 쪼개고 터트리게 한다. 계시가 개입되는 곳에서는, 더 이상 사회도, 하나 됨도 존재하지 않는다. 말씀의 검은 가장 자연스러운 관계들을 잘라낸다. 그러나 성급한 결론을 도출하지 않도록 주의하자. 이것은 인간의 공동체들과 집단들 그리고 사상 체계들이 전혀 무가치하다거나 하나님의 뜻에 거스르는 것을 뜻하지 않는다! 결코 그렇지 않다. 반드시 잘 살아야한다. 그리고 하나님은 그것을 알고 있다. 우리들은 더 이상 에덴에 있지 않고, 또한 아직 천상의 예루살렘에도 있지 않다. 하나님 앞에서 가치가 있는 역사의 시간이 존재한다. 인간은 생존을 위해, 그리고 가능한 최선의 삶을 위해서 스스로 헤쳐 나가야만 한다. 법, 권위가 물론 있어야 한다. 그것이 없으면 인간관계는 불가능 할 것이고 끊임없이 위험해 질 것이다. 평화스러움에 관심을 가지는 인간 공동체가 필요하다. 그리고 거기에서 인간은 인간적인 수준에서 꽃을 피우고 행복을 찾을 수 있다. 이것은 매우 좋은 것이다. 그러나

이것은 하나님이 아니다. 하나님께 가까이 가지 말라는 하나님의 '뜻'에 따른 것이 아니다. 이것은 종말과 재림을 기대하는 가운데에서 살고자 임시적으로 제정하신 것이다. 그때부터, 시의 조직에서 법의 조직에서 하나님의 뜻을 어떻게 표현해야할지 노력할 필요가 없다. 인간들이 가치들을 발명해냈다. 그리고 이것은 이미 나쁘지 않은 것들이다. 그리고 "기독교적"가치라는 것은 존재하지 않는다. 우리는 그것을 그렇게 이름붙일 필요가 없다. 그리고 그렇게 할 그때, 우리는 종교의 과정 속으로 들어가고 있는 것이고 사물들은 매우 위험스러운 것들이 된다! 오직 인간적인 체계 안에서만, 하나님은 관계를 끊는 것을 받아들이지 않는 대신 인간과의 관계를 회복하려고 개입하시고, 하나님은 전에 말하지 않았던, 전에 보지 못했던 힘으로 공동체적 합의를 산산조각 내버린다. 그는 법은 정의가 아니라는 것을 보여준다. 하나님 자신이 정의로서 세우신 것 그리고 인간적 평화는 평화가 아니라는 것을 보여준다. 인간적 덕은 선이 아니다. 왜냐하면 하나님만이 그것을 말씀하실 수 있기 때문이다. 인간의 공동체는 하나님과의 연합이 아니다. 인간의 사랑은 사랑이 아니다. 달리 말해서, 같은 길이기는 하지만 종교는 인간의 실재들을 신성화, 절대화 시키지만, 계시는 비신성화 시키고 상대화시킨다. 이것은 인간에게 크게 유용하다. 그러나 우리는 다음과 같이 말하고 싶어 할 것이다. "그러나 왜 하나님은 세계 속에서 인간을 스스로 서도록, 인간이 작은 사회를 조성하고, 스스로 헤쳐 나가도록 내버려 두지 않으셨는가? 왜 하나님은 인간이 만들어낸 지도들을 혼란스럽게 하고 어지럽게 하는가?" 그렇지만 이것은 바로 인간을 위해서다. 단지 우리가 보아온 모든 결과를 막고, 인간이 스스로 하나님이라고 여기지 않도록 하기 위해서다. 만일 조국이 종교적인 가치를 지니지 않고, 법, 과학이 그렇지 않다면, 그리고 만일 우리가 그것을 상대적인 것 안에서, 지속적으로 상대화되는 것 안에서 본다면 그때 평화는 지극히 쉬워진다. 그리고 타협, 조정, 화해는 쉬워진다. 그러나 우리는 절대적인 것 앞에서만 상대화할 수밖에 없다. 그리고 계시된 것은 바로 절대적인 것이다. 여기에 하나님의 놀라운 결정이 있다. 이것은 그가 종교적 절대자로서 자신을 계시하시는 것이 아니라, 사랑으로, 비능력으로 우리의 수준에 맞추시는 분으로, 그 자체로 나머지 것들의 가치를 상대화하는 분으로 계시하신다는 사실이다. 그 나머지 것들은 그저 존재하는 그대로 존재해야 한다. 이것들은 자전거, 펜, 삽, 접시들과 같이 매우 유익한 것들이다. "가치들"은 이 수준에 속한 것이고, 제도, 그리고 예술과 사상들도 마찬가지다. 그렇다면 우리는 지나가는 시간들 속에서 행복을 누릴 수 있다. 그러나 파우스트에게 소리치는 메피스토가 제안하는 "지금 이 순간 너는 너무나 아름다워 영원한 존재가 될 가치가 있다!"라는 유혹에 굴복하지 말아야 한다. 아니다! 이것은 정확하게 성서의 하나님이 선포하는 것과 반대다. 하나님은 인간에게 계시를 가져다주시러 오셨다. 그리고 하나님과 만나는 그 순간조차도 불멸의 순간이 되어서는 안 된다. 변화산상에서의 변화를 보아라! 경의감에 사로잡혀서 제자들은 천막을 치고 싶었고 거기에 모세, 엘리야 그리고 초월적인 예수와 함께 머물고 싶었을 때, 모든 것은 사라지고, 아무 것도 없었다.

  종교와 반대로 계시는 불안정화 한다. 그것은 일들, 화제들, 예측들 그리고 가능성들을 뒤흔들어 놓는다. 그것은 우리의 수단과 기교 그리고 정치를 예측 불가능한 것, 계산 불가능한 것, 예상 밖의 것으로 만들어버린다. 늘 사건은 우리가 예상하고 있지 않을 때 일어난다. 본질적인 것은, "생각지도 않은 때에 인자가 오리라"마24:44 바로 그것이다. 다른 것은 없다. 하나님과 관계를 갖기 위한 종교, 조직, 의식, 희생, 조직화된 시스템이 있는 한 그리고 이 인자를 맞으려고 기다릴 때, 그는 오시지 않는다. 사건이 일어나는 것을 예상치도 생각하지도 못할 때이다. 모든 인간의 상황들이 사실화되고 정착할 때, 계시는 그것을 문제시 한다. 그것은 가장 정교하게 만들어진 문화적 건설물을 절음발이로 만들어 버리고, 불확실성을 일으킨다. 바로 그렇다. 단지 불확실성을 한정되고, 고정되고, 흔들리지 않는 확실성이 아니라 말이다. 다시 말해서 하나도 예외 없이 그것은 우리 인간을 구성하는 것, 우리의 사회적 관계와 사회, 우리의 가치의 위계, 우리의 도덕, 우리의 종교를 구성한다. 이 불확실성이라는 것은 우리가 살만한 세계를 건설하고 되찾는데 있어서 우리를 완전히 불확실한 결정 속에 내버려 둔다. 그리고 계시 자체의 분명한 확실성 위에 근거할 수 없기 때문에 더욱 더 커진다. 믿음을 일으키는 계시는 우리가 그것을 이해할 수 있고 지속적인 확실성을 유지할 정도로 그렇게 일의적一義的, 합리적, 명명백백한 것이 아니다. 계시가 그것을 받아들인 자를 지나갈 때, 우리가 관찰하는 것은 이 계시에 대한 이해, 계시의 여러 차원, 깊이, "수준"에 대한 지속적인 반복이다. 거기서 우리는 아직 불확실성 속에 있다. 다음과 같은 질문 주위에 있는 것이 아니다. "나는 내일도 여전히 믿음을 갖고 있을 것이다." 그러나 "어떻게 내가 내일 이 계시를 듣게 될 것인가?" 나의 무의식에서, 또는 내 의식 속에서, 또는 우리가 바라는 모든 것 속에서, 내가 새롭게 계시에 대해서 깨달은 바는 무엇인가? 그리고 "바람이 임으로 불매 네가 그 소리를 들어도 어디서 오며 어디로 가는지 알지 못하나니 성령으로 난 사람은 다 이러하니라"요3:8라고 예수가 말하는 대로 나를 이렇게 움직이게 하는 지금 지나가고 있고, 나의 가장 깊은 곳에서 심겨진 이 계시, 내 양심, 내 지성의 측면에서 일어나는 것은 무엇인가?36)

    결과적으로 믿음의 내용은 정의할 수 없고, 규정할 수 없는 것이 되어버린다. 믿음이란 이 계시에서 태어난다. 계시는 믿음을 대상으로 한다.

---

36) 우리는 너무나 자주 바람의 비유를 성령 자체에 적용한다. 그러나 요한의 본문은 이 점에서 매우 분명하다. 바람처럼 예측할 수 없고 변화무쌍하게 되는 것은 성령으로 난 사람이다.

그러나 계시처럼 믿음도 정의할 수 없고, 안정화할 수 없다. 물론, 그 계시에 대해 설명할 수 없는 것은 아니지만, 그 본질은 말로 표현할 수 없다. 심지어 이 계시와 만남의 경험조차도 말로 표현할 수 없다. 기쁨, 기쁨의 눈물. 우리 안에서 겪게 되는 동요는 말로 표현할 수 없다. 결국 우리가 이 신앙의 결과를 우리 안에서 찾으려고 노력할 때 접근이 금지 된다(나는 여기서 오직 부정적인 증거37)만이 어느 정도 접근가능하다고 말하겠다. 그러므로 요구를 해서는 안 된다. 계시가 개입함으로써 내 안에 변하는 것은 무엇인가? 그러면, 이 계시를 내가 믿기를 중단한다면 내 인생은 무엇이 되겠는가? 그때, 우리는 대답을 만나게 된다. 매번 논의의 여지가 없다!). 그러나 엄밀하게 지적으로 계시의 내용을 규정하려고 시도할 때도 역시 그 본질은 말할 수 없다. 어떤 단어를 둘러싼 신학적 논의 그리고 두 본성, 호모우시우스38)와 동정녀 탄생에 관한 미묘한 논쟁들, 그리고 신학적 기준과 정의들에 대한 논의를 다시 반복할 때 얼마나 쓰라린가. 이러한 논의들은 당연히 일반인들의 반기독교적인 조소를 낳는다. 사람들은 이 영역에서 내가 이해하려 하는 의지를 부정하는 것을 나에게 기대하지 않을 것이다. 그러나 본질적인 사실은 계시가 규정불가능하고 고갈되지 않는 것과, 믿음이란 모든 것이 그의 실체를 정의하고 그의 깊음을 측량할 수 없는 하나님을 참조하기 때문에 정의할 수 없다는 사실을 아는 것에서부터 시작한다. 그리고 거기에서부터, 이것이 이미 주어진 조건이라는 것을 인정하며, 두려워하면서도 강하게 그리고 통찰력을 가지면서도 신중하게 우리는 진리가 결코 폐쇄적이거나, 완성되었거나, 배타적인 것이 아니라고 힘써 말해야 한다!39)

---

37) [역주] 부정의 신학의 방법론을 말한다.
38) [역주] 호모우시우스는 그리스어로 '동일본질'이라는 뜻으로, 초대교회 기독론 논쟁에서 성자는 성부와 유사한 본질을 가지고 있다는 아리우스파의 주장에 대해서, 아타나시우스는 아버지와 아들은 동일본질이다라고 주장해 니케아 신조를 확립했다.
39) 참조. 뒤마A. Duma의 훌륭한 두 연구를 보라. "객관적인 하나님" 그리고 "개신교 신학에

분명히 그렇다! 그러나 그렇다면 두 가지 장애를 피해야 한다. 하나는 고대의 특징이었던 세부적인 내용으로 들어가 그 나머지는 "신비"라고 간단히 선포하면서 정의와 규정을 위해서 명제 하나 하나를 작성하는 것이다. 신비를 사용하는 것은 지적인 측면에서 절대로 행해져서는 안 되는 것이다. 왜냐하면 그것은 항상 도피이고 "반대증거"이기 때문이다. 내가 말하고 싶은 것은, 다음의 모순을 강조하는 것이다. 즉, 이 영역에서 우리는 모든 것을 설명한다. 우리는 동정녀의 머리카락을 분석한다. 그리고 각 성서의 글자를 분석한다. 그리고 이것을 제외하고는 우리는 그것을 신비라는 범주로 분류해버리고 거기에서 벗어난다. 이 신비와 지성의 대립이 바로 지적으로 견기기 힘든 것이다. 한편으로 우리는 하나님 앞에서 말하는 인간의 겸손을 잊어버렸고, 다른 편으로 계시 속에 그 기원을 갖고, 계시를 지지대와 대상으로 가지고 있는 지적인 활동은 반드시 그리고 오로지 "네 마음을 다하고 목숨을 다하고 뜻을 다하고 힘을 다하여 주 너의 하나님을 사랑하라"막12:30라는 계명 속에 종속된다는 사실을 망각한다. 사고하는 것은 경배의 행위가 되었다. 유일하신 주님이시고 구원자를 경배하도록 사고하는 것이다. 그렇다면 신비를 범주화하는 것이 불가능하게 되었다는 것 역시 공허한 논의다.

그러나 다른 장애는 우리가 이미 말한 포용주의를 준거로 삼는 것이다. 그리고 이것은 "무엇이든"이라고 선언하는 데 있다. 왜냐하면 신앙의 내용은 정의할 수 없기 때문이다. 이것은 특별히 "무엇이든"[40]이라는 태도가 모든 영역에서 우리의 시대를 특징짓기 때문이다. 믿음은 정의하거나 고정할 수 없다. 그러나 믿음은 어떤 사람을 대상으로 완전히 독특하거나, 그렇지 않으면 이해가 가능하거나 아니면 완벽하게 "믿을만하다" 식

서 객관화된 하나님에 대한 비판 *La critique de l'objectivité de Dieu dans la theologie protestante*", in *Nommer Dieu*, 1980.
40) 이 문제에 대한 자세한 분석은 자끄 엘륄, 『무의미의 제국 *L'Empire du non-sens*』을 보라.

으로 주어진다. 그리고 믿음을 공포했던 신화들과 믿음을 알게 한 증언들은 무분별한 해석과 혼합주의에 종속되지 않는다.41) 사실상, 믿음은 자신 안에 해석의 원리를 담고 있다. 바울에 따르면 믿음의 유비라는 원리라고 불리는 것이 바로 그것이다.42) 이것을 칼뱅이 설명하였는데, 그는 여러 해석들 가운데서 성경을 성경으로만 해석하는 방법론을 택한다. 다시 말해, 계시를 모순되지 않는 전체로, 그리고 연속된 것으로 간주하고, 외부적 해석 원리를 거부하는 것이다. 왜냐하면 그것은 계시이기 때문이다. 이것은 완전히 정당한 지적인 절차를 배재하는 것을 말하는 것이 아니고, 그것을 보조자로서, 수단과 도구로서 이용할 수 있다는 것을 뜻한다. 그러나 이 수단들에 의해 지배당하거나 그 수단들 자체가 진리를 규정하지 않아야 한다. 진리의 시금석은 진리 안에 있지, 과학적 명제나 방법에 있지 않다. "오직 하나님만이 하나님에 대해 잘 말한다."라는 명제는 믿음에서는 논의의 여지가 없는 사실이지만 종교심에서는 일고의 가치도 없다. 종교심은 증명의 수단 덕분에 그 정당성을 늘 확신한다. 그리고 그것은 늘 과학적인 것과 자신의 일치를 찾는다. 성경이 과학적으로 올바르다고 증명하기 위한 모든 대연구들은 종교심의 수준에 속한다. 그리고 이것은 다시 한 번 존경할만하다. 그러나 다른 인간적인 모든 것처럼 이것은 믿음과 아무런 상관이 없다. 그리고 믿음과 관련하는 진리와도 아무런 상관이 없다.

우리가 방금 간추린 계시와 종교의 대립왜냐하면 그것이 차이보다는 반대와 더 관련되어 있기 때문에은 계시가 인간의 종교적 욕구를 채워주지 못하는 것처럼 보이게 한다. 여기서 우리는 문제의 중심에 있다. 우리는 종교가 어느 정도까지 종교적 필요에 대한 응답이고, 인간은 자발적으로 종교적인 감정을 갖고 있음을 보았다. 포이어바흐의 종교에 대한 분석에서 상기시켰던

---

41) 해석의 복잡성에 대해서는 Paul Ricoeur, 『해석에 대하여 De l'interprétation』, 1972을 보라.
42) 참조. 로마서 12:6(우리에게 주신 은혜대로 받은 은사가 각각 다르니 혹 예언이면 믿음의 분수대로), 디모데후서 3장.

그 모든 것이 여기에 있다. 종교적 질서와 사회 조직체의 신비적이고 구체적인 조직에서뿐 아니라 모든 문화에 신비가 뿌리박고 있다. 종교는 완전히 구체적인 그리고 분석이 가능한 기능을 갖고 있다. 그것은 분명 인간적인 그리고 소홀히 할 수 없는 현상이다. 그리고 특히 신앙의 관점에서, 그것을 부인할 수 없다 그러나 계시와 계시에 대한 믿음은 우리가 그것을 보았듯이 전혀 정반대의 관점에 있다. 달리 말해서, 그것들은 종교심의 자발적인 문제들에 대해서 어떤 대답도 하지 않는다. 하나님의 호의를 얻으려고 무엇을 해야 하는가, 신적 세계의 조직은 무엇이고, 신들의 속성들은 무엇인가, 등등 역시 경이로운 것, 특이한 것, 설명을 요구하는 것, 보장과 안전을 주는 것에 대한 자발적 필요와는 상관없다.

우리의 결정들에 대한 책임을 우리에게 지게 하시면서 하나님은 하나님이심에 단순히 만족한다. 그는 우리의 삶을 강제, 의미, 의식, 규칙들에 종교적인 것은 물론 도덕적인 것에도 가두어 두시지 않는다. 인간은 자신의 안정을 위해서 이것들을 갈망한다. 그러나 반대로 하나님은 인간이 무엇을 선택할지를 구체적으로 하나님에게 물어볼 때 슬쩍 피하시면서, 인간이 절대자에 대한 믿음과 함께 자기 자신 스스로 인도자가 되도록 인간의 자유를 존중하신다. 하나님은 자신의 신자들에게, 그가 원하고 결정하셨을 때를 제외하고는, 능력, 영광 그리고 성공을 공급하지 않으신다. 그러나 이러한 결정은 늘 분명한 동기 없이 남아 있다. 그것이 결코 하나님의 변덕스러움이나 환상과 관련 없다. 이것은 우리가 그 이유를 분별하고 난 후에, 우리가 원인이 무엇인지 이해한 후에, 아니면 이 결정에서 인간을 위해서 하나님의 어떤 목적성을 갖고 계신지 이해한 후에 알게 되는 것이다. 우리가 계약을 체결할 수 없는 하나님, 그러나 안전을 보장해주시는 하나님, 자유로운 은혜를 베푸시는 하나님, 이 하나님은 정말 참기 힘든 하나님이다. 왜냐하면 이것은 사실 우리의 인간적인 수단이 소용없고, 효과가 없기에 우리가 오직 하나님의 예상할 수 없는 결정에 매달려 있기 때문이다. 모두, 우리의 인간적 노력의 수단들 뿐 아니라 그의 선한 의지, 그의 호의적인 결정을 얻기 위한 종교적인 수단도 여호와께서 집을 세우지 아니하시면 세우는 자의 수고가 헛되며 여호와께서 성을 지키지 아니하시면 파수꾼의 경성함이 허사로다-시 127:1 하나님의 자유로운 은혜에 의해서만 궁극적으로 열매를 맺을 수 있다. 하나님은 예견할 수 없는 분이다. 그리고 그의 결정을 예견하는 의식도, 제비뽑기도, 점도, 점쟁이도 없다. 하나님의 결정은 그 자신의 고유한 결정이 이루어지기까지는 인간이 파고들 수 없는 영역이다. 다시 한 번 말하지만, 이것은 광기나 무의미가 아니라 영원한 자가 시간의 계열 속에 있지 않다는 자신의 논리에 따르는 것이다… 정직하고 합리적인 기반 위에 일치를 정할 수 없는, 왜냐하면 그의 말씀이 우리의 말씀이 아니기 때문에, 그의 사랑이 우리의 사랑이 아니기 때문에, 그는 선에 의해서 지배를 받지 않으신다. 이것은 우리와 그분 사이에 공통의 가치가 있다면 매우 간편할 것이다. 가령 정의를 예로 들자면, 하나님 나라의 비유에서 하나님의 정의는 우리의 정의와 전혀 상관없다. 품꾼의 비유, 열 처녀 비유나, 탕자의 비유, 달란트의 비유 등을 생각하라

그리고 선! 만일 우리가 선에 대해서 일치를 볼 수 있다면, 하나님의 위에 있는 그래서 그분과 우리 사이에 공통으로 표준이 되는 선의 가치가 존재한다면, 우리 인간은 선한 것이 무엇인지 그리고 적어도 우리는 하나님과 일치하는 부분을 결정할 수 있을 것이다. 그러나 전혀 그렇지 않다. 우리는 선이란 하나님이 원하시는 것이라는 것을 줄곧 확인하게 된다. 하나님이 아브라함에게 자신의 아들을 희생하라고 명령 하셨을 때, 그것은 선이다. 그리고 우리가 성경에서 헤렘herem의 명령을 보았을 때, 이것이 아무리 창자를 비틀리게 하고, 우리의 인본주의적 정서에 거스릴지라도, 그것은 역시 선이다. 통일적이고 공통적인 어떤 것에 대해 하나님과 일치를 보게 하는 어떤 수단도 없다. 그러나 그것에 대해서 어떻게 놀랄 수 있겠는

가. 왜냐하면 우리와 하나님 사이에는 사실 통약할 수 없는 거리가 존재하고 있기 때문이다. 만일 이 하나님이 진정 하나님이시라면, 그가 복종해야 할 어떤 것도 없다. 그분 위에 우리가 호소할만한 어떤 것도 없는 것이다. 그리고 그의 세계에 대한 이해는 우리의 이해가 아니기 때문에, 그의 영원의 결정이 우리의 동기에 복종하지 않기 때문에, 우리가 동시에 이 하나님과 연결하는 종교적, 희생적, 그리고 도덕적 규칙의 체계를 세우는 것은 불가능하다. 그리고 그것은 늘 종교의 대상이었다. 종교는 인간을 서로 묶는다. 하지만 그것은 동시에 신과 엮어지는 것을 목적으로 한다. 나는 신에게 이 희생을 바친다. 그러면 그 신은 이 순간부터 이것저것을 해야 한다. 거기에 적어도 우리는 종교적 본능, 감정, 필요를 완전히 만족시키면서 안정된 지반 위에 있게 된다. 그러나 성서의 하나님은 이것과는 아무 상관이 없다. 우리는 그의 영광 안에서 축제를 베풀고 희생제물을 바친다. 그리고 이 희생도 그 자신이 명령하셨던 것이다 하지만 하나님은 "내가 너희 절기를 미워하며 멸시하며 너희 성회들을 기뻐하지 아니하나니"암5:21라고 답하신다. 우리는 세심하게 율법에 복종한다. 이 율법은 조상들에게 계시되었던 것이고 그것을 다음과 같이 선포한다. "또 내가 그들에게 선치 못한 율례와 능히 살게 하지 못할 규례를 주었고 그들이 장자를 다 화제로 드리는 그 예물로 내가 그들을 더럽혔음은 그들로 멸망케 하여 나를 여호와인 줄 알게 하려 하였음이니라"겔20:25~26 그리고 더 나아가 완전히 알려지고, 살펴지고, 설명되고, 사랑과 세심함으로 적용된 율법 앞에서, 보다시피 모든 것을 뒤엎으시려고 이 하나님이 보내신 메시아가 있다. "…하였다는 것을 너희가 들었으나…나는 너희에게 이르노니" 그리고 예수 안에서 이처럼 급진적으로 이루어진 율법의 완성은 하나의 변하지 않는 원리임을 이해해야 한다. 계시 전체에 걸쳐서, 하나님은 "그러나 나는 너희에게 말하노니…"라고 선포하시면서 인간의 오류를 교정하려고 개입하

신다.

우리가 이전에 하나님이 이미 말했던 것을 매우 잘 이해했다고 그리고 선한 길을 조용하게 꿋꿋이 걸어왔다고 믿었지만, 하나님의 거룩한 뜻은 비로소 알려진다! 우리에게 참을 수 없는 것은, 바로 은혜다. 왜냐하면 그것은 물론 하나님의 무한한 사랑의 표시지만, 동시에 교환의 대상도, 구매의 대상도, 속임수나 영향력에 의해서도, 관대함에서 나온 것도, 어떤 숨은 음모에 의한 것도 아닌 완전히 값없이 주는 은혜다. 그리고 이것은 우리가 이미 말한 대로 그 이유를 파악할 수도, 더더욱 그 원인을 예상할 수도 없는 하나님의 주권적 자유에 속한 것이다. "나는 은혜 줄 자에게 은혜를 주고 긍휼히 여길 자에게 긍휼을 베푸느니라"출33:19 종교적 감정, 선한 도덕적 의식, 그리고 종교가 부여하는 안정의 필요를 위해서 이보다 반감을 주는 것은 없다. 사실 은혜라는 것은 우리가 가장 승복하기 어려운 것이다. 왜냐하면 그것은 우리의 주장, 우리의 힘, 우리의 수단들을 포기하는 것을 전제하기 때문이다. 따라서 그것은 우리의 종교적 감정이 기대하는 것과, 우리가 하나님에 대해서 기대하는 것, 즉 그가 우리 존재의 안전을 보장해주고, 그리고 그는 더더욱 인간을 불안정하게 만든다 그가 우리의 영혼을 드높여 주는 것을 바란다(그리고 하나님은 우리에게 다음을 강하게 상기시킨다. "하나님은 하늘에 계시고 너는 땅에 있음이니라"전5:2 그리고 너는 땅을 떠나서는 안 된다). 우리는 하나님이 존재하는 모든 것에 의미를 부여할 것을 바란다. 그분은 우리 자신이 그것을 발견하도록 하신다 그리고 그분이 우리의 삶을 평탄하게 해줄 것을 바란다. 그는 계속해서 우리 삶을 어렵게 만드신다 그리고 우리는 그가 미래를 보장해 줄 것을 바란다. 그리고 하나님은 성령이 자신이 원하는 곳으로 분다고 우리에게 말한다. 자유스러운 사랑은 사랑 자체의 표현이다. 그러나 종교는 결코 사랑을 용납하지 않는다! 모든 종교에는 사랑과 정반대의 논리로 지탱된다. 종교의 의미를 **렐레게레**^{relegere}로 이해하거나 **렐리가레**religare로 이해하든 마찬가지다. 왜냐하면 사랑은 결코 사랑받는 존재와 연결되지 않고렐리가레, 사랑은 결코 같은 문장을 반복해서 읽지렐레게레 않기 때문이다. 우리가 사랑이라고 인정하는 분에서 나오는 자유스러운 사랑에 순전히 복종하는 것은 "나는 당신이 모든 것을 할 수 있으심을 인정합니다."43) "내 뜻이 아니라 당신의 뜻대로"라고 공포하는 것이다. 이것은 신적 현상의 자리를 정복하려 하거나 그 장소가 되려고 주장하는 종교적 정신에게는 가장 참을 수 없는 것이다. 이 종교적 정신은 이 미지의 존재의 행동을 조정하고 정상화한다고 주장한다. 만일 그가 하나님이라면 자유스러운 은혜는 불가피하게 하나님의 유일한 표현이다. 그러나 이것은 우리의 고양된 감정, 안정에의 필요, 모델의 필요, 계산된 절대자의 필요, 도덕의 필요, 우리의 사회 조직의 필요를 결코 만족시키기 못한다. 그것은 반대로 혼란을 일으키고, 안정을 파괴하고, 우리 앞에 거울을 놓고 우리를 우리 자신에게로 돌아가게 한다. 동시에 그 자유로운 은혜는 우리의 공로 없이, 공평하지 않게 우리를 구원하신다. 우리는 종종 바꾸닌Bakounine44)이 전능자로서 19세기에 제시된 하나님을 거부하고, 또한 자유스러운 은혜의 사랑을 강하게 거부했을 때, 그가 옳았다고 종종 말한다. 왜냐하면 사랑 그 자체이신 하나님의 마르지 않는 은혜의 완전한 선물을 받아들이는 것보다 인간에게 더 거부감을 주는 것은 없기 때문이다.

우리는 위에서 믿음이 종교심으로 변질되기도 하지만, 그 반대로는 결코 일어나지 않는다는 것을 보았다. 그리고 우리는 여기서 정확하게 같은 변화가 일어나는 것을 발견한다. 슬프게도 계시는 종교로 늘 전환한다는

---

43) 이 문구를 왜곡해서는 안 된다. 그것은 전능자로서 하나님의 정의에 부합하지 않는다. 그것은 우선 "저는 인정합니다."라는 신앙고백이지 형이상학적 주장이 아니다. 그것은 이어 대화이다. 너…그리고 소위 하나님의 내재적인 성질을 객관화한 것이 아니다.
44) [역주] 미하일 바꾸닌(Mikhaïl Bakounine, 1814-1876). 러시아의 혁명가이자 무정부주의 이론가. '아나키즘의 아버지'라 불림.

사실이다. 종교는 결코 계시를 증언하지 않으며, 하물며 계시에 도달하지도 않는다.

아브라함, 이삭, 야곱 그리고 예수 그리스도의 계시에 기초한 유대교와 기독교 전체 역사를 통해서, 우리는 같은 타락을 확인할 수 있었다. 저항할 수 없을 정도로 인간은 계시의 내용을 탈취했다. 다시 말하자면, 객관적으로 다음의 것들이다. 계시의 순간을 제도의 영구성으로, 약속을 율법으로, 희망을 성직수여로, 사랑을 일련의 행위와 자선의 실천으로, 성령을 법률가로, 말씀의 폭발을 의식들과 축제로, 지금 여기의 의지를 고정된 계명으로, 대화를 교리문답으로, 상징적 헌금을 구매로, 자기 자신에 대한 죽음을 선한 행실들로, 진리를 도그마로, 자유로운 은혜를 예정의 체계로, 자유로운 선택을 특권과 우월성으로, 주어진 구원을 타인에 대한 정죄로…변질시키는 것이다. 다시 말해서 사실상 말씀과 말씀을 선포하는 자 사이에 분리가 일어났다. 계시의 내용을 인간이 탈취였지만, 계시의 순간은 인간의 종교적 필요를 만족시키고 그 필요에 동화되기 전까지는 결코 이러한 객관화된 내용이나 분석되고, 압축되고 정제된 대상으로 축소되지 않는다. 나는 방금 계시의 순간에 대해 말했다. 나는 신적조명을 믿는 사람도 아니고, 즉각적 영감을 믿은 사람도 아니다. 나는 이 말씀이 어떤 것을 가리키고 있고, 이 계시의 순간은 전달 가능하고, 만일 하나님이 그 말씀을 선택하였다면, 그것은 우리의 말이 하나님의 말씀 속에서 움직여야 하며, 그 말씀을 이어가기 위함이라는 사실을 잘 알고 있다. 그러나 내가 이 말로 각성시키고 싶은 것은 살아 있는 계시와 종교적 제도 사이의 대립이다. 그렇지만 토라에 대한 주석과 명령을 끊임없이 발전시킨 유대교, 우리가 쉽게 비난하는 경직된 경건을 포함한 바리새주의, 교회의 조직, 권징과 교회법에서 오는 법률주의, 공회와 대회의 결정들의 축적, 기독교 도덕의 정립, 기독교 안에서 국민들을 지배하려는 의지, 뿐만 아니라 엄격하고 완전한 교의의 정립으로 결국 자신들만이 진리를 가지고 있다고 하는 선전열, 이 모든 것은 놀라운 사랑의 하나님의 계시에서 벗어나, 종교를 세우는 일이다. 나는 여기서 카톨릭, 개신교, 동방 정교 사이에 전혀 차이가 없다고 본다. 이러한 타락은 늘 인간의 연약함에 기인하고 또 필연의 질서에 기인한다. 모든 인간은 안정을 필요로 한다. 정반대를 주장하기는 하지만 그리고 계시가 던져주는 자유를 증오한다.

그러나 정반대의 길은 불가능하다. 계시에 이르려고 종교에서 출발하는 것은 배제된다. 종교는 모든 것을 조직화하고, 모든 것을 예견한다. 여기에는 신들린 상태의 폭발적 현시, 이상, 신비적 분출, 기적 그리고 방언을 포함한다. 그것은 모든 것을 예견한다. 다시 말해서 계시의 나타남조차도 예견하고 있다. 그러나 종교는 그 질서를 방해하러 오는 것을 배제한다. 하지만 계시는 성령을 가지고 있다고 믿도록 인간적인 몸짓이나 고함을 흉내 내는 것 속에서는 효과적으로 종교를 방해하지는 않는다. 그것은 정확하게 도스토예프스키의 대심문관의 일이다. 종교는 질서의 힘이고, 국가보다 우월하다. 왜냐하면 그것은 모든 영적 무질서를 포함하고 동화하는데 성공하기 때문이다! 그것은 역시 바울이 방언을 말하고, 기적을 일으키고, 모든 재산을 가난한 자에게 주고, 스스로를 희생하고, 순교의 재물이 되는 것에 대해서 말했을 때 지적한 바로 그것이다. 하지만, 이 모든 것은 하나님의 사랑의 표현이 아니라면 아무런 의미가 없다. 그 사랑은 인간의 마음속에서 태어나지 않는다. 그것은 '아가페'와 '에로스'를 대조하기 때문이다. 사랑의 하나님의 배타적인 계시 그리고 그것에서만 오는 사랑이다.

나는 사람들이 많은 종교들이 계시를 가지고 있다고 스스로 평가하고 그것에 토대를 두고 있다고 내게 반문할 수 있다는 것을 알고 있다. 역시 많은 몰몬교와 여호와의 증인, 킴방고주의자들[45], 자유 성령 형제단[46] 그리고 이슬람 역시 반론을 펼칠 수 있을 것이다. 왜 유대교와 기독교의 계시만이 내게 진리로 보이고 다른 것은 그렇지 않게 보이는가? 사실, 나는 여기에서 함정에 빠져있다. 왜냐하면 만일 내가 그것을 **증명하려고** 한다면, 이것은 이 계시가 증명들과 그 절차에 종속된, 즉 지적인 지식에 종속된다는 것을 의미하기 때문이다. 만일 내가 포기한다면, 사람들은 나에게 그것은 자의적인 선택과 관련된다고 말할 것이고, 또 만일 내가 이슬람교도로 태어난다면, 나는 반대로 이야기 할 것이라고 말할 수 있다. 그러나 나는 '그리스도인'으로 태어나지 않았다! 그렇다면 계시에 그 실체를 부여하는 것은 바로 믿음인가? 상징을 기반으로 한 신앙주의symbolo-fidésme가 매우 마음에 든다.[47] 하지만, 나는 변증을 하지 않고, 아무 것도 증명하려 하지 않고, 단지 이것만으로 답변할 수 있다고 생각한다. 많은 계시가 존재한다. 그렇다. 그러나 모든 계시가 종교적 사고방식에 맞아 떨어지고, 종교적 형식 안에서만 번역될 수 있고, 제한적으로 종교 내부에서만, 종교 안에서만 존재할 수 있다. 코란과 여러 형태의 이슬람 종교 사이에 정확하며 엄격한 연속성이 존재한다. 코란은 우리가 말한 대로의 의미로 종교에 불과한 것을 낳을 뿐이다. 나는 오로지 유대교와 기독교의 계시만이 엄격하게 종교에 대항한다고, 다시 말해서 우리가 이 계시의 성경 말씀, 즉 복음으로 돌아올 때만, 모든 제도, 모든 교회, 모든 기독교 철학, 모든 기독교 도덕, 모든 교의, 모든 해석들을 문제시할 수 있

---

[45] [역주] 킴방고주의(Kimbanguism)는 콩고에서 발생한 기독교 분파로, 정식 명칭은 The Church of Christ on Earth by His Special Envoy Simon Kimbangu이다. 킴방고는 치유와 말씀의 능력을 통해서 교회를 세웠다. 이 교회에서는 킴방고를 성령으로 간주하고 있다. 현재 550만의 신자를 보유하고 있다.

[46] [역주] 13, 4세기에 유럽에서 유행했던 하나님과의 직접적 교통을 강조한 영성 운동.

[47] [역주] 역자의 해석으로는 엘륄은 신앙에 있어서 이성을 배제시키는 신앙주의적 태도를 지양하고, 피조물을 하나님을 비추어 주는 상징으로 이해하는 성례전적(sacramental)이해를 받아들이는 듯 하다. 이러한 성례전적 이해는 카톨릭 신학과 개신교 칼빈이즘에서 잘 표현된다.

게 된다는 것을 확신한다.

  이 계시에서 출발해, 우리가 그것을 진지하게 고려하고 다시 내적인 침묵 안에서 들음의 태도를 취할 때, 그때 모든 종교를 무너뜨리는 일종의 지진이 일어난다. 거기에 종교적 계시révélation와 기독교적 계시Révéation의 단절점이 있다.

3장 · 무엇 때문에 믿는가?

　지금부터 나는 '믿는다'라는 동사를 종교적 신앙을 지칭하는 것이 아니라 계시에 대한 믿음을 지칭하는 것으로 사용할 것이다. 우리는 이미 "내가 믿는 것"이라는 문구가 의미 없다는 것을 보여주었다. 우리는 진실로 두 가지 질문 앞에 있다. 질문할 가치가 있고 의미 있는 유일한 두 가지 질문이다. 무엇 때문에 믿는가? 그리고 누가 믿는가? 라는 질문이다. 각 질문은 또 다시 왜 어떤 대상을 믿는가? 그리고 무엇을 위해서 믿는가? 누가 믿는가? 그리고 믿음의 대상이 누구인가? 라는 질문들로 나누어진다. 우리는 이 주제를 적절하게 네 가지 측면에서 나누어 살펴볼 것이다. 그러나 우리의 시각을 종교심에서 믿음에로 어렵게 옮겼기 때문에, 분명 확실한 대답을 기대하는 평범한 독자들에게 실망을 줄 것이다. 왜냐하면 나는 믿을만한 특정한 이유 그리고 믿음이 어떤 궁극적 목적을 가지고 있다는 것을 말할 수 없기 때문이다. 만일 우리가 이유를 제공하려고 한다면, 그것은 내가 그토록 강조했던 종교심의 운동 속으로 다시 돌아가는 것이 된다.

　오늘날 왜 믿어야하는가? 분명히 나는 이런저런 정확하고도 헛된 이유들을 사실 백 개도 더 열거할 수 있을 것 같다. 불안에 떠는 영혼을 위로하려고 믿는다. 우리 사회를 부패시키는 의심에 대한 답변을 찾으려고 믿는다. 불안을 없애려고 믿는다. 이해하려고 믿는다. 인격의 척추를 되찾으려고 믿는다. 우리는 이런 식으로 계속 살 수 없어서 그리고 세계가 확실성, 보증, 불꽃을 필요로 하기 때문에 믿는다. 젊은이들은 실의, 아노미, 방황의 먹이가 되기 때문에 북극성과 같은 고정된 지점이 필요하기 때문에 믿는다. 소비사회의 역겨움과 일상의 무미건조함에서 탈출하기 위한 열정을 바칠 만한 것과, 큰 이념이 필요하기 때문에 믿는다. 우리는 믿는다. 왜냐하면 너무도 낙심에 빠진, 너무도 실망한 모든 존재의 심장에서 계속해서 어둡게 고동치는 영원에 대한 갈망을 텔레비전이 더 이상 충족시키지 못한다는 사실 때문에 믿는다. 나는 이 열거를 오랫동안 계속할 수 있다. 이렇게 믿는 이유들을 축적하는 것은 내가 허공에서 말하고 있다는 것을 깨닫기 위해서다. 왜냐하면 그것들 중에서 어떤 것도, 어떤 식으로든 믿음과 관련된 것은 없기 때문이다. 우리는 너무 자주 변증학(辨證學48))에 호소한다. 우리가 적에게 이기려고 애쓰지 않더라도, 이 함정을 피하기란 불가능하다. 변증은 기독교가 참되고, 기독교가 타종교보다 우월하고 그러나 우리는 여기서 기독교를 종교의 수준에 놓고 있다!, 기독교는 인간의 모든 질문에 답하려고 한다. 그리고 이 세 가지를 우리는 합리적으로 증명하려고 한다. 그러나 우리는 현실적으로 이것이 지식인들 사이에서 완전히 건조한 토론 거리에 그치는 것을 안다. 이런 토론으로는 설사 상대방이 패배를 인정한다 하더라도, 상대방을 설득하지는 못한다. 이런 방식으로는 어떤 변증도 사람을 믿음에 이르게 할 수 없다.

 이런 종류의 논쟁이 의미가 있는 상황들이 있었다. 가령, 주저하는 대중과 왕 앞에서 다양한 종교의 대변자들이 소집되어 한 왕국의 공식 종교를

---

48) [역주]변증학(apologetics)이란 전통적인 의미에서 기독교 신학과 세속 사상을 조화시켜 통일하려는 시도라고 할 수 있다. 가령, 초대교회에서 저스틴은 기독교가 플라톤 철학의 완성이라고 생각했고, 중세 때 아퀴나스는 기독교 신앙을 아리스토텔레스의 철학 체계와 통일시키려고 했다. 현대 신학에서는 현대 문화와 기독교의 융화를 시도한 '상관의 방법'을 주장한 폴 틸리히가 대표적이라 하겠다. 엘륄은 칼 바르트를 따라서 이러한 세속 문화, 사상과의 융합은 우상숭배를 초래한다는 위험을 염두에 두고 모든 기독교의 변증적 시도를 거부한다. 최근 영미권에서 일어나고 있는 급진 전통주의 신학 운동도 현대신학의 변증적 방법을 거부하고 있다. 이 운동의 주도자인 존 밀뱅크(John Milbank)는 자신의 『신학과 사회이론-세속 이성을 넘어서』에서 "현대 신학의 파토스는 그 거짓 겸손에 있다"(*Theology and Social Theory-beyond secular reason*, Blackwell, Oxford/Cambridge, 1990, p.1)라고 주장하며, 현대 신학이 세속 이성에 주도권을 양보했다는 대담한 주장을 펼치고 있다.

채택하고자 각 종교를 변증하는 것이 그 예이다.Cujus regio, ejus religio49) 이러한 토론은 북경에서 쿠빌라이칸 앞에서 모든 종교의 지지자들이 소집되어 진행되었다. 이것은 아버지의 유목민들에 의해서 정복된 중국인들에게 부여할 종교가 어떤 종교여야 하는지를 알기 위한 것으로, 마지막으로 자칫 유대인이 승리할 것 같았지만, 결국 불교도의 승리로 끝이 났다. 그러나 그것은 늘 종교, 특히 공식 종교와 관련된 것이었다. 변증학이라는 장르는 오늘날 무너져 내렸다. 이 학문은 믿음의 근거를 제시하고, 믿음에 대한 증명과 정당화를 추구하고, 믿음에 권위를 부여하려 한다. 또한 인간에게 믿음이 필요하다는 것과, 종교는 인간의 불가피한 분비물이고, 과학과 종교심은 양립할 수 있을 뿐 아니라, 분리 불가능하게 연결되어 있다는 것을 보여주려 애쓴다. 그리고 당신이 하나님 앞에서 '나는 믿습니다. 왜 믿습니까?'라는 질문을 갖게 하고 그에 대한 답을 주려고 한다. 믿음 안에 사는 사람들에게는 의심스럽고 논쟁할만한 수많은 이유가 있다. 그러나 우리는 지적인 순례를 통해서 믿음에 이르지 않는다.그리고 그 믿음을 넘어서 삶으로 옮겨가지 않는다 지적인 노력은 막다른 길에 이르게 된다. 당신의 설득에 의해서 확신을 한 사람에게서조차도 지적인 증명과 동의가 깊은 믿음의 삶으로 옮겨가는 것은 아니다. 이것은 지성과 믿음은 두 가지 다른 질서에 속한다는 것을 보여준다. 믿음을 지도하고 일으키는 것은 지성이 아니다.

우리는 늘 바울의 외침으로 돌아온다. "내의 행하는 것을 내가 알지 못하노니 곧 원하는 이것은 행하지 아니하고 도리어 미워하는 그것을 함이라"롬7:15 내가 예수 그리스도 안에 있는 계시의 탁월성을 지적으로 확신한다고 해도 이것이 나의 삶을 그분의 손에 의탁하고, 신뢰, 소망을 그에게

---

49) [역주] 군주가 자신의 영토내의 종교를 결정한다는 원칙. 신성 로마 제국 내에서 카톨릭과 개신교 사이의 분쟁을 방지하고자 아우구스부르크 화의(1555)에서 찰스 5세와 독일어권 군주들 사이에 맺어진 화약의 결론.

두고, 나의 의지를 그분 아래에 종속시키고, 인간적 자유에 취하지 않고 그분의 사랑을 발견하고, 눈이 멀게 할 정도의 진리의 빛이 나를 관통하게 하지는 않는다. 우리는 이성과 이성적 절차와 손을 잡고 우리와 동행하는 사람들을 이끈다. 그리고 여기에 갑자기 불행이 그에게 덮친다. 왜냐하면 그는 아마도 그가 지적인 확신에서 얻은 것에서 믿음 안으로 들어가지 않았기 때문이다. 엘리사는 엘리야가 불가마를 타고 하늘로 올라갈 때 땅에 머물러 있었다.

그러나 이 질문 앞에 지적인 순례만 있는 것은 아니다. 나는 무엇보다도 17세기와 20세기 사이에 우리가 하나님의 진노를 낳게 한 공포를 발견한다. 당신은 다음과 같은 모델의 설교를 알고 있다. 지옥의 가증스러움을 묘사한다. 두려움을 일으키고, 심판의 위협, 정죄, 영원한 정화를 말하는 설교는 청중의 머리에 칼처럼 내리친다. 그리고 당신이 청중을 두려움에 떨게 했을 때, 당신은 이 지옥에서 나가는 문을 열어주고 구원의 즐거운 초장으로 지나가게 할 수 있다. 다행스럽게도 이런 모델은 한물간 교육방식이다. 그러나 지옥보다는 못하겠지만, 아마도 핵폭탄이 지옥을 대체한 것 같다. 어쨌거나 믿음으로가 아니라, 마술적 태도로 인도하는 교육방법이다. 우리는 부적을 붙이고, 맹세와 순례를 하고, 종교적 의무를 성취하고, 유명한 청교도의 엄격한 생활을 영위하면서 하나님의 진노를 간직하게 될 것이다. 사실상 이것은 이러한 유형의 설교와 잘 일치하는 것이다 그러나 이 모든 것은 믿음과 전혀 상관이 없다.

만일 누군가가 왜 오늘날 믿어야 하는 지를 끈덕지게 묻는다면, 사실 오늘날 수많은 이유들이 존재한다. 전쟁, 전쟁의 소란, 잔혹함, 살인들, 기근, 고문당하는 사람들, 투옥된 모든 사람들, 하늘에 있는 징조들, 그리고 핏물이 구름에서 내려올 필요는 없다. 그 빗물을 내리게 하는 것은 바로 우리 자신들이다. 우리 자신에게서 우리 세계의 종말을 가져올 가공할 힘이 나오고, 동시에 이에 못지않게 삶을 변화시키고 뒤틀려진 물질적, 정신적 우주를 다시 창조할 힘이 나온다. 믿어야 할 수많은 이유들이 오늘날 존재한다! 하지만 무엇 때문에? 난공불락의 확실성을 찾아 어디론가 도피할 필요가 있기 때문이다! 그리고 우리는 보다시피 또 다른 난관에 봉착해 있다. 현실에서 도피로써의 종교심이다. 믿음이 보호, 보장, 보증으로서 이해될 때 그것은 변질된다. 믿음이라는 것은 이것들과는 정반대이다. 왜냐하면 믿음은 위험을 감수하고, 모든 안정보장을 버리고, 보증을 경멸하고, 물 위를 걷는 것이기 때문이다. 물 한가운데로 나아가라. 그리고 이 물은 폭풍 속에 있는 물이다. 그리고 믿음은 배 위에 있던 제자들과는 다르게 두려움을 갖지 않는 것이다. "어찌하여 이렇게 무서워하느냐 너희가 어찌 믿음이 없느냐?" 다시 말해서, 두려움이라는 것은 우리의 믿음 없음을 나타내는 징표이다. 하지만 두려움이 우리를 인도하는 곳은 믿음이 아니다. 두려움은 일종의 마술적인 태도를 낳는다. 우리는 예수에게 호소한다. 왜냐하면 때가 악하기 때문이다. 우리가 그 힘들을 제어할 능력이 없음을 느끼기 때문이며, 정치와 기술의 도전에 맞설 능력이 없음을 느끼기 때문이다. 이것은 믿음의 태도가 아니라 오히려 그 반대이다. 이것은 우리의 믿음 없음을 나타내 준다. 예수는 그것을 정확하게 말한다. 그리고 이 위험 속에서, 그는 재앙의 증가를 선포하시면서, 그가 우리에게 말한 모든 것은 "나에게 의지하라" 그리고 "용기를 가져라" "늘 깨어 있어라"이다. 다시 말해서 믿음에는 이유가 없다. 그것은 삶 앞에서 특정한 태도를 일으킨다. 늘 깨어있게 하고, 정신을 차리게 하고, 굳세게 한다. 세상의 공포를 보지 않으려고 눈을 닫아버리는 사람에게, 전능자에게서 벗어나 도망가는 사람에게는 해당되지 않는다. 깨어서 기다리는 재난의 파수꾼에게는 새벽의 여명이 멀지 않았다. 만일 우리가 믿음의 삶을 살면, 그리고 이스라엘의 메시아인 주 예수를 믿는 믿음 안에 있으면 위험을 피하고자 그에게 간청할 필요가 없다. 다만 그가 거기에 계시기 때문에 위험이 치명적이라 하더라도 실제적으로 하나님의 사랑의 의지는 어떤 방식으로든 성취되고 있고, 앞으로 성취될 것이기 때문이라는 것과, 우리는 우리 편에서 최선을 다할 뿐이고, 일어날 것은 어떤 것도 하나님의 임재 없이, 결과적으로 최종적 악 없이는 일어나지 않는다는 것을 아는 것으로 충분하다. 이처럼 "왜 믿는가?"라는 문제의 끝에서 우리는 대답을 얻지 못했다. 하지만 이것은 완벽한 대답이 이미 정확하게 주어졌다는 것을 말한다. 믿음은 합리적인 이유 없이도, 그리고 굉장한 이유 없이도 주어진다. 이것보다 더 우리를 확신하게 하고, 우리를 치료하는 것은 없다. 더 이상의 답변이 필요 없다. 믿음 자체가 그 답이다. 이센하임Issenheim50) 교회 제단 뒤의 장식 벽에 그려진 지나치게 큰 세례 요한의 손가락은 오직 십자가에 달린 그리스도만을 가리킨다. 왜 믿는가? "왜냐하면 예수가…", 그것이 전부다.

그러나 기독교 시대가 깊숙한 곳에서 출현했다. 왜 믿는가? 어떤 목적으로? 무엇을 실현하려고? 무엇을 얻으려고? 그리고 나의 대답은 앞의 것만큼이나 실망을 줄 것이다. 왜냐하면 성경은 거침없이 대답하기 때문이다. 아무런 목적 없이 믿는다. 하나님을 섬기는 것이 아무런 목적도 없을 것일까? 라는 물음이 욥기 전체를 통해서 외쳐지고 있다.51) 그리고 용납하기는 어렵지만, 그것은 정말 진실이다. 우리가 하나님을 섬기는 것은 어떤 목적도 없다. 욥은 따지지 않는 신자였다. 그는 하나님과 모든 사람 앞에서 의로운 사람이었다. 전통적인 논증을 한 친구들의 주장과는 모순되게 그에게 아무런 흠도 없었다. 당신은 고난을 당한다. 따라서 당신

---

50) [역주] 프랑스 꼴마Colmar라는 도시에 있는 운터린덴Unterlinden 박물관에 소장된 마티아스 그뤼발트(Matthias Grünewald 1506-1515)의 작품을 가리킨다. 다음 인터넷 사이트에서 볼 수 있다. http://en.wikipedia.org/wiki/Isenheim_Altarpiece
51) 수많은 주석들 가운데서, R. de PURY의 『욥, 반항하는 인간Job ou l'Homme révolté』(1955), MAILLLOT, 『아무런 목적 없이Pour rien』(1976), Ph. NEMO, 『욥, 악의 과잉Job ou l'Excés du mal』1978 을 추천한다.

은 죄를 지었다. 그렇지 않다! 그는 고난을 당함에도 그에게는 원인이 되는 어떤 죄도 없다. 그리고 하나님 앞에서 흠이 없었다는 것은 그에게 어떤 유익도 없다. 그는 자신의 재산을 잃었다. 그는 자식들을 잃었다. 그는 이해할 수 없는 병으로 고통 속에 빠졌다. 그리고 그의 아내는 자신의 고난에도 하나님은 하나님이라는 욥의 말도 안 되는 태도 때문에 그를 버렸다. 그리고 그의 가장 절친한 친구들은 그를 고발한다. 그들은 끝없이 하나님이 옳기 때문에 만일 욥이 고난을 받는다면, 그것은 처벌이라고 설명한다.

책의 시작에서부터, 우리는 하나님을 사랑하고, 그를 어떤 것에도 이용하지 않는 욥을 보게 된다. 왜냐하면 이것이 바로 사탄이 의심하는 것이기 때문이다! 그러고 나서 재앙이 그에게 닥쳤지만, 그럼에도 그는 하나님을 계속해서 사랑한다. 그리고 그것에 대해 하나님께 감사한다. 사랑과 믿음 그 자체 이외에는 아무 목적도 없이, 아무 이유 없이, 아무 정당화 없이 사랑하는 것이다. 사단에게는 이해할 수 없는 것이다. 그에게는 사랑하고 섬기는 것은 늘 보상 받아야 하는 것을 의미한다. 그러나 인간은 어떤 다른 목적 없이 믿도록 부름을 받는다. 왜냐하면 하나님은 아무런 목적 없이 사랑하는 분으로 자신을 계시하시기 때문이다.[52] 그리고 욥이 하나님과 끝없이 논쟁할 때, 그리고 자신의 고통에 대한 대답을 요구할 때, 하나님은 이유를 결코 알려주지 않는다. 그가 하나님이 그의 고통을 책임지고 있고, 여기서는 왜가 아니라 어떻게가 중요한 것임을 발견했을 때야 비로소 하나님은 자신의 고난이 무엇을 위한 고통인지를 알려준다. 성부 하나님은 자신의 아들 속에서 세상의 고통 속으로 몸을 던지신다. 믿어야 하는 객관적이 어떤 이유도 없다. 그것을 체험해야 한다. 그리고 한계 속에서 우리는 역설을 만나게 된다. 욥은 자신의 '대답'의 마지막에서 하나님이

---

[52] 특별히 마이오Maillot가 이 주제를 발전시켰다.

절대 악을 상징하는 신화적 괴물인 베헤모스와 리워야단를 보여주신 후에, 진실로 하나님을 사랑한다고 생각한다. 네모Nemo가 말하듯이 그때 하나님은 욥에게 악의 넘쳐남을 보여주셨다. 무엇 때문에 믿는가? 분명, 아무런 이유가 없다. 그러나 극단적 악이 우리에게 계시될 때, 그리고 이 극단적 악에서 우리가 하나님에게 가장 가까이 있다는 것을 알게 될 때, 거기에서 사랑의 하나님 자체를 서로 만나게 된다.

믿음의 기원이나 목적은 존재하지 않는다. 그리고 더 나아가, 목적이 있다면, 그것은 더 이상 믿음이 아니다! 만일 우리가 보호를 받고, 보장을 받고, 회복되고, 구원 받으려고 하나님을 믿는다면, 그때 그것은 거저 주어지는 믿음이 아니다. 믿음이 구원을 받기 위한 조건이 아니라고 한다면, 특별히 믿음에 의한 구원을 가르치는 개신교도에게 충격이 될 것이다. 그러므로 한없이 은혜로 돌아가야 한다. 은혜는 값없음을 뜻한다. 만일 하나님이 인간을 은혜로 사랑하고 구원한다면, 그리고 대가를 요구하지 않고, 그에 상응하는 반대급부를 요구하지 않는다면, 이것은 하나님이 이해관계 없이, 그리고 단순히 아무런 목적 없이 믿음의 대상이 되고 사랑받는 것을 뜻한다. 이것은 터무니없는 말이다. 하지만 우리가 사랑에 대해서 생각한다면 너무 쉽게 이해할 수 있다! 한 남자와 여자가 서로 어떤 목적을 위해서 사랑하는 순간, 그것은 돈, 위신, 미모, 상황과 관련된 것으로, 이것은 더 이상 사랑이라고 할 수 없다. 사람들은 때때로 사랑을 하면서 계산을 하기도 하고 연약함에 빠지기도 한다. 그렇게 되면 사람은 자신을 이롭게 하고, 아이를 갖으려고, 또는 삶의 안정을 찾거나 명예를 회복하려고, 또는 보장된 미래를 위해서, 결혼 할 것이다. 이것은 더 이상 사랑이라고 할 수 없다. 사랑에는 이유가 없고 계산도 없다. 바로 그 남자나 그 여자이기 때문에 그리고 그것이 나이기 때문에 사랑하는 것이다. 그 이상도 그 이하도 아니다. 하나님에 대해서도 마찬가지다. 우리는 그가 사랑 자체가 아니라면 왜 하나님이 사랑하시는지를 말할 수 없다. 그리고 그는 창조 때에 어떤 목표나 목적도 가지고 있지 않았다. 그는 아무런 목적 없이 창조했고, 어떤 목적도 없이 사랑했다. 단지 그것은 사랑의 표현이었다. 그는 아무런 목적 없이 성육신 했다. 하나님의 계획도 의도도 없었다. 형이상학적 계산은 존재하지 않았다. 그것은 인간을 구원하는 것과 관련되었다. 내가 어떻게 하겠는가? 그는 아무런 목적 없이 십자가에 스스로 달리셨다. 예수는 아버지의 위대한 의도를 알지도 못했다. 예수는 그가 모든 것 위에 계신 아버지를 사랑했기 때문에 복종했다. 그는 두려움으로 주어진 시험들을 거절했다. 왜냐하면 그것은 그가 사랑한 것과 그를 분리하는 것이었고, 하나님의 계획을 실현하기 위한 것도, 인간을 구원하기 위한 것도 아니었기 때문이었다. 땅에서 그는 사랑이었고 그것이 전부이다. 사랑은 계산이 아니다. 사랑 안에는 수단과 목적의 분리라는 것이 존재하지 않는다. 그것은 완전한 목적이고, 동시에 날이 갈수록 상시적 수단으로 알맞고 새롭게 된다. 그리고 이 사랑은 제일 먼저 온다. 그때부터 어떻게 같은 길을 따라가지 않겠는가? 어떻게 이 모범을 좇지 않겠는가? 다시 말해서 사랑에 반응하고자 사랑하고, 사랑에 도달하고자 사랑하는 것이 아닐까?

하나님은 아무런 목적 없인 은혜를 베푸신다. 그리고 그의 은혜는 모든 것에 선행한다. 이처럼, 우리는 틀림없이 우리 머릿속에 자리 잡고 있는 도식을 뒤집어야 한다. 가령, "구원 받으려고 믿는다." 이것은 믿음이 "구원의 조건"이 된다. 또는 우리는 모든 신학적 습관들, 가령 위로받으려고 믿는다, 정의를 실현하려고 믿는다, 도덕적 삶을 살려고 믿는다, 자신의 삶이나 자신의 철학의 토대를 찾으려고 믿는다 등등이다. 모든 것이 성경과 모순된다! 하나님의 은혜가 우리를 앞선다. 그리고 그때 믿음은 태어난다. 이처럼 욥은 하나님 앞에서 하나님에게 은혜 위의 은혜를 받았기 때문에 고결한 사람이 되었다. 하나님이 그를 먼저 사랑하셨다.

그러나 만일 그렇다면 우리에게 저항할 수 없는 환멸이 찾아온다. 아마도 쓰라림일 것이다. 믿는다는 것이 나에게 어떤 유익이 있을까? 합리적인 어떤 이유도 당신에게 주어지지 않을 것이다. 증인의 유일한 경험만이 당신에게 말할 수 있다. 이 대가 없는 믿음에서 살아보라, 가벼운 은혜 속에서 살아 보라. 자유를 가져다주는 믿음 안에서 살아 보라. 그때 당신을 바로 알게 될 것이다! 그때, 나는 …하려고 믿는다구원 받으려고와 같이 말하는 대신, 다음과 같이 말하는 것을 배워야 한다. 나는 하나님이 나를 사랑하고, 구원하고, 화해하셨기 때문에 믿는다. 이것은 내가 생각하기 전에, 나의 의지와 노력과 상관없이, 나의 외부에서 이루어지는 것이다. 이것은 나에게 거저 주어졌다. 그러므로 나는 남에게 거저 줄 것이다. 그리고 그때부터 하나님의 계명이 우리에게 명령하는 놀라운 변화를 보아라. 하나님이 먼저 우리를 사랑하고, 아마 그때부터 우리는 당연히 그 사랑을 돌려준다. 그러나 중요한 것은 받은 사랑을 다시 주는 것이 아니다. 왜냐하면 어떻게 우리의 힘으로 하나님을 사랑할 것인가. 우리는 곧장 불순종, 율법, 예배, 제의적 희생에 다시 빠질 것이다. 아니다. 하나님의 논리는 바로 거기에 있지 않다. 그것은 사랑의 논리에서 나온다. "나는 너를 사랑한다. 따라서 너는 나를 사랑한다. 너는 나를 사랑한다. 따라서 나는 너를 사랑한다." 사랑하는 사람들은 세상에 오직 그들뿐이다. 놀랍고, 근사한 진리다. 그러나 얼마나 이기적인가? 성경은 우리에게 전혀 다른 것을 말한다. 하나님은 먼저 당신을 사랑했고, 그렇다면 당신은 지금 다른 인간들을 향해서 가라. 아무런 목적 없이, 아무런 의도 없이심지어 그들을 회심시키려는 목적도 없이 그들을 사랑하는 것은 이제 너의 몫이다. 그들을 사랑하라. 왜냐하면 당신이 사랑받고 있기 때문이다. 긍휼이 여기는 마음이 없는 관리인의 행동을 잊지 말아라. 주인은 그에게 빚을 탕감해 주었다…그는 주인에게 고마워하는 마음을 가져야 했던 것도, 정중하게 인사를 드려야 했던 것도 아니었다. 아니다. 그는 단지 바로 자신의 채무자가 그에게 빚진 것을 탕감해 줌으로써 그에게 베풀어 졌던 은혜를 갚아야만 했다. 우리는 하나님을 아무 목적 없이 섬긴다. 하나님은 인간의 결정과는 상관없이 구원하신다. 그리고 그는 기도나, 예배, 영성체 그리고 믿음을 가진 사람에게 자신의 인간적 지지를 강제하지 않는다. 하나님은 그는 누구든 똑같이 사랑하시기 때문에 그를 많이 섬기는 사람과 거의 아무것도 하지 않는 사람 모두를 똑같이 대하신다. 품꾼의 비유 하나님은 의인이나 악인 모두에게 비를 내리신다. 그리고 태양을 비추어 주신다. 따라서 믿는다는 것은 주권자인 하나님의 현존에 대한 어떤 보장도 주지 않는다. 욥기 마지막부분에서 계시하셨던 것처럼, 그는 어떤 사람에게도 설명을 하지 않는다. 그리고 욥은 이 주권 앞에서 고개를 숙인다. 그러나 이것은 하나님의 전능함을 인정하고자 함이 아니다. 이것은 너무 쉬운 설명이다. 하나님이 이 같은 존재 이유를 가지고 있다는 것을 인정하고자 함이다. 바로 거기에 믿음이 있다. 하나님이 이사야에게 말씀하신 것처럼, 질그릇은 그를 만든 도공에게 따질 수 없다. 그리고 예수가 역시 선포하신 것처럼. "많은 사람이 나더러 이르되 주여, 주여…." 그리고 "우리는 당신과 함께 있었고, 당신과 함께 살았습니다." 그리고 예수는 그들에게 대답하실 것이다. "나는 너를 모른다." 만약 우리가 키에르케고르를 따라서 아브라함의 믿음만한 믿음을 가질 수 없고, 그런 믿음의 삶을 살아갈 수 없다는 것을 인정한다면, 그때 믿음이라는 것은 이 불가능성을 받아들이는 것을 말한다. 믿음이라는 것은 늘 다음과 같은 질문으로 표현될 것이다. "나를 향해 당신의 얼굴을 돌려주시는 나는 도대체 누구입니까? 내가 당신을 믿도록 요구하는 나는 누구입니까? 나 모세는 말더듬이, 나 사무엘은 어린애, 나 다윗은 어린 목동, 나는 사마리아 여인, 그렇다면 당신이 부르는 나, 그 사람은 누구입니까?" 성경 속에 계시된 하나님은 믿음의 불가능성 안에서 우리가 그를 섬기고,

그를 믿는 것을 내포하는 하나님이다. 따라서 정말 아무런 목적이 없다. 왜냐하면 하나님 앞에서는 나를 공략하는 유일한 실재라는 것은 바로 이 믿음의 불가능성이기 때문이다! 왜냐하면 그와의 관계만이 대가가 없는 관계이기 때문이다. 순전히 거저 주는 것이고, 허위와 위선이 없는 은혜이다.

그러나 질문의 다른 줄기가 계속된다. 이것은 무엇을 믿는 가가 아니라 '누구를 믿는가?'이다. 누구를 믿는가? 누구를 신뢰하는가?[53] 나의 믿음을 어디에 의탁할 것인가? 누구를 신뢰할 것인가? 누구를 자랑스럽게 여길 것인가? 반면 우리는 세상의 원리에 물들어 본질적으로 우선 의심하는 것을 배운다. 우리는 아무런 의미도 없는 많은 말들을 들었다. 무無의 메시지를 우리에게 알려주는 사람들의 말을 들었고, 이상주의자와 같은 사람들의 정치적인 말, 사랑의 호소와 같은 혁명적 부름, 그리고 예술 작품의 감상과 같은 철학적 명상에 대해 들었다. 아무 것도, 더 이상 아무 것도 의미하지 않는다. 그리고 우리가 말을 할 때, 우리가 믿도록 부름을 받을 때, 근본적인 유일한 질문은 바로 "누구를 믿을 것인가, 누가 믿을만한 가치가 있는가?"이다. 왜냐하면 말이란 그것을 말한 사람의 인격과 성품의 표현이다. 하나의 말을 믿는 것은 한 사람을 믿는 것이다. 누구에 의해서든지 어떤 사람이 있어야 한다. 로봇이나 녹음기의 사방으로 반

---

[53] 마이요(Maillot)는 합당하게도 신조 안에서 우리는 "나는 믿는다."와 내가 믿는 대상을 분리할 수 없다는 것을 강조한다. 그리고 그는 그 아름다운 문구를 취한다. "나는 내가 믿고 있는지를 모릅니다. 그러나 나는 내가 믿고 있는 사람을 알고 있습니다." 그는 명확하게 신조의 의도를 보여주고 있다. "내가 믿지 않는다 하더라도, 이것은 하나님이 존재하신다는 것과 나를 위해 존재하신다는 것을 막지 못할 것이다. 그 "-를" ('내가 하나님을 믿는다'에서의)은 하나님을 창조한 것이 나 자신이나 나의 믿음이 아닌 것과, 반대로 나를 만드셨을 뿐 아니라, 나와 그의 관계를 창조하신 분이 바로 그분이심을 보여준다. 나의 믿음…나는 -를 믿는다. 이 말은 나 자신을 -에게 맡긴다는 의미다…중요한 것은 원래적인 내가 아니고 내가 믿는 하나님이 중요하다.…이것은 하나님이 나를 만나려고 오셨다는 것, 다시 말해, 이중적 계시를 가정하고 있다. 그것은 하나님이 나에게까지 오셨다는 객관적 계시와, 내가 그분은 나에게까지 오신 분으로서 인정한다는 주관적 계시를 가정하고 있다." (Credo, 1979).

복하는 비인격적인 이야기가 아니라면, 사람이 없으면 말이란 것은 파뉘르주Panurge의54) '얼어 있는 말들'에 불과하다. 또한 우리는 매일 텔레비전, 라디오를 통해서 익명의 말들을 경험함으로써 비인격적 관계가 강화되는 것을 말해야 한다. 그것은 기계다. 이것이 우리가 그것에 대해 말할 수 있는 전부다. 왜냐하면 그것이 바로 눈앞에 있는 드라마고 배우도 재간이 있음에도 기계가 말하는 것은 진실이 아니기 때문이고, 어떤 사람이 너에게 말한 것이 아니기 때문이다. 그것은 하나의 이미지일 따름이고, 가장에 불과하다. 그리고 사람들은 상냥한 태도와 유혹적인 얼굴로 너를 함정에 빠지도록 노력한다. 이 얼굴은 너의 눈을 들여다보고 있으나, 사실은 그를 향하고 있는 카메라를 보고 있다. 너도 마찬가지로 유리판을 보고 있다. 아무도 너에게 말하지 않는다. 네가 잡을 수 있는 손도, 냄새도 없으며, 돌아 볼 수 있는 얼굴의 다른 면도 없다. 아무도 없다. 누구를 믿을 것인가? 우리는 너무도 가장을 하고 있다! 그리고 사람들은 우리에게 너무도 많은 거짓말을 한다. 사람들 중에는 우리에게 많은 해를 끼친 거짓말하는 자들을 고발하는 사람도 포함된다! 그리고 성서적 긍정이 근본적이다. 말은 그것을 말하는 사람이 없으면 아무 것도 아니다. 계시의 독특성은 그것이 하나님을 여러 주체 중에서 한 주체가 아니라 말씀으로 규정한다는 사실이다. 이 말씀은 반대로 인간이 믿음에 의해 규정되는 것을 내포한다! 이 관계에서 벗어날 가능성은 없다. "말씀으로 오신 그리스도는 믿음이라는 응답을 일으킨다."55)

---

54) [역주] 라블레(François Rablais)의 『팡타그뤼엘Pantagruel』이라는 작품 속의 인물로, 파르뉘주는 그리스어로 '무엇이든 할 수 있는 사람'이라는 뜻이다. 그는 사기꾼, 거짓말쟁이, 가짜 의사 행세를 한다. 또 그는 여러 가지 언어를 구사하는 것으로 자신을 소개한다. '얼어있는 말들'이란 작품에서 하늘에 언 상태로 기포 속에 떠다니는 말들이며, 녹으면 해당 언어와의 관련 현상이 나타난다. 라블레는 이것으로 언어와 실재 사이의 관계를 문제 삼고 있다고 한다. 여기서 엘륄은 인격이 없으면 말은 생명 없이 얼어 있는 상태나 마찬가지라는 사실을 말하기 위해서 이 문구를 사용하고 있다.
55) A. DUMAS, 『하나님의 이름Nommer Dieu』, 이 책은 바르트와 불트만의 신학을 설명하고 있다.

말씀은 그 자체로 존재하지 않는다. 말씀은 믿음을 일으키지 않는다. 그것은 단지 말씀을 선포하고 거짓을 말하지 않는 자에게 믿을 것을 호소하고 있다! 나는 여기서 내가 많은 지식인들의 반대에 부딪히게 될 것이라는 것을 알고 있다. 게다가 그들은 나의 글을 읽지 않을 것이다! 그들에게 언어, 담론은 인간적, 사회적 맥락 밖에서 그 자체로 고려해야 하고, 분명 말하는 주체를 개입시키지 않는다. 주체 자체는 지워지며, 담론은 분석되고, 구조화되고 우리에게 전달된다. 그러면 나는 한 얼굴을 바라볼 필요가 없고, 텍스트를 바라보아야 한다. 나는 한 인격과 교제에 들어갈 필요가 없고, 언어의 구조의 놀이 안에서 말해지지 않는 것들을 분별할 필요가 없다… 아니다. 믿음이라는 것은 말과 인격을 결코 분리시키지 않는다. 말이라는 것은 근본적으로 인격이 만들어 낸 구조물이다. 그러나 다른 측면에서, 나는 또 충격을 줄 것이다! 메시지라는 것이 그 자체로 독립적인 진리의 전달이기를 바라는 사람들이 있다는 사실이다. '920 Béaudes' 교향곡의 명칭-프레데릭 호농 주를 있는 그 자체로 아름답고 참된 것으로 들어보아라. 복음서, 그리고 그것들이 담고 있는 놀라운 교훈을 읽어보아라. 이것은 누구에게나 가치 있다. 그렇지 않은가? 한 가지 장애, 문제만 있다. 즉, 예수라는 수수께끼 같은, 모호하고, 애매한 인물이다. 만일 이 예수가 존재하지 않았다면, 우리는 이 아름다운 말들에 둘러싸여 매우 화목하게 지냈을 것이다. 그리고 모든 경향의 인간들 사이에 함께하기가 얼마나 쉽겠는가! 왜냐하면 이 복음의 메시지는 마지막으로 정확하게 선지자들의 말들을 반복한 것에 불과하기 때문이다. 우리는 여기서 유대인들과 화해한다. 마찬가지로 이슬람교에도 지혜로운 말들이 엄청나게 많다. 이슬람교의 상징, 도덕, 고행에서는 우리들과 구별되는 것이 매우 적다! 그리고 더 멀리 가서 불교, 얼마나 기독교의 메시지와 친화성을 가졌는가! 어떻게 이 공통점을 받아들이지 않겠는가! 우리가 동일한 메시지에 대한 공통적인 토대를 동의하기에 이른다면 얼마가 큰 일치가 생기겠는가? 그러나 한 가지 유일한 어려움은, 바로 예수다. 유대인들에게 메시아인 예수가 무슬림에게는 한낱 선지자일 따름이고, 불교도들에게는 아무 것도 아니다. 그러므로 불편한 예수를 멀리하고 뛰어난 말을 한 공자, 노자, 붓다, 에티텍투스, 소크라테스를 존경하는 것이 더 현명하지 않을까…하나님의 아들의 이 광기에 들어갈 유혹에 넘어가지 않고, 분명 감동스러운 드라마지만 다소 혐오스러운 십자가에 초점을 맞춰야 하는 유혹에 넘어가지 않고, 비어 있는 동굴의 환상에 빠지지 않고 말이다. 제자들이 의도했고 우리에게 전달된 것을 취하도록 이 인물을 비워버려라. 메시지만 있으면 된다. 누가 그것을 말했느냐는 중요치 않다. 첫 번째에서 중요한 것이 구조라면, 두 번째에서는 메시지다.

 그렇다면 이제 우리는 신약성서에서 최고의 적은 바울이 된다는 것을 이해하게 된다. 바울은 예수라는 인물을 "드높였던" 사람으로, 그는 지혜의 말씀 속에서가 아니라 예수가 했던 것, 예수의 성품, 그를 믿은 사람에게 가지는 의미를 강조했다. 그리고 그는 말을 엄격하게 사람에게 결부시킨다. 불행히도 학자들과 양식 있는 사람들에게는 바울이 옳은 사람이다. 이는 바울 이전에도 이미 타당한 진리인데, 왜냐하면 창조의 이야기에서 그리고 이 이야기 이전에서도, 말씀은 그 자체 때문이 아니라 하나님이 그것을 말씀하셨기 때문에 창조적 성격을 갖는 것이다. 이 말씀에 힘과 무게를 실어 주는 것은 바로 이 분이다. 만일 예수가 십자가에 달리지 않고 부활하지 않았다면, 나는 이 말씀을 믿을 어떤 이유도 없다. 지복들至福, Béatitudes이 그 자체로서 옳다고 하는 것은 사실이 아니다. 그것은 부조리하고 경건한 관념론이다. 그것은 사실일 수 없는데, 왜냐하면 그것들을 말한 사람이 새로운 상황을 만들어 낼 능력을 지니고 있기 때문이다. 다시 말해, 이 지복 자체와 일치하는 실재를 체험할 것이기 때문이다. 성경적으로 말씀은 내 말이건, 예수의 말씀이건, 하나님의 말씀이건 간에, 말하는 사람과 분리해서 생각할 수 없다. "당신의 말들을 놓고 당신이 판단될 것이다." 다시 말해, "당신의 말이 판단될 것이다."가 아니라 "당신이 판단 받을 것이다." 너는 판단 받는다. 그리고 나는 말을 하는 사람 때문에 내가 젊은이들, 마르크스주의자들, 마르크스주의 학자들이 그의 말을 의심하는 것을 들을 때, 그리고 박식하게 당신에게 "어떤 근거에서 당신은 말하는가? 당신의 말은 어디에서 오는가?"라고 질문 할 때, 그들은 일리가 있다고 생각한다. 내 말은 혼자 존재하지 않고 나의 사회적 존재, 나의 문화와 연결되어 있다. "어떤 입장에서 말하는가?" 그렇다! 왜냐하면 나는 교수이고, 지식인이고, 예수 그리스도에게 돌아섰기 때문이다. 그리고 나는 사회에서 일정한 자리를 차지하고 있기 때문이다. 이것은 나는 일정한 역사를 가지고 있고 나의 말들은 나의 인격과 함께 이해되어야 하는 "메시지"를 담고 있다는 것이고, 같은 말들이라도 다른 음조, 다른 색깔, 다른 배경을 가진다는 것이다. 만일 내가 아프리카 사람이고, 노동자고, 아니면 사장이라면 내가 같은 말을 해도 똑같이 들리지 않을 것이다. 같은 단어들이지만, 같은 무게를 가지고 있지 않다. 말하는 자가 권위를 가지고 있느냐 여부에 따라서 무게가 달라진다. 명백한 사실이다. 또한 이 명백한 사실을 성서가 그렇게 말하기 때문에 받아들여야 한다.

　예수의 인격만이 그의 말에 의미와 권위를 부여할 수 있다. 왜냐하면 그는 부활하고, 그의 말씀은 창조적인 말씀이기 때문이다. 그리고 나는 그것을 실질적으로 경험할 수 있다. 그렇다면 이것은 진리의 문제와 인격의 문제를 분리할 수 없다는 것이다. 딱 들어맞는 말들로 표현되는 진리란 존재하지 않는다. 말이 "믿을 만한지" 아닌지를 우리에게 말해 줄 한 인격이 필요하다. 그리고 만일 인격이 믿을 만하다면, 그때 우리는 그의 말을 믿을 수 있다. 우리는 지금 수많은 지식인들과 정치인들의 말에 우리가 얼마나 가치를 부여하지 않는지를 알고 있다. 왜냐하면 우리는 그들이 믿을 수 없는 사람들이라는 것을 수없이 겪었고, 그들 삶의 어떤 것도 그들이 말하는 것과 일치하지 않는다는 것을 보았기 때문이다. 그래서 그것은 허공 속의 말이다. 말하는 사람을 보아라. 그의 얼굴을 들여다보고 그의 삶을 살펴보아라. 그리고 그때서야 그의 말을 진지하게 고려해야 한다. 이것은 당신을 믿음으로 데리고 갈 웅변술이나 수사학이 아니라, 그것을 말하는 사람을 보는 것이다. 빛나는 신앙은 신뢰와만 동일시 할 수 있다. 그러나 나는 단 한 사람만을 신뢰한다. 만일 정치를 말하는 한 지식인이 있다고 하자. 나는 그가 변덕쟁이라는 것과, 그가 의견을 시도 때도 없이 바꾸고, 시류를 좇는다는 것을 알고 있다. 그렇다면 그는 우리가 바라는 재치 있는 사람이고 수사학자이다. 그러나 그의 말은 소음에 불과하다. 말씀은 그 말을 하는 사람을 내가 믿을 때 참이 된다. 그리고 그 사람을 믿는 것은 그의 말을 내가 신뢰하는 것이다. 믿음을 일으키는 것은 메시지의 내용이 아니다. 나는 텍스트들을 취해서 그것을 병렬하고, 조화표를 만들어 시차대로 정리하고, 도식적으로 체계화할 수 있지만, 어떤 것도 믿음을 낳을 수 없다. 기껏해야 지적인 평가의 위계를 세울 뿐이다. 이처럼 기독교 신앙은 다른 것들과 비교의 대상이 아니고 그것은 오직 "기독교적" 다시 말해서 메시아와 그리스도로서의 예수의 인격과만 관련된다. 그렇지 않으면 우리는 결코 가볍게 볼 수 없는 종교심들에 놀아나게 된다. 반복해서 말하지만 이것은 믿음과는 다른 것이다.

그러나 그는 우리에게 여전히 말을 통해서만 알려진다…따라서 나는 왜 이 예수를 믿어야 하는가? 다시 한 번 예수를 둘러싸고, 알고, 인정한 이 남자들과 여자들을 그리고 말한 사람들을 신뢰하는 데 문제가 발생한다. 그들은 아름다운 이야기를 만들어 낸 것일까? 그들은 거짓 증인들일까? 그리고 질문은 처음부터 던져진다. 바울은 고린도전서에서 이 "거짓 증인"에 대해서 말하고 있다 그들은 그들의 삶을 무릅쓰고 빛나는 전설을 만들어 낸 것일까? 그러나 만약 그렇다면, 조심하자. 왜냐하면 더 이상 어떤 역사도 가능하지 않기 때문이다. 어떤 역사도. 왜냐하면 우리의 모든 역사학은 늘 우리에게 직간접적으로 알려준 증인들을 신뢰하는 것에 의존하기 때문이다! 만일 우리가 이 사람들을 신뢰하기를 거부한다면, 역사의 모든 책을 불태워야 한다. 이것은 현재와 앞으로 올 독재자들의 최고의 기쁨이 될 것이다. 그들의 메시지를 문제 삼은 증인들의 기피고전적, 반복되는는 인간의 지식의 엄청난 부분을 무너지게 할 것이다. 그들은 믿을만한가? 그렇지 않은가? 당신은 한 인간의 신뢰성을 과학적으로 증명할 수 없다는 것을 잘 알고 있다. 당신은 주장을 지지할 증거와 반대 증거 모두를 축적할 수 있다. 그러나 당신은 한 사람 안에서 믿음을 일으킬 수 없다. 당신은 그것을 느끼거나 아니면 그렇지 못한다. 당신은 어떤 사람을 "바로 그 사람이기 때문에, 왜냐하면 바로 나이기 때문에" 믿는다. 이것은 인간관계의 상호간에 지혜의 최후 한계이다. 수천 번 반복되는 경험이다. 그리고 여기서도 마찬가지다. 나는 예수의 인격에 대해 말하는 이 증인들을 신뢰한다. 그리고 그것을 하도록 강제하는 어떤 명령에는 전혀 '관심'도 없다 나는 이 예수의 인격을 신뢰한다. 나는 그가 말한 말씀에 대한 믿음에 들어간다. 메시지는 성취된다. 메시지는 성취되어야 한다. 왜냐하면 예수는 그분이시고, 다른 어떤 사람도 아니기 때문이다. 나는 아무 것도 증명하지 않는다. 나는 어떤 변증도 하지 않는다. 그러나 고난을 당하고, 십자가에 달리시고, 육체로 부활하시고 영광에 들어가신 바로 그 사람이 오늘도 여전히 불타는 말씀으로 말하고 있고, 정확하게 바로 나의 나됨을 성취하면서 나와는 다른 어떤 나로 나를 밀어 넣는다. 그리고 만일 내가 다시 나의 삶으로 돌아가고, 성경을 다시 살피고, 나는 내가 이 사람을 신뢰했던 그것이 결코 배반하지 않았다는 것을 깨닫게 된다. 그러나 대답들, 기도응답은 내가 생각한 것과는 다르게 나타났다! 이것은 정확하게 하나님의 약속이 한 번도 헛되지 않았다고 힘 있게 나에게 보고되고, 그분은 늘 자신의 약속을 성취했다.그리고 주의하자. 그것은 위협의 문제가 아니라, 약속의 문제이다 인간 역사의 흐름 속에서 선포되었던 말씀이 가능한 모든 결과를 성취하지 않고서는 그에게로 돌아가지 않았던 것처럼 말이다. 궁극적으로 말하는 사람은 결코 그의 말씀 외에 다른 곳에 있지 않다. 그리고 이것은 결코 움직이지 않는 것이 아니고 살아 있는 것이다. 그리고 모든 것은 정확하게 연결된다. 왜냐하면 예수의 말씀이 우리에게 보여주는 것은, 무엇보다도 절대적으로 말하는 자의 인격을 온전히 신뢰하는 것이기 때문이다. 그리고 이 신뢰는 의심이나, 유혹, 장애, 위기를 전혀 동반하지 않는 것은 아니지만, 어쨌든 그 무엇에도 굽히지 않는 신뢰였다. 그때 예수는 그가 전부 성취한 예언적 말씀 안에서 결코 율법, 토라, 계명을 위해서가 아니라, 그가 신뢰했던 자에 대한 표현으로써 제한 없는 믿음정말 유한성에 종속되지 않은을 가지게 된다. 그리고 사실 그는 모든 것이 성취되었다고 말할 수 있다. 왜냐하면 신뢰를 통해서 아버지와 동일시된 예수는, 믿음 안에서 아버지의 말씀 전체를 실현하기 때문이다. 이와 같이 그리고 같은 방식으로 우리의 이 예수의 인격에 대한 신뢰는 그 자신의 신뢰와 자신의 믿음으로 들어가게 이끈다. 우리는 예수의 믿음의 참여자가 된다. 그리고 그것으로 우리는 하나님의 말씀에 대한 믿음을 갖게 된다. 그러나 모든 것은 우리가 이 인격적 관계에서 벗어날 때, 우리의 믿음이 그 자체로 대상이 될 때, 그리고 성경의 말씀이 오래된 문화적 증언 아니면 역사적 맥락을 떠나 교조주의로 변질될 때, 모든 것은 변질된다. 왜냐하면 극단적인 것은 정확하게 같은 결과를 갖기 때문이다.

그리고 모든 것은 다시 한 번 믿음이 한 사람과 그의 말에 대한 천진난만하지만 어린애 같지는 않은 신뢰가 아니라, 타인을 회개하게 하려고, 타인을 판단하고 정죄하려고, 타인에게 확신을 주거나 승리를 얻으려고,

즉 자신을 정당화하는 것, 그리고 한 종교나 종파의 우두머리가 되고자 믿음의 말을 저열하게 사용하고 있다는 것을 생각하지 못한 채, 스스로 위대한 신앙인으로 귀감이 된다는 것을 보여주려고 하면 믿음은 변질된다. 심지어 우리가 그것을 통해서 이 사람이 거짓 선지자이고 거짓말쟁이라고 알릴 수 있으려면 자신이 선지자 또는 영적 지도자라고 선포하는 한 사람으로 충분하다. 왜냐하면 그의 믿음은 자기 자신을 향하기 때문이고, 타인들이 자신을 섬겨주기를 바라기 때문이다. 그리고 그러한 사람이 예수에게 "선한 선생이여"라고 말했을 때, 그는 이 아첨꾼을 허공으로 돌려보낸다. 하나님 외에는 선한 자가 없다. 어떤 누구에게도 선생이나 주님이라고 말하지 마라…예수는 영적 지도자가 아니었다. 그리고 우리는 그가 자신을 하나님의 아들이라고만 칭했던 것을 알고 있다. 믿음의 길은 종교심의 길과 반대다. 마치 계시와 종교의 길이 반대인 것처럼! 그리고 물론 우리는 그것을 말했다. 메시아인 이 예수안의 믿음, 궁극적으로 말씀하시는 자는 왜곡될 수 있다. 이것은 교회사 전체에 걸쳐서 계속되었다. 그러나 늘 그랬던 것은 아니지만! 끊임없이! 왜냐하면 이 믿음이 타인을 지배할 목적으로 이용되기 때문이다. 또 성자와 성부 사이에도 믿음이 존재하는데, 이것만이 모든 타인들에게, 심지어 믿을만한 가치가 없음을 아는 사람들에게조차도 신뢰를 가져야 할 근거를 제공한다. 편파적인 재판관에게와 불의한 관리자에게, 그리고 공금을 횡령하는 관리에게, 그리고 사형집행인 자신에게 "남을 괴롭히는 직책을 수행하더라도 그 직무를 잘 행하라."라고 말하는 꼴이다. 신뢰의 관계를 회복하는 것은 아무 것도 모르고, 상대방이 사기꾼인지를 모르면서 그 사람을 신뢰하는 순진하거나 어리석은 사람의 신뢰가 아니라, 우선 사기꾼인 줄 알고, 그를 분별하고 그리고 함정에 빠지지 않지만, 더 멀리 보고, 이 눈앞에 보이는 악을 넘어서 그 사람을 신뢰하는 것이다. 이것은 정말 쉬운 일이 아니다. 명백한 증거 뒤에서 감추려고 하는 가면을 벗겨야 한다. 명백한 증거가 나타나게 해야 한다. 진리의 뒤편에서 진리를 넘어서, 진리 안에, 그리고 영원 안에서 이 독재자, 이 제국주의자, 이 소련 비밀경찰, 이 나치 친위대원, 이 대농장주에 대해 말해지는 궁극적인 말씀이 있다. 이 말씀은 정죄의 말이 아니고, 모든 공포를 아우르는 용서의, 그리고 모든 수치와 불명예를 떠맡는 사랑의 말씀이다. 이것이 바로 사랑의 말씀에 자신의 믿음을 우선적으로 두는 사람을 보는 것이다. 그리고 전혀 신뢰할 가치가 없는 사람을, 그리고 사람들의 눈에 절대적인 심판 아래로 떨어질 것 같은 사람을 어쨌든 신뢰하는 이유가 될 것이다. 그러나 이러한 신뢰가 행해지고, 주어지고, 확증되는 순간부터 사정은 달라진다. 그러나 나는 인간 상호간의 일들은 사랑이신 진리가 여기에서 체험되기 때문에 어쨌거나 바뀐다는 것을 알고 있다. 그리고 마지막으로 이렇게 힘을 행사하는 것을 포기함으로써, 그들을 계시록의 천사들이 부는 나팔 소리 가운데서 이 진리의 말을 통해 역사 속으로 데리고 간다. 믿음은 정복이나 우월감이 아니고 자유에로 옮겨짐, 주인과 종을 서로에게 묶는 철 굴레를 박차고 나오는 것이다.

   그리고 어떤 사람들이 정직하지만 냉담한 사람들로 지내고, 믿음 뒤에는 환상이 숨어 있고, 마술적 사상이 있다고 의심하는 것은 인간과 말 사이의 관계를 인정하지 않고, 믿음이 어떤 이에 대한 신뢰이고 상호적인 신뢰의 분출일 수밖에 없음을 들으려 하지 않는 것 때문이다. 물론 그들은 그들 나름의 이유가 있고, 기독교인들은 그들 앞에서 정복자, 변증가들, 회개를 시키는 사람들, 우월한 자들이었고, 사실은 그렇지 않지만, 지식의 영역에서 진리, 모델, 모범. 선생들인 것처럼 스스로 여겼다고 고발당할 수 있다. 그러나 믿음은 이것이 아니다. 그리고 그로서Grosser가 마술적 사상56)이라고 불렀던 것의 범주 안에 있지 않다. "창조, 성육신, 부활

---

56) A. GROSSER, 『이해하려는 열정 *La Passion de comprendre*』, 1977, et "Non à la pensée

과 같은 개념들은 내게는 신화들이다…그리고 나의 논리에 대한 취향은 성경을 참이라고 받아들이는 기독교의 이상한 논리 앞에서 당혹스러워진다. 왜냐하면 기독교에 따르면, 진리라는 것은 성경 안에서 표현되고, 그 진리라는 것은 성경이 참이기 때문에 성경 안에서 표현된다는 사실 때문이다…." 이것은 바꾸닌Bakounine의 거짓 추론에 비견된다. 그는 진리라는 것은 한 사물이 아니라, 믿음에 있어서는 한 인격이라는 사실을 단순히 망각하면서 "믿음의 주체의 인격과"와 양립할 수 없는그러나 "내가 믿는 것!"과 함께 갈 수 있는 환원주의에 토대를 두고 있다. 친애하는 그로서Grosser는, 우정을 표현하는 한 친구 앞에서 이 같은 논증을 할 것이다. "나는 그의 우정 어린 말을 믿는다. 왜냐하면 그는 내 친구이기 때문이다. 그러나 그는 자신의 우정을 표현했기 때문에 내 친구이다…." 그러면 우정, 사랑, 신뢰는 생각할 수 없는 것이고 마술적인 사상의 수준에 속하는 것인가? 나는 그로서의 반론이 기독교의 모호한 측면을 표현하고, 기독교 종교와 기독교화 된 사람들의 신앙과 실천의 모호한 점을 표현하고 있다는 것을 부인하지 않는다. 임시변통의 수단으로서의 하나님, 보장된 기도 응답, "실현된 대문자"의 속성, 사랑Amour, 진리Vérité, 정의Justice…. 그리고 기독교 외에는 인간들 사이에 서로 사랑할 가능성이 없다는 확신…과 같은 것들이다. 그러나 이 모든 것은 계시가 다른 차원의 것이고 믿음이 다른 질서에 속한 다는 것을 우리가 보여주었기 때문에, 계시에 대한 어떤 고발을 표현하지도, 그것과 관계를 갖지도 않는다. 그렇다면 아이러니는 나에게 어디에 이 믿음의 사람이 있는가? 라고 묻는데 있다. 그리고 나는 이스라엘의 시작부터, 교회의 시작부터, 성경은 이 문제에 대해서 매우 명확하다는 것을 확인한다. 그들은 수적으로 매우 적은 작은 무리였고, 결코 누구를 지배하거나, 사회학적으로 구별 가능한 하나의 집단으로 모이지 않았다. 믿

---

magique", Le Monde, février 1980.

음은 고립시킨다. 이 십자가를 지는 개인들, 그리고 그들에게만 하나님이 인간에게 던지는 질문을 말한다. 그들만이 선지자고 성도다. "나는 늘 논리적 질문에 대한 답변으로 신비의 개념을 제시하는 기독교적 답변은 받아들일 수 없다고 생각할 것이다…." 살아 있는 말씀을 받은 모든 사람은 자신의 마음으로 동의할 수밖에 없을 것이다. 우선 그는 답변을 주는 것을 애쓰지 않지만, 더욱 근본적인 질문을 던지려고 하기 때문이다. 또 하나님에게는 '논리적 질문'은 사실 논리적 답변밖에 기대할 수 없는 것이고, 이러한 논리적 답변은 누구에게나 다 의미가 있는 것이 아니기 때문이다. 결국 이러한 답변은 결코 기독교인과는 상관없다. 물론 신비라는 것은 존재하지만, 결국 질문들과 답변의 질서에 속하지 않기 때문에 그것을 교리문답 속에 집어넣을 수 없다. 그리고 "이것을 신비다"라고 선언하는 것은 흔히들 말하는 대로 '횡설수설하는 것'이다. 신비는 침묵과 숭배의 질서에 속한다. 그러나 반대로 그로서Grosser가 자신의 가치와 개념을 타인과의 관계, 자신의 불확실성, 자신의 계속되는 질문들, 자신의 관대함의 의지 그리고 타인에 대한 존중에 근거를 두었을 때, 그와 믿음으로 사는 사람과의 공통점이 존재한다. 거기에는 믿음 안에서의 삶의 중요한 일부가 있다. 도덕의 원천이 하나님에게 있다는 사실을 알면서, 기독교인과의 접촉의 지점이 윤리, 본질적인 문제에 대한 견해차에 있다고 평가한다는 것은 정말 피상적인 진단이다. 왜냐하면 그런 평가를 내리는 사람에게는 하나님의 이미지가 그의 도덕에 따라서 변화되기 때문이다…다시 말하지만 지나가는 한 의견을 분석하는 수준에서 기독교를 이해하고 있다면, 우리는 종교에 흠뻑 젖어 있다. 그리고 이 영역에서는 나의 진단은 그의 진단에서보다 더욱 가혹하다57) 결국 그로서Grosser와 신앙인의 합일점은 그가 차이점을 둔 바로 그곳이다. 차이의 지점에서 그는 유사점을 찾아낸다. 왜냐하면 그가 말하

---

57) 가령, 『기독교와 마르크스주의 L'idélogie marxiste chrétienne』 대장간 역간, 2011

는 도덕과 우리에게 공통된 것은 기독교에서 나온 것이기 때문이다. 그러나 믿음의 길은 전혀 다르다, 신앙의 표현으로써의 기독교 윤리는 불가능하다. 이 모든 것이 말하는 바는 이 평가들이 말하는 자와 말을 분리할 때만 정확하다는 것을 말한다. 그리고 그로서Grosser에게는 인간만이 스스로를 반성하면서 자신에게 말한다. 그러나 말을 이런 식으로 취급하는 사람에게 말이란 은밀하고 폐쇄된 것이다. 지금 모든 기호학자들은 점점 더 말을 넘어서는 것에 호소할 수밖에 없게 되었다…말과 주체의 일치는 우리에게 삶 자체와 사랑의 문제를 놓는 성육신한 말씀 안에서 근본적으로 그리고 배타적으로 찾게 된다.

5장 · 비판적 믿음

　믿음은 반드시 나를 비판적 거리에 위치시킨다. 왜냐하면 그것은 내가 세상, 나의 사회, 나를 둘러싸고 있는 사람들을 다른 시각에서 바라보게 하기 때문이다. 믿음은 나와 타인의 참 모습을 감추는 가면을 벗어던지게 한다. 믿음은 사람을 볼 때 사회적 편견으로 타인을 바라보지 않게 하고, 동시에 그의 존재를 다른 차원에서 이해하게 한다. 이미지 언어를 잘 사용하는 성경은 말하기를 "사람은 외모를 보거니와 나 여호와는 중심을 보느니라."삼상16:7 결국 믿음은 비판의 기능을 수행함과 동시에, 믿음 자신도 비판의 대상이 된다. 그러나 내가 또한 역시 사상, 도덕, 행동을 겨냥하는 비판에 대해 말할 때, 그것은 비록 천재지만 "믿음 없는" 불쌍한 사람보다는 "믿음을 갖고 있는" 사람이 우월하다는 것을 결코 말하지 않는다. 때론 믿음을 과소평가 할 때는 그렇게 강하게 강조하는 것도 괜찮을 것 같다! 믿음은 우월성이나, 더 적게는 타인을 판단할 권리도 부여하지 않는다. 믿음이 우선적으로 귀를 기울여 듣는 말들 중의 하나는 바로 "비판하지 말라."이다. 따라서 믿음을 "비판"한다는 것은 전혀 다른 진리와 관계한다. 그 비판의 목적은 믿음이 우선적으로 비판의 거점, 다시 말해, 하나님이 어떤 사역을 담당시키시려고 거룩함으로 불러냈다는 의미에서 분리와 단절의 지점이 되는지를 알기 위함이다. 자기 자신과 노인의 죽음, 세상 그리고 사람들과 분리되는 지점인 것이다. 그러나 이 단절의 목적은 자연, 사회, 정치, 철학, 인권 또는 인간성이 아니라, 오직 사랑에 근거를 둔 회복의 장으로 불러내는 것을 목적으로 한다. 비판의 지점으로서 믿음은 단절의 힘이다. 그러나 그것은 사랑이신 하나님에게서 나온다. 그리고 결과적으로 사랑을 바탕으로 하는 새로운 관계를 창조하는 발걸음일 수밖에 없다. 그리고 그것은 상호적이고 지속적인 움직임이다. 우리는 결코 한 곳에 머물지 않는다. 그것은 결코 그 자체로 "전적인 사랑"의 문제도 "거룩함"의 문제도, 고정된 상태로 그리고 최종적으로 믿음을 구체화하는 문제도 아니다. 우리가 핵분열에서 최소 질량의 핵물질이 필요하다는 것에 대해서 말하는 것처럼, 사랑속에 살면서 믿음은 늘 그리고 새롭게 중심적 지점으로 남아 있다. 이 둘은 정확하게 동일한 사실이다. 이렇듯 믿음은 우선적으로 자기 자신에 대한 비판을 실행하는 것을 멈출 수 없다. 그것은 끊임없이 예수의 믿음, 아브라함의 믿음과 나의 믿음 사이에 있는 거리를 잰다. 그리고 믿음은 늘 지배적이고 냉소적인 자아에서 나를 분리한다. 그것은 한편으로 자기 자신을 거만한 고독 속에 가두어 버리는 것자기 자신의 의로움과 냉혹한 신념에서부터 다른 편으로과, 종교심으로 변질 시킬 수 있는 모든 것을 경계한다. 결과적으로 믿음이라는 것은 늘 새로운 유혹에 노출되어 있으면서, 실재를 명확하게 보고, 종교로서의 기독교, 문명화의 사명이라는 이름의 제국주의, 외부적으로 부과된 기독교 도덕, 인간의 다른 말들을 배재하는 기독교 진리를 비판하는 것을 담고 있다. 예수 그리스도에 대한 믿음의 첫 번째 과업은 분명 믿음이 정치적, 도덕적으로 "건설적"으로 확장되는 것을 비판하는 것이다. 이 확장은은 불가피한 것이면서도 또한 변질이다. 계속해서 주목해야 할 것은 키에르케고르의 모델이다. 그에게는 믿음이 사실 임계질량에 도달한다! 그리고 사람들이 키에르케고르의 자학自虐 대해서 이야기 하지 않았으면 좋겠다.[58] 내가 여기서 말하고자 하는 것은, 전통적

---

[58] [역주] 흔히 키에르케고르의 철학을 그의 기독교 도덕에 기인한 죄의식과 자기 학대에 바탕을 둔 것이라고 해석한다. 엘륄은 이러한 해석이 그에 대한 잘못된 이해에 기인하는 것으로 생각한다. 키에르케고르는 자끄 엘륄 사상의 근본적 뿌리가 된다. 참조, 프레데릭 호농, 『자끄 엘륄-대화의 사상』, 대장간역간, 2012, .191~238.

인 어휘 가운데서 회개라는 단어와 같이 저질화, 통속화, 평범화, 무력화되어 도덕적 회개, 즉 도덕적 잘못에 대한 회개로 그 의미가 변질되는 것이다. 계시는 이것과는 아무런 상관이 없다. 내가 있는 그대로 나를 보는 거울은 말씀에 의해 지탱되고 있다. 그리고 나는 이 거울을 통해서 이 말씀을 믿는 것이 불가능하고 그것에서 내가 분리될 수 없다는 것을 발견한다. 이는 한 번 더 말하지만 자기학대와는 전혀 상관이 없다. 왜냐하면 성경 전체는 우리에게 하나님의 심판은 신자들의 심판으로 시작한다는 것을 반복해서 우리에게 헛되지 않게 상기시키고 있기 때문이다. 구약 성서에서 항상 심판이 이스라엘에서 시작한다는 것을 알려주고 있고 그리고 이것은, 애석하게도 우리가 보았고 체험한 것이다. 신약 성서에서는, 심판이 교회에서 시작한다는 것을 알려준다. 하나님의 "저울"에 달린 것은 바로 교회이다. 믿음에 대한 비판적 믿음은 우리의 현실의 체험 안에서는 구체적으로 드러나지 않는다.

 그러나 이것은 다른 측면과 분리될 수 없다. 말하자면, 믿음은 종교와의 분리의 지점 인간과의 분리가 아닌이다. 그리고 거기에서부터, 비판과 판단 그렇다. 여기에서!을 실행해야 한다. 인간의 모든 종교적 주장을 근본적으로 거부해야 한다. 조심하자. 판단과 비판의 대상은 인간이 아니다. 바로 권력에 대한 의지와 그것의 종교적인 표현이 그것이다. 믿음에 의해서 거부되는 것은 인간의 말이 아니다. 정반대다. 믿음은 인간의 말에, 그들의 두려움, 희망, 열정, 그들의 찬송에 귀를 기울이고, 늘 깨어 있으며, 늘 그것들에 조심하는 것이다. 믿음은 추상적이고 고정된 도덕 안에서는 아무 것도 판단하지 않는다. 믿음은 질문들을 듣는다. 믿음은 지적인 측면에서 거기에 대답할 수 없음을 알고 있고, 질문들, 비극적 사건들, 불가능한 상황의 심장부에 나를 놓는다. 바로 있는 그대로의 나 자신과 나의 질문들을 내가 응답할 수 있는 다른 질문들로 바꾸시는 분에 의지하는 것만이 질문들에 대한 답이다. 왜냐하면 나는 나와 모든 사람 바로 사랑이신 분이 책임을 지시기 때문이다. 이처럼 믿음은 나를 정확하게 세상과 단절시키지 않고 인간 한 가운데로 데려간다. 그러나 인간의 종교적 주장이 있을 때는 위기를 일으킨다. 인간이 "나, 나 외에는 아무 것도 없어"라고 선포할 때, 또는 인간이 이사야가 고발한 나무 조각으로 스스로 하나님을 만들 때, 또는 인간이 오만하게 "이탈리아는 스스로를 세워 갈 것이다"L'Italia fara da se"59)라고 말할 때 그리고 "프랑스의 몸짓은 하나님의 몸짓이다."Gesta francorum sont des "gesta Dei"라고 말할 때이다. 오늘날 우리식으로 번역하는 것 "혁명가들의 행동들은 하나님의 행동들이다"라고, "국가가 지상에서 하나님을 대표하는 전부"라고 말하면서 종교심을 표현 한다. 그리고 과학의 종교, 이성의 종교, 마르크스주의의 종교, 혁명의 종교 또는 사회의 종교, 또는 미국적 생활방식American way of life의 종교, 국민들의 사회주의의 희망에 대한 종교…. 이러한 형태의 모든 세속 종교는60) 그리스도에 대한 믿음에 의해서 근본적으로 그 뿌리에서부터! 가차없이 끊이지 않고 비판받고, 황폐화되고, 부서지고, 희화화되어야 한다. 왜냐하면, 우리가 보았듯이 인간의 자기소외가 바로 종교이기 때문이다.

하나님의 수준에 올라가려고 자기 자신에게 스스로 꾸며내는 것이 바로 종교라는 것이다. 이것은 매번 가차없이 자기 자신의 부정으로 이어진다. 마르크스의 시각은 부분적으로만 옳다. 종교는 억압받는 계급을 소외시키려고 지배계급이 만들어 낸 것이 아니다. 왜냐하면 지배계급은 자기 자신의 덫에 스스로 걸려 있고 동시에 다른 사람들과 마찬가지로 소외되어 있기 때문이다. 중요한 것은 비단 경제적인 소외가 우선이 아니라는 사

---

59) [역주] 1848년 유럽에서 절대주의에 대항한 혁명의 바람이 일 때, 이탈리아는 독립을 쟁취하려는 소망을 가지고 이 슬로건을 내걸었다. 하지만 이탈리아는 성공하지 못했다.
60) 이 종교들과 그에 대한 비판에 대해서는, 자끄 엘륄, 『새로운 마귀들린 자들Les Nouveaux Possédés』, 1972. 『기독교와 마르크스주의L'idéologie marxiste chrétienne』대장간 역간, 2011

실이다. 왜냐하면 이것은 영적인 소외에서만 일어나고, 우리가 지금 말하는 물신화物神化는 종교적 폭발의 최종적 지점이기 때문이다. 우리는 사물들을 숭배한다. 그때 우리는 인간을 물건으로 취급하게 된다. 그리고 우리는 스스로 물건이 된다. 그리고 이것은 3000년 전에 이미 올바로 예언되었던 것이다. "우상을 만드는 자와 그것을 의지하는 자가 다 그와 같으리로다."시115:8 **우리는 우리가 신으로 선택한 바로 그 신이 된다.** 이러한 것이 바로 믿음의 비판적 분별이라는 것이고, 또한 우리가 믿음에서 출발해, 인간을 위해서, 인간의 이름으로 신들과 종교의 죽음을 위해서 투쟁해야하는 이유인 것이다. 그것은 의심의 여지가 없는 유일한 단절의 지점이다. 그러나 여기에는 한 가지 조건이 있다. 그것은 "거짓 신들"에게서 한번 벗어난 사람들이 또 다시 자칭 더 우월한 종교에 종속되지 않는다는 조건이다. 하지만 애석하게도 이러한 일은 기독교 세계에 빈번히 일어났던 일이다. 하나의 소외가 이전의 소외보다 더 깊은 소외로 대체된다. 왜냐하면 새로운 종교는 참된 말에서 시작하고, 진리의 단편을 담고 있어서 더욱 비판하기 어렵기 때문이다! 이것이 바로 종교에 대한 믿음의 비판이 믿음 자체에 대한 비판에서만 뿌리를 내리고 있어야 하는 이유이다.

이러한 비판은 거리두기를 내포한다. 예수 그리스도에 대한 믿음은 겉보기에 서로 모순되는 두 가지 결과를 낳는다. 믿음은 모든 접근들을 허용하고, 요구한다. 왜냐하면 그것은 사랑을 낳는 믿음의 문제이기 때문이다. 그리고 어느 것도 우리에게 낯설지 않다. 어느 것도 우리를 무관심하게 또는 무감각하게 내버려 놓지 않는다. 그러나 동시에 그것은 절대적으로 다른 것에 대한 표준이기 때문이다. 왜냐하면 믿음은 우리를 질적으로 다른 세계로 들어가게 하기 때문이다. 그것은 어떤 집단, 어떤 명분, 어떤 사람, 모종의 실재나 사상에 동화시키도록 내버려 두지 않는다. 그것은 우리를 문자 그대로 이러한 것들과 무한한 거리로 떨어지게 한다. 그러나 우리를 둘러 싼 모든 것이 비판적 거리에 이처럼 동시에 놓여 진다면, 어떤 것도 객관화할 수 없다. 내가 내 능력에서 판단한 대로라면, 헤겔의 사상은 결국 비기독교적이라는 것이 바로 이점에서다 믿음은 내가 모든 것에 참여하게 한다. 그러나 그것은 모든 것이 이성의 조명, 경험 그리고 상식의 밝혀줌 안에 있지 않다는 것을 내게 보여준다. 이것은 지적인 기능이 아니라 존재의 태도이다. 그리고 바로 이것 때문에 적절한 방법을 통해서 배울 수도 없고, 지식인들에게 한정할 것도 아닌 이유이다. 믿음은 이 사랑과 명료함 안에서 나타나는 "새로운 인간"의 표현을 낳게 한다. 전통적인 용어를 사용하면 정신들의 분별력은 모든 것을 판단한다. 두 가지 **모두를**.

왜냐하면 단순히 믿음은 우리를 모든 인간적 실재에 참여하게 하고 이 실재의 비인간성을 지적하기 때문이다. 이러한 믿음의 명민성은 과학적 방법론이나 인식론에 속한 방법론에서 나오는 것이 아니다. 아브라함의 하나님과 예수의 하나님은 어떤 인문과학과는 비교할 수 없을 정도로 더 인간의 실재를 잘 알고 있다. 그리고 **이 조건**에서 하나님은 스스로 자신의 아들을 사랑할 만한 것이라고는 없는 사람들을 구원하려고 보내신다. 믿음도 같은 길을 걷는다. 그리고 그래야만 한다. 그러나 이 사랑은 일관성이 없고, 감상적이고, 감정적이고, 나약한 것이 아니다. 니체가 당대에 **삐에사르디즈**pieusardise: 프레데릭 호농에 따르면 이는 지나치게 경건한 체 하여 어리석음에 빠지는 것을 폄하하는 표현을 말한다-역주 와 베네딕트 수도회의 규율에 대항한 것은 아마도 의미 있는 일이었다. 그러나 그는 예수 그리스도의 계시에 관해서는 아무런 이해도 없었다. 왜냐하면 믿음은 사랑 안에서 굳고 변치 않는 행동을 요구하지만, 비인간성을 바꾸는 일을 담고 있기 때문이다. 우리는 소외에 대해서 말했다. 모든 문명의 비판을 다시 취해야 한다. 구체적으로 우리가 처해 있는 각 세대에서 사회 비판, 문화 비판, 문명 비판을 시도해야 한다. 다시 한 번 말하지만, 피상적인, 지적인, 날카로운 비판이 아니라, 이 문화의 비인간적인 것을 일소하는 판단력을 갖는 것이다. 그리고 그치지 않고 다시 시작해야 한다. 또는, 유일하게 믿음만이 내가 앞에서 강조한 이중적 움직임을 포함하기 때문에, 이 근본적이고 환영할만한 비판을 허용한다. 각 세대에서, 우리는 매번 그 기원은 옳지만, 발전과정에서 해롭게 되는 문명의 요청들 앞에 있다. 믿음은 늘 시작에 있고, 늘 발생의 근간에 있다. 그리고 교회가 매번 파산했던 것은 바로 이것을 망각했기 때문이다. 믿음은 항상 우리를 시작으로 돌려놓는다. 그리고 거기에서부터, 모험을 떠나야 한다. 그리고 우리가 사는 사회의 새로운 시작을 위해서도 이 비판을 행해야 한다는 사실은 마찬가지다. 이런 관점에서 볼 때, 기독교인들이 자본주의나 제국주의에 편승해 승리의 춤을 추고, 사회주의자들, 공산주의자들, 반 제국주의자들 사이에 끼어드는 것은 기독교인들이 저지르는 여러 어리석음 중의 하나이다. 그것은 1848년61)의 발생과 시작이었다. 그때가 교회가 이 비인간성과 투쟁하고자 세상을 변화시켜야 했던 순간이었다.

 오늘날 모든 것은 두 진영 모두에서 위험하고 부패한 고철에 불과하다. 왜냐하면 모든 위협은 무너져 내리기 때문이다. 그러나 믿음은 우리를 다른 시각에서 사물을 보게끔 한다. 새로운 시작을 시도하게 한다. 이것은 믿음이 우리를 사랑에 다가가도록 그리고 예언자적 거리를 유지하도록 하는 한에서 결코 불가능 한 것이 아니다. 우리는 이러한 두 가지 태도 없이 우리 사회의 근본적 변화를 생각하기 어렵다. 아무도 더 이상 그것을 할 수 없다. 이 변화는 거의 절대적인 위험이라는 대가를 치러야만 한다. 따라서 이것은 사랑만이 견디어 낸다. 왜냐하면 이러한 변화는 생각하기조차도 어려워서 우리의 사회학적 실재와 질적인 거리, 다시 말해서 무한

---

61) [역주] 프랑스 2월 혁명을 가리킨다. 기존 보수 질서인 빈 체제에 대항한 유럽의 전체적인 자유주의 운동이 여기서 비롯된다. 자유, 평등의 이념이 안착되고, 노동자 계급이 생겨나고 광범위한 사회주의 운동이 시작되는 해이다.

한 거리에 우리를 가져다 놓아야만 **상상해 보는 것**이 가능할 정도이기 때문이다. 그것은 변하지 않는 것을 다시 찾는 문제이다. 하지만 우리는 모든 것이 지나가고, 모든 것이 역사가 되고, 우리가 파악하는 진리가 우리의 문화에 의존되어 있고, 실재가 우리의 손가락 사이로 빠져나가고 그래서 결국에 가서 주관적인 것으로 귀결된다는 것을 알고 있다. 남아 있는 것은 우리를 동일화하고, 매번 우리가 희생자라는 환상을 깨닫지 못하도록 하는 필연적 질서뿐이다. 변하지 않는 것을 찾는 것은 성경이 영원하신 분, 살아계신 분이라고 부르는 그 분과 그분의 변하지 않는 말씀과 약속을 다시 찾는 것이다. 그리고 그 변하지 않는 것에서부터 출발해 그가 우리에게 주는 것에서 우리의 상황을 보는 법을 배우는 것이다.

그것은 우리 사회의 근본적인 변화를 이해하고, 상상하고, 생각하고, 실행하기 위한 첫 번째 조건이다. 시리우스처럼 높은 곳에서 바라보면서 현실을 초월한 관점을 가지라고? 정반대다. 왜냐하면 현실과 분리되는 문제가 아니라, 비판적 거리를 유지하면서 현실에 개입하기를 소망해야 하는 것이 관건이기 때문이다. 그러나 또 다른 천문학적 비유를 사용하자! 이전에 북극성이 없이는 항해란 없었다. 그리고 우리는 지금 바이킹이나 페니키아인들에게 비춰졌던 것과 같은 고정된 지점이라는 것이 없다는 것을 알고 있다. 하지만 중요하지 않다. 그것은 그들이 정확한 항해를 할 수 있도록 하는 데는 별 지장이 없었다. 극의 전자기가 없이는 나침판이 존재하지 않지만, 분명 그것은 정확한 극점을 지정하지 않는다. 그리고 자기폭풍들은 모든 계산을 방해한다. 그러나 우리가 고정점으로 삼는 이 자기가 없이는 어떤 항해도 가능하지 않다. 이처럼 아브라함과 예수 그리스도의 하나님이 바로 변하지 않는 것이다. 우리의 문화, 우리의 신학들, 우리의 의심들, 우리의 해석학들은 우리의 방위각에 오류를 일으킬 수 있다. 그러나 믿음은 바로 소위 "나는…이다."라고 일컫는 이 변하지 않는 것을 표준으로 삼는다. 그리고 거기에서부터 믿음은 가능한 길을 찾아 가도록 권한을 주는 것이다. 바로 이 때문에 기독교인의 책임이 아마도 우리 세계의 최후의 모험 안에 놀랍게 놓여 있는 것으로 내게 비쳐지는 이유이다. 기독교인들은 솔선해서 어려움 가운데 몸을 던져야 하고, 분리할 수 없는 둘 사이에서 단절을 일으키고, 우리가 살고 있는 세상의 실재에 관심을 갖지 않는 고정된 초월적 하나님에 대한 경건과 교의학 한 가운데 들어가고, 다른 편으로 어떤 비판적 거리도 없이, 역사적 우연에, 과학의 일시적 지식에 아니면 정치적 개입에 자신을 내맡기며 초월적 기준 없이 사는 사람들 한 가운데로 가야 한다. 만일 세상이 한 순간에 구덩이, 피, 오물, 그리고 미움 안에서 무너져 내린다면, 이것은 우선 기독교인과 교회의 책임이다. 그들은 새로운 시작을 던지도록 믿음의 비판적 거리를 유지하지 않았다.[62]

우리는 "무엇을 위해 믿는가?"에 대한 하나의 대답을 얻는 다른 길에 이르지 않았는가? "당신은 믿음의 한 이유와 한 목적이 있다는 것을 잘 보았다! 그것은 분명 유용한 점이 있다! **아무런 목적 없이** 믿는다는 당신의 대답은 잘못된 대답이다!" 물론 아니다! 우리는 단지 시각을 바꿨을 따름이다. 우리는 우선적으로 우리의 구원 영역과 우리와 하나님과의 관계 가운데 있었다. 우리는 하나님에게서 무엇인가를 얻으려고 우리의 믿음에 의존할 수 있는가? 그리고 거기서 우리는 아니라고 대답했다. 지금 우리는 세상에의 개입과 우리 행동의 문제라는 측면에 있다. 그리고 우리는 단지 믿음이 근본적인 결과를 포함하고 있다고 답변했다. 그러나 한 번 더 이중적 오류에서 벗어나야 한다. 하나님은 기독교인의 유혹이다. 즉, "세상을 변화시키도록 우리는 믿어야 한다."그 외의 문제가 결국 대답을 얻을 것이다! 그러

---

[62] "핵 폭탄이 창조자의 패러디이고, 화해자의 도전이고, 위로자의 부정이라는 것은 명백하다. 사랑과 희망 모두에 대한 하나의 부정이다. 오염은 창조자에게 직접적으로 도전하는 것이다. 제3세계에 대한 약탈은 산자와 죽은 자를 심판하시러 오는 분에게 덤벼드는 것이다."(A. MAILLLOT, 『사도신경 *Credo*』, 1979).

나 만일 믿음이 이 목표를 가지고 있다면, 그것은 정확히 말해 제약이 없는 자에 대한 믿음이 아니다. 그렇지 않으면 이것은 비기독교인들의 회의론이다. "우리를 믿도록 몰아넣으려고 현재의 위기를 이용하는 것은 가장 나쁜 변증학에서부터다." 그러나 구체적으로 변증학이란 하나님이 존재하시는지 아닌지를 증명하는 것 이상이 아니다. 나는 계시된 하나님에 대한 믿음만이 내가 말했던 것을 인정하도록 설득할 수 있다고 주장하는 것이 아니다. 믿음이란 체험의 문제이다. 그것이 전부다. 그리고 나는 믿음을 살지 않는 사람에게 믿음의 삶을 사는 사람에 의해서 실행되는 것을 실험하게 할 수 없다! 하나의 교리에 동의하도록 하지도, 신앙고백으로 이끌 수 없다…등등. 이것은 아무런 의미가 없을 것이다. 나는 단지 우리가 빠져 있는 복잡한 문제와 비극들을 담고 있는 우리의 현대적 조건을 바꾸려면 **절대적인** 참조점, 질적인 비판적 거리, 차별화된 표준, 외부적 "시각" 우리의 사회 문화적 메커니즘 속에 통합되지 않는 인식론만 있으면 된다는 것이다. 하지만 이 변하지 않는 것을 기준으로 삼는 것이 우리에게 현실에 개입할 **용기를** 주고이 변하지 않는 것이 성육신 했고, 따라서 개입했고, 사실 모든 것이 이미 성취 되었다, 결국 우리에게 개입할 수 있도록 동기를 부여한다는 사실 때문에, 우리가 실재를 다른 방식으로 **이해한다는** 것은 불가능하다. 왜냐하면 우리는 이 변하지 않는 분이 먼저 우리를 사랑하셨기 때문에 이어 우리도 세상을 하나님에게 돌이키겠다고 주장하기 전에 세상이 지속되도록 그리고 세상 사람들이 살 수 있도록 일할 것을 요구하신다는 것을 알고 있기 때문이다!

"아마도 그렇게 되지 않을까?" 아마도 신앙은 산을 옮길 수 있지 않을까? 그러나 우리는 그것을 아직 보지 못했다. 그리고 우리가 그것을 확신하려면 작은 지적인 증명 이상의 것이 필요하다. 이러한 거절은 내가 보기에 정당하다. 그리고 이것이 바로 내가 정치, 경제, 사회적 상황에 대한 전적인 책임을 지고 있는 기독교인들을 고소해야 한다고 주장하는 이유이다. 그것은 바로 그들이 가진 믿음의 내용에 대한 오류이다. 우리의 세계적 위기는 바로 믿음의 움직임과 체험이 아니라 믿음의 내용을 고정용어들에 대한 신학자들의 다툼했기 때문이다. 그러나 변하지 않는 것은 변하지 않는 것으로 남아 있다. 최종적인 것, 제한이 없는 자, 전적 타자는 변하지 않는다. 우리는 그것을 다시 잡아야 하고, 다시 회복해야 한다. 빠져나갈 길이나 마술지팡이를 기대하지 말자. 하나님이 문제의 해결책을 주시기 때문에 하나님에게 돌아가지 말자. 이 세상의 논리로는 하나님은 응답하시지 않는다. 하나님은 문제 해결을 주는 자동판매기가 아니다. 그러나 우리는 만일 우리가 이 길을 취하지 않는다면, 어떤 출구도 없다는 것을 알아야 한다. 그리고 한 번 더 주장하지만, 그에게 대답을 주시는 분은 하나님이 아니다. 그는 밤을 비추는 빛줄기가 아니다. 그는 호박을 크게 만드는 마술사가 아니다. "주의 광명 중에 우리가 광명을 보리이다"시36:9라는 고백은 진리로 남아 있다. 그리고 하나님이 **우리에게** 대답하고 단단히 감추어진 출구를 발견하게 해 줄 것이고, 근본적인 소외 안에서 그는 우리를 자유의 자리로 데려갈 것이다. 다시 말해서 새로운 시작의 가능성에, 새로운 위험과 책임의 자리로 우리를 인도할 것이다. 이 수단과 이 위기를 취해야만 한다. 이것 안에서, "미래는 우리의 문제이다."63) 다시 지금, 그렇다.

그리고 지금 사람들을 격분시킬 단어인 '초월자'로 끝을 맺어야 한다. 우리가 다양한 방식으로 지정한 것은 결국 초월자이다. 그에게 모든 것이 의존하지만, 그는 아무 것에도, 누구에게도 의존해 있지 않다. 결코 대상이 될 수 없는 존재다. 모든 종교의 비극과 오류는 그분을 항상 경배와 기

---

63) D. ROUGEMONT, 『미래와 우리의 문제 *L'avenir et notre affaire*』, 1977.

도의 대상으로 삼았다는 사실에 있다.64) 우리는 우리의 연약함과 우리의 무지를 채우고자 우리에게 특정한 장소나 아니면 자유롭게 어떤 사물을 세워 놓는다. 이것은 우리가 형이상학적 수준에서 대상을 세울 때도 마찬가지다. 이러한 우상을 세우는 것은 바로 우리다. 이것은 선지자들이 정확하게 '거짓 신'과 '우상'이라고 기술한 바로 그것을 말한다. 우리가 우리의 삶의 보호자로, 우리의 성전으로, 우리의 문턱으로, 우리의 거처로 삼은 신이다. 그리고 그는 우리가 그에게 부여한 기능을 충족해야한다. 이것은 치유를 하거나 또는 기적을 일으키거나, 우리를 성공시키거나, 우리가 이기게 하는 것들이다…회의자들의 모든 비판들은 사물로서의 신들에게 완전히 적합하다. 다시 말하지만 만일 하나님이 하나님이시라면, 그는 결코 사물이 아니다. 주도권을 쥐고 계시고 그것을 유지하는 분은 바로 그분이다. 그리고 만일 그가 나를 질그릇으로 그리고 다른 것, 금 그릇으로 삼는 것이 그의 기쁨이라면 아브라함의 기도에서 보는 대로, 주체의 주권적 결정을 우리는 바꿀 수 없다. 그렇지만 우리는 그분을 신뢰할 수 있다. 왜냐하면 이 주체는 변함이 없으시고, 소멸되지 않는 분이시고, 동시에 그가 우리의 자유, 우리의 구원, 우리의 협력을 원한다고 우리에게 선포하시는 하나님이시기 때문이다. 그분은 우리를 사물로서가 아니라 우리 편에서 주체로서 대하시며 우리의 존엄을 세우신다. 왜냐하면 주권적 주체는 그에게 응답하고 그를 사랑하는 주체들을 창조하는 것에서만 자신의 정체성을 찾기 때문이다. 그는 인간의 이해력으로 파악할 수 없는 분이시다. 그는 정의할 수 없다. 그러나 그는 우리를 위한 말과 결정 속에 자신을 계시하신다. 우리를 위해서지 우리를 거슬러서가 아니다 그는 다른 주체들과의 관계 속에서만 바로 주체로 선다. 그러나 다른 모든 신들은 그렇지 않다. 바로 그때부터 그리고 계시에서 가장 온전히 우리는 그분을 규정할 수 있

---

64) 그러나 물론, 그는 "객관적"일 수 있다. 이미 인용된 A.DUMAS의 연구들을 보라.

다. 그가 가시적으로 나타난 것과 그의 속성에서 그분에 대해 부여된 기호를 통해서, "~로 규정된" 것에서 출발해서 부여된 기호를 통해서, 그리고 그가 우리에게 그 자신에 대해서 알게 한 것에서부터 출발해서 하나님을 알 수 있다. 그 이상은 결코 아니다. 그리고 특별히, 우리는 하나님 자체에 대해서는 아무 것도 말할 수 없고, 아무 것도 알 수가 없다. 나는 하나님의 사역과 하나님의 실재를 그의 **외부와 내부**에서 분석하는 신학자들의 교묘한 솜씨에 놀란다. 하나님의 실재에 대한 외부적 분석에 대해 말하자면, 우리가 하나님과 관계를 맺기 때문에 하나님의 행동의 표식들을 듣고, 인식하는 것이 우리에게 가능하다. 그리고 하나님의 실재에 대한 내부의 분석에 대해 말하자면, 하나님을 감각적 지각의 대상이라고 여긴 나머지 하나님 내부의 신성의 관계들과 성부, 성자, 성령의 실체와 속성을 파악하려고 시도하는 것이다. 하지만 이것은 불가능할 뿐 아니라, 하나님의 위엄과 주권을 침해하는 것이다. 주권적 주체이신 하나님은 우리가 조금이라도 파악할 수 있는 존재가 아니기 때문에, 하나님을 "이해하려"고 시도하거나 "정의"하고자 하나님이 우리에게 계시를 사용하도록 할 이유가 없다.

우리가 사용하는 용어들이 하나님과 모순된다는 것을 보지 못하느냐? "이해하다"com-pren-dre는 전체적으로, 그리고 우리가 세운 관계들의 망 안에서 그분을 파악하는 것이다. 우리가 세우는 관계들의 망에서, "정의하다"Dé-finir는 그에게 한계를 설정하는 것, 그분을 '…에서' 출발해 유한자로 파악하는 것이다. 이것은 불가능하다. 그리고 우리가 이해할 수 있는 것, 또는 정의할 수 있는 것은 바로 하나님이 아닌 것에서부터다. 그는 반드시 우리의 이해, 정의, 한계를 넘어서 계신다. 우리들은 단지 우리가 보았던 그의 행하심에 근거해서만 그분을 규정할 수 있다. 그분이 떠난 후에야 우리는 그가 계셨음을 알 수 있다. 그분이 자취를 감춘 후에야 그의 흔적을 지정하고 그의 말씀을 기억한다. 이렇게 해서 말할 수 없고, 토론의 대상이 될 수 없는 분에게 기호를 부여한다. 그러나 이 기호들 자체의 가치 이상의 것을 하나님에게 부여해서는 안 된다. 그리고 토라를 하나님으로 삼는 것조차도, 성경을 '종이 교황'으로 삼거나, 직접적으로 하나님의 말씀으로 삼아서는 안 된다. 성경은 하나님의 말씀이 선포되었을 때, 바로 거기에서 나온다. 그리고 우리는 **지금 여기**hic et nunc에서 다시 말씀이 되는 그 말씀을 경험하고, 때문에 그 말씀은 항상 살아 있고, 현재적이고, 다른 말이 필요 없는 하나님의 말씀이 될 수 있다. 그리고 그 말씀을 경험한 자만이 그 말씀을 증언할 수 있다. 그러나 이 말씀은 일종의 부적이나 신탁도 아니며 우리가 지속적으로 사용 가능한 묘약도 아니다. 그렇기 때문에 하나님의 말씀, 그리고 하나님 자신과 관계를 맺으려면 성경을 펼쳐서 읽는 것으로 충분하다. 따라서 하나님이 규정된다는 것이 의미하는 바는 바로 우리 스스로가 규정하는 것에 대한 기호 자체, 즉 증인이 되는 것이다. 하나님에 대해서는 증언 외에는 증거, 증명, 논리적 내포, 객관적 지식, 반복 가능한 실험, 반증 가능성의 절차같은 것이 존재할 수 없다. 그리고 이미 우리가 기호Signe와 규정Désignation에 대해서 말할 때, 우리는 기표Signifiant—기의Signifié라는 언어학적 메커니즘에 빠지지 않도록 주의해야 한다. 왜냐하면 시니피에와 시니피앙은 절대적관계가 아니기 때문이다.

  이 요소들 사이에서 서로가 서로를 이어주는 잘 알려진 사슬이 존재한다. 그러나 하나님은 모든 부분에서 모든 기표와 기의를 넘어선다. 내가 말할 수 있는 것은 하나님의 행동과 말씀의 기표이다. 그렇다면 이것은 사실 의미되는 것이지 하나님 자신은 아니다. 하나님은 가장 개인적인 깊이 안에서 가장 친근한 존재 안에 있으면서 그것을 넘어 계시고, 그것의 밖에 계신다…주체가 자기 자신의 결정에만 복종하고, 설명할 수 없고 근거 없으며 결과적으로 인간적인 관점에서 불합리하고 자의적인 것에만 복종하는 것과 마찬가지로, 우리는 전통적으로 창조라고 부르는 것과 함께 세워진 관계 안에서만 그분을 파악할 수 있다. 다시 말해 불합리한 것을 통해 우리는 그것이 존재한다는 사실만 안다. 그분은 이 세계 안에 통합되어 있다. 이는 자의적인 것이 정의에 결부되어 있었고, 그것이 자의적인 것으로서가 아니라, 정의로서 우리가 받아들일 수밖에 없는 것과 마찬가지다. 그리고 "근거 없는 자"는 초석을 놓는 말씀 안에서만 우리와 관계를 맺을 수 있다. 그리고 영원자 또는 초월자는 **지금 여기**hic et nunc에서만 존재한다.

왜 "하나님"을 추상적으로 규정하는 오류를 범하는가? 왜냐하면 오늘날 그분이 우리에게 근본적으로 현존하시는 하나님이고 동시에 초월자라는 것이 중요하기 때문이다. 이러한 하나님이 흘러가는 이 세상 안에서 현재 가능한 유일한 희망이다. 모든 사람이 이 세계를 구성하는 **모든** 것의 총제적인, 전체주의적인 성격에 동의한다. 전체주의적 교조들에 복종하는 것은 더 이상 국가뿐이 아니다. 국가 그 자체는 전체주의적이 되었다. 그것이 정치적 교조이든, 자유주의적이든, 민주적이든, 사회주의적이든, 공산주의적이든, 국가는 빠짐없이 모든 사명을 담당하며 일반적인 의뢰의 대상이 되었다. 국가는 항상 가설들이 무엇이든지 모든 활동을 구획화 하면서 나쁜 의도 없이 문어발식으로 뻗어가며 보편적 행정 속에 통합시킨다. 국가는 민족의 모든 삶을 떠맡고 있다. 그것은 전체 국가, 민족국가이다. 그리고 주변화 된 권력에 대해서 말하는 것, 산산 조각난 정치, 무능력한 국가에 대해서 말하는 것은 아무 소용이 없다. 그것은 전체적이다. 사회도 마찬가지다. 그것은 그것의 한 측면에 불과하다. 여기에도 마찬가지로 어떤 나쁜 의지도 없고, 심지어 의지 자체도 없다. 이 현상은 한 세기 전에 "사물들의 힘에 의해서"라고 사르보노Charbonneau가 상기시킨 것이다. 우리의 사회는, 모두 근본적으로 포괄적인 체계가 되어가고 있다.

어떤 것도 그것을 피해가서는 안 된다. 그리고 우리는 "통합-배제"의 과정 앞에 있다. 이 과정은 잘 알려지기 시작했다. 동일하지 않고, 공통적이지 않고, 순응하지 않는 자들을 감금하는 것, 주변화, 배제, 그들의 삶을 역시 불가능하게 하는 거부, 원시 사회에서보다 더한 신성성과 추방이 그 것이다. 우리는 도덕적 단계를 잘 넘어섰다. 그리고 19세기의 관대한 순응주의를 넘어섰다! 그리고 사회의 정보화는 가장 좋은 의도를 가지고, 진실로 인간의 복지와 관련된다는 확신을 가지고서 이 경향을 극단까지 밀고 갈 것이다. 이 정보화는 반드시 아무런 목적 없는 통합적인 계량화를 실현하는 수단을 줄 것이다. 인본주의와 인간의 권리 문제가 이처럼 문제가 된 적이 없었다. 그러나 독재의 담론보다 이 통합적 담론을 더 취하는 것이 바로 그 사회의 성격이다. 그리고 그것에 대항하기 위한 발작적인 운동이 나타난다. 세포적 소요들, 파업, 반권력들, 폭행, 테러리즘, 페미니즘,[65] 도덕적 방임주의, 히피즘, 공동체주의… 이것은 매번 이 운동들 자체와 그것의 반향들을 흡수함을 통해서 기제의 통합을 높인다. 우리는 과학들의 발전 안에서 같은 진전을 목격한다. 알려지지 않고, 비의지적이고 항상 가장 선한 의도들에 따라서 과학은 발전할수록 인간과 가치 등등을 고려한다고 한다. 그러나 이것은 불가피하게 과학이 만든 세계 안에 인간을 삼키어 버린다. 과학은 인간의 존엄, 해방, 자율화, 개인화에 대한 보장이 결코 아니다. 인간은 과학 성장의 기제 안에서 사물에 불과하다. 이 사물은 도처에서 이것에 대해 더 잘 알아내고 그 특이성을 드러내게 하려고 관심과 도구들이 집중되어 있는 대상이지만, 그것이 이 사물의 사용을 보장해 주지 않는다. 내가 이미 썼던 것과 같이, 이것이 바로 에드가 모랭E. Morin의 주목할 만한 프로젝트가 내게 위험하게 보이는 점이다.『잃어버린 패러다임Le paradigme perdu』 그리고 『방법론La Methode』 인간이 알려지면 알려질수

---

[65] 극렬주의자의 표현을 들자면. 가령, M.L.F와 같은….

록, 창조적 무질서의 성질을 주장하게 된다. 그리고 동시에 그는 동화된다. 마찬가지로 행정들이 인간화 될수록, 그것은 **현실적으로** 엄격하고 절대적이 된다. 그리고 이것은 범기술주의에서 절정에 달한다. 관련되지 않는 영역은 없다. 자원, 자연, 인간 그리고 존재하는 모든 것들을 전적으로 흡수하는 도상에 있는 기술의 증가에는 예측 가능한 어떤 한계도 없다. 기술은 그 성격상 증대 과정을 통해서 전체주의적이 된다. 어떤 것도 기술이 사용되는 대상들, 즉, 일차 재료, 공간, 모든 수준의 사물들 그리고 극단적으로 인간을 사라지게 하는 것 외에는 기술을 멈추게 할 방도가 없다. 미묘한 차이들이나 세밀한 구분들은 기술에게는 아무런 의미가 없다. 기술이라는 것은 절대적 유한성의 경계에 도달할 때에만 멈춘다. **모든** 것이 기술화되었을 때, 그리고 이 복합적 권력들은 한 전체를 위해서 조합된다. 아마도 이것은 통일성이 없을 것이다. 그러나 여기까지 은하계나 다름없는 한 전체를 구성한다. 이것은 확실하게 개인으로서, 인격으로서의 인간의 실종이다. 이것은 파편, 세포, 톱니바퀴, 시동장치, 반사, 부호, 우연, 박테리아, 방패막이, 한데 모아진 전체 마이크로프로세서처럼 변하고 무질서와 획일성 안에 흡수되다. 이 무한정한 팽창을 피하는 실재 안에서만 희망이 있다. 다시 말해서, 유한성 너머에 기술로 접근 가능한 실재의 밖에 즉, 성격상 접근할 수 없는 실재, 다시 말해서 하나님에게 자리를 내어주는 것이다.

바하니앙Vahanian[66])이 믿음의 측면에 대해서 다음과 같이 쓴 것은 합당하다. 인간은 하나님의 조건이다. 그러나 오늘날, 하나님이 유일한 보장이고, 인간의 지속의 유일한 조건임을 다시 긍정하는 것이 필요하다. 그리고 주의를 잘 기울이자. 하나님이 존재하실 때에만 인간이 존재할 수 있

---

66) [역주] 프랑스 출신의 개신교 신학자로 '신의 죽음의 신학'을 주도했다. 자끄 엘륄과 동시대 인물이며 프랑스 스트라스부르대 명예교수로 있다. 대표작으로 『하나님의 죽음;후기 기독교시대의 문화The Death of God: The Culture of Our Post-Christian Era』, 1961가 있다.

다는, 다시 말해서 하나님이 인간의 조건이라는 것은 더 이상 고대의 논증이 아니다. 왜냐하면 이 조건은 인간의 출현과 발생의 문제가 아니고, 인간이 인간으로서 자유롭고 주체적인 존재를 이어갈 수 있느냐의 문제와 직결되기 때문이다. 전체주의적 흡수에 맞설 유일한 가능성은 흡수할 수 없는 실재가 우리 자신의 실재가 되게 하는 것이다. 그러나 여기에 결정적인 설명이 들어 있다. 이것을 긍정하면서 나는 다시 다음의 질문 "왜 믿는가?"에 대한 답변을 주는데 이르지 못한다. "그렇다! 만일 상황이 당신이 기술한 것이라면, 인간은 이 식인풍습, 인간의 축소, 유혹적인 기술의 회유를 피하려고 믿는다. 인간이, 우리가 인간으로서 계속 존재할 수 있는 실재 세계에서 존재하도록 믿는다! 이것이 우리의 대답이다. 그리고 당신이 그것에 대해서 쓴 것, 아무런 목적 없이 믿는다… 당신은 스스로 이 답을 폐기했다…"

여기서 유감스럽게도 믿는 것과 하나님 사이에 혼동이 있다. 내가 여기서 말하는 것은 만일 인간이 "하나님에 대한 믿음만 있다"면, 동화, 순응화를 피해갈 수 있다는 것을 말하는 것이 결코 아니다. 믿음은 이미 세상에 동화되도록 종교심으로 변질되면서 너무도 잘 이용되었다. 그래서 우리는 믿음 그 자체로는 아무런 보장이 없다는 것을 확신할 수 있다! 반대로, 나는 순간순간 믿음이 기술적 측면에 사로잡혀 이용될 수 있다는 의심을 품게 된다. 다시 말해 인간이 기술적 길 안에 들어가며 누에처럼 인간 자신을 빈틈없이 가두는 고치를 만드는 것이 잘못이 아니라는 것을 보증하는 수단으로 믿음이 이용될까 두렵다는 것이다. 여기서 문제가 되는 것은 믿음에 속한 것도 아니고, 하물며 종교심에 속한 것도 아니다. 그것은 **객관적인 초월자의 실재**인간이 그것을 믿든 아니든에 속한 문제로, 이것은 수단들의 증가를 흡수하고, 동화시키고, 이용할 가능성의 바깥에 있는 것이다. 내가 말한 대로 그것은 실재다. 그리고 인간에 의해 실행된 종교심의 일종의 객관화도 아니고, 유일한 진리도 아니다. "진리-실재"가 통일되고, 연결되어야 한다. 다시 말해서 진리는 접근 불가능한 초월성 안에만 머물러 있지 않다.

우리와는 아무런 관련도 없는 알 수 없는 절대적인 진리가 있는지를 아는 것으로 무엇을 하겠는가? 우리는 과학적으로, 예를 들면 갤럭시의 기원에, 팽창하는 우주의 기원에, "점"이 있다는 것을 알게 되었다. 수십 억 년 전에, 갤럭시를 탄생시키려고 상상할 수 없는 폭발을 낳은 계산할 수 없는 에너지의 집적이 있었다는 것이다. 그러나 이 지식이 우리에게 무엇을 가져다주는가? 이 에너지가 존재하고, 그것이 계속해서 활동하고, 모든 것을 계속해서 관통하고 있다는 것이 우리에게 무슨 중요성이 있는가? 아무리 적다해도 이 에너지에 대한 지식과 그 존재는 인간의 멸종을 막는데 아무런 쓸모도 없다. 우리는 다른 수준에 속한 진리를 필요로 한다. 이 진리는 더욱 질적으로 복잡하지만, 의지, 선택 그리고 결정력으로 옷 입고 있는 그리고 피조물을 생각해 주고 사랑을 가진 진리다. 왜냐하면 모든 것은 신비적인 관계에 잡혀 있고, 이 사랑은 실제적으로 바로 잃어버린 자녀들인 우리 자신을 대상으로 하고 있기 때문이다. 인간이 지금 처해 있는 위험에서 인간으로서 지속되고, 유지하려면 이것으로 충분하다. 우리에게 실재이기를 바라는 이 진리가 없다면, 그때에 비로소 우리는 실재적으로 종말을 향해 다가가고 있는 것이다. 그러나 우리는 매우 자주, 어려움을 피하기 위한 수단으로 하나님을 "임시변통"의 하나님으로, 인간이 스스로 해결해야 하는 문제에 대한 해결책으로, 종합하자면 하나님을 하나의 "유용성"으로 만들어 버리지 않는가? 나는 우리가 잘 이해하기를 바란다. 나의 주장에서는 우리가 엮여 있는 유일한 문제를 해결하는 것에 대해서는, 아무런 해결책도 없다 어떤 유용성도 없다. 우리가 거기에 도달할 가능성이 조금도 없다.

내가 말하고자 하는 모든 것은 이것이다. 이 세상의 고삐가 풀린 권세들에 의해서 동화될 수 없는 "진리-실재"가 존재한다는 것이다. 만약 그러한 "진리-실재"가 존재하지 않는다면, 우리가 "진리-실재"가 되어야 한다. 그렇게 되면 인간의 역사는 지금부터 끝이다. 믿음은 초월자, 무제약자, 전적 타자, 존재가 **지금 여기**hic et nunc에서 하나의 실재가 되도록 인간에게 책임을 부여한다. 왜냐하면 인간은 스스로가 스스로의 해답이 되는 존재가 아니기 때문이다. 그리고 인간 편에서 상황을 바꾸려고 유명한 마술 지팡이에 의존해서는 안 된다. 믿음은 창조적인 전능자를 대상으로 하고 믿음의 말씀을 또한 들을 때에만 산을 옮길 수 있다. 그러나 이 믿음은 인간이 자신의 원천, 기원, 이유를 동화될 수 없는 그리고 알 수 없는 진리 안에서 찾아서 자신의 행동을 결정하도록 이끈다. 이 진리는 믿음의 길을 통해서 우리에게 해방적인 실재가 된다.

제3부
요나가 말하기를 "아직 사십일이…"

종교심과 믿음에 대한 분석이 끝났다. 이제 남은 것은 부르짖음뿐이다. 이러한 분석이 누구를 설득할 힘도 없고, 아무도 변하게 하거나 움직이게 하지 못한다는 것을 알고 있다. 하지만 지적 정직성의 측면에서 볼 때, 나는 이것이 필요하다고 생각한다. 그렇다면 이제 요나처럼 외치는 것만이 남아 있다. 우리는 얼마나 더 외쳐야하는가? 오늘날 모든 가수들은 대중을 잠을 재우거나 최면을 걸려고 노래 한다. 그리고 할러데이(Halladay[1])이후에, 우리는 잡다한 종류의 레게음악 시대에 돌입했다. 그것은 바로 집단적 발광의 울부짖음이다. "그러나 외침의 힘이 너무나 커서 인간을 둘러싼 엄격한 질서를 부셔버릴 것이다"라고 카프카는 예언한다. 요나는 니느웨 사람들이 듣든지 말든지 "사십일이 지나면 니느웨가 무너질 것이다"라고 절박한 심정으로 외친다. 나는 종말을 보았기 때문에 부르짖는다. 나는 명령을 받았기 때문에 부르짖는다. "파수꾼 당신에게 밤은 무슨 의미인가?" 파수꾼은 대답한다. "아침이 온다. 그리고 또 밤이 다시 온다. 나는 내가 할 일을 할 뿐이다. 만일 당신이 묻고자 한다면 물어라! 그러나 회개하라 그리고 돌아오라…." 요나가 외쳤던 것처럼, 돌아서라. 바로 그것이 요나의 외침이었다. 그리고 우리는 똑같은 현실 앞에 서 있다. 내 모든 책은 그 밑바탕에서부터 그러한 외침들로 들려져야만 한다. 그리고 나는 여기서 요나처럼 부르짖는다. "사십일이 지나면…." 우리는 문명의 끝자락에 이르렀다. 아마도 나는 요나의 예언이 문자 그대로 성취되지 않았던 것처럼 니느웨가 멸망하지 않을 것을 진심으로 소망한다. 하지만 그 멸망에 대해서 경고하며 반드시 외쳐야 한다. 오늘날은 외쳐야만 한다. 사십일이 지나면 모든 것이 끝난다. 왜냐하면 우리가 하나님에게서 돌아섰을 때, 하나님도 우리에게서 돌아서셨기 때문이다.

---

[1] [역주] 조니 할러데이(Johnny Hallyday, 1943-). 프랑스 대중가수이자, 배우. 초창기부터 프랑스의 엘비스 프레슬리로 불렸다.

나는 마음 깊은 곳에서 재난이 올라오고 있음을 느낀다. 어떻게 그것을 말할 수 있는가? 어떻게 당신은 그렇게 말하는가? 누가 들을 것인가? 바로 여기 1930년 베를린에 내가 있다. 공산주의자들은 모든 것을 두려워했지만 무엇보다도 사회민주주의를, 이 광기에 빠진 나치를 심각하게 생각하지 않고 무시해버렸다. 나는 1947년 프랑스에 있다. 우리의 엘리트들이 반공산주의를 무시하며 버렸을 때, 비앙꾸르Billancourt2) 지역을 실망시키지 않으려고 소련의 현실을 왜곡하지 말았어야 했다.3) 나는 1980년에 프랑스에 있다. 그리고 나는 같은 착란을 목격한다. 당신들 모두는 두려워한다. 그리고 공산주의자들이 여전히 계급투쟁을 공포한다. 그리고 기술 관료들은 통계를 되씹고, 제삼세계의 대중들은 그들의 미움을 제국주의자들에게 쏟는다. 어리석은 사람들. "역사는 우선 드라마처럼 연출된다. 그리고 희극처럼 반복한다." 우리는 재난을 코앞에 두고 희극을 연출하고 있다. 그리고 아무도 우리의 입을 막는 사람은 없다. 사람들의 사랑을 받으며 더 완벽해져서 널리 유행하는 도요타 자동차, 콩코드의 무적의 로켓 엔진을 막으려고 서 있는 사람은 없다. 이러한 것들은 우리를 정말 최종 정착역으로 번개처럼 인도할 것이다.

---

2) [역주]프랑스의 행정구역명으로 사회주의 노동운동의 중심지였다.
3) [역주]당시 스탈린에 의해서 나중에 솔제니친이 수용소 군도에서 고발한 집단 수용소(굴락)가 생겨나고 있었다.

1장 · 우리는 그것을 원하지 않았다

　우리가 저지른 악이 너무나도 크기 때문에, 나는 모두가 아는 평범한 것들을 말하려고 한다. 그러나 왜곡하지 않고 있는 그대로의 사실을 말하겠다. 브라질, 아르헨티나, 칠레에서와 같이 가장 극심한 고문이 지배하는 잔인한 독재를 보아라. 가장 냉소적이고, 죽음이 사방에서 배회하는 곳들이다. 비밀리에 아니면 공공연하게 그리고 경찰의 비호 아래서 개인적인 복수를 자행하는 사회들이다. 대부호들의 착취와 더불어 테러와 부정의로 억눌린 백성들 사이에서 감옥이 넘쳐나고, 모든 저항은 뿌리까지 짓밟혀 버린다. 이 상황에서 아무 말도 할 수 없는 힘없는 농부들과 노동자들은 비참함 속에 살고, 게릴라들은 더 이상 아무 것도 할 수 없는 종말에 이른다. 모든 것은 기독교의 이상주의라는 베일로 덮여 있다. 위선이 지배하고 예수의 이름으로 거짓말과 사기가 횡행한다. 살바도르Salvador,1980를 사로잡은 상호간의 대학살이라는 믿을 수 없는 광기는 대중적 폭력이 분출한 전형적인 예이다. 이것은 1975년에 레바논에서 일어났던 것과 비견할만한 사건이다. 여기에 쿠바가 있다. 거기에는 좌파 독재가 승리하고 상황은 정확하게 동일하다. 바로 거기에서도 고문이 행해지고 수용소가 세워졌다. 참담함이 지배한다. 그리고 다른 국가들이 미국에 의존하는 것처럼, 이들 국가는 소련에 긴밀하게 의존하고 있다. 쿠바는 소련의 병정이 되었다. 괴수인 소련은 휘파람을 분다. 그리고 작은 개 쿠바는 나쁜 짓을 하려고 달려간다. 그것은 맏형 사회주의자가 원하지 않는 것이다. 그리고 쿠바는 사람들을 사회적으로 행복하게 만드는 대신에 그들을 동원한다. 앙골라, 에디오피아 그리고 캄보디아를 점령하려고 인간을 동원한다. 한편 캄보디아는 베트남을 지원하고자 동원된다. 그리고 이 모든 것은 사회주의라는 이상주의의 포장으로 덮여 있다. 위선이 지배하고, 민중의 형제애, 프롤레타리아 그리고 혁명의 이름으로 거짓과 속임수가 판을 친다. 여기에 나이지리아에서 소말리아까지의 전 사헬지역4)이 있다. 거기에서는 절대적인 기근이 덮친다. 실제로 수백만이 굶주림으로 죽어간다. 그것은 단순한 영양부족의 문제가 아니다. 그것은 실제로 해골이 된 인간과, 거대한 두개골과 배가 부어오른 어린 아이들의 문제이다. 그 아이들은 더 이상 먹을 것이 없기 때문에 단 며칠 동안밖에 살지 못한다. 또한 사막이 남쪽으로 내려오며, 별로 비옥하지 않은 땅들 조차 잔혹하게 갉아먹는다. 수십만이 매달 기근으로 굶어죽는다. 반면, 우리는 반드시 필요하지 않은 제품들을 계속해서 생산한다. 그리고 버릴 수밖에 없는 양식을 초과 생산한다. 왜냐하면 경제 법칙, 그리고 가격 균형을 인간은 고려하지 않기 때문이다. 과일, 우유, 생선을 버리자. 버려라. 버려라. 과일 하나를 버릴 때마다 우리는 한 사람을 죽이는 것이다. 그러면서 우리는 하나님 앞에서 깨끗한 손과 의로움으로 설 수 있다고 주장한다! 그리고 불행은 우리가 망가뜨린 찢겨진 자연에게서 올 때 그렇게 크지 않다. 재앙에 재앙을 더하는 것은 바로 인간이다. 기근 때문에 사람이 죽어가는 이 나라들은 설상가상으로 전쟁상태이다. 에디오피아와 소말리아의 전쟁에서 오가덴은 여전히 치명적인 증오로 상처를 받을 것이다. 그리고 폭격이 낳은 재난들과 여기에 화염방사가 낳은 재난이 사막에 더해질 것이다. 소련은 거기 현장에 있었고 악을 일으켰다. 그리고 아프리카 전역을 보아라. 도처에 군사독재정권이 속속 생겨난다. 우리는 보카싸Bokassa, 아민 다다Amin DaDa 그 외에 발광하고 살생을 즐기는 독재자들, 아마도 식인종을 방불케 하는

---

4) [역주] 아랍어로 '연안'이라는 뜻으로 사하라 사막 남쪽의 대서양에서 홍해까지 5400킬로미터에 달하는 지역을 가리킨다. 이 지역은 지속적인 가뭄과 개간으로 황폐해지고 있다.

이 사람들의 잔혹함에 국민들은 벌벌 떨고 있을 것이다. 라틴 아메리카의 군인들의 살벌한 미움과는 또 다른 종류의 미움이었다. 여기에 죽음과 피를 통해서 자신들의 힘을 표현하는 과대망상증이 도를 넘어서 공포에 질린 인간을 인간 이하의 상태로 떨어뜨리려고 한다. 그리고 그 잔인함이라고 하는 것은 단순히 동물적이고 제어할 수가 없다. 어린이 살해를 비롯해서 수없는 살해들이 일어난다. 그들이 기괴한 본보기였지만, 당신은 모두 같은 독단과 공포 위에 세워진 아프리카의 **모든** 독재에 대해서 어떤 말을 할 수가 있는가? 정권을 잡은 군벌과 정치 파벌은 나라의 모든 부를 날려버리고 약자들의 비참함에는 아랑곳 하지 않고 그들의 지지 세력과 함께 폭력으로 국민을 지배하면서 점점 더 자신들의 입지를 굳혀간다. 그렇다. 우리 식민주의자들에게 죄가 있었다. 우리는 이 백성들을 노예화했다. 우리는 사회구조를 파괴했다. 우리는 획일화 된 산업문화를 통해서 이득을 챙기고자 그들의 식량생산 문화를 파괴했다. 그렇다. 백성들의 불행은 일부분 거기에서 온다. 쉬운 비난에도 불구하고 우리는 더 이상 불행의 열쇠를 쥐고 있지 않다. 미국의 제국주의를 고발하는 것은 헛수고다. 왜냐하면 중국의 제국주의와 러시아의 제국주의는 어두운 아프리카에서 적어도 그만큼 작동하고 있기 때문이다. 그리고 설령 서구의 지지를 받는 독재자가 실격되더라도 결국 그 독재자만큼이나 폭력적이고 잔인한 붉은 독재자가 그를 대신할 따름이다.

보아라, 앙골라의 학살을 보아라, 전 백성이 도피를 해야 했다. 자이르 사람들, 콩고 사람들, 민주 공화국. 어디로 도망할 것인가? 아프리카 도처에 도망할 곳이 있다. 그러나 거기에는 증오, 기근, 경찰, 구형求刑이 매한가지로 존재한다. 아프리카의 신흥 부르조아지가 잔인하게 착취를 할 때, 그들은 영국이나 프랑스가 프롤레타리아에게 했던 것보다 훨씬 더 가혹하다. 그들 역시 부와 안락함에 대해 갈급하지만, 다만 차이가 있다면,

그들은 나라를 세우지 않기 때문에, 있는 모든 것을 휩쓸어버리고 백성들을 절대적 비참으로 몰고 갈 뿐이라는 사실이다. 불과 열 명 정도 의해서 군사독재와 부르조아지가 좌우된다. 우파냐 좌파냐 하는 것은 별로 중요하지 않다! 검은 대륙은 재앙과 학살이 지배하는 거대한 대륙이 되었다. 우리는 거기에서 노예들을 잡아 착취하려고 그들을 우리 땅으로 데리고 왔다. 이는 이슬람교도들이 거기에서 우리보다 앞서서 그들의 노예를 취했던 것과 같다. 지금은 군사작전에서 더 이상 패배자들을 잡을 필요가 없다. 왜냐하면 현장에서 그 자신의 독재자들에게 아무 대가도 없이 노예화되어 모든 백성이 투명인간이 되었기 때문이다. 그리고 악마가 광기를 휘두르고 부족 간의 증오가 편만한 곳은 바로 남 수단이다. 그곳은 북 수단에 의해서 노예화되고 기근으로 여지없이 축소되었다. 북 이슬람이 남 신령주의자에 대항한 것이었다. 차드에서 북쪽이 남쪽에 용서할 수 없는 전쟁을 한 것도 마찬가지다. 몇 가지 점에서 좀 덜한 재난이 있었던 곳은 아마도 세네갈, 다호메, 탄자니아와 내일은 호데시(짐바브웨의 옛 이름)일 것이다. 그러나 이것은 단지 추측일 뿐이다. 모든 곳에서 찢겨짐이 있다. 아프리카는 살육이 최고에 달한 땅이다. 그리고 우리는 "신식민주의"가 광기어린 유혈사태, 물질적 탕진, 그리고 내생적인 기근에 비하면 아무 것도 아니라고 증명할 수 있다. 나도 그 점을 긍정한다. 또한 두 가지 극단적인 점에 대해서 말해야 한다. 이슬람 상인들이 암흑의 백성들을 지속적으로 노예로 만든 것이 **진정한 노예화**였다. 이는 다른 착취들과 비교 가능한 성격의 것이 아니다. 아니다, 이 동물이 된 사람들의 노획과 판매는 모두 오일달러를 쥐고 흔드는 자들의 이익을 위해 봉사하는 것이다. 그리고 이것은 논쟁의 여지없이 국제연합에 고발되었고 사람들의 입에 오르내렸다. 다른 끝에서, 남아프리카 공화국은 맹렬한 비난을 받았다. 인종차별정책, 경찰, 고문, 억압…더 이상 덧붙이지 않겠다. 이 나라에 대항해서 이루어진 만장일치는 드문 일이었지만, 그 실체가 의심스럽다. 나는 다른 곳에서 이 나라가 희생양으로 선택되었었다고 설명했다. 남아프리카 공화국에서 행해진 것은 용서할 수 없는 것인데, 왜냐하면 이것이 무엇보다도 기독교 문명과 성서의 외투로 포장되었기 때문이다. 그러나 이것은 아프리카의 다른 모든 곳에서 자행된 만행 보다는 백번 덜한 것이다. 재앙은 헤아릴 수 없고, 인간에 의해 인간에게 자행된 것은 용서의 여지가 없다. 정확하게 말해, 용서할 수 없다. 인간적으로 어떤 것도 그것을 속량할 수 없다.

그러나 우리는 진정한 인류의 십자가의 길이자 동시에 이 엄청난 고통을 감내한 그리스도의 고통의 길을 따라가야 한다. 근동을 보아라. 팔레스타인의 증오심, 공격들, 이스라엘의 목을 조르는 것, 이것들은 조만간 성전聖戰으로 옮겨질 것이다. 그리고 수천 배나 더 많은 사람들이 적들의 포탄 아래서 사라질 것이다. 이스라엘도 비난받을 만한 것이 없지 않지만, 생존하고 싶어 하는 아주 작은 나라이다. 냉혹한 한 걸음 한 걸음이 요지부동의 운명 속에 있는 이스라엘을 잠식하려고 나아간다. 그리고 이스라엘은 수없이 반복되는 "팔레스타인에 정의를"이라는 함성 한 가운데 있다. 수백만 명의 유대인들이 정의의 이름으로 학살될 것이다. 그리고 나는 지금 이스라엘의 중심부에 한 국가를 세운다는 팔레스타인의 명분을 옹호하는 사람들은 선택받은 백성의 지배하에 있는 살인자들이라고 말한다. 리비아는 갈기갈기 찢겨졌고, 전에 없었던 내전에 휩싸였으며, 동시에 한쪽은 시리아 그리고 다른 쪽은 이스라엘에 의해서 점령되었다. 관용, 상호 존중, 여러 공동체 사이에서의 대화에서 나오는 모든 균형이 이곳에서 단번에, 그리고 전혀 회복 가능성 없이 모두 무너져 내렸다. 그리고 거의 절대적인 참혹함이 현실화 되었다. 그러나 다른 한편에서, 산유국에서는 유례없는 막대한 부가 축적된다. 그러나 이 부유함은 국민들에게 전혀 혜택을 주지 못하는 부이다. 각 산유국의 사회에서도 그리고 점점 더 가난해지고 혜택을 입지 못한 각자 나라의 사회에서도 전혀 이득이 되지 않는다. 평등주의를 표방하는 이슬람이 지배하는 이 나라들 내부에서 부정의가 점점 더 노래를 부르며 증폭된다! 그리고 우리는 비극들을 계속해서 좇아갈 수 있다. 1980년 터키에서는 서로 간의 두려움 때문에 학살이 일상화 되었다. 극좌파의 그룹들은 그들이 극우파에 의해서 학살될 것이 두려워서 학살을 자행한다. 그리고 극우파는 극좌파의 공격에 자신을 방어했다고 말한다… 이란, 이 나라에 대해서 무슨 할 말이 있겠는가? 선전들이 제시하는 것보다는 덜 잔혹하다고 말할 것인가? 이란은 자신의 잠재력의 희생자이다. 거의 희생자가 없었다. 거의 박해가 없었다. 이 혁명의 함성 속에는 부정의가 거의 없었다. 그리고 이 법령들은 서구에게 별 의미가 없는 것이었다. 그러나 위험들이 축적된다. 종교적 이슬람과 공산주의 사이에 갈등이 시작된다. 그리고 어떻게 이슬람 운동이 그렇게 가까운 소련의 공산주의의 거대한 파도에 의해서 휩쓸리지 않을 것인가? 그때 학살들과 강제이주들이 찾아올 것이다. 우리가 이란에 대해서 외칠 수 있었던 때는 지금이 아니라 그때였! 그러나 이란도 역시 무고하지 않다. 왜냐하면 쿠르드족이 있기 때문이다. 백성들은 찢겨졌다. 그들은 이라크에서, 터키에서 그리고 이란에서 박해를 받았다. 그들이 도피해왔을 때 그들은, 더 사악한 적의 손아귀에 들어가는 꼴이 되었다. 아무도 염려하지 않는 쿠르드족은 선하고 자칭, 경건한 영혼들이라고 하는 전략적 좌파의 노리개인 유사-팔레스타인들과 대치하게 된다. 부정의와 재앙이다. 그리고 네이팜탄과 장갑차 그리고 미그기에 대항해서 무장 없이 거의 전 국민이 영웅적인 저항을 한 아프카니스탄에 대해서 무슨 할 말이 있을까? 소련의 아프카니스탄 침공은 이탈리아에 의한 에디오피아의 무서운 살육을 생각나게 한다. 그러나 결국 매한가지다. 독재자는 권력만을 말했다. 소련의 추잡함, 그것은 늘 있는 위선이다. 사회주의의 거짓말, 자유를 부르짖는 백성에게 가져다준 거짓 자유. 그리고 나는 1940년에 나치가 끔찍한 공화국의 프랑스 국민들을 해방하러 왔다고 다시 말하고 싶다! 이 나라에 위협적인 끔찍한 이웃을 보호하러 왔다는 거짓말! 소련, 모든 기만의 나라, 모든 억압의 나라들, 모든 파렴치함의 나라들, 모든 고문의 나라들! 아무 것도 없다. 소련에는 긍정적인 것이라고는 아무 것도 없다. 악밖에 남은 것은 없다. 그리고 내가 말하고 있는 것은 공산주의가 아니다. 소련은 공산주의가 아니다. 소련은 세계에서 가장 제국주의적인 나라, 냉혹하고, 야만적인 정복자이다. 새로운 따멜랑Tamerlan5)이지만 더 이상 한 인간의 삶에 국한되지 않는다. 종속되고 조종된 백성들의 일부는 기적적으로나는 기적을 말한다. 그리고 나는 기독교인으로 생각한다 도피하는데 성공했다. 순응하지 않고 로보트화되지 않고, 사람으로서 살아남고, 또 괴물, 소련 앞에서 꿋꿋이 서는데 성공했다. 소련은 굴락 중에서 굴락이 아니라 모든 것을 으스러뜨리는 것이다. 1953년의 베를린 진압, 1953년의 폴란드, 헝가리를 떠올려야만 한다. 모든 것은 스탈린의 후계자들의 소위 관대한 통치 동안에 행해진 일들이다! 그리고 쿠바, 앙골라, 에디오피아, 지금 아프카니스탄의 장악! 이때 소련은 평화적이고 발전적인 내부적인 삶을, 그 백성의 평온한 행복, 소박한 자유, 독립적인 언론을 보장할 능력이 없었다. 공포의 나라들이다. 성서에서 바빌론 민족과만 비교할 수 있다! 하지만 누가 곡식을 까내려고 타작을 하는 하나님의 손 안에 들어갈 것인가? 나는 이것이 소련이라고 생각한다. 소련은 노골적으로 잔인한 행동을 했으며, 양심 앞에서 태연했고, 정복에 목말랐으며, 잃어버릴 것이 아무 것도 없는 비참한 자들, 흐리멍텅한 바보들을 유혹했다. 죽음의 나라 그리고 죽음을 운반하는 자가 소련이다. 그러나 소련의 수단은 바빌론이 사용한 수단과 다르다. 그리고

---

5) [역주] 옛 프랑스어에서 부르조아 민병대에 속해 전사인양 행동하는 평화주의자를 말함. 여기서는 보호자인척하는 제국주의 국가를 빗대어 말하고 있다.

이러한 수단들이 다양한 만큼, 이스라엘에게 닥친 처벌도 다르다. 그 당시 이스라엘은 선택된 바로 그 백성이었다. 그리고 하나님은 바빌론을 불러 그들을 치도록 했다. 지금 하나님의 백성은 기독교 덕택에 전 세계에 흩어져 있다. 그리고 우리는 여기에 최후의 재앙, 세계 전체를 강타할 재앙 앞에 있다. 이것은 사랑과 자유를 전파한다는 사람들의 부정의에 의한 것이다. 우리는 피할 수 없을 것이다. 그리고 이번 심판이 아마도 최후의 것이 될 것이다.

지금 아시아에서는 세계를 경악하게 하는 공포의 박물관을 완성하고 있다. 비밀리에 중국을 물들이고 있는 집단 수용소만큼이나 잔악한 이주 캠프에 대해서 말해야 하지 않을까? 어쨌든 우리는 티베트를 짓밟은 것과, 지난 20년간 캄족6)의 동화되지 않기 위한 영웅적인 저항에 대해서 침묵할 수 없다. 역시 알려지지 않은 자들이 있다. 우리는 지난 수년간의 비극 중의 비극에 이르게 된다. 크메르 백성의 학살과 사회의 붕괴가 그것이다. 나는 끊임없이 제노사이드(민족 말살-역주)라는 단어를 사용하고 싶다. 히틀러 치하에서 유대인 이래로 오직 크메르인만이 1975년에서 1979년까지 제노사이드를 경험했다. 4년 동안 700만의 백성 중에서 300만의 희생자들이 학살과 기근 그리고 과대노동으로 인해 생겨났다. 그리고 우리는 이런 사태는 전혀 유례가 없는 것이고, 백성 가운데서 아무도 질서를 바로 잡아줄 독재자를 원하지 않았다고 생각했다. 그리고 그때 폭동은 거의 절대적 수준에 달했다. 그들은 평화롭고, 행복했으며 아무 것도, 어떤 사람의 도움도 필요로 하지 않는 백성들이었다. 프롤레타리아는 없었다. 계급투쟁도 없었다. 이 모든 것은 외부의 베트남, 중국인들, 미국인들 러시아인들에게서 수입된 것이다. 결과는 파렴치함, 그리고 입에 담지 못할 추잡함, 우리 시대의 가장 더러운 행동이었다. 이것에 대해 어떻게 심판이 없

---

6) [역주] 가말레 캄족, 네팔 서부 구릉지대에 거주하는 소수 민족.

을 수 있겠는가? 하나님 앞에서 심판이 없겠는가? 하나님의 심판에 정당성을 부여하려면, 역사에만 의존해서는 안 된다. 따라서 나는 이렇게 슬쩍 역사를 돌아보고 나서 미국이 지배 할 당시 베트남의 재건캠프로, 베트남에 의한 남부 베트남인들의 학살, 늘 정복자인 통킹 사람들 그리고 사이공의 감옥들, 사자 우리로 가 본다. 그리고 한국과 필리핀에서의 고문들, 말레이 제도에서의 공산주의자들의 학살…거기에서 나는 나의 눈을 지도들 위로 올려놓는다. 고통과, 지배, 착취 그리고 죽음뿐이다. 그리고 우리는 반 세기동안 시체들이 만든 산을 살아서 넘으며 걸어온 인류이기 때문에, 다음의 소리를 들어야 하는 것은 더 이상 가인 앞에 선 아벨이 아니고 바로 우리들이다. "네가 무엇을 하였느냐 네 아우의 핏소리가 땅에서부터 내게 호소하느니라 땅이 그 입을 벌려 **네 손에서부터** 네 아우의 피를 받았은즉 네가 땅에서 저주를 받으리니"창4:10~11 지금 각자에게 그렇다. 왜냐하면 서구사회는 너무도 평화롭기 때문이다. 우리는 끝을 보게 될 이 비극을 촉발시켰다. 이것은 우리 자신의 비극이다. 그리고 여기에 서구 세계가 있다. 유럽과 미국은 경찰, 권위주의 그리고 이주 노동자들과 푸에르토리코인들의 상대적인 비참함과 그리고 반 흑인 인종주의에도 불구하고 모두가 이득을 보는…행복과 평화의 땅들이다. 그리고 어떤 세상보다도 더 부요하고, 유복하고, 소비적인 세상에서, 인간은 이토록 도덕적, 영적, 심리적 타락과 함께 아노미, 생의 권태 $taedium\ vitae$, 죽음에의 호소, 집단적 최면적 자살에 도달한 적이 없었다… 거기에 정복자 서구가 받은 벌이 있다. 프로메테우스는 다시 사슬에 묶였다. 하지만 그것은 자신을 돌보기 위해서다. 나는 그것을 결코, 역사가로서 주장하지 않는다. 그리고 과거를 과대평가하지 않는다. 결코 인간은 그러한 힘에 도달한 적이 없었다. 그러한 보편적인 고통과 그러한 절망에 도달한 적이 없었다.

 나는 내가 어떻게 손 쓸 수 없는 세상 때문에 병들었다. 나는 내 가슴에서 내 몸과 마음에 병이 들었다. 나는 우리가 세상의 흐름을 바꿀 수 있으리라는 기대를 가지고 지난 20년간 큰 희망을 품고서 행동에 개입했다. 왜냐하면 1930년에 우리는 이미 억압과 무질서의 세상의 윤곽이 그려지는 것을 보았기 때문이다. 그리고 우리는 그것이 아무리 작아도 다른 방향으로 방향을 바꿀 수 있다는 말도 안 되는 희망을 품고 있었다. 인간을 향해서 자유를 향해서 정의를 향해서, 진정한 민주주의를 향해서…나는 모든 노력을 다했다. 내게 유리해 보이는 기회들은 모두 잡았었다. 그리고 정말 많이 생각했다. 그러나 다만 무슨 일이 일어났었는지를 이해할 수 있었다. 마르크스가 세상을 이해하는 것이 아니라 세상을 바꿔야 한다고 선포했던 점은 옳았다. 무엇보다도 그의 행동의 결과는 도처에서 정확하게 상황을 장악했다. 그리고 이어 1950년의 세계는 마르크스 당시의 세계보다 천배는 더 복잡했다. 그것을 이해하는 것은 이미 너무도 어려운 것이 되었다. 나는 정확하게 보았다. 나는 그것을 말했고 경고했다. 그러나 이것은 아무 소용이 없었다. 좋은 기회가 왔는데도 아무도 우리의 말을 들으려고 하지 않았다. 점점 우리의 생각이 받아들여지기 시작했을 때는, 이미 너무 늦었고, 우리는 다시 올라갈 수 없는 비탈에 들어섰다. 우리는 파괴되지 않는 힘들을 축적했다. 새로운 길을 다시 모색하고자 더 이상 근원으로 돌아갈 수 없었다. 이것은 아무 소용없는 일이다. 무정하게도, 세계는 가장 최악이 되었다. 우리는 이것을 원하지 않았었다. 우리는 자본가들과 제국주의자들과 식민주의자들을 쉽게 고발할 수 있다. 왜냐하면 결과들은 그들이 기대했던 것과 전혀 달랐기 때문이다. 마찬가지로 공산주의자들을 고발하는 것은 너무 쉽다. 왜냐하면 그들은 결코 피나는 독재를 원하지도 폴 포트Pol Pot의 대학살을 원하지도, 집단 수용소, 공산 권력의 제국주의를 원하지도 않았기 때문이다. 나는 그것을 확증할 수 있다. 내가 알았던 공산주의자들은 그들의 위대한 이상이 결국 세상에서 가장 강한 경찰과 무장을 낳았다는 것을 결코 상상하지 못했다. 아인슈타인은 결코 핵무기를 원하지 않았다. 인간은 그의 선한 의지로 모든 활동, 과학, 기술, 경제, 정치에서 악을 의도하지 않았다. 하지만, 악 외에는 쌓인 것이 없다. 이처럼, 휘황찬란한 놀라운 진보의 모든 꽃들은 독이 든, 끔찍한 열매만을 남기고 시들어버렸다. 아무 것도 남지 않았다. 이제 종교심이 아니면 독이 든 열매를 선택해야 한다. 젊은이들이 우리가 그들에게 남겨줄 세상에 폭력적으로 반응하고, 모든 것을 의문시하는 것은 일리가 있다. 왜냐하면 모든 것이 부패했고, 해롭기 때문이다. 그러나 그들은 기성세대, 곧 내 세대를 고발한다. 그들에게 말해야 한다. 우리도 그것을 원하지 않았다고. 우리는 1914년 전쟁 이후에 등장한 세대였고, 다음과 같이 판단했었다. "결코 다시는 이런 일이"라고 말이다. 우리는 평화를 위해서, 사회 정의를 위해서, 더 깊은 분석을 위해서, 그리고 더 정확한 전략을 위해서 싸웠다. 우리는 이미 1935년부터 스탈린주의와 히틀러주의를 거부할 줄을 알았다. 우리는 분명하게 보았다. 동시에 우리에게 자본주의와 자유주의7)는 오랫동안 모든 측면에서 비난받아왔다. 우리는 다른 것을 추구했었다. 그리고 우리는 역사의 숙명성이나 악마들의 승리를 믿기 원하지 않았다. 우리는 역시 이상적이며 자유롭고 형제애가 가득한 세상에 대한 의지를 가지고 있었다. 우리는 가능한 가장 좋은 것을 알고 건설하기를 애썼다. 우리는 모두를 위한 행복과 형평을 추구했다. 보아라, 이것이 우리가 낳은 것이다. 우리의 젊음은 돈에 대한 갈망이 아니고, 권력, 지배, 소비에 대한 탐닉이 아니었다. 그러나 우리가 시도했던 모든 것은 무정하게도 우리가 이해하기 힘들 정도로 왜곡되고, 정반대로 변형되어 우리 자신에게 돌아왔다. 우리는 예견하는 것을 알 수가 없었다. 그리고 그것을 할 수 있는 사람은 행동할 수 없었다. 우리는 이것을 원하지 않았다. 그것이 궁색

---

7) Cf. A. DANDIEU et R. ARON, *Le Cancer améicain*, 1927.

한 변명이라는 것을 알고 있다. 무력한 자들이나 이상주의자들의 변명이다. 그러나 오늘날, 이 위험천만한 낭떠러지에서 우리의 좋은 믿음을 확증하며 선포를 할 수 있다는 것뿐이다. 사악한 범죄자, 독재자 또는 책임 있는 계급이란 없다. 어쨌거나 "계급투쟁"과 지배 계급의 책임에 대한 단순하고 잘못된 설명에서 벗어나야 한다. 그것은 역시 그들의 "이익"에 의해서가 아니라 그것보다 더 큰 힘에 의해서 인도된다! 각자는 정확하게 좋은 이유라고 생각되었던 이유를 가지고 자신의 몫을 감당한다.

　우리는 우리가 만든 세상에 의해서 짓눌려 있었다. 왜냐하면 그 모든 것을 만든 장본인이 바로 우리 자신이기 때문이다. 그러나 무엇 때문에 이러한 모순이 일어났는지를 이해할 수 없었다. 그리고 우리가 이해했을 때는 이미 너무 늦었었다. 나는 우리의 젊은이들에게 남겨줄 세상이 부끄럽다. 그리고 50년 전에 우리가 가지고 있었던 같은 희망과 같은 말들, 그리고 목표들과 같은 판단들을 젊은이들이 **똑같이** 하고 있어서 더더욱 두렵다. 그들은 다른 길을 갈 것인가? 아마도 숙명이라는 무시무시한 힘이 그들에 대항해서 일어설 것이다. 아마도 비극은 우리에게 있었고 우리는 이미 그것의 대단원이다. … 아마도. 그리고 이 대단원은 우리가 원하지 않았던 것이다. 어떤 사람도 이 세계를 원하지 않았었다. 그리고 누가 우리가 원했던 것에 신경이나 쓰겠는가? 누가 우리가 힘주어 원했던 혁명과 1968의 혁명을 했던 사람들만큼이나, 혁명을 통해 성취되리라고 믿었던 것을, 그리고 두 번이나 우리는 거기에 도달할 것이라고 생각했었다는 것을 기억하겠는가? 과거의 우리 스스로가 고발했던 것을 또 다시 반복하는 젊은이들 그리고 그들이 이 혁명을 처음으로 원했던 사람들이라고 말하는 것을 다시 듣게 될 때, 이 얼마나 비참한 일인가! 우리는 사태의 분석과 수단의 선택에서 그들보다 더 엄격했다. 그리고 모든 것은 허사로 돌아갔다. 우리는 우리에게 가능한 모든 것을 다했다. 때때로 조소가 나를 사로잡는다. 바로 우리가 1930년과 1940년 사이에 했던 담화들을 마치 새로운 것인 냥 말하는 것을 듣게 될 때이다…정확하게 같다…사람들은 내가 인간 없이 작동하는 기계처럼 사회나 기술을 설명한다고 나를 비난한다. 그러나 바로 이런 비난이야 말로 모든 저항, 모든 혁명, 모든 의지, 모든 분석, 모든 선언 모든 프로그램들이 실패했다는 것을 내가 깨닫게 하는 것이다.

  승리가 우리의 욕구를 달성했을 때, 우리가 위해서 싸웠던 것과 반대되는 결과를 낳도록 역사를 이끌고 가는 "역행 효과"는 내가 보기에 가장 심각한 문제인 것 같다. 매번, 우리가 계산한 것과는 정반대의 결과가 얻어졌다. 사회주의는 스탈린주의를 낳았다. 히틀러의 몰락은 경찰과 정부에서 히틀러가 사용했던 수단들의 일반화를 낳았다. 전체주의국가의 승리, 고문의 승리, 일당의 승리, 집단 수용소의 승리가 그 결과이다. 민주주의들은 히틀러의 학교로 들어갔다. 그리고 우리들의 새로운 발견들 중의 하나가 권력에 의해서 진지하게 받아들여지고 여론의 승인을 받았을 때마다, 그것은 거짓되고, 초보적인 것으로 변질되었다. 우리는 1930년에 자유와 살아 있는 도덕을 진작시키려고, 부르조아지 도덕과 그로테스크한 위선에 대항해 싸웠다. 그리고 이것은 에로티즘, 마약, 아노미로 분출되었다. 그리고 낙태, 반反가족, 소외에 대한 슬로건의 침울한 반복이 이전보다 더 나빠졌다. 우리는 분석을 하고, 기술 현상을 이해하려고 시도한 개척자들이었다. 우리는 우리의 노력이 인간이 그에게서 빠져나간 힘을 다시 찾고, 다시 주체가 되고, 그가 지배했던 것을 지배하게 할 것으로 기대했다. 그리고 우리의 말은 1940년에서 50년 사이의 연구를 우스운 것으로 만들면서, 지난 6년간 수천의 입을 통해서 반복되었고 공통의 관심으로 변화되고, 반기술주의로 변화되었다. 그리고 이것은 사실상 기술의 새로운 증대를 허용하고 그것의 더 큰 자율성을 허용했다. '기술'에 대한 수

백 권의 책의 홍수에서 어떤 엄격함도 찾을 수 없다. 그리고 그것들의 홍수는 정확하게 실재를 연기의 덮개로 덮는 이데올로기적 산물이다. 동시에 기술의 일상화는 기술 증대의 심각성을 정당화한다. 오늘날 생태학도 마찬가지다. 예언자적 말씀이 순수한 사회학적 운동이 되었고, 진부한 말이 되고, 그리고 정치적 성공의 도약대와 산업적 수단이 되었다.8) 우리는 이것을 원하지 않았던가? 어디에서 우리는 잘못되었는가? 우리의 분석은 잘못된 것이었는가? 우리의 목표는 무용하고 정확하지 않았던가? 수단에 대한 비판에서 우리의 엄격함은 그 자체 안에서 실패였는가? 아니다. 절대 아니다. 우리는 옳았다. 우리는 분명하게 보았다. 우리는 중심부, 우리 시대의 비극의 핵심에 있었다. 우리는 열쇠를 가지고 있었다. 그러나 우리는 패배했다. 우리의 사상이 성공했을 때조차도 한낱 사상으로 남아있으면서 이데올로기로, 슬로건으로, 일탈적인 행동으로 변질되었기 때문에 결국 우리는 실패했다. 모든 것은 거짓이 되고 여론에 의해 채택되어, 정치적 계급에 의해서, 미디어에 의해서, 문제의 대상이 되었던 사람들에 의해서조차 그리고 더 나아가, 우리가 성취한 것들이 진지하게 받아들이지 못한 채 무의미한 예술 작품들의 놀이로 변질되었다. 이것은 자신을 검사하고 심각한 진단을 내린 처방전을 가지고 노는 아이에 비견할 수 있다. 그의 부모가 외출한 사이에, 그 아이는 처방전을 가지고 배를 만들고 자신의 욕조의 물 위에다가 그 배를 가지고 놀고 있다.

---

8) 이 주제에 관해서 "Mouvement écologique"에 대한 B.CHARBONNEAU의 비판을 보아라.

2장 · 증가하는 위험들

인간이 인간에게 쉬지 않고 행하는 악에 의해 초래된 불행들의 축적. 그러나 이 실패들과 이 행위들을 뛰어 넘는 것은 우리 사회의 내부에서 축적되는 더 심각한 재앙이다. 우리는 원자력 발전소는 전적으로 믿을 만하다고 말하는 것을 듣는다. 미사일이 축적되고, 잠수함, 로케트, 중성자탄, 수소폭탄, 전쟁 이외의 목적으로 사용되는 독성 물질, 핵폐기물과 다이옥신 용기, 납과 수은의 축적, 이산화탄소의 두터운 층이 계속해서 더 두꺼워지는 것 등, 이 모든 것이 위험하지 않다고 말한다. 더 이상 그렇지 않다, 사람들은 우리에게 말한다. 1850년의 조명 가스나 첫 철도는 그렇지 않았다라고. 우리는 진보를 믿고하는 얼마나 어리석은 바보인가. 우리는 아무것도 이해하지 못했었다. 어떤 사람도 마지막 전쟁의 최후의 사람이 될 수 없다. 결코 50만 톤의 유조선은 좌초하지 않을 것이다. 해저 3,000미터 굴착가 복구 불가능할 정도로 자연을 훼손하지는 않을 것이다. 유전학적 기술은 결코 괴물을 낳지 않고, 미리 계획된 모델에 완전하게 맞춘 존재가 될 것이다. 진정제, 우울증 치료제는 결코 일반적 신경 안정제가 되지 않을 것이며, 박테리아에 의해서 제조된 인공 양식은 결코 썩지 않을 것이다. 정보체계는 결코 보편적인 사찰查察수단이 되지 않을 것이다. 거리의 고정된 카메라들이 결코 사람들의 일거수일투족을 감시하지 않을 것이다. 결코 국가는 전체주의적이 되지 않을 것이다. 강제 노동수용소는 결코 확장되지 않을 것이다. 학자들, 실험실 연구원들, 정치인들, 전문가들, 행정가들, 국토개발 전문가들, 이 모든 이들은 인류의 복지만을 생각한다. 따라서 신뢰를 해라. 그들은 기구들을 손에 쥐었고 좋을 길을 알고 있다. 미래예측 전문가들을 믿어라. 정보체계 전문가들을 신뢰하라. 위생학자, 경제학자들, 도시의 수호자들을 믿어라. 오 플라톤, 우리에게는 지금 그들이 있다! 믿어라, 왜냐하면 당신의 신뢰는 이 마법에서 필수적 요소이기 때문이다. 만에 하나 재앙이 일어난다면, 그것은 당신의 잘못일 것이다. 보자. 재난은 흐름을 역행하며 기술적 문제 해결방식에 제동을 걸고, 부조리한 패닉을 일으키는 그리고 우리 모두는 화재에서 사람을 죽이는 것은 화염이 아니고 불에 놀라 소리 지르는 사람들에 의해 일어나는 패닉 때문이라는 것을 알고 있다 프로그램이 실행되는 것을 방해하는 사람들의 잘못이다. 한편 그들 자신은 계획도 프로그램도 없다. 무엇보다 그들은 그저 사람들이 그들에게서 평화를 깨뜨리고 하지만 평화는 거기에서 시작한다. 그들이 온갖 명분을 위한 작은 군인들로 변질되지 않기를 바라기만 할 뿐이다. 그러나 보아라, 그들은 변형되었다. 이것은 이미 이루어 졌다. 그리고 위험의 상승은 이 세 가지 범죄에 기인한다.

우선, 거의 절대적 수준에 이른 물질적 권력의 수단 **축적**이 그것이다. 왜냐하면 나는 이로 인해서 모든 인간이 멸절하고 우리의 땅을 모두 황폐화시키는 것밖에 생각할 수 없기 때문이다. 사실, 우리는 이런 결과를 초래하기 위해 줄곧 필요한 것보다 백배는 축적하고 있기 때문이다. 눈이 먼 짐승들, 우리의 노벨상과 정치적 재간은 꾸준히 더 큰 힘을 향해서 계속 행진한다. 이것은 경쟁자와의 격차가 벌어지지 않도록 하기 위해서다. 저열한 멍청이 짓은 늘 같은 슬로건으로 표현된다. "프랑스가 이등국가가 되는 것보다는 세계 전체가 멸망하기를" 프랑스가 아니면 니제르가 되거나, 프롤레타리아가 아니면 자본의 수익이거나… 9)

그리고 두 번째 위험은 미래 예측가들의 **무능력**과 비효율성에 있다.

---

9) 아마도 정보통신의 엄청난 성공을 가져다 준 공식적인 관계들, 또는 "기술과 사회"는 이 놀라운 성격을 제시하고 있다. 우리는 정보과학의 가치와 인간에게 가져다 준 그 공헌, 위험들 등등에 대한 심층적인 질문을 전혀 던지지 않는다. 어떤 기술에도 마찬가지다. 다만 우리는 상업적 또는 산업적 측면에서 어떻게 프랑스의 기술과 프랑스의 정보통신을 더 경쟁력 있고 더 효율적이 되게 했는지를 질문한다.

그리고 세 번째 위험은 **폭력과 두려움에 의해 사로잡힌 인간을 양산하**는 것이다. 나는 우리를 파괴할 수 있는 수단과 희박한 생존 확률에 대한 통계 수치들을 제시하지 않을 것이다. 모든 사람들이 그것을 알고 있다. 우리의 생존 확률이 의학, 위생, 생활수준의 상승 덕에 괄목할만하게 올라갔다고 진지하게 설명하는 것은 기만에 불과하다. 왜냐하면 우리는 가장 하찮은 사건으로도 니트로글리세린 상자와 같은 우리 행성이 터져 버릴 수 있고, 그때 우리의 생존확률은 제로이기 때문이다. 다음과 같이 말해야 할 것이다. 전쟁이 없다면, 기근이 없다면, 방사선 물질의 완전한 방출이나 독성 가스의 방출이 없다면, 만일 우리가 잘 모르는 발암물질의 축적이 없다면…그때 당신의 생존 확률은 72세 수준이 될 것이다. 서구의 유복한 계급에서 다시 말해서 만일 이렇게만 된다면, 나는 내 한계 내에서 말하지만, "만일 죽음이 닥치지 않는다면, 그럼 당신은 아주 오래 살 것이다"라고 말할 것이다. 그러나 나는 다른 두 가지 위험을 강조하고 싶다.

우리는 계속해서 예견을 하고, 미래를 계산하고, 시나리오를 짜고, 미래를 예측하고, 방법을 정교화 한다. 우리는 단순히 더 이상 공식에 집어넣는 방법을 쓰지 않는다 그리고 우리는 통계들과 매개변수를 점검하고, 기쁨으로 확률적 계산을 근거로 행동했다. 나는 단호히 다음을 상기시키고 싶다. 결코 미래 예측가들이 예측한 것은 실제로 일어나지 않았고, 그 반대로 모든 것은 줄곧 인간이 거의 예상하지 않았던 사건들 위에서 놀아났다는 것을! 나는 큰 사건들만을 예로 들겠다. 한 마디로, 1945년부터 인구에 대한 **모든** 예측들은 사실에 의해서 반박되었다. 마찬가지로 모든 사람은 어떤 경제학자도 '석유 위기'를 예견하지 못했다는 것을 지겹도록 되풀이해서 말한다. 1970년의 모든 계산들은 싼 석유를 토대로 이루어졌다. 그리고 사실, 아무 것도 예측할 수 없었다. 비과학적 사고를 바탕으로 한 예측을 제외하고는! 이 아랍 석유수출국들의 반란을 예측할 수 없었다. 무기로서의 에너지를 장악하는 것이다. 그러나 경제적 관점에서 모든 것은 이것에 달려 있었다. 그러나 나는 사례들을 더 열거할 수 있다. 누가 **실제로** 식민화된 국민들의 반 식민지화 운동을 예측했겠는가? '인도차이나 사건'에도 불구하고 1950년에도, 아무도, 아무 것도 예측하지 못했다. 우리는 제3세계와의 관계의 새로운 양상에 대해서 만족스러워 하고 있었다. 좀 더 멀리 거슬러 올라가, 누가 히틀러가 자신이 할 일을 알리면서 진실을 말하지 않고 있다는 것과, 스탈린이 그가 한 것과는 전혀 다른 것을 말하면서 거짓말을 할 것이라고 예견했겠는가? 당대의 전문가들, 사회학자들, 정치학자들, 경제학자들의 **분석**을 예로 들어보자. 그들은 그들의 과학 안에 갇혀 있는 한 모두 완전히 틀렸다. 과학자들은 보았고, 예견했고, 공언했다. 다른 지식인들, 비전문인들, 영성가들은 "반대 편"에서 참여했다. 서로 모순되고 뒤섞인 의견들만 난무했다. 어디에서 우리는 실제적으로 정확하게, 과학적 기반 없이 확신을 가지고 일어났던 것을 정확하게 예견했던 사람들을 찾을 수 있겠는가? 그리고 과학적 예측을 했던 사람들이 그 반대를 말했던 사람들보다도 더 신뢰할만한 이유는 없었다. 더 최근에 누가 1976년 달러의 붕괴를 공포하고, 그리고 성장의 중단과 실업과 인플레이션에 빠질 것을 정확하게 예견했는가? 아무도 정확하게 예견하지 못했다. 한 작은 예가 생각난다. 카스트로 혁명 시에, 나는 이 사람에 대해서 큰 신뢰를 품었었다. 나는 그가 자유의 혁명을 할 것이라고 확신했고, 그가 아마도 새로운 체제를 세울 것이라는 것을 확신했다. 불행히도, 그가 권력에 오른 지 며칠 만에 그는 '정의'의 날을 선포했다. 그날에 해방된 군중은 상상할 수 없는 학살의 제물이 되었다. 그것은 독재의 가장 나쁜 민중 선동책이었다. 나는 당시 거기에서부터 쿠바는 독재의 길에 들어섰다고 설명하고자 글을 썼다. 그리고 그 즉시 미국을 고발했기 때문에[10] 쿠바가 소련쪽에

---

10) 지금 공식적인 역사는 미국이 카스트로를 소련의 품에 넘긴 것은 미국의 반복된 오류였기

줄을 서야 할 것이라고 했다. 그러자 나는 쥴리앙Ch. Jullien에게서 모욕을 당했다. 그는 내가 그 문제에 대해서 아무 것도 모르고 내가 남미의 전문가가 아니라고바로 그 사람처럼!, 그리고 나는 쿠바에 대해서 아무 것도 모른다고, 또한 새로운 체제가 미국이나 소련 어느 쪽의 줄에 서지 않을 것이라고 설명했다. 그것은 전문가들의 항변할 수 없는 판단이었다. 타당하게 여기는 사실들을 모으는 정확한 능력을 가진, 그러고 나서 이것이 왜 일어났는지를 설명 가능한 **모든** 전문가들, **모든** 과학자들, **모든** 경제학자들의 오류들을 단계단계 밟아가며 살펴보려면 책 한권 분량이 될 것이다. 그러나 모든 것은 매우 분명해 졌다. 너무도 분명해서 우리들 중 누구도 아무 것도 예견하지 못했다는 사실을 이해하기 힘들었다! 따라서 어떻게 오늘날 계몽된 공산주의자들이라는 사람들이, 그들이 당신에게 그렇게 잘 설명하는 대로 어제 일어났던 일을 하루 전날 알아차리지 못했을까?

위험은 그 무엇이 되었든지 예측하는 이러한 전적인 힘 때문이다. 그러나 나는 당신이 이렇게 말한다는 것을 안다. "예전에는 그렇지 않았다! 인간은 결코 미래를 알지 못했다. 그리고 이것이 바로 인간이 신들을 발명한 이유이다! 그리고 점쟁이, 마녀, 신탁, 우림과 둠밈, 점, 선견자가 있었다. 그러나 우리의 문제는 어떤 점에서도 이것에 좌우되지 않는다. 그것은 어두운 운명, 미지의 자연적 사건 또는 신들의 의지의 신비를 알아보기 위한 것이었다! 오늘날 그것은 더 이상 우리의 문제가 아니다." 우리 자신, 학자, 전문가들, 정치인들, 경제학자들이 예전에는 감추어졌던 그리고 자연과 독립적인 힘들을 사용하면서 사건을 일으키는 것을 보아라. 이것이 우리 자신이다. 전혀 예측할 수 없는 상황이다. 이것은 우리 자신이 시도한 것들의 결과, 효과 그리고 결론일 따름이다. 그리고 이것은 통제할 수 없

를 바라고 있다. 우리는 정확하게 사실들을 취합해야 하고 그러면 쉽게 그 반대되는 사실을 얼핏 볼 수 있다.

는 것들이 되었다. 우리는 산사태, 홍수, 지진을 얼마나 예견하지 못하는가? 이러한 것들은 인류를 치유 못할 위험 앞에 놓지는 않는다. 하지만 원자력 발전소의 배가, 유전자 공학, 물의 순환에 개입하는 것은 **절대** 예측을 불허하는 상황을 만들어 낸다. 우리는 아스완 댐의 결과를 예측하지 못했다. 현대의 도시도…그리고 우리는 주사위를 던지듯이 사건을 놓고 도박을 한다. 우리는 모든 전기를 놓고 도박한다. 그리고 우리는 사람들이 전기를 소비하고 더욱 과소비하도록 하려고 말도 안 되는 선전을 펼친다. 모든 것을 걸거나 아니면 아무 것도 걸지 않는다. 결국, 끊임없이 그것을 반복해야 한다. 프랑스에서 전기의 소모가 20년 동안 4배가 증가했다.1955년에서 1980년까지 그리고 비극이 터진다. 물론 생산을 계속해야 한다. 우리는 멈출 수도 뒤로 돌이킬 수도 없다. 거기에 원자력의 필요성이 생겨난다. 그러나 이러한 "필연성"은 말하자면 피할 수 없는 것이다. 그것을 만들어 낸 것은 바로 우리들이다. 우리는 놀랍게도 정확한 과학적 계산 결과에 근거해서 마땅한 해결책을 찾으려고 했으나 결과는 전혀 예측 불가였다. 결과적으로 프랑스에서 전력 생산의 20프로를 차지하는 핵은 우리가 1955년에 소모했던 전체량과 일치한다. 만약 우리가 절제 있는 성장을 유지했다면 완전히 필요하지 않았을 것이다. 위험들의 상승은 우리가 보유하고 있는 능력을 미래에 전적으로 제어할 수 없는 상태에서 그 능력을 무한정 확대하는 데 있다.

그러나 어떤 점에서 이 모든 것이 믿음과 직접적으로 관계 있는가? 믿음은 다른 존재에 대한 태도를 내포한다. 미래를 예측할 수 없다는 것을 알면서, "미래는, 내게 속해 있다."라고 선포하는 불가능한 일이다. 믿음은 느림과 신중함을 가져다준다. 그리고 우연과 재앙, 가능한 것 중에서도 가장 있을 법하지 않는 것을 고려하게 한다. 또한 오늘날 신앙은 과학이 신앙이 주는 지혜 속에 들어온다는 조건하에만 과학적 태도와 조화할 수 있다. 가령 나는 라가덱Lagadec11)의 연구를 매우 중대한 것으로 보고 있다. 거기에서 확률의 계산은 그것이 측정할 수 없는 결과를 초래할 위험을 계산하는 문제 일 때, 전혀 무용하다는 것을 증명했다. 예를 들면, 우리에게 원자력 발전소가 심각한 재난을 일으킬 가능성은 희박하다는 것을 증명하는 계산들은 전혀 의미가 없다. 왜냐하면 원자력 발전의 재난이 초래할 영향은 거의 절대적인 수준이어서, 그 위험은 말 그대로 어마어마하기 때문에 그것이 안전하다는 말은 거짓이다.

그러나 이것은 바로 미래에 속한 궁극적 가치를 계산을 통해서 정할 수 없는 신앙적인 태도와 가깝다. 그러나 계산은 **마땅한** 해결책처럼 보이는 하나의 해결책을 **결정해버린다**. 신앙은 예견자들이 아무 것도 예견하지 못했다는 셀 수도 없는 증거 앞에서, 그리고 전혀 예기치 못하고 예측할 수도 없지만, 우리에게 들이닥쳐 우리가 꿈꾸었던 그 모든 것을 뒤집어버리는 상황 속에서 우리가 불확실성의 모험 속으로 들어가게 한다. 그때 우리는 신앙의 지혜로 돌아가야 한다. 최악의 상황은 늘 일어날 수 있다. 그리고 어떤 사람도 그것을 막지 않을 것이다. 당신은 당신이 일으킨 힘들을 결코 통제하지 못할 것이다. 선한 기술과 악한 기술들을 구분하는 것은 어리석은 짓이다. 나는 이 사실을 다시는 반복해서 말하지 않을 것이다. 지금부터 지혜로움, 작아짐, 신중함의 한계 내에 머물러라. 신비를 존중하라. 그렇다. 우선 미래의 신비를 이 신비는 지금의 시간이 가지는 신비를 존중하게끔 해준다. 계산할 수 없는 우연이 당신의 모든 시도에서 운동하고 있다는 것을 인정하라. 그리고 이 우연은 부정적일 수 있다는 것을 인정하라. 만일 내가 필연성과 그리고 운명을 믿는다면, 필연적인 것은 정말 예수 그리스도 안에, 그리고 그 분에 의해서만 존재한다. 그렇지만, 인간사 안에

---

11) *La Recherche*, nov. 1979, n° 105. 재앙들에 관해서는, 예외적인 것이 규칙이다. 따라서 통계적 추론은 설득력이 있지도, 예측력이 있지도 않다.

서는 우리가 피할 수 없는 가혹한 운명의 사슬이 존재한다. 우리는 손가락을 통제할 수 없이 강한 톱니바퀴에 넣었다. 우리 몸 전체가 빨려 들어가는 것을 막으려고 손을 희생시키는 정도의 대가를 치르는 것에 상당하는 기적이 아니면, 우리는 거기에서 빠져나올 어떤 수단도 없다. 지금의 위험들, 그것을 축적한 것은 바로 우리 자신이다. 그리고 우리에게 어떤 일이 닥칠지 예측하는 것은 불가능하다.

그러면 여기서 나는 신앙이 수학보다 더 큰 능력으로 예견할 것이라고 굳게 말할 것이다. 왜냐하면 그것은 정신을 자유롭게 하고 일어날 수 있는 것을 뚜렷하게 보게 하기 때문이다. 믿음은 예언적 태도를 요구한다. 아무 것이나 부조리하게 선포하는, 자칭 계시를 받았다는 태도가 아니다. 어떤 덫에도 걸리지 않는 선견자적 믿음, 이 믿음에는 결코 인간의 미래에 대해서 염세적 태도가 없다. 물론, 반대로 낙관적이다! 왜냐하면 그리스도는 살아계시고 승리자이시기 때문이다 믿음은 바로 이 성격 때문에 힘들의 축적, 권력들, 여러 수단들, 여러 기도들, 지식들 앞에서 일어날 수 있는 재앙을 명확히 보여준다. 믿음은 정확하게 보고, 본 것을 말하는 것이다. 이것은 인간을 겁에 질리게 하거나, 패닉을 일으키게 하려함이 아니다. 이것은 최종적인 파멸을 초래하지 않도록 우리가 이루어 놓은 것을 현명하게 평가해보도록 하기 위함이다. 우리는 아무 것도 예측할 수 없기 때문에, 신중하게 천천히 앞으로 나아가야 한다. 인간이 이 땅에서 모든 만물의 척도로 존재하는 한, 좋든 싫든 인간으로 남아 자신의 걸음으로 걸어가야 한다. 실제로 인간이 자기 자신의 척도가 되고, 스스로 유혹을 받았고, 결국 빗나갔던 창세기의 창조 기사를 기준 삼을 때, 바로 거기에 믿음의 말씀이 존재한다. 인간의 일탈은 악이다. 우리는 종교적 일탈 이후에, 과학에 의해 짓눌려 악 속에서 죽을 것이다. 우리는 멈춰야 한다. 아무 데에도 쓸데없는 믿음이라고? 하긴 이것도 사실이다. 그러나 믿음 안에서 사는 삶은 미래를 내

다볼 수 있고, 경고를 줄 수도 있다.

그리고 세 번째 위험은 "망각-두려움-폭력"이라는 복합체에서 온다. 이 셋은 함께 간다. 우리는 미래를 예측할 수 없다는 것에 대해 방금 말했다. 그것은 우리가 점검해보지 않는 힘들을 풀어 놓았을 때만 위험이 된다. 그러나 동시에 우리는 과거가 사라지게 하는 데 일조한다. 그것은 개인적인 것일 뿐 아니라 집단적인 기억의 일반화된 망각이다. 몇 년 전에 매우 의미심장한 책이 출판되었다. 『히틀러, 당신은 모른다*Hitler, connais pas*』라는 책이다. 그리고 기억의 축제들은 아무 것에도 쓸모가 없다. 우리 사회의 인간은 점점 더 모든 것을 잊어버리는 기억이 없는 인간이다. 다시 말해서 과거가 없는 인간, 뿌리가 없는 인간이다. 이처럼 인간은 나, 당신 그 누가 되었든지 미래를 예견할 수 없다. 스스로를 세우려고 뒷받침하는 과거도 없다. 가족적인 과거, 지역적인 과거, 공동체적인 과거, 민족적인 과거, 그 어떤 것도 없다. 그렇다면 어떻게 당신은 이 어디에서 온 줄도 모르고, 어디로 갈 줄도 모르는 인간에게 두려움이 없기를 바랄 수 있겠는가? 그리고 그가 두려워 할 때, 어떻게 당신은 그가 폭력적이지 않기를 원하는가? 왜냐하면 두려움을 가진 자만이 난폭해진다. 개들을 보면 그것을 잘 알 수 있다. 인간, 인간도 다름없다. 망각, 기억 상실증은 오늘날 심리학적인 기본 가정이다. 우리는 초라했던 과거, 모험도 만족도 없었던 과거를 자연스럽게 지워야 한다. 그리고 우리의 양심의 가책, 비정상적 행동을 기억 속에서 무의식적으로 지워버려야 한다. 사람들은 우리에게 죄책감을 간직하고 있어서는 안 된다고 가르쳐 준다. 그러나 역시 우리 역사를 어떤 대가를 치러서라도 지우기를 원하는 권력 아래서 세상에 대해서 의지적으로 그리고 계산된 망각도 있다. 아니다. 이것은 1984년이 아니다! 모든 환경에서, 모든 방향에서 모든 체제에서 기억 상실증이 지배하고 있다. 미래만을 생각하고 21세기를 준비하며 달려가며 과거를 버리는 것은 닻줄을 끊어버리고 물이 흘러가는 대로 조종키 없이 떠내려가는 작은 배와 같다!

우리가 맛볼 수 있는 쓰디쓴 열매에도 불구하고, 아직 성취되지 않는 진보에 대해 광기어린 열정을 가진 부류가 있다. 앞으로 더 앞으로 전진해야 한다. 내일은…이 결국 실현될 것이다. 각자는 어제의 자신을 망각하고 있다. 그리고 나는 한 문제의 빛과 그림자를 고려하지 않고 모두 부정해 버리는 태도와 서로 모순되는 주장에서 나타나는 큰 문제들을 다 취급할 수는 없다. 사르트르는 모순되는 주장을 하는 사람들의 대부이며 모델이고 지도자이다. 하지만 이러한 태도는 거의 모든 지식인들, 과학자들, 정치인들, 운동가들에게서 일반화되었다.12) 우리는 건전한 양심의 단계를 훨씬 넘어섰다. 거기에서 우리는 분명히 어제 정죄했던 것을 사랑하고 있음을 인정할 수 있었다. 그리고 어제 숭배했던 것을 불사르고 있다는 것을…그리고 이 파렴치한 열렬한 스탈린 공산주의자. "그러나 친애하는 친구여 보자, 스탈린이 한 명의 피비린내 나는 독재자이며 그는 결코 공산주의를 대표하지 않는다는 것은 자명하다는 것을 보자." 그리고 갑자기 신적 조명에 의해서 회심한무엇에 의해서 이 의식 있는 반기독교인은 과거의 방탕한 삶이나 포악한 반기독교 운동을 떠올리는 바울이나 어거스틴과 같은 사람이 아니다. 바로 이것이 그들의 경우를 다메섹 도상의 회심에 비유한 것이 잘못된 이유다 아니다. 아니다. 이 모든 것은 결코 존재하지 않았다. 기적 그것은 회심이다. 하나님은 존재하신다. 나는 손을 위로 들어 올린다. 이전에? 저런 "이전"이라는 것은 존재하지 않는다. 이것이 전부다. 자신의 계획으로 시골환경이 무너지도록 촉진했으나, 생태학의 은혜, 농부들의 삶과 일의 본질적인 중요성, 시골 문화, 자연의 노래에 갑자기 사로잡힌 존경받는 저명한 경제학자 망쇼Mansholt처럼 말이다. 그러나 당신은 그토록 많은 악을 초래한 유명한 계획을 그 자신이 비판했던 것을 생각하지 않느

---

12) 자끄 엘륄, "De l'inconséquence" in *Mélange en l'honneur de De Rougement*, 1978.

냐? 결코 그렇지 않다! 완전히 망각되어 버렸다. 망쇼의 회고에서, 결코 그러한 계획은 없었다. 단지 진보에 의해 정복된 농부들의 삶과 살 속에서 기억은 남아 있다. 우리의 정치적, 경제적 견해에 대해서 우리는 완전히 무책임한 존재가 되었다. 이는 우리 자신을 망각하는 것이고 우리 주변의 동료시민에 대해 망각하는 것이다. 내가 20년 전에 사용했던 문구에 따르면 "한 정보는 다른 정보를 몰아낸다." 연속성도, 통일성도 없다. 우리는 확실히 **망각의 문화** 속에서 살고 있다. 우리에게 안성맞춤인 이 문화는 우리의 생각이 견고한 바탕 위에 있는 것이라고 긍정해 주면서 우리를 순응시킨다.13) 문화는 우리의 통치자의 좋은 봉사자다. 왜냐하면 기억이 없는 백성은 지극히 조종하기 쉽고, 통치하고, 인도하기 쉽기 때문이다. 그리고 역시 바로 이것이 교육의 역사를 사라지게 하는 이유이다. 그리고 모든 교육을 "내일의 사회에 들어가게 하려고"이것은 이상한 주장이다. 왜냐하면 아무도 세상이 어떻게 될지 알지 못하기 때문이다 필수화하는 이유이다.

몽떼뉴가 규정한 대로 "망각의 과학"이 있기 때문이다. 그것을 처음으로 기술한 사람은 오리옹Orion이다.14) 그리고 그는 그것을 합당하게 레또떼끄니끄lethotechinie:망각의 기술-역주라고 불렀다. 그러나 이 기술이 출현하게 하고 그것을 알리는 것은 심히 위험한 발상이다. 그래서 우리의 뛰어난 지식인들 중에서, 어떤 심리학자, 어떤 철학자, 어떤 분석가들 중에서 그 누구도 1930년에 쓰인 이 글을 반복하는 사람은 없다! 그는 망각의 과정이 가장 우연적인 요소에 영향을 적게 받기 때문에, 간단한 규칙을 정할 수 있다는 것을 발견한다. 그리고 중요한 것은, 무엇보다도 정치적 망각이다. 우리의 경험은 지금 급진적이다. 왜냐하면 **모든** 것이 **정확하게** 망각되었기 때문이다. 저자에 의해서, 대중에 의해서 그리고 역시 적에 의해

---

13) 나는 다음은 농담을 좋아하다. 의견을 "뒤집었다"고 비난 받는 한 사람은 다음과 같이 답변한다. "뒤집어졌던 것은 바로 어제였소."
14) *Nouveau Dictinaire des girouettes* (1948)의 감탄스러운 서문에서.

서 동시에 망각되었다. 미테랑이 비시정부의 문장˙紋章˙을 사용하고 독일 점령 시에 마르쉐Marchais가 나치에 협력 한 것을 다시 떠올리는 것은 추잡하고 몰상식한 것으로 보인다. 보까사Bokassa의 다이아몬드와 발표된 세금관계 문건에 대해 말하자면, 가을바람이 그것들을 날려버렸다. 니체의 말은 예언적이었다. "망각하는 자들은 행복하다. 왜냐하면 그들은 자신의 어리석음조차도 잊어버리기 때문이다."『선과 악을 넘어서』에서 그렇다, 확실하다. 그러나 망상 속에서 온 삶을 사는 백성은 비할 데 없고, 다시는 마주치지 않을 것 같은, 그리고 이겨낼 수 없을 것 같은 현재에 대한 두려움에 의해서 공략당할 뿐이다. 왜냐하면 이전 세대들이 무엇보다도 살고자 하는 의지에서 건널 수 있었고, 극복하고 이겨낼 수 있었던 모든 전쟁, 기근, 방황들, 장애들, 버림받음, 거짓말들, 박해들을 잊어버렸기 때문이다. 우리는 그것을 더 이상 모른다. 그래서 우리는 모든 것을 두려워한다. 필요한 면역력을 더 이상 생산할 수 없는 인간의 몸처럼, 과거의 질병에 대한 기억을 잊어버리면서, 우리 사회 전체는 오늘날의 불행을 정복하는 항체를 생산할 능력이 없다. 왜냐하면 이것은 프로그램, 계획, 선언에서 나오는 것이 아니고, 과거의 사회적, 정치적 그리고 생사를 오간 경험의 열매에서, 그리고 기억과 추억에서 동시에 우리가 삶으로 체득한 모든 것에서, 그리고 인간이 뼈저리게 이 경험 위에 쌓은 모든 교훈과 의미에서 나오는 것이다. 모든 것이 지워져 버렸다. 그래서 인간은 두려워한다. 여기에 내가 자주 삶의 진정한 위험을 감당할 수 없는 현대인의 개인적 유약성이라고 고발했던 것의 근본적이 뿌리가 있다.[15] 그는 모든 것과 그 그림자를 두려워한다. 인간은 자신이 처해 있는 세계에 대한 환상적인 이해인 망상을 갖

---

[15] 그렇지만 인간은 거짓된 위험을 무릅 쓸 준비가 되어 있다. 혼자서 떠나는 항해, 히말라야 등정, 자동차 경주, 모든 종류의 만용, 음악적 일탈 등이다. 이러한 것들은 거짓된 것이다. 왜냐하면 이것은 있는 세계 그대로의 현실과 그리고 생존할 수 있을지, 아닐지를 알아야 하는 힘든 일상과 아무런 관계가 없기 때문이다.

는다. 그리고 그는 허구적인 원인들에 이 두려움을 투사한다. 이 불안은 그가 실재로 겪는 것이다. 그는 병, 타인들, 젊은이들또는 여기서는 노인들, 허구적인 위험들, 세계적인 전쟁, 사장, 노조, 혁명 또는 정치적 획책 등에 두려움을 갖는다…그리고 나는 이 모든 것은 부분적으로 의심이 가지만, 물론 실재성을 가지고 있다는 것을 부정하지 않는다. 그러나 중요한 사실은 우리가 생각하는 실재라는 것이 엄청난 부분에서 우리의 상상과 감각 안에 있다는 것이다. 동시에 우리는 우리의 통제되지 않는 두려움을 이 통일성 없는 실재에다가 부여한다는 사실이다. 이것은 바로 인간이 근본적으로 이 사회적 대상들의 표상들로 스스로를 두렵게 하고, 이 존재론적 두려움을 느끼면서 정당화하기 때문이다. 한편, 우리가 알고자 하는 진정한 기원들은 숨겨져 있고, 알려지지 않고, 종종 지적인 발명품 취급을 받는다. 그리고 이 영역에서, 정신의학은 근본적으로 무능력하고, 효과가 없다. 미래도 과거도 없고, 연관 관계도 기준도 없다. 이 조건 없는 두려움의 주인은 시간과 공간 속에서의 고독이다. 그러나 이 깊은 원천 위에서 우리가 암시를 했고, 알고 있으며, 과장되고, 해석되어 두려움의 우주 속에 통합되는 실재적 사실들로 두려움의 구조들에서 더욱 피상적인 망이 구축된다. 각 정보들은 두려움을 살찌운다. 석유의 부족 또는 전철에서의 폭행… 우리는 자주 두려움을 일으키는 "미디어"를 고발한다. 그러나 현실적으로 그들은 방송을 하면서, 대중이 듣고 싶어 하는 것을 답변하는 것이다. 그리고 다른 한 편으로 모든 정보는 두려움의 풍토에 통합된다.

우리는 두 가지 점에서 미디어를 비판할 수 있다. 우선 실제적으로 나쁜 소식들을 선택하고 배급하지 않을 수 없다는 것이다. 사건, 재앙만이 정보이다. 세상에 주는 것은 끔찍스러운 모습들이다.16) 이 참담함은 시청자들의 흥미를 더 일으키도록 사건을 극화하는 경향 때문에 더 악화된

---

16) 나는 이 사실을 나의 책 『선전』(대장간 역간, 2012)에서 길게 다루었다.

다. 그리고 또한, 대중 효과가 있다. 비록 사실에 대한 정확한 이해가 없을 지라도 대중은 괴로워한다. 우리는 같은 감정을 느끼는 수백만의 사람이다. 그러나 이 모든 것은 만일 근본적인 두려움이 우리 가슴 깊은 곳에 숨어 우리 각각의 태도를 물들인다면 아무런 효과도 없다. 하지만 두려움은 두 가지 행동을 낳는다. 폭력과 엄격함이 그것이다. 한편으로 국가, 경찰의 폭력뿐 아니라, 다른 편으로 시위대, 폭도, 젊은이들의 폭력도 마찬가지다. 폭력은 지금 모든 사회관계를 특징짓고 있다. 나는 이에 대해 별로 친숙하지 않는 것을 언급해 보겠다. 도덕에 대항한 폭력, 이것은 매우 근본적인데, 왜냐하면 이것은 두려움을 구성하는 요소 중 하나이기 때문이다. 이는 도덕에 대항한 보편적인 폭력이다. 동성애 운동, 특정 페미니스트들, 성의 자유, 반가족, 반정직 등등… 인간은 자발적으로 자신의 두려움을 달랠 수 있는 것을 파괴한다. 그리고 반대로 그것에게 양분을 주고 그것을 강조한다. 인간은 자신의 콤파스와 무전기를 파괴하면서 스스로 항해사처럼 행동한다. 인류의 품위를 떨어뜨리며 보편적인 불신을 표출하는 고발이 일상화되었다. 믿는다는 것이 불가능해졌다. 이 상황에서 우리는 두려움의 원천과 영향을 발견하게 된다. 차이, 다른 사상, 다른 삶의 양식이 나타나면 즉시 폭력이 나타난다. 우리에게 전혀 낯선 모든 것에 대해 폭력이 행사된다. 교회 안에서 생각의 차이는 믿을 수 없는 말의 폭력을 초래한다. 나는 반드시 교회의 권위의 폭력에 대해서만 말하는 것이 아니고, 이러한 권위를 가진 적들, 좌파 또는 우파에 대해서도 말하는 것이다 정당이나 노조 안에서도 마찬가지다.

　문학적 폭력도 있다. 책은 어떤 상황, 분석, 언어에서 폭력적 성격을 가져야만 독자를 얻을 수 있다. 스릴러가 바로 그것이다. 1971년 오스본Osborne의 끔찍한 책, 『사냥이 시작되다La Chase est ouverte』그리고 까를로니노빌리의 사이비 과학적 글들에 해당한다.[17] 이 모든 것은, 우정을 유지해주는 것과, 삶의 이유

---

17) Glauco CARLONI-Daniela NOBILI, *La Mauvaise Mére*, 1979.

가 되는 모성애를 파괴하는 내용들이다. 그리고 사람들은 문학이 살인자에게 영예를 주도록 압박한다.18) 이 살인자는 가장 열정적이고, 가장 존경받을 만한 사람이 된다. 사르트르의 성-즈네Saint Genet와 함께 그것이 시작되었다는 것은 사실이다 인간이 선과 악을 분별할 가능성들을 파괴하는 상황에서 어떻게 폭력을 도처에 퍼트릴 수 없겠는가? 그리고 "선한 것"은 절대 악으로 고발된다. 공정함, 정직, 충직, 유일한 사랑… 이는 이러한 것들이 위선과 강압의 표현이지만 악이 드높여져 지고선이 되었기 때문일까? 이것은 모든 문학, 연극, 영화, 텔레비전의 운명이 된다. 그리고 우리가 가장 이런 가치의 전도가 일으킨 시원적인 집단적 두려움과 그런 가치의 전도에 오염되는 것에 대한 두려움을 말하는 것은 일리가 있다.19) 대중 매체의 일반화는 정보라는 진정한 전염병을 일으키고, 안전을 보장해야할 기관에서 폭력을 일으키고, 동시에 폭력에 의해 초래된 공포를 독점하는 장소가 되게 한다. 왜냐하면 이것은 권력과 그 권력의 부정 속에서 동시에 유희를 하기 때문이다. 보호와 안심을 보장해야할 경찰이 폭력의 기제와 폭력을 일으키는 기제가 된다. 지난 50년간 구상된 도시화는 자본주의적폭력의 산물이며, 폭력의 생산자이다. 강제로 부여된 도시적 생활양식이 시민들에게 가하는 폭력 행정부는 지속적으로 폭력의 원천이다. 행정부에서는 역시 행동은 폭력에서 나오고 결정된 사안이 실현되지 못할 것이라는 두려움에서 나오는 폭력을 유발한다. 행정부의 폭력에 대항하는 피행정인들의 폭력 이 폭력은 특히 협의에 의하지 않고 순전히 권위적이고 자의적인 결정에 의해서, 그리고 시민이 기준으로 삼고, 의지할만한 법적인 규칙을 전혀 준수하지 않는 결정에 의해서 초래된다…근본적인 두려움과 걷잡을 수 없는 폭력은 분리할 수 없는 짝을 이룬다. 우리는 '원시적' 시기로 돌아간다. 그때는 각자가 자신의 안전을 보장해야한 한다고 생각한다. 그러

---

18) Colin Wilson, *Être assasin*, 1978.
19) H.P.JEUDY, *La Peur et les Médias: essai sur la virulence*, 1979.

나 그는 단순히 적을 오인한다. 그리고 근본적인 존재가 항상 결여 되는 것에서 나오는 자신의 두려움을 제어하는데 결코 이르지 못할 것이다.[20]

그렇지만, 역시 분명한 폭력에 의해서 파생되는 영향은 경직성이라는 것이다. 우리가 더 두려움을 가진다면, 우리를 보호해주기를 원하는 갑옷이 더 두꺼워지고, 그것은 그 사람의 일부가 되어 동물의 등껍질처럼 되고 말 것이다. 경직성은 역시 모든 영역에서 두려움으로 나타난다. 종교적 운동 안에서 그리고 교회 안에서, 교리적 편협성, 형식주의, 성경적 근본주의에서 나타난다. 그리고 행정적, 계획적 경직성이 나타난다. 이것은 분명하게 독재적 경향들이 다시 출현하는 것을 알리는 신호다. 만연된 두려움 속에서, 인간은 안전에 대한 바둑판 줄긋기가 필요하다. 그리고 그것은 반드시 우파나 좌파의 파시즘이 될 것이다. 이 파시즘은 공포를 낳기 전에 큰 안도의 한 숨을 쉬게 할 것이다. 왜냐하면 우리는 결국 우리가 어디로 가야할 지와 보호받을 것을 알기 때문이다. 정치적 경직성은 종교적 경직성과 맞물려서 간다. 그리고 아마 우리는 완전하게 틀에 박힌 말의 재현을 가지게 될 것이다. 공산주의의 판에 박힌 말은 이것이 완전히 낡아빠지고 적절하지 않은 가령, 계급투쟁으로 모든 것을 해석하는 것과 같은, 그리고 세계에 대한 해석을 발전시키고 계속해서 유지할 능력이 없는 것으로 나타나는 한 안도감을 주는 말이 된다. 그러나 이것은 혼란스런 시간 속에서 변하지 않는 속성 때문에 확신과 명백성을 다시 줄 것이다. 그러나 동시에 이것은 이 세계 속에서 거짓된 세계관을 제공하면서 혼란과 잘못된 행동을 가중시킨다. 자기 방어적 경직성은 인간에게 거짓된 뿌리를 내리게 하고, 거짓 안전, 거짓 과거다시 제조된 거짓 미래완전한 억압를 주나, 그에게 효과적으로 강한 안전의 감정을 준다.

---

[20] 나는 1976에서 77년까지 폭력에 대한 정부 위원회에 속했었다. 위원회는 이 모든 것에 대해서 흥미로운 보고서를 발표했고, 어떠한 종류의 정치적 결과도 얻어내지 못했다.

3장 · 정치, 사탄의 영역

　지금까지 우리가 기술한 모든 것은 많든 적든 직접적으로 정치의 결과와 영향이라고 할 수 있다. 대표적인 정치 도시에, 제국의 도시에, 왕 중의 왕에게, "아직 사십일이 남았다"라고 요나는 외친다. 악을 축적하고, 위험을 높이는 것이 정치의 본질이다. 그리고 정치만이 이런 것들을 낳을 수 있다. 그것은 절대 악의 실제적 형상이다. 그것은 사탄적이며 마귀적이다. 마귀적인 것의 중심적 자리이다. 그리고 내가 정치를 말할 때, 단순히 국가를 겨냥하고 있는 것이 아니다. 그것은 또 다른 문제이다. 그것은 국가를 정복하고 이용하고 싶어 하는 사람들의 문제다. 나는 좌파나 우파와 같은 특정 정치체제 그 자체를 생각하고 있는 것은 아니다. 내가 고발하는 것은 **한** 정치체제의 목표들, 교조들, 수단들, 그 사회적 뿌리들, 그 의도들, 그 체제 원리의 자명성들과 상관없이 정치 **그 자체**이다. 그리고 나는 정치적 세계 속에서 구체적으로 실행되고 있는 그대로의 정치를 말하는 것이다. 제발, 점잖은 채 하면서 그리스 도시국가를 언급하지 말라. 그리스 폴리스는 근대 민족국가와 아무런 상관없다. 공동선, 일반적 이익, 함께 사는 기술, 이상적 도시를 함께 노래하며 이러한 것들을 실현한답시고 정치에 대해서 경건한 척하는 태도를 집어 치워라.[21] 노아의 옷으로 벌거벗은 현실을 덮도록 의도된 가장 나쁜 종교적 발명품들 중에서 가장 나쁜 허튼소리들이다. 정치, 그것은 힘의 정복이다. 힘을 정복하기 위한

---

[21] 정치학으로 대변되는 정치적 이상주의다. "지배자들이 사람들을 같은 사회적 집단으로 정돈해 공동의 선을 실현하고, 그들이 이 목적을 실현하도록 협력시키고, 이렇게 해서 각자가 더 인간적인 자기 자신이 되게 하고, 동시에 타인들이 더더욱 서로 인간적인 되도록 도울 수 있도록 하는 규칙들의 과학" (REGLAGE, "L'argent de la politique: l'Etat" *Semaine sociales*, 1933. 추상화의 좋은 예이거나 순전한 바램! 어디에서 이렇게 실현되었는가?

수단들이다. 우리가 그것을 갖게 될 때, 그리고 그것을 간직할 때, 적들을 대항해서 스스로를 방어하기 위한 수단들을 어디에 사용할 것인가? 선과 덕을 위해서 일까? 결코 아니다! 권력을 얻으려고 사용한다. 이것이 전부다. 정치에서 이것 외에 다른 어떤 목적도 없다. 정의를 비롯해 여러 가지를 실현하기 위한 수단으로서의 정치에 대한 담론들은 단지 베일, 연막에 불과하다. 그것은 한편으로 이 거칠고 비참한 현실을 감추고, 다른 한편으로 정치에 대한 보편적인 열정을 정당화한다. 모든 것이 정치적이라는 보편적인 확신, 우리는 그것이 없이는 아무 것도 할 수 없다는 확신, 정치는 인간의 가장 고상한 활동이라는 확신, 그것은 가장 저열한 것이다. 우리 시대가 겪는 모든 악들의 근본적인 원천인 정치를 악마적이고 사탄적이라고 말할 때, 그것은 단순한 수식어가 아니다. 나는 문자 그대로의 의미로 이 단어를 사용한다.

정치는 마귀적이다. 마귀디아볼로스는 어원적으로 '나누다', '분리하다', '해체하다', 연합을 깨고 분리를 조장하고 대화를 단절시키는 것을 지칭한다. 성경의 마귀, 그것은 인간과 하나님 사이의 분열을 초래하는 자이다. 그것은 인간을 창조자와 피조물의 관계의 특징인 연합을 깨뜨리려고 인간을 회유하기 위한 다양한 수단을 사용한다. 마귀는 인간의 자연적이고 건전한 경향 위에서 행동한다. 하나님은 이 **자유로운** 존재를 창조했고, 인간에게 피조물을 **다스리도록** 책임을 부여했다. 마귀는 거기에서 인간이 하나님에게서 **독립**을 선언하도록 부추겼다. 그리고 자신의 의지에 대해서 자율적이 되도록 원하게 했다. 마찬가지로 마귀는 하나님이 부여한 **권력을 힘과 지배의 의지로** 변질시켰다. 이 남용과 일탈은 하나님의 일을 그것을 성취한다고 주장하면서 그 반대로 변질시키는 마귀적 행동의 전형들이다. 그리고 이것은 역시 이상주의적, 도덕적, 공동체적 정치를 내가 위에서 환기시킨 현실 정치로 변질시킨다. 이러한 전복을 위해서, 마귀는 성경에서 유혹을 통해 이브는 '나무'를 보았고 **분명** 그것이 먹음직도 하고 보암직도 하고 지혜롭게 할 만큼 탐스럽다고 생각했다. 그리고 우리가 자주 거짓말이라고 부르는 것을 통해서 행동한다. 마귀, 거짓의 아비 마귀는 진리를 이용해 진리와 반대되는 결과를 노린다. 이처럼 이브와 마귀 사이의 대화 안에서 이것은 거짓말 하지 않는다. 단지 그들이 하나님처럼 될 것이라고 알려준다. 선과 악을 분별하고, 그들이 죽지 않을 것이라고 유혹한다. 그러나 그것은 의미와 가치를 빗나가게 하는 유혹이었다. 비뚤어진 실재가 진리가 된다. 그리고 마귀의 유혹을 통해서 현란한 빛과 여러 방향의 굴절을 통해서 왜곡된 실재 때문에 인간은 자신이 상상하거나 기대했던 상황과 전혀 다른 상황 속에 처하게 된다.

그러나 오늘날, 구체적으로 우리 사회에서, 거짓의 아비가 누구인가? 그것은 정치, **오로지** 정치라고 말하겠다. 프랑스는 두 블록으로 나뉘어 있다.22) 하지만 이것은 불합리하다. 왜냐하면 사실 양쪽에서 서로 맞바꿀 것이 거의 없기 때문이다. 그럼에도 불구하고 프랑스는 나뉜다. 정치적 분류상 피정복자들이 있고 정복자들이 있다. 다른 방식의 분류는 없다! 전쟁을 할 태세를 갖춘 하얀 그리고 빨간 제국주의가 있다. 그리고 자발적인 의사가 없는 보통 사람들을 전쟁으로 몰고 가는 것은 무엇인가? 바로 정치다. 텍사스의 사나이를 베트남인들을 죽이라고 보내는 것은 무엇인가? 그리고 에스토니아의 젊은이들을 아프카니스탄인들을 죽이라고 보내는 것은 무엇인가? 오직 정치뿐이다. 그것은 일반적 이익, 집단의 이익, 조국 그리고 모든 현실 문제를 대표한다고 강변한다.23) 물론 분명하게 화합되지 않은 부족과 집단, 부족과 가족이 있다. 서로 적대적인 기업들이 있다. 이것은 큰 결과를 초래하지 않는다. 최악은 친족에 의한 복수다. 그러

---

22) [역주] 정치적 좌파와 정치적 우파를 가리킨다.
23) J. CHEVALILIER가 기획한 연구들 전체를 일반적 이익에 대한 고발로 읽어야 한다. 3권이 P.U.F에서 1979-1980에 출간 되었다. 빼어난 책이다.

나 국지적 이익들이 정치에 의해서 손이 주어진다면, 그것들은 일반적인 이익을 대표하는 것이 된다! 그렇다면 우리는 집단적인 비극으로 옮겨간다. 거기에는 무고한 자들이 죄인들을 위해서 대가를 치러야 한다. 그리고 우리는 헛되이 경제적 이익에 대해 말할 것이다. 그것은 훨씬 근본적이다. 구조, 전략, 기구, 이데올로기가 없다. 모든 **정치들**, 경제적 이익들은 아무 것도 아니고 큰 것을 바꾸지 않는다. 정복을 하는 것은 바로 정치다. 나는 경제적 이익을 원한다 식민지들과 시장들을 점령하는 것, 경제적 이익을 위해서 불가피하게 된 전쟁을 위해서 사람들을 동원하는 것은 바로 정치다. 그리고 정치가 경제에 의해서 좌우된다는 것은 늘 옳지 않다. 그러나 경제를 수단으로 해서라도 정치는 분열시키는 자를 대표한다. 계급을 분열시키고 계급투쟁을 조직하는 것은 바로 정치다. 그리고 우리가 너무도 흔히 생각하는 것과는 달리 그것은 경제가 아니다! 정치에서 벗어나는 당원들의 믿을 수 없는 어려움을 보아라. 조합은 불가피하게 다시 정치로 돌아온다. 그리고 노동자의 생각이 혁명적이고 동시에 무정부 조합주의처럼 정치에 적대적일 때는 성공하기 어렵고 오랫동안 지속되지 못한다. 사회주의의 "진보"는 경제적 계급투쟁에 의해서가 아니라 정치의 길을 통해서 이루어진다. 그리고 무정부 조합주의는 조합주의가 정치적 길로 들어서서는 안 된다고 주장하며 정치를 비난할 때 정치의 분열적 성격을 정확하게 보았다. 왜냐하면 정치는 분열만을 조장하고, 불가피하게 노동자 계급을 다양한 '경향들'로 흩어지게 할 것이기 때문이다.

　만일 우리가 노동자 계급의 통일성을 유지하고자 한다면, 정치를 하지 말아야 한다고 메르하임Merrheim, 그리퓌엘헤Griffuelhes, 펠루띠에Pelloutier가 말한다. 그리고 그들은 정치의 본성에 대해서 정확하게 인지하고 있었다. 우리는 그들의 말을 듣지 않았다. 그리고 우리는 어떤 일이 벌어졌는지 보았다. 스스로 사람들을 규합하는 자라고 소개하는 정치인들은 웃음을 자아내지 않는가! 그들은 한 무리를 모은다. 하지만 국가의 나머지 부분과의 간격은 깊어질 수밖에 없다. 그리고 마찬가지로 정치는 사람들을 국가로 불러모은다. 하지만, 이 국가는 반드시 다른 나라들과 생명을 건 전쟁에 들어가게 한다. 나라를 연합하려고 전쟁을 일으킨다는 것은 이미 공인된 정당한 수단이다! 정치는 아무 것도 창조하지 않는다. 그리고 무엇보다도 참된 만남, 인간들 간의 연합, 근본적으로 연합하고 인간적으로 결정권과 책임을 지는 사회를 앞서서 창조하지 못한다. 그것은 분열, 갈등만을 낳을 따름이다. 이것은 엄격하게 말해 아무 쓸모없는, 어떤 기초도 없는 부조리한 것이다. 왜냐하면 반세기가 지났을 때, 우리는 야수적인 미움 속에서 정치적 적들을 대립시켰던 분열을 보았기 때문이다. 우리는 일반적으로 전쟁의 동기가 되는, 분열과 미움의 동기인 허영과 어리석음 앞에서 아연실색케 된다. 따라서 이 사람들이 서로의 목을 조고, 서로를 학살하는 것은 바로 이 허영과 어리석음 때문인가? 우리는 그 정도로 짐승은 아닐 것이다! 그러나 우리가 깨닫지 못하는 것은 다른 목적들과 다른 동기들로 우리는 똑같은 짓을 하고 있다는 것이다! 그리고 우리의 전투에 대한 정치적 모티브는 우리의 작은 아들들에게 바보처럼 비칠 것이다. 그것이 정치에 속한 사실이다. 누가 광적인 갈등에 사람들을 이끌어 유혹하고, 밀어 개입시켰는가? 이것은 바로 정치다. 우리가 수호해야 하는 "명분"을 절대적으로 심각하게 고려하게하고, 우리의 교조나 의견들을 다른 이들의 교조나 의견들에 대립시키는 것은 바로 정치다. 우리가 우리의 형제들에 대항해 이데올로기적이고 피상적인 동기들을 위해서 서로 들고 일어서게 하는 것도 바로 정치다. 그리고 정치가 대학살을 자행하는 것은 바로 이 어리석은 정치의 이름으로다. 시베리아에 문화를 놓는다는 이름으로, 집단노동 수용소가 세워졌고, 무용한 쌀의 집약적 생산의 이름으로 폴 포트Pol Pot는 백성의 삼분의 일을 학살했다. 정치적 위신이라는 이름으로 프랑스는 세상의 사분의 일을 정복했다…엄숙한, 화려한 정치적 선포들은 사실상 깊숙이 들여다 보면, 학살과 분열일 뿐이다. 그러나 곧 우리는 그것을 믿게 된다. 우리는 눈을 감고 그것을 믿는다. 정치는 완전히 눈이 멀게 한다. 그것은 모든 살인적이고 동원적인 이데올로기를 만들어 낸다. 간단한 예를 들어 보자. 중세 시대 이래로 공존하는 공동체들이 있었다. 드뤼즈Druzes와 마로니뜨Maronites는 모든 점에서 대립되나, 일상적인 접촉과, 실질적 삶의 교류와 지식의 교환을 통해 만족스러운 삶의 양식을 갖고 있었다. 여기에 정치가 개입한다. 프랑스와 경쟁하는 영국 정치는 프랑스의 정치를 좌초시키고 싶어 한다. 그리고 러시아인과 오스트리아인들 각자는, 소위, 이러저러한 공동체를 보호한다는 명분으로 개입했다. 그러나 이러한 개입은 전혀 필요 없는 것이었다. 그리고 여기서 정치가 공동체들의 관계를 장악하는 순간이 시작된다. 분열이 시작된 것이다. 드뤼즈Druzes인들이 마로니뜨Maronites인들을 학살한다. 처음이었다고 그들은 대답한다. 그리고 1840년부터 이것은 더 이상 멈추지 않았다. 잔악한 전쟁의 발발은 레바논의 인간관계 속에 정치가 들어와 낳은 직접적인 결과이다.

다른 예들을 취할 수 있을 것이다. 종족 사이에서 분열의 감정이 있을 때 또는 다른 피부 색깔 사이에 감정이 있을 때, 그리고 이상하게 여겨지는 습속이 있고, 이상하게 보이는 관습이 있을 때, 이것은 사람들 사이의 화목을 깨지 못한다. 그들은 쉽게 서로를 인정한다. 이 다양성들은 정치에 의해서 장악되기 전까지는 존중된다. 그렇다, 그러나 정치가 개입하는 순간 차이는 비극적인 문제가 된다. 다양성은 타자를 배제하는 모티브가 된다. 그때 인종주의가 출현한다. 인종주의를 일으키는 것은 늘 정치적 창조물이다. 인종주의의 출발은 집단 내의 자연스러운 대립감정이다. 그렇지만 이 대립감정이라는 것은 서로의 공존을 불가능하게 하는 것은 아니었고, 가끔 충돌이 있더라도 회복 가능한 정도였다. 이처럼 정치는 차이를 **살인적으로**, 갈등을 **돌이킬 수 없는** 것으로, 사상적 대립을 고칠 수 없는 것으로 바꾸어 버린다. 다시 말해서 진정한 마귀적인 분열이다.

그러나 아마도 여기서 두 가지 사실을 분명히 할 필요가 있다. 나는 특정한 인간적, 사회적 틀을 가지고 획일주의, 동일화, 무제한의 재생산을 원하지 않았었다. 나는 계속해서 획일적 생산에 반대했고, 다원주의를 긍정했다. 나는 늘 대화는 반드시 차이 위에 기반 한다고 말해왔다. 따라서 나는 연대성에 호소해서 정치를 마귀적인 것이라고 규정하는 것은 아니다! 그러나 마귀적인 분열은 어떤 참된 것에도 바탕을 두지 않는다. 이러한 분열은 다원주의를 거부하고, 공존, 타자에 대한 인정, 다양한 의견에 대한 존중, 얼키설키 엮어진 인간관계를 조정하는 것을 거부한다. 다양한 여러 이익을 고려하기를 거부한다. 그리고 만약에 당신이 이 자유주의 정치를 정의하는 것이 바로 이것을 말한다면, 나는 이 정치적 자유주의가 실현되는 현장에 당신을 돌려보낸다. 그리고 당신은 역시 자유주의 정치가 다른 정치들만큼이나 분열적이라는 것을 보게 될 것이다.

두 번째 주목할 것은 나의 고발이 철학이나 신학과 관련되지 않는다는 사실과 관련되어 있다. 다시 말해서 나는 이처럼 형이상학에서 영원하고, 영구적으로 고려되는 정치 자체의 성격을 규정하는 것이 아니라고 주장한다. 나는 늘 그랬던 것처럼 **지금 여기서**$^{\text{hic et nunc}}$, 현재의 시간을 말한다. 정치는 지난 300년간 서구의 성격을 정의했다. 그러나 지금은 세상을 정복하고 설득했다. 결과적으로 아프리카 정치는, 그리고 아시아 정치는 이 같은 서구적 정치적 범주에 정확하게 맞아 떨어진다. 마귀적인 것은 역사를 통해서 다양한 형태를 취해왔다. 마귀, 분열자인 그것이 지금은 정치 뿐이다. 그리고 그 마귀주의는 법의 타락, 정의에 대한 거짓말, 거짓 희망 노래하는 내일들을 일으키고 인간을 출구 없이 분열 안에 집어넣는다. 왜냐하면 그것이 바로 마귀적인 것이기 때문이다. 다시 말해, 사태를 과장하고, 치유할 수 없을 정도로 분리시키고, 진퇴유곡의 상황에 집어넣는 것이다. 그리고 이 모든 것이 유혹의 길, 약속의 길, 환상의 길이다. 모든 정치의 대표적인 무기는 선전이라는 것과, 이것은 거짓 그 자체라는 것을 잊지 말자.24) 거짓의 아비는 오늘날 선전에서 자신을 표현하는데, 그것은 열정, 거짓 증거, 열정적인 참여 그리고 내부적인 소외를 만들어 낸다. 그리고 오늘날 주요한 거짓말인 그것은 유명한 문구인 "모든 것은 정치적이다." 또는 "국민들은 정치적 길을 통해서만 자신을 표현할 수 있다." 또는 "만일 우리가 정치적으로 행동하지 않는다면, 우리는 아무 것도 하지 않는다." 이 세 가지 부조리한 문구는 정확하게 오늘날 완전히 정치에서 구현되는 거짓의 아비와 같은 표현이다. 오늘날 정치는 마귀다.

그러나 그것은 역시 그리고 동시에 그 사탄이다. 성경적으로 사탄과 마귀는 같지 않다. 루시퍼는 더더욱 아니다. 이것은 성경에 존재하지 않고 후대에 발명된 것이다 따라서 마귀는 유혹을 수단으로 해서 분열시키는 자이고, 사탄은 고발하는 자이다. 하나님 앞에서 가령, 인간을 항시적으로 고발하는 자이다. 그러나 하나님 역시 고발하는 자이다! 그리고 고발이 있는 도처에심지어 정당한, 심지어 근거가 있는, 심지어 합법적인 곳에서도 사탄의 사역이 있다. 사탄 자신이 있다. 사탄과 고발이 만나는 곳에서는 사랑의 부정, 파괴 그리고 부패가 일어난다. 또는 오늘날 이런 저런 집단을 절대 악으로 지칭하는 것과 같은 대 고발이 일어나는 오늘이 바로 그때인가? 누가 한 계급, 한 민족, 한 종족을 고발할 세계적인 검사의 역할을 수행하겠는가? 바로 유일하게 정치다. 우리는 마귀적인 것과 정치적, 경제적인 것 사이에 특정한 상관관계가 있다는 것을 보았다. 그러나 여기서는 아니다. 사탄적인 것은 순수한 상태 그대로 정치적인 것에 속해 있다. 더 이상 어떤 이유도 없다. 어떤 잣대도 없다. 어떤 역할을 하는 어떤 인간적 고려도 없다. 타자는 일어

---

24) 나는 내 선전에 대한 연구에서 선전과 거짓말 사이의 관계를 밝혀냈다.

나고 있는 모든 악에 대해서 책임이 있다고 고발당한다. 그리고 우리는 이 타자를 제거한다면 순수화와 해방이 찾아 올 것이라고 확신한다. 그는 절대 악의 수준으로까지 올라간다. 공산주의자들의 고발, 부르조아지에 대한 고발, 흑인에 대한, 또는 식민주의자들에 대한, 자본가들에 대한 고발, 또는 나치, 또는 유대인에 대한 고발…얼마나 수천 번 더 나는 다음과 같이 쓰인 문구를 읽었는가. 가령, "자본주의는 절대적 악이다." 그리고 그것은 기독교인에 의해서 쓰인 것이었다. 그러나 마찬가지로 그만큼 "공산주의도 절대적 악이다." 한 치의 용서의 여지도, 진정도 회개의 여지도 없는 고발이다. 당신이 공산주의자였다면 당신은 바꿀 수 없고, 늘 사탄적인 고발의 무게 아래에 있게 된다. 적에게는 어떤 선한 것도 어떤 평가할 만한 것도 없다. 오직 근본적인 제거만이 치료제가 될 수 있다. 그것이 해결책이다. 그리고 그 해결책을 발명해 내는 것이 정치다. 나는 즉시 하나의 항의를 듣는다. "오히려 종교가 그렇지 않습니까?" 우리는 종교재판, 파문, 폭력과 강제에 의한 회개…나는 근본적으로 아래와 같이 대답한다. 그렇습니다. 종교는 그것이 정치에 의해 장악될 때마다 완전히 사탄적인 것이 되었습니다. 잔악한 종교재판은 교회의 것이 아니었다. 그것은 국가의 계산에 의해서 실행된 것이었다. 그것은 국가를 위해서 그리고 종종 국가를 통해서 이루어 졌다. 카타리파^{Cathares}의 파문은 교회를 이용했던 왕이 한 짓이었다. 종교 재판은 포르투갈, 스페인, 베니스 공화국의 왕의 손에 들어갈 때만 극단적이 되었다. 파문이 정치의 도구가 되기까지 그것은 "영혼의 치료$^{remedium\ animi}$"에 불과했다. 그리고 강제적 회개들, 그것들을 누가 일으켰는가? 누가 색손인들을 폭력으로 개종시켰는가? 샤를마뉴다. 누가 인도인들을 폭력으로 개종시켰는가? 바로 정복자들이다. 반면 정치에 봉사하지 않았던 기독교인들은 반대로 이 인도인들의 인격과 관습을 존중해주었다 고발의 정신, 분열의 정신, 선과 악을 구분하는 정신, 이것들은 반드시 근절해야 하는 정치의 산물이다.

우리 시대의 주요한 고발은 늘 정치에서 나온다. 정치적 동기 위에 세워지고, 정치 안에서 죽음에 이르게 된다. 쾨슬러Koestler의 놀라운 견해는 『영점과 무한Le Zero et l'Infini』에서 이 사실을 극명하게 보여준다. 그리고 정치는 하나님의 자리를 찬탈했기 때문에 스스로 보편성을 주장한다. 이에 맞물려 정치는 절대적인 고발을 낳는다. 정치는 하나님의 정의와 엄밀하게 반대되는 위조품이다. 따라서 이것은 흔한 문학적 이미지가 아니고, 정치의 성격이 사탄적이라는 것과, 사탄에 의해서 만들어졌다는 것, 그리고 사탄에 의해서 인간의 가슴에 심겨진 것이라는 것을 말하고 있다. 여기에 또한 인간의 자발적인 감정, 자기 정당화가 접붙임 된다. 스스로를 정화하려면 적을 몰아내야한다는 감정이다. 인간은 늘 올바르다는 감정을 느끼려는 욕구가 있다. 그리고 여기까지 그것은 종교가 역할을 한다. 종교는 여러 기능 중에서 희생에 의해서 정화의 수단을 제공한다. 고전적인 대 종교들은 사라졌고 신앙의 결여에 의해서 더 이상 영향력이 없다. 그러나 인간의 필요, 즉 자신의 눈에 그리고 타인들의 눈에 자신이 순수하고 정당하다고 느껴야할 강한 필요이다. 그리고 지금 제공되는 길, 유일한 길은 바로 고발의 길, 정치에 의해서 정해지는 희생양의 정치적 발견의 길이다. 모든 악은 이 타자 안에 집중된다. 이 타자가 추방되거나 아니면 아예 파괴될 때 모든 악은 축출될 것이다. 적은 악의 절대적인 구현체가 된다. 그리고 그 박멸만이 우리에게 단순한 정치적 승리가 아닌 낙원, 정의, 자유를 보장한다. 정의로운 자들의 집단 안에 내가 들어가 있음으로써, 나는 그들의 정의를 나누어 받을 뿐이다. 그러나 모든 것은 고발에 의존되어 있다. 다시 말해서 사탄의 일이다. 단순한 하나의 구조는 없다. 한 정치적 조직이 있지 않다. 단순한 심리적 효과가 있지 않다. 우리는 더 멀리 가야 한다. 하지만 물론 마귀 또는 사탄은 특정하게 주어진 장소에 있는, 그리고 목적을 가진 인격화된 의지인, 한 인물이 아님을 분명히 하도록 하자. 나는 성서적으로 분열과 고발이 있는 곳 어디에서나 사회학적인 그리고 심리적인 것 이상의 것이 있다고 말한다. 그것에 대해서 설명하고 모든 사회 심리학적 결과를 살펴보는 것은 불가능하다. 그 이상의 것이 존재한다. 신적 영역인 영적인 차원이 있다. 인간 외적 차원이 존재한다. 과학적으로 분석할 수 없는 힘이 있다. 사물을 그토록 무섭게 만드는, 그리고 이것이 바로 마귀 또는 사탄에 의해서 지정된 것이다. 지금, 우리가 사는 세계에서, 정치는 성서의 사탄의 육화이다.

그러나 정치를 이해하기 위해서는 내딛어야할 한 걸음이 더 있을 것이다. 그것은 지금 마귀적인 것의 장소이다.[25] 나는 다른 곳에서 전체적으로 이것을 설명했기 때문에 이 점을 여기서 개진하지 않겠다.[26] 나는 내 결론들을 상기시키는 것에 국한하겠다. 정치라는 것은 우리 사회의 전적인 착각의 장소이다.[27] 그러나 전에 나의 분석들을 넘어서서 다음 사실을 강조해야만 한다. 정치는 거짓된 문제들을 일반화시키는 기술이다. 거짓된 목표를 설정하고 거짓된 토론에 참여시키는 기술이다. 인간의 구체적 삶과 관련해서 잘못되었고, 정치는 결코 도달하지 못하는 실질적인 사회적 정치적 경향에 대해서 거짓이다. 이 거짓된 지향 속에서, 정치는 모든 에너지를 동원한다. 그것은 거짓된 것을 일반화 시키면서 모든 것에 개입한다. 모든 것은 정치가 유일하게 참된 문제라고 제시하는 거짓 문제들 위에서 놀아난다. 결국 정치는 그 거짓 문제들을 액면 그대로 사회에 부과한다. 이 착각은 정치적 매개의 메커니즘과 함께 조합되어야 한다. 정치라는 것은 보편적인 매개자가 된다. 개인과 사회 사이의 필수적인 매개자가

---

[25] 나는 마귀적인 것의 기준으로서 이 문제에 대한 가장 완벽한 다음의 연구를 삼는다. E. CASTELLI, *Le Démoniaque dans l'art*, 1975.
[26] 자끄 엘륄, 『정치적 착각』 (대장간 역간, 2011) 참조.
[27] 자끄 엘륄, "La politique, lieu du démoniaque" in *Archivio di Filosofia*, 1978.

된다. 우리는 정치라는 길을 통해서만 사회에 대해서 행동을 할 수 있다. 정치는 우리 사회의 방향성에 초월적 정당성을 스스로 부여한다. 그것은 합법화된 매개체로서의 제도, 기구들을 설립한다. 그것은 정치적 매개체가 된다. 일어나는 모든 것은 정치적 언어로 번역된다. 그리고 그것에 의해서 설명하고 이해하게 된다. 정치적 매개는 결국, 일반적 의지, 일반적 이해 등등에 특수한 의지를 전이시키는 것 안에서 표현된다. 그리고 모든 영역에서 기능하는 이 정치적 매개는 결국 모든 사람에 의해서, 모든 것을 위해서 이루어지는 것으로 끝난다. 왜냐하면 거기에 역시 정치의 마귀적인 성격이 있기 때문이다. 수단은 진리를 대신한다. 정치적 매개는 모든 것을 대신하고 모든 것을 대체한다. 그리고 마지막으로 우리는 근대국가가 스스로 구원의 기능을 수행하고 싶어한다는 것을 흔하게 발견한다. 다시 말해 우리는 국가를 섭리로 인식하는 단계로 넘어갔다. 국가가 구원을 짊어지고 있다는 말이다. "거짓말"에 불과한 것이 "구원을 짊어지는 자"라고 스스로 선포한다. 이러한 것은 해체의 힘이다.

만일 우리가 피할 수 없는 정치적 매개와 완전한 착각을 조합한다면, 한편으로 착각에 불과한 실재가 실제로 존재한다고 착각하게 되고, 다른 편으로 사회는 다른 요소들과 매개를 상실해 버린다. 이것은 현재 정치의 지배적인 두 가지 성격이다. 따라서 이는 정확하게 말해서 마귀가 정치를 매개로 활동하는 것뿐 아니라, 정치와 연관된 모든 것들을 마귀가 몰수하는 것을 말한다. 모든 것에 배타적인 다른 편으로 착각에 대한 주장이다. 즉, 무와 무를 그리고 거짓을 착각에 매개시키는 것이다. 그때 정치는 인간의 모든 것과 이 사회의 모든 인간을 끌어들인다. 우리는 거기에서 특별히 정치의 마귀적인 성격을 볼 수 있다. 다른 정치의 성격들처럼. 마귀는 또한 인간의 내부를 소유한 자이다. 마귀는 가정된 하나님의 한 의지를 성취한다는 약속을 실행하고, 그의 약속들과 '분명한' 실현들 때문에 하나님을 대신한다. 마귀는 카스텔리E.Castelli의 예술에서의 마귀적인 것D moniaque dans l'art을 참조하며 전적으로 모방한다. "그리스도를 부르지 않고 영성체를 하는 것 이것은 오직 마귀만이 불어 넣는 자만심에 빠지게 하는 것을 의미한다" "끔찍하게 일그러진 것완전히 자연스러움을 잃어버린 것" "얼굴의 한 측면가면을 쓰고 대중의 기대에 부응하는 것" "해체의 힘…" 보다시피 카스텔리는 네 가지 문구를 통해서 마귀적인 것을 설명한다. 그리고 우리는 정치 속에서 카스텔리가 마귀적인 것으로 규정했던 모든 측면들을 분명히 만나게 된다. 거짓말과 착각, 전체적으로 위조된 우주의 창조, 인간 의지의 성취의 약속의 증거, 충분한 연합, 비자연화된 의미, 얼굴의 측면…우리는 계속할 수 있을 것이다.

결국 정치는 흡수의 힘, 동화의 힘 저항할 수 없는 힘을 가지고 있다. 1900년 프랑스의 무정부조합주의자들은 그들이 그 자신 안에서 그리고 그 자신에 의해서 모든 의도와 모든 계획을 변질시킨다는 것을 보여주었을 때 전적으로 옳았다.

그들은 사회주의자들이 정치를 하기 시작하자마자 사회주의적 담론을 유지했다. 그러나 반사회주의적인 실천을 가지고 있었고 혁명가들이 정치의 장에 들어갔을 때 빠짐없이 혁명가이기를 멈추었다고 주장했다. 1880년의 이 주장들은 정확하게 증증되었다. 밀레랑Millerand, 브리앙A. Briand, 뽈 봉꾸Paul-Boncour, 끌레망쏘Clemenceau, 모든 진지한 사회주의자들과 혁명가들은, 헌신한 사람들은 권력에 올랐을 때 그들이 약속했던 것과 정반대로 행동했다. 그리고 심지어 기독교인조차도 비극적인 딜레마에 사로잡혔다. 또한, 이 사람은 기독교인으로 남아 있기를 애쓰고 어리석은 정치를 하거나지미 카터(Carter), 또는 현실 정치를 하면서 근본에서 더 이상 그리스도인이 아닐 것이다. 로까르Rocard는 이 둘 사이의 본질적인 양립불가능성을 올바르게 주장했다.

따라서 우리가 마귀적인 것이라는 이 용어를 선택한 것은 인위적이라거나 근거 없는 것이 아니다. 이러한 선택은 결코 문제를 "극화시키려고" 하는 의도가 전혀 없다. 우리가 보여주었던 것은 이상적인 것 또는 이론 그리고 실제 사이의 차이가 아니다. 이것은 더더욱 정치적 실천의 필연성들을 인정하는 것이 아니다. 더 많은 것이 있다. 마귀적인 것에 어떤 '구조'가 있다는 사실이다. 이것은 현실적인 현상들을 설명한다. 그 존재와 그 중요성을 자연주의적, 실증적으로 설명할 수 없는 것들이 있다.[28] 깊은 곳에 이 표현의 심층적 차원이 존재한다. 어떻게 우리는 그것을 준비할 수 있을까? 그것이 문제이다. 그러나 나는 정치의 구조는 지금 특징 면에서 마귀적인 것의 구조와 일치한다는 것을 깨달았다. 그러나 그렇다고 해서 그것을 역시 일반화시키거나 범속화시켜서는 안 된다. 무엇보다도 다음과 같이 말하는 것이 가능하지 않겠는가? 경제는 마귀적인 것이다. 돈은 마귀적인 것이다. 과학과 기술 등등도 마찬가지다. 나는 기술에 대해서 적지 않은 연구를 했다. 나는 늘 그것이 마귀적이거나 악마적인 것이라고 말하는 것을 삼갔다. 왜냐하면 나는 할 수 있는 한 단어들을 비교적 정확하게 사용하려고 애쓰기 때문이다. 만일 마귀적인 것이 성경이 우리에게 그것에 대해서 말하는 것과 일치하는 것이라면그리고 이것은 나의 선택이다, 여러 사람들 가운데서 카스텔리가 설명하고 성경이 그것에 대해서 말하는그리고 이것은 나의 선택이다 것과 일치한다면, 그리고 불쾌하거나, 부당하거나, 나쁜 것을 뭉뚱그려 이 단어를 가볍게 사용하지 않는다면, 그때 우리는 그것을 지금 정치와 다른 어떤 영역에 대해서 사용할 수 없다. 왜냐하면 어떤 것도 그 성격과 상호성 전체를 담고 있는 것은 없기 때문이다. 과학은 있는 그대로 거짓말이나 위조적인 것을 낳지 못한다. 경제는 "끔찍하게 일그러진 것완전히 자연스러움을 읽어버린 것"가 아니다. 하지만 나는 돈은 마르크스가 보여주었던 것처럼 대표적으로 19세기에는 분명히 마귀적인 힘이

---

[28] 이것은 마르크스가 프롤레타리아와 계급투쟁을 신비화했을 때 예감했던 것이다.

었다고 말할 것이다. 그렇지만 오늘날은 너무 자주 비난을 받아 만천하에 마귀적인 것이라고 노출되었기 때문에, 마귀는 그 자리를 옮겼다. 거짓의 아비가 나타났을 때, 그것은 사라진다. 경제는 다른 영역들을 택하고, 새로운 거울들을 사용하려고 자신이 선택했던 영역에서 힘을 행사하기를 중단한다. 우리는 돈이라는 마귀에서 정치라는 마귀로 옮겨갔다. 이것이 우리의 진보이고, 우리의 물음이다.

4장 · 문제제기

　나는 이 시점에서 부득이하게 내가 하고 있는 이 글쓰기의 타당성을 자문할 수밖에 없다. 내가 이처럼 현대 정치에 맞서는 것은 단지 기차를 타기도 힘들 정도로 연로한 탓일까? 현재 일어나고 있는 일에 대해 이해력이 부족한 탓일까? 아니면 정치적 성격을 가질 수 있었던 내 작은 시도들에서 항상 실패했기 때문인가? 나는 싸웠다. 그러나 무엇을 위해서 싸웠는가? 그리고 세계는 예측할 수 있었던 방향에서 벗어남 없이 자신의 영광과 권세 속에서 흘러갔다. 내가 말할 수밖에 없는 것은, 바로 실패와 기만 때문인가? 그것은 멋지고 좋았던 과거에 대한 향수인가? 내가 지나간 시간을 찬미하는 사람laudator temporis acti이 결코 아니라고 거듭 말하는 것이 사람들을 지긋지긋하게 하고 낙담시킨다.이것이 내가 낙담하는 유일한 점이다! 29) 나는 얼마나 다른 사람들보다 "중세"의 고통에 대해서 더 잘 알고 있는가! 내가 위대한 세기Grand Si cle로 돌아가고 싶은 마음은 조금도 없을 뿐 아니라 "어리석은 19세기로" 돌아가고픈 생각도 없다. 그러나 오늘날 자살을 하고, 마약을 하고, 이 세상을 거부하는 사람들은 내 나이 때의 사람들이 아니다. 나로 하여금 말을 할 수 밖에 없도록 하는 것은 과거에 대한 향수가 아니다. 삶에 대한 이러한 역겨움과 세상이 이대로 흘러가도록 놔둘 수 없다는 것을 표현하는 것은 오늘날의 젊은이들이 있기 때문이다. 그들은 정치에서 등을 돌린다. 그들은 다른 무엇들보다 무無의 힘, 파괴의 매력을 느끼기 때문이다. 왜냐하면 그들에게는 더 이상의 다른 길이

---

29) 다시 한 번 나의 『예술 무의미의 제국L'Art, l'empire du non-sens』에 대해서 논평한 저자는 내가 과거의 예술을 그리워하고 있다고 생각했다. 그러나 이 책은 전혀 그런 주제와 상관없다.

없는 것처럼 보이기 때문이다. 그리고 내가 말할 수밖에 없는 유일한 이유는 살 수 없는 세상을 내 뒤에 남겨 두고 떠나야 한다는 불안감 때문이다! 그리고 우리 아들들에게 살아갈 만한 시간을 주려면 어떻게 해야 할지 몰랐던 후회이다. 그러나 이 책에서 나는 다른 이들을 고발했는가? 나는 사람들이 그것들을 고발로 읽지 않았기를 바란다. 내가 사탄을 고발하지 않으면, 나는 사탄의 손아귀에서 놀아날 것이다. 나의 어떤 책에서도, 고발은 없다. 내가 현대인에 대해서 말할 때, 그것은 우선 말하고 있는 나 자신을 대상으로 하고 있는 것이다. 나는 가련한 정치인들을 정죄하지 않았다. 내가 그것에 대해서 말할 수 있는 모든 것은 그들이 그들 자신이 하고 있는 것을 모른다는 사실이다. 문제로 삼는 것은 바로 나, 나 혼자이다. 그리고 나는 나 자신을 두고 소송을 했을 뿐이다. 나는 우리가 분별했고, 우리가 싸우는 방법을 몰랐던 이런 종류의 운명이 아주 작게나마 비켜나가게 하지 못했던 책임이 나에게 있다는 것은 인정한다. 바로 여기에 유감스러움이 있다. 후회와 동시에 소명이 있다. 우리가 원하지 않았던 것이 일어났다. 우리가 소망했던 것이 찾아오지 않았다. 그리고 나는 미래를 향해서 단지 경고하고, 다른 이들에게 도움이 될지도 모르는 교훈을 끄집어내는 시도를 하고, 용기를 북돋을 따름이다. 미미하지만 끈질기고 꿋꿋한 시도이다. 더 멀리 가야한다. 그것은 경고의 메시지를 보내는 정도의 문제가 아니다! 그것은 단절과 이탈의 의지이다. 그러나 이 의지는 우리 인간의 힘으로는 얻을 수 없는 것이다.

우리의 혼란은 우선 이 이 사실, 구조, 제도들 심지어 체계들과의 대면에서 오는 것이 아니다. 그것은 오히려 반응이 없다는 사실에서 찾아온다. 새로운 세대의 사람들이 그들에게 피할 수 없고, 빗겨갈 수 없는 것으로 보이는 운명에 끔찍하게도 종속되어 있다는 사실이다. 그러나 나는 말한다. 바로 왜냐하면 우리가 실패했기 때문이다. 우리는 적들보다 더 잘 알고 있다. 우리는 그것을 에워싸려고 노력했고 그것을 분별해 내려고 노력했고, 당신에게 그의 힘과 그의 한계 그것의 외양과 그의 실재를 가르쳐 주려고 노력했다. 그것의 첫 번째 간계는 당신이 진보와 정치를 믿게 하는 것이다. 당신이 이 길에 들어서는 한 당신은 거기에서 파묻히게 될 것이다. 다른 형태들의 행동과 반反정치를 발명해야 한다. 불가피한 것은 없다. 그러나 당신의 목에 노예의 멍에를 매려고, 당신의 목을 베도록 당신이 기웃거리는 순간 모든 것은 불가피하게 된다. 굴복하지 말라. 그러나 누구에 대한 저항인지 틀려서는 안 된다! 그리고 나는 미미한 해법들과 제시된 길들의 불확실성에 겁이 난다. 모두가 일리가 있다. 내가 아는 한 그들이 일리치Illich와 화목에 대해서 말할 때, 프리드먼과Fridmann 함께 지혜에 대해 말할 때, 쥬베날Jouvenel과 온화함에 대해서 말할 때, 푸라스티에Fourastie와 함께 도덕적 시각에 대해서 말할 때, 희망에 대해서, 개인에 대해서 말할 때, 슈마허Schumacher와 함께 '작은 것은 아름답다'에서 '작은 것'의 가치에 대해서, 루즈몽Rougement과 함께 절대와 존경에 대해서 말할 때, 모두가 옳다. 그리고 가로디Garaudy와 다른 이들과 함께 우리가 모두 자유에 대해 말할 때, 그러나 이 모든 것은 30년대에 「에스프리지Esprit」, 「새로운 질서 Ordre nouveau」 그리고 「당디에Dandieu」와 「베르나노스Bernanos」에서 거의 모두 똑같이 논의 된 것임을 다시 발견하지 못하는가? 이 모든 것은, 옳은 것이다. 동기의 결여, 대가를 치르면서까지 이 방향으로 참여해야 할 이유의 결여가 그것이다. 왜냐하면 이것은 대가가 클 것이고, 시류를 거스르려면, 편리함, 이익, 자기 마음대로 하고 싶은 마음을 버리려면, 지도할 수 없는 이 자기 비판을 실행하려면, 안락과 돈과는 다른 것을 목적으로 하는 위험을 무릅쓰는 맛을 다시 찾으려면, 고통을 대가로 진리의 요구를 되찾기 위해서는 큰 노력을 해야 할 것임이 분명하기 때문이다. 모든 것을 바꾸기 위해서는 하나의 지렛대가 필요하다. 그리고 나는 그때 이 시대에는 믿음 외에는 다른 어떤 지렛대도 없다고 말한다. 아브라함, 이삭, 예수 그리스도의 믿음, 이 믿음의 대상인 하나님은 초월자이면서 동시에 우리가 그에게 간구할 때 우리를 찾아와 우리의 현장에 들어오시는 분이다. 믿음이 해답이다. 그러나 주의할 것이 있다. 여기서 믿음은 종교심이 아니다. 이 종교심은 아무 것에도 소용없는 믿음이다. 왜냐하면 하나님 안에서 이 믿음을 이용하려 하면, 만일 내가 "우리의 문제를 해결하려고" 인류를 구원하려고, 충분한 힘을 가지려고, 세계가 지속될 수 있도록 믿기를 시작하면, 즉 믿음 자체가 하나님을 위한 것이 아니고 다른 목적을 위한 수단으로 사용할 때, 곧바로 믿음은 한낱 착각에 불과하게 된다. 게다가 그 믿음이 대상으로 하는 하나님은 거기에 더 이상 계시지 않는다. 그는 그림자이고 하늘은 다시 텅 비게 된다.

5장 · 믿음과 출애굽

아직 사십일이 남았다라고 요나가 말한다…그리고 그들이 요나의 말을 들었을 때, 니느웨 사람들은 돌아섰다. 나는 요나가 아니다. 그리고 예수, 그는 이 요나를 통해 호소한다. "그때에 서기관과 바리새인 중 몇 사람이 말하되 선생님이여 우리에게 표적 보여주시기 원하나이다. 예수께서 대답하여 가라사대 악하고 음란한 세대가 표적을 구하나 선지자 요나의 표적밖에는 보일 표적이 없느니라. 요나가 밤낮 사흘을 큰 물고기 뱃속에 있었던 것 같이 인자도 밤낮 사흘을 땅속에 있느니라. 심판 때에 니느웨 사람들이 일어나 이 세대 사람을 정죄하리니 이는 그들이 요나의 전도를 듣고 회개하였음이어니와 요나보다 더 큰이가 여기 있으며"마13:38~41 보다시피 이 예수의 대답이 우리가 기적을 요구할 때 받게 되는 대답 전부다. 그리고 이런 질문은 이 시대의 인간에게 내려질 거대한 재앙 앞에서, 축적되는 위험의 상승 앞에서, 더 큰 재앙을 막으려고 우리가 가지는 공통된 반응이다. 우리에게, 불신자나 신자 모두에게 하나의 기적이 필요하다. "나는 프랑스를 믿기 때문에 기적을 믿는다." 그 어리석음 때문에 기억할 가치가 있는 뽈 레이노Paul Reynaud의 역사적인 말이다. 그러나 그는 절망했었고, 그것 때문에 그의 말은 용서받을 수 있다. 우리에게 하나의 기적이 필요하다. 그러나 그 기적은 오지 않는다. 그리고 오지 않을 것이다. 그렇다면 헤아릴 수 없는 이 쓸쓸함 앞에서 이중적인 반응이 있다. 우리 세계의 모든 사람들에게 예외 없이 해당하는 반응이다. 왜냐하면 하나님은 우리가 보는 대로 우리의 모든 괴물 같은 성정이 스스로 풀어지도록 내버려 두시기 때문이다. 다시 말해 그는 세계를 잘못 운영하고 계시기 때문이다. 그가 세상에 개입하시 않으시고, 우리가 기대하는 대로 기적을 일으키시지 않기 때문이다. 그렇다면, 그는 존재하시지 않는다. 그가 존재하지 않아야 마땅하다. 그는 없어져야 한다. 아니면 위험이 매우 크기 때문에 종교심이라는 무의식 안으로 침잠해 들어가야 한다. 이 세상을 더 이상 바라보지 않고 다른 세상을 바라보아야 한다. 그러나 일어나는 것에 더 이상 관심을 끊고 하늘을 바라보아야 한다. 그것은 비어 있었다 종교적 실천으로 깊숙이 들어가야 한다. 종교심, 종교심, 종교심. 노아의 방주는 홍수의 한 가운데서 잘 닫혀 있었다. 우리는 더 이상 이해하는 것, 예견하는 것 그리고 아는 것, 이 모두를 원하지 않는다. 우리는 단지 하나님이 기적을 베푸시기를 원한다. 그는 기적을 행하셔야 한다. 만일 우리가 충분히 경건하다면, 충분히 종교적이고 덕이 있다면, 그는 우리를 위해서 행동해야 한다. 그리고 최근 몇 년간의 종교심의 증가는 이런 맥락에서 이해할 수 있다. 그러나 이 두 가지 반응은 하나님 앞에서 역시 받아들여 질 수 없다. 서로가 서로에게 얽혀 있는 우리 세계의 모든 요소들은 이 엄밀하게 연결된 전체를 낳는다. 거기에서 어떤 영역이 되었든지 각자의 충동은 최종적 위험을 악화시킨다. 왜냐하면 이 모든 것은 개인적 그리고 집단적 죽음으로 이끌기 때문이다.

그리고 우리는 이 죽음을 선택할 것인가? 누가 진실로 욥의 지혜를 가질 것인가? "주신자도 하나님이시고 취하신 자도 하나님이시다"는 거짓된 지혜다. 왜냐하면 책의 나머지 부분은 정확하게 모든 것이 거짓이라는 것을 보여주기 때문이다. 그리고 욥의 참된 교훈은 스토아주의가 아니다. 오늘날 우리는 말할 것이다. "우연과 필연이 은하계, 생명, 인간을 낳았다. 그리고 이 모든 것이 필연과 우연에 의해서 파괴될 것이다." 그러나 이것은 역시 모두 거짓이다. 그리고 어떤 인간 의식도 이 모든 것이 중요하지 않다고 말할 수 없다. 그리고 허세와 위선적인 초연함을 가진 한 지성인이 "인간? 그러나 그는 사라져야할 뿐이다. 그는 그렇게 많은 역사를 이루어서는 안 된다!"라고 선언할 때 그것은 거짓말이다. 우연과 필연 속에서 역사는 이루어진다고 생각하는 결론이 바로 이것이다. 우리 모두는 죽음에 이른다. 그리고 죽음의 집단적 현존은 우리가 하나님을 거부하고 부인하게 한다. 아니면 최후의 때에 있는 우리에게 유용한 기적을 행하도록 하나님을 독촉하기 위한 위로에 불과한 종교심 안으로 도피하게 한다. 그러나 그 거절된 하나님은 하나님이 아니다. 야훼YHWH는 이러한 협박에 결코 굴복하지 않는다. "이 악하고 패역한 세대가 기적을 요구한다고? 그는 요나의 기적밖에는 어떤 기적도 베풀지 않을 것이다…." 그리고 부정에 맞서서, 종교심에 맞서서 믿음이 들고 일어선다. 우리는 믿음을 다시 배울 필요가 있다. 다시 말해서 다른 동기 없이 말씀하시는 분, 유일하게 "나는 존재한다"라고 말할 수 있으신 분, 참된 관계를 기다리시는 분을 굳게 신뢰하는 것이다. 그리고 다시 판단을 그르치지 말아야 한다. 똑같은 오류를 어리석게 반복하지 말자. "맞다! 믿음은 산을 옮길 수 있다." 믿음은 그 자체로 아무 것도 아니고 아무 것도 할 수 없다. 만일 이 말이 참되다면 이것은 유일하게 그것이 예수 그리스도, 메시아, 인자, 하나님의 아들, 그것을 선포하고 그에게 진리로 말씀하시는 하나님의 아들이기 때문이다. 믿음이란 한 방향에서 그것이 행동에 우리를 투신시킬 때, 그리고 다른 방향에서 그것이 유일하게 존재하는 초월자의 실재를 증거하고 그것과 엮어질 때에만 힘을 갖는다. 두 방향이 믿음 안에서 합쳐지고, 묶인다. 이 하나님에 대한 믿음은 행동을 포함한다. 행동은 하나님의 임재를 포함한다. 믿음은 행위 없는 도피가 아니다. 그것은 세상을 바꾸고자 하는 의지를 포함한다. 그러나 그것은, 모든 행위, 모든 정치, 모든 발명들이, 하나님이 존재하지 않는다면 아무 것도 아니라는 것을 알고 있다. 그것은 하나님의 기적을 요구하지 않는다. 그것은 전부 생명을 위해서 성취해야 할 행동에 참여한다. 그러나 유일하게 살아계신 분이 존재하는 한, 믿음은 의심이라는 대가를 치르며 산다. 왜냐하면 믿음은 우리로 행동하게 하고 우리로 싸우게 하고, 우리가 의심을 넘어서 예수 그리스도 안에 계시되었던 유일하고, 살아계신 분 때문에 인간을 위해서 승리를 달성하도록 원하게 하기 때문이다. 믿음의 경주들의 진정성을 검증하려면 반드시 의심을 거쳐 지나가고 또 지나가야 한다. 믿음은 종교심이라는 대가를 치른다. 왜냐하면 그것은 의식, 전통, 희생, 영적인 격정을 넘어서 하나의 신뢰에 이르게 하기 때문이다. 그것은 자기 자신의 진정성을 가늠하도록 자발적이고 인간적인 종교심과 스스로 멈추지 않고 견주어야 한다. 만일 어떤 믿음이 그것이 하나님이 아닌 다른 한 신의 품으로 도피할 것을 주장한다면 그것은 죽은 믿음이다. 하나님의 존재를 믿는 것으로는 충분치 않다. 그것만으로는 충분치 않다. "네가 하나님은 한 분 이신 줄을 믿느냐, 잘 하는도다. 귀신들도 믿고 떠느니라"약2:19 성령의 폭발을 기다려서는 안 된다. 인간적으로 냉철하게 그리고 인간적으로 절망하지만 희망으로 가득 차 마치 하나님이 계시지 않는 것처럼, 모든 것이 우리 자신에게 달려 있는 것처럼 행동해야 한다. 그리고 어떤 것도 어떤 사람도 우리를 대신해서 그것을 할 수 없다. 행동 속에서 구원의 길들을, 새로운 사회의 구조들을 발명해야 한다. 이 시대의 광적인 위험에 대한 답들을 표현해야 하는 것은 바로 믿음이다.

 그리고 우리는 믿음이 그것을 할 수 있다는 것을 보게 될 것이다. 기적 앞에서, **하나님이 인간에게 준**마9:8 힘을 보면서 군중은 **하나님께 영광을 돌린다**. 물론 그렇다. 우리는 이 능력을 가지고 있다. 그런데 왜 우리가 **지금껏 파괴를 위해서 가공할만한 힘들을 축적할 수 있었을 때, 그것을 구원의 수단으로 사용하지 않았는가?** 우리는 긴밀하게 연합되어 있는 믿음과 기적을 결코 분리해서는 안 된다. 다시 말해서 우리는 **심지어 우리의**

구원을 위해 기적을 사용할 수 있다는 것이다. 우리는 가장 이상적인 정치를, 가장 순수한 과학을 발견할 수 있다. 관대함이 넘칠 수 있다. 적을 용서할 수 있다. 정의를 조직화 할 수 있다. 공통적인 진리를 정립할 수 있다. 약자를 압박하지 않을 수 있다. 지상에서 행복을 퍼트릴 수 있다. 그러나 만일 이 모든 것이 하나님 없이 이루어진다면 나는 믿음 없이 말하는 것이 아니라 은밀한 일 없이 말하는 것으로 하나님의 항시적인 임재를 말하는 것이다. 그때 이것은 전혀 가치가 없다. 그리고 가장 훌륭한 일의 한 가운데에 인간을 변질시키고 타락시키는 뱀이 똬리를 틀고 있다. 이처럼. 하나님이 없다면 아무 것도 할 수 없는 것을 알면서도, 모든 것이 하나님 없는 것처럼 행해진다. 이것이 회개와 신뢰에 기초한 믿음의 모호함이다. 왜냐하면 회개로 시작해야하기 때문이다. 불행히도 종교적 어휘인 이 단어는 충격을 준다. 유감스럽거나 아니면 다행스러운 일이다. 회개는 자신에게서 익살꾼, 법률인들, 자유사상가들을 멀리하게 한다. 나는 요나가 아니다. 그러나 나는 여기서 외친다. 그리고 현재의 위험은 더 이상 한 도시에 국한되지 않는다. 그것은 전 세계적 위험이다. "아직 사십일이 남았거늘 회개하라." 회개한다는 것, 그것은 문자 그대로 길을 돌이키는 것이다. 심지어 지금까지 걸어온 길을 거슬러 올라가는 것이다. 그리고 그것은 두려움에서, 도덕, 의심에서 만일 이것이 유익이나 해를 주지 않는다면…, 헌신에서가 아니고, 임박한 재앙에서 하나님이 스스로 다가오시기 때문이다. "안정되고 안락한 삶을 위해서 좋은 길과, 좋은 선택을 하지 말고" 당신의 삶, 당신의 사회, 당신의 관점을 바꿔라. 왜냐하면 하나님의 나라가 가까웠기 때문이다. 진노가 임한다. 그러나 인간의 분노를 그대로 놔두는 것으로 하나님께는 충분하다! 도끼가 세상의 뿌리에 놓여 있다. 우리는 모든 것을 와해시킬 수 있다 더 이상의 안정은 없다. 종교적, 지적, 정치적 모두 심판이 임한다. 지금 우리는 거기에 있다. 그리고 그것이 오기 때문에. 궁극적인 것이 가깝기 때문에 그래서 회개에 합당한 열매를 맺어라. 머리를 숙여야 한다. 우리가 본질적으로 틀렸다는 것을 인정해야 한다. 모두, 부유한 유럽인들과 가난한 아프리카 사람들 모두, 민족주의자들 그리고 반 민족주의자들, 도덕군자인 체하는 식민주의자들. 착취자들 그리고 착취 받는 사람들, 자유주의자들 그리고 사회주의자들, 기술자들 그리고 생태학자, 종교인들 그리고 회의자들…. 우리는 모두 같이 틀렸다. 왜냐하면, 우리는 궁극적 존재가 없는 것처럼 우리의 몫을 담당했기 때문이다. 우리는 시작을 하셨고 멈추지 않고 새로운 시작을 하실 수 있는 하나님의 주도권의 가능성을 배제하면서 우리의 세계를 건설했다. 오직 그만이 확실히 **새롭다**. "그리고 하나님 자신은 영원하다기 보다는 전체적으로 젊다…." 회개의 지극히 좁은 바늘구멍 같은 문들을 통과해서 지나가야 한다. 그리고 이것은 모든 연속적인 결과들을 낳는다. 이 문을 통해서 우리는 우리를 방해하고 동행하는 것을, 즉 우리의 불확실성, 우리의 의심우리 인격을 둘러싼 장식들인!, 우리의 과학, 우리의 법률들, 우리의 미움과 우정뿐 아니라 우리가 만들어 낸 것, 우리의 부, 우리의 신념, 우리의 확실성을 던져 버려야 한다.

아무 것도 소지하지 않고 나의 몸에 꼭 맞는 문을 통해서 지나가는 것이다. 모든 것은 문 너머에 있다. 그리고 이 문턱을 넘어서면 나는 믿을 수 없을 정도로 보호 없이, 문지기에게 줄 통행료도 없이 벌거벗겨진다! 이런 상황이라면, 하늘을 요란스럽게 깨드릴 심판을 기다려서는 안 된다. 세례 요한이 외치듯이 "회개에 합당한 열매를 맺어야 한다." 이것은 곧바로 일을 시작할 수 있도록 하기 위함이다. 따라서 너의 벌거벗음을 보지 말고, 너의 연약함을 너의 수단이 없음을 바라보지 마라. 네가 약해질 때, 벌거벗었을 때, 그리고 **회개 때문에** 힘이 없을 때, **그때** 너는 의미를 담고 생명을 줄 행위들을 낳는 것을 시작할 수 있다. 네가 버린 것에 대해 한탄하지 마라. 매우 아름다운 기술적 수단들에 한눈을 팔지 마라. 그것들은 네가 텔레비전을 볼 수 있게 하고, 자동차, 냉장고 그리고 인공위성 그리고 중성자탄너의 신변을 보장해줄, 그리고 마이크로프로세서네가 지성적이라고 믿게 해줄, 이 모든 것을 더 이상 바라보지 마라. 새로운 시작을 위해 던져라. 너의 생명, 생명 전체를 위해서 시간 속에서 단절의 순간을 선택하라. 단절의 순간, 그 "순간", 카이로스는 임했다. 그리고 이것은 우선 회개의 순간이다. 물론 그 자체로 어떤 의미도 없다. 그러나 단지 전적타자全的他者가 여기에 있다는 것을 인정할 때만 의미가 생긴다. 이 믿음으로 무장하고 회개를 넘어서, 너의 길을 열고 그것을 좇아가라. 반드시 필요한 일들을 시작하라.

그리고 우리는 사실 믿음이 회개의 일들을 낳으면서 우리가 빗나갔던 점들과 우리의 불행 하나 하나에 답을 준다는 것을 보게 될 것이다. 잘 생각해 보자. 그것은 나에게 있어서 세속적 설교의 모델에 따라서 당신을 변화시키려는 시도와는 상관없다. "당신은 죄인이고 악합니다. 당신은 정죄를 받을 것입니다. 회개하십시오. 그리고 당신은 구원 받을 것이며 그 다음에는 모든 것이 잘 될 것입니다." 나는 이것에 대해서 아무 것도 말하지 않는다. 그리고 나는 이 보잘 것 없는 갈취를 하지 않는다. 나는 너에게 하늘나라를 약속하지 않는다. 회개를 위해 하늘나라가 필요하지 않다. 왜냐하면 그것은 우리에게 우리가 할 수 있는 모든 것을 뛰어 넘는 은혜에 의해 주어지기 때문이다. 나는 너에게 땅을 약속하지 않는다. 왜냐하면 그것은 하나님 나라의 나타남까지 세상의 권세 잡은 자가 그것을 마음대로 장악하고 있는 것이기 때문이다. 그러나 인간의 재앙 가운데서, 나는 너에게 한 길을 가리킬 수 있다. 이 길은 당신을 비참함에서 벗어나도록 해주는 것이 아니고, 다른 이들을 비참함에서 벗어나게 해준다. 그리고 이 순간 당신의 개인적 불행은 사랑 안에서 사라질 것이다. 당신이 그것을 경험해야 한다. 그리고 그때 당신은 참된 믿음이 말씀과 경험 사이의 만남에서만 탄생시킬 수 있다는 것을 믿게 될 것이다. 잘 이해하도록 하자. 다시 말하지만, 만일 당신이 어떤 결과를 위해서 회개한다면, 심지어 이 결과에서조차 당신은 모든 종교의 덫에 걸린다. 반복하지만, 믿음에는 아무 목적도 없다. 만일 당신이 우리 위에 임할 재앙을 피하려고 회개한다면, 당신은 "독사의 자식들아 누가 너희를 가르쳐 임박한 진노를 피하라 하더냐?"마3:7 외에 어떤 것도 듣지 못할 것이다. 그러나 지금 회심과 회개는 당신 앞에 놓여 있다. 우리는 시작해야 한다.

여기서 우리는 믿음의 싸움에 들어가야 한다. 우리가 여기까지 밟아왔던 길을 거슬러 올라가야 한다. 우리는 다양한 답변에 이르렀다. 지금 명민하게 인간을 위한 정언명령定言命令30)을 보는 모든 사람들의 소망에 이르렀다. 믿음은 다른 모든 것에서처럼 우리로 하여금 어두움에서 밝음으로 향하는 같은 길을 걷게 한다. 그러나 믿음은 "회개하라"는 선포를 듣는다. 믿음은 바로 이런 것이다. 그러나 완전히 파악해야 한다. 나는 이처럼 존재하는 믿음이 있다는 것을 말하는 것이 아니다. 그리고 이 믿음의 사람이 다양한 소음 가운데서, 다양한 말 가운데서, 특정한 순간에 회개하라는 말을 듣는다는 것을 말하는 것이 아니다. 진리는 믿음이 회개하라는 말을 들을 때 태어난다는 사실이다. 믿음은 지나가는 어떤 사람이 회개하라는 말을 듣고 받아들일 때에만 태어난다. 왜냐하면 이 들음은 즉시 이중적 태도, 이중적 방향성, 이중적으로 체험된 진리, 곧 믿음을 낳기 때문이다. 다시 말해서, 회개를 선포하는 사람에 대한 신뢰와 그러나 이것은 즉시 더 큰 이에 대한 신뢰, 그를 따르는 자에 대한 신뢰, 절대적 신뢰할 가치가 있는 자에게 신뢰를 준다. 그리고 예수 이전에 요한이 있었다는 것은 전혀 무의미한 것이 아니다. 그는 예수에게 돌아설 청중들 가운데서 믿음을 일으킨다. 그리고 동시에 삶에서의 갑작스런 변화의 시작,

---

30) [역주] 칸트의 도덕철학에서 행위의 결과가 아니라 행위 자체가 그 목적이 되는 선에 대한 도덕적 명령을 말한다. 가령, 타인을 수단이 아니라, 목적 자체로 대하라는 명령 등.

행동의 변화, 존재의 변화이다. 회개를 통한 전환은 의심하는 존재, 무관심한 존재를 신뢰와 참여의 존재로 바꾸게 하는 전환이다. 믿음은 이 이중의 회복이다. 그것은 '회개하라'는 명령을 받아들이며 일어난다. 그리고 다시 말하지만, 이것은 계산 없는, 계략, 꾸밈없는 반김이다. 이데올로기, 자기만족, 자기관조, 심리학, 사회학이 없는 반김이다. 단순히 "여기 내가 있어."라고 말하는 인간을 반기는 것이다. 그리고 거기서부터 우리는 길을 걸어갈 수 있다. 반드시 현대인은 도덕주의적 관점들, 지혜, 절제, 공생 등등이 합류하는 지점을 발견할 필요가 있다. 그리고 우리는 말했다. "이것은 어떻게 일어날 수 있을까? 선전들과 광고, 생산물들과 '현대적 삶'의 요구, 이데올로기, 통계, 기술적 기적, 행복의 편의에 의해서 인간에게 주입된 이 모든 것을 뒤집고자 근본적으로 예견된 절차를 뒤집는 가치에 어떻게 접근할 것인가? 이 절차는 또한 정치·경제적 시각에서 재앙을 초래할 것이고, 사회적 장場을 깊숙이 뒤엎을 텐데…" 더 근본적인 동기부여가 거기에 필요할 것이다. 그리고 나는 사실 이 동기부여, 그것은 아브라함과 예수 그리스도의 하나님 안에 있는 믿음 안에서, 그리고 그 믿음 안에서만 자리를 잡고 있다고 말한다. 믿음은 그것을 가능하게 한다. 왜냐하면 믿음은 인간이 폐쇄된 원 안에서 돌고 돌게 하는 것을 멈추게 하기 때문이다. 그 원은 인간의 사고의 원, 성공의 원, 힘의 원이다. 믿음은 외부에서 이 원을 파고든다. 초월자, 우리는 초월자가 존재하지 않는다면, 우리에게 기술·정치적 모습을 띤 운명밖에 없다는 것을 보여주고자 노력했다. 우리는 전적으로 죄수들이다. 그리고 이미 전적으로 기술적 조건에 종속되어 있다. 그러나 접근할 수 없고, 외부에 있고, 맹목적이고 사심이 없는 초월자가 있다는 것으로 충분하지 않다. 원이 파열되려면, 이 초월자에 대한 관계가 필요하다. 믿음의 관계만 있을 뿐이다. 왜냐하면 믿음은 외부에서 오는 말씀을 들음이고, 인간의 말을 이 전적타자에게 아뢰는 것이기 때문이다. 왜냐하면 믿음은 자신이 알고 싶어 하는 이 존재에 기대고 있기 때문이다. 믿음은 존재에서 태어나고 우리를 그에게 향하게 한다. 믿음은 이 세상에서 인간 존재의 조건을 뒤엎을 가능성을 준다. 믿음은 지성이나 인간의 내적 영성에서 나오는 것이 아니라 모든 것을 새롭게 만드신 분과의 관계에서 나오는 모든 것, 그렇다 것으로, 삶에 대한 새로운 가치와 이해를 이 세상에 파고들게 할 수 있다. 다시 말해서 이 믿음에서부터 아무 것에서나 나오지 않는다 새로운 계명을 주는 것이다. 그때 인간은 중심에서 확신, 영적인 것, 도덕, 사상 주변부로 가려고 행동, 정치, 경제… 다시 떠날 수 있다. 나는 이 모든 것이 낡은 것으로, 반동적인 것으로 단순한 것으로 취급될 것을 알고 있다. 나도 역시 좋은 저자들의 글을 읽었다. 그리고 나는 답한다. 그렇다 분명 기독교는 실패였다. 그리고 이상주의 역시 실패였다. 기술 과학도 그것 중에 하나이다. 그리고 사회주의 또는 공산주의는 우리 사회의 가장 큰 실패이다. 그리고 정신분석은 점점 더 실패로 드러나고 있다. 그리고 우리 시대의 정상에 있는 지식인들의 깊은 사상인 구조주의, 언어학, 기호학, 인식론은 인간을 공략하는 실제적 괴물들 앞에서 그들의 수많은 경험들이 사실 기만적이라고 말할 가치밖에 없다. 그렇다면, 반복되는 실패에 의한 이러한 고립 속에서, 만일 우리가 처음부터 다시 시작한다고 가정하면? 인간이 자신과 타인 사이에 건전한 관계를 세우려면 충분히 강한 동기가 필요하다. 그리고 인간은 자신이 제어해야 하는 사회와 제어되지 않는 힘들 모두를 대면해야 한다. 한 가지 길이 있다. 나는 시간이 많이 남지 않았다고 생각한다. 그것은 온화한 상호관계, 타인들에 대한 존중, 자기부인을 가능하게 할 각자의 회심에서 나온다. 이것만 있으면 된다.

그리고 거기에서부터 새로운 발걸음을 디딜 수 있다. 마귀와 사탄에 대항하는 싸움이다. 예수 그리스도의 계시는 그 자체로 바로 이것이다. 우리는 갈 수 있다. 단절과 고소, 비난 분열을 악착같이 쫓아갈 수 있다.개인들과 집단들 사이에서 우리는 가면을 벗기고 소박한 현실을 싸늘하게 드러나게 할 수 있다. 그리고 설명할 필요 없이 정당화들을 깨뜨릴 수 있고, "모두"을 파괴하면서 "각자"가 나타나도록, 의미를 회복하도록, 퍼즐조각을 다시 맞추는 놀이를 할 수 있도록, 공간들을 이용할 수 있도록, 빙하를 녹게 하도록, 인간에게 다시 자연스러움을 주도록, 가면에 감추인 얼굴을 되찾도록, 환상을 쳐부수도록 할 수 있다. 그것이 프로그램이다. 나는 그 **프로그램**을 5가지 항목으로 소개한다.

만일 우리가 이 일을 우리 전사회적으로 성취하지 않는다면, 그때는 정치적, 경제적 또는 사회적 시각에서 어떤 것도 불가능해 질 것이다. 또한 숙명의 장난이 남아 있다. 이것은 바로 마귀, 사탄, 우리 시대의 마귀적인 것들이 일으킨 결과들을 파괴하는 것이다. 하지만 믿음만이 이 일을 할 수 있다. 왜냐하면 우리는 이미 "승리자로서 그리고 승리를 목전에 두고" 출정하기 때문이다. 왜냐하면 우리는 이미 예수 그리스도가 싸워 이겼다는 승리의 확신을 가지고 떠나기 때문이다. 예수 그리스도 안에 있는 하나님은 권세들을 무찌르셨다. 다시 말해서 우리는 영원 속에서 획득된 승리를 누릴 수 있어야 한다. 그리고 우리는 역사 안에서 그것을 현실화해야 한다. 다시 말하지만, 하나님은 우리를 대신해서 우리가 할 수 있는 것을 행하시지 않는다. 우리 그리스도인들의 모순됨을 보아라. 우리가 매일 기도할 때, 우리는 당신의 뜻이 하늘에서 이루어 진 것 같이 땅에서도 이루어지기를 기원한다. 따라서 당신의 뜻이 하늘하나님의 '공간'에서만 이루어 진 것이 아니고, 하늘에서 이루어 졌으니 땅에서도 하나님의 뜻을 행할 수 있다는 것이다. 마찬가지로, 마귀적인 것들이 영원 속에서 그들의 힘을 박탈당했기 때문에, 따라서 나도 시간 속에서 승리를 쟁취할 수 있다. 그리고 그렇게 해야만 한다. 나는 당신들이 "왜 기독교인들은 결코 그렇게 행동하지 않는가?"라고 말한다는 것을 알고 있다. 이것은 전적으로 정당한 비난은 아니다. 왜냐하면 하나님의 뜻에 매우 가깝게 그리스도인들이 행동한 시대들이 있었기 때문이다. 그렇다면 우리가 행동에 착수하는 것을 막는 것은 무엇인가? 위급한 때에, 예비 되고 있는 재난 앞에서, 우리를 기다리고 있는 학살들 앞에서, 우리가 행했던 것들과 행하지 못했던 것들에 대해 그만 생각하자. 다시 한 번 힘차게 앞으로 나아가자.

그러나 이러한 모든 힘들은, 말하자면, 정치라는 옷을 입고 있다. 간단히 현대 정치의 실체는 바로 마귀적인 힘이다. 그렇다면 우리는 완전히 정치에서 벗어나야 할 것인가? 다시 말해, "영적인 것"과 "정치적인 것"것을 분리해야 하는가? 메시지는 매우 간단하다. 오늘날 우리는 반정치적 태도를 취해야 한다. 그러나 이것이 결코 "정치를 하지 말라"라는 뜻은 아니다. 다만 "종교와 정치를 섞지"말라는 것이다. 기독교 마르크스주의자, 기독교 히틀러주의자Deutsche christen, 기독교 급진파, 기독교 왕당파 등은 엄청난 오류를 범했다. 특히 전통적 좌파 개신교도는 우선적인 비난의 대상이 된다. 왜냐하면 이는 신앙 안에서 자연스럽게 가능한 것을 인위적인 힘으로 대신하려 하기 때문이다. 그렇지만, 이것이 의미하는 바는 정치를 믿음의 영역에서 배제시켜야 한다는 것이고, 다른 사람들이 보거나, 생각하기를 꺼려하는 우리 사회의 근본적인 문제가 진정 무엇인지 분별하여, 환부를 도려내듯이 그것을 제거해야 한다는 것이다. 다시 말해서 정치적 행동에서, 정당, 노조, 조합, 선거, 테러, "가난한 자들"과 연대한 의사擬似 혁명그들이 건전한 성향을 대표한다는 조건하에서, 그리고 의사擬似 의식화 운동과는 다른 곳에서, 더 깊이 그리고 다른 수단을 가지고서 참여하는 것이다. 이 모든 것은 바로 정치적인 틀과, 수단을 통해서 기독교의 존속을 꾀하는 참된 기독교에서의 이탈이다.

믿음은 반드시 새로운 목적을 던져주고, 수단의 사용에서 비판적 검토를 요구한다. 문제는 "기독교와 정치"라는 의제를 수없이 반복하는 데 있지 않다. 문제는 전혀 다른 것이다. 이것은 정치의 탈마귀화이다. 다시 말해 정치의 인간적인 차원을 회복하는 것이다. 그리고 우리는 정교 분리라든가, 세속화라는 표현을 쓰면서 안심해서는 안 된다. 문제는 정교분리나 세속화의 문제가 아니다. 구체적으로 말하자면, 더 이상 정치를 인간적인 차원으로 회복시킬 능력이 없는 사람들이 바로 인본주의자들이다. 그들은 그들이 통제할 수 없는 마귀적 힘의 폭발 한 가운데 있다. 그들은 이 사실을 보지 못하고 자신들이 합리적인 영역 속에 있다고 아직도 믿고 있다! 오직 믿음만이 마귀들을 쫓아낼 능력을 가지고 있다. 역시 기독교인들을 대중과 연대하려고, 또 실체 없는 신령주의에 뛰어들게 하려고, 아니면 생명 없는 에큐메니즘을 만들어 내려고, 또 믿을만한 정치의 동반자들이 되기 위해서 여러 길들과 수단을 찾는 대신에 바로 매우 구체적인 이 임무를 부여받고 있다! 그러나 무엇을 해야 하는가? 너는 그것을 잘 알고 있다! 전혀 생소한 일이 아니다. 알고는 있지만 실천해야 할 곳에 실천되지 않았던 것이다. 그것은 화해, 용서의 확대, 실재를 뛰어넘고 실재에게 의미를 부여하는 초월적 실재를 발견하는 것, 어떤 상황에서든 폭력의 행사를 포기하는 의지적인 선택, 자유에 대한 열정이것은 개인주의, 허무주의 그리고 자유주의로 바꾸어 표현될 수 없다, 모든 사회생활의 중심과 심장으로서의, 그리고 자신의 권리를 더 이상 주장하지 않는 개인의 양산, 그렇지만 "항상 더"라는 사고에서 벗어나서, 권력과 결정의 다차원적인 중심, 양적인 것을 배제한 질적인 것을 추구하는 것왜냐하면 이 둘이 화합할 수 있다는 것은 거짓이기 때문이다이다. 그러한 것이 프로그램의 두 번째 단계다. 독창적인 것은 없다. 정말 없다. 하지만 전투가 일어나는 곳은 바로 거기다. 그리고 그것은 끔찍하게 힘들 것이다. 그리고 오직 예수 그리스도에 대한 믿음만이 그 전투를 이끌 수 있다. 왜냐하면 정사들과 권세들을 무찌르는 것이 문제이기 때문이다. 만일 어떤 사람이 이 임무를 떠맡기를 원하고, 이 임무를 함께 할 사람들이 생겨나면 거기에서 교회가 탄생한다. 우리는 어떤 것도 혼자서 할 수 없다. 핵심은 개인이라고 하더라도, 일은 운명이 아닌 하나님 나라에서 이루어지기 때문이다.

비탈을 또 한 번 올라가자. 그리고 우리는 두려움, 폭력, 망각, 미래의 부재를 만난다. 다시 말하지만, 바로 숙명과 만난다. 우리는 모든 것을 다시 세울 필요가 있다. 그러나 지붕에서부터 집을 시작할 수 있겠는가? 기초가 필요하다. 그리고 거기에서부터, 돌 위에 돌을 하나씩 쌓아가는 것이다. 그리고 우리가 제도적인 질서, 정치적 정당, 헌법, 경제체제 또는 사회보장의 변화를 모색할 때, 당신은 무엇에도 지탱되지 않는 지붕에서부터 작업을 한다. 왜냐하면 더 이상 사람이 없기 때문이다. 그리고 당신은 복지정책이나 높은 출산율을 원한다. 하지만 더 이상 사람이 없는데, 이것은 무슨 의미가 있는가? 그리고 네가 인간의 권리를 주장할 때, 여성의 권리를 주장할 때, 노동자의 권리를 주장할 때도, 사람이 없다면 무슨 소용인가? 그리고 모든 것이 고통당하는 짐승들로, 욕망을 가진 기계들로, 자극과 반사의 놀이로 축소되다면, 이 기계들이 혁명을 하고자 한들 무슨 이로움이 있겠는가?

우리는 지금 근본적으로 권리에 대한 주장을 거부해야 한다. 여기에서 각자의 "권리"는 은혜의 복음과 반대되는 것이다. 공짜 정치가 필요하다. 그리고 이것만이 폭력과 두려움을 극복할 수 있다. 따라서 당신의 이익, 일반의 이익을 공포하는 것을 중단하라. 혐오스러운 기만은 "일반적"이라는 수식어에 의해서 외관상 정당화된 탐욕, 각자의 이기주의에 불과하다. "일반적"이라는 말은 가장 지배적이라는 것을 뜻한다. 가면들을 벗어던져야 한다. 그러나 마음이 청결한 자만이 그것을 할 수 있을 것이다. 그리고 그런 마음은 은혜로만 받는 것이다. 폭력과 두려움 그 둘은 함께 가는 것으로 하나님이 각자와 함께 하신다는 지식에 의해서만 극복할 수 있다. 여기서 하나님은 보험회사 같은 역할을 하는 분이 아니라, 우리가 여행을 할 때 친구노릇을 하시는 분이시다. 그는 필요하면 타인에게 도움을 청하시는 분이시다. 그러나 타인이 귀를 열고 도움을 청하는 소리에 귀를 기울이고, 재난을 당한 사람에게 도움을 주려고 기꺼이 시간을 내줄 수 있을까?

우리는 다시 세우는 일의 세 번째 단계에 이르렀다. 그리고, 각자에게, 사회, 정치, 경제 등 매우 구체적인 변동에 대한 영적인 바탕이 달려 있다 나는 꿈을 꾸고 있지 않다. 나는 우리가 처한 비탄의 시대에 할 수 있는 유일한 시작으로 향한다. **무엇을 할 것인가?** 나는 근본적으로 "발명하라, 상상하라, 발견하라"라고 답변한다. 믿음은 새로운 시작을 가져다준다. 그리고 우리 각자가 이렇게 새롭게 시작하지 않는다면, 이것은 우리가 믿음 안에서 살고 있지 않다는 것을 의미할 뿐이다. 우리는 여기에 기준을 가지고 있다. 세 번째 단계에서는 인간을 운명 속에서 숙명을 받아들이며 살게 하는 망각과 미래의 부재 앞에서 우리는 믿음의 특별한 움직임을 가지고 있다. 이 운동은 쉬지 않고 예언을 다시 상기시키는 것과 "기억하라, 이스라엘"의 예언에서, 종말을 떠올리는 것 전체 과거를 비추는 것에의 종말 사이에서 왕복운동을 한다. 성경에서는 믿음을 지속해서 다음과 같은 운동으로 보이고 있다. "너의 하나님의 하신 큰 일, 애굽 땅에서 너를 건저내신 일을 **기억하라. 거기에서 너의 미래를 배워라.** 하나님은 동일하시고, 신실하시고, 일을 이루실 분이시기 때문이다." 미래는 우연이 아니다. 그러나 우연 한 가운에서 그리고 숙명들 한 가운데에 과거에 하나님이 당신을 위해 하신 일과 그의 신실하심을 나타내는 하나님의 의지의 표현인 적색 줄라합의 붉은 줄을 말함-역주이 있다. 아무 것도 잊지 말아라. 그의 말도, 그의 계시도, 너의 역사도, 아무 것도 잊지 말아라. 끊임없이 현재의 의미를 과거에서 발견하도록 해라. 또 반대로 과거의 의미를 그 이후에 일어났던 일에 비추어서 생각하도록 해라. 가장 고전적인 형식에 따르면, 성금요일의 의미는 부활절에 나타난다 만사는 뒤를 돌아보면서 의미를 갖는 법이다. 또, 후에 일어나는 것은 전에 일어났었던 것을 이해하게 해준다.

우리는 결코 이 만남이 일어나는 순간에 하나님을 만나는 것이 아니라 후에 놀라움으로 우리가 "이 이상한 상황, 이 인상, 이 설명할 수 없는 사건, 그것은 따라서 하나님이셨다…"라고 말할 수 있을 때 하나님을 만난다. 그리고 우리의 선포는 결코 공짜가 아니다. 왜냐하면 하나님은 보이는 것과는 달리 일관성과 연속성을 가지고 행동하신다. 다시 말해서, 우리는 하나님의 과거 행적을 이해해야만, 그분의 현재 행동의 의미를 알 수 있다. 그러나 반대의 운동 역시 필수적이다. 우리가 성취된 하나님의 과거 행적을 이해하는 것은, 반대로, 우리에게 계시된 그대로 역사의 마지막 시기를 다루는 계시록에서부터이다. 그러나 이 마지막은 하나님 나라이다 기억상실증은 우리에게 주님의 신실하심을 보여준다. 계시록은 우리에게 이 신실하심의 목표가 무엇인가를 보여준다. 믿음의 운동은 멈추지 않는다. 왜냐하면 어떤 설명도 최종적이지 않기 때문이다. 우리는 결코 하나님이 하신 일을 이해하는 것을 마치지 않았다. 우리는 계시록을 닫을 수 없다. 우리가 처해 있는 각자의 새로운 상황, 각각의 사건, 각각의 위기와 갈등, 각각의 삶의 순간의 모험은 믿음의 새롭게 **상기시키고** 하나님의 비밀 가운데서 정해진 최후의 때에 대한 새로운 이해를 **일으킨다**. 결코 멈추어서는 안 된다. 결코 결론이어서는 안 된다. 결코 우리가 전능한 하나님의 전략과 전술을 마침내 이해했다고 판단해서는 안 된다. 그리고 우리가 역사의 의미와 동력을 잡고 있다고 생각해서는 안 된다. 이것은 신학자들과 교회에 의해서 지속해서 새롭게 일어난 이단일 것이다. 과거는 죽음의 침전물로 겹쳐진 층으로 되어 있지 않다. 그리고 거기에서 그것이 어떻게 구성되었는지를 알고자 "암석" 하나를 끄집어내는 것으로 충분하다. 더는 아니다, 미래는 별에도 계시록에도 쓰여 있지 않다. 만약 그렇게 되면 우리는 경직된 숙명의 포로가 될 것이다. 모든 것은 항상 움직이고 다시 돌아온다. 그러므로 이 움직임을 반복하자. 왜냐하면 아브라함의 하나님 그리고 예수 그리스도의 하나님은 시작들의 하나님이시기 때문이다. 그것은 집단적, 역사적 그리고 동시에 개인적 시작을 말한다. 이것은 우리 각자의 하나님에 대한 신실성과 우리의 믿음의 역량과는 무관하다. 다시 말해 우리의 믿음의 요구를 아무리 적게 만족시킨다 해도 가령, 경건한 어휘로 죄들의 용서, 우리의 믿음이 새로운 시작을 할 힘이 없다 해도 위에 언급된 어휘로 새로운 탄생, 하나님의 시작은 계속된다. 계시록의 최후의 행동은 그 편에서 다시 새로운 시작을 던지신다는 사실일 뿐이다.

  이처럼 믿음의 운동은, 그것이 문화적 의례들에 음울한 보조자로 죽어 있는 추상적 진리들에 대한 신앙으로 국한되지 않는다면, 그것은 우리가 살고 있는 집단의 기억 상실증과 지속적으로 싸우고, 우리의 미래를 결정하는 그 필연성의 무게에 저항한다. 기독교인들은 만일 그들이 기독교인이라면 한 쪽에서 사회적 집단의 기억이 되어야 한다. 왜냐하면 그것은 하나님이나 그리스도가 하신 것들을 기념하는 것이 아니라, 그 기억들이 공통의 그리고 집단적인 모든 사람의 역사에 통합되는 것이고, 우리는 그것들을 하나님과 그리스도가 하신 것과 분리할 수 없기 때문이다. 다시 말해서, 기독교인들은 그들의 집단, 그들의 사회, 그들의 환경, 그들의 계급에 대한 엄밀한 기억을 가지고 있어야만 한다. 그리고 과거 없이, 표준 없이 방황하는 인간들에게 참조점이 되어야 한다. 내가 이것을 말하는 것은 그들이 모두 역사가가 되어야 한다는 것을 뜻하지 않는다. 그러나 역시 약간은! 그것은 현대인이 모든 신조들의 바람에서 헤매지 않게 하려고, 때때로 그리스도인들이 처한 환경의 경험들과 시도들의 열매를 가르쳐 주고자 그것들을 수확하고, 저장하고 보존하는 사람이 되어야 한다는 것이다. 그리스도인이 아니면 누가 그것을 할 것인가? 그러나 물론, 분명히, 그들은 이것을 독점하고 있지 않다! 그러나 불행의 시기에, 나는 그것을 하는 사람이 거의 없다는 것을 안다. 그리고 기독교인들은 그것을 실행할 만한 강한 동기를 가지고 있다! 그러나 신중하게 해야 한다. 왜냐하면 그들은 하나님의 행동을 집어넣으려고 집단적 기억을 변형시키고, 굴절시키고, 조작해서는 안 되기 때문이다. 그들은 사물들이 그들 자체를 말하게 하기만 하면 되고 **또한**, 교훈들을 도출할 필요가 없고, 그들이 하나님의 임재를 증거할 필요가 없다. 마찬가지로, 운명의 길을 따라가는 잃어버린 무리 안에서, 기독교인들은 인간에게 주인으로서 행동하고 자신을 주인으로써 다시 찾을 가능성을 확고하게 다시 심어 주어야 한다. 하나님 다음으로 그리고 하나님의 새롭게 하시는 은혜에 의해서! 사람들 속에서 만일 인간이 아무 것도 하지 않으신다면, 그것은 사물의 힘에 패하게 된다. 불가피하다. 만일 인간이 제공된 자유를 취하지 않는다면, 그것은 사회학적 그리고 심리학적 메커니즘에 의해서 움직일 것이다. 인간 자신은 다른 사람이 아닌 인간 자신에게 죄가 있다! 노예, 소외, 물신화로 축소된다. 상황은 오늘날 그 어느 때보다 더 힘들고, 더 어렵지 않은가? 단지 인간이 이 구체적인 숙명 형이상학적이 아니라을 더 의식하고 있다고 말하도록 하자. 그렇다면 기독교인은 창조할 미래의 가능성을 다시 긍정해야 한다. 왜냐하면 종말이 우리를 향해 다가오고 있기 때문이다. 최후의 시간, 우리는 그것을 기준으로 삼아 우리의 자유가 거기에 있다는 것을 인정할 수 있다. 하늘나라는 하나님의 비밀스러운 역사 가운데서 신비로 우리 가운데 존재한다. 너의 노예 상태에서 해방되어라. 나는 기술, 국가, 행정, 실증주의, 돈, 정당, 독재들을 말하는 것이다 그리고 너는 그것들이 사실 먼지로 화한다는 것을 보면 어리둥절해 할 것이다. 한 사람만이 들고 일어났다. 모든 시스템이 고발되었다. 솔제니친 미래는 다시 열린다. 가능한 미래가 있다. 그리고 나는 같은 질문을 다시 취한다. 기독교인이 아니면 누가 고발을 하고, 그것을 말하겠는가? 물론이다! 그러나 나는 그것을 하는 사람이 많지 않은 것을 알고 있다. 그리고 기독교인들은 그것을 하지 않으므로 두 배나 죄를 저지르고 있다! 기독교인과 교회의 급박한 사명이 여기 있다. 모든 사회에서 인간에게 현재와 대비되는 자신의 과거를 되찾아 주는 것, 바로 그것이다. 그리고 인간에게 진리 안에서 조건화되지 않은 하나의 미래의 가능성을 약속하는 것이다. 서로는 서로에게 큰 희생들을 요구한다. 하나님이 임재하실 때마다 사실 인간에게 자신의 신을 희생시킬 것을 요구한 것처럼 말이다. 거기에 단절의 지점이 있다. 가끔 인간은 가용한 자신의 신들과 맺었던 과거의 노예 상태를 그리워한다. 그리고 필연성에 종속된 미래의 노예 상태를 더 좋아한다. 그러나 믿음은 자신이 하는 선택에서 스스로 기만당하지 않게 하면서 반드시 인간을 이 급진적 선택으로 인도한다.

그리고 우리는 여기에서 네 번째 그리고 마지막 단계로 넘어 간다. 우리 시대의 불행의 축적, 여기에서, 믿음의 한계를 절대적으로 인정해야 한다. 우리는 몇 가지 기적으로 전쟁의 공포, 기근의 공포, 수용소와 고문의 공포, 부의 재분배에서의 부정의, 무기의 축적, 착취에 대한 공포를 해결할 수 없다. 믿음은 재앙에 대해서 직접적으로 아무 것도 할 수 없다. 그리고 어느 누구도 어떤 길도 그것들을 전체적으로 통제할 수 없다. 정치적, 경제적, 일반적 해결책이라는 것은 없다. 그러나 믿음은 누가 뭐라 해도, 무능력하다거나 헛된 것이 아니다. 믿음이 영감을 주어 성취하는 것은 굳이 말하지 않더라도 가치가 있다. 이런 일들은 가령, 국제 엠네스티, 씨마드[31], 히틀러에 대항한 공격, 아니면 다른 정치적 기도들, 왜 아니겠는가? 이 모든 것은 나름 유용하다. 그러나 이것들은 왜곡되고, 결국 시간이 지나면 필연성의 과정 안으로 들어가는 애매하고, 상대적이고, 비상적

---

[31] Cimade(Comité Inter Mouvements Auprés des Évacués), 피난민들을 돕기 위한 기구.

인 행동이다. 그것을 해야 한다. 그리고 그것을 버릴 줄도 알아야 한다. 괴물들의 행진 방향을 바꿀 것은 이것이 아니다.

그러나 믿음은 다른 수준에서 행동한다. 만일 믿음이 두려움 없는 인간, 진리의 과거 가운데에서 훈련된 인간, 자유로운 인간, 시험을 견딜 수 있는 인간을 다시 양산한다면, 그 사람은 근본적인 동기부여를 가지고 있어 바울이 말하는 대로 "사방으로 우겨쌈을 당하여도 싸이지 아니하며 답답한 일을 당하여도 낙심하지 아니하는"^{고후4:8} 인간, 실제적으로 미래를 확신하고 예언자적 정신을 행사하는 사람이 될 것이다. 물질적인 조건은 동일할 수 있다. 이 인간이 존재할 때, 그는 환경을 지배하고, 그것들은 유한한 것들이 된다. 그리고 그가 존재하는 곳에는, 그가 속해 있는 집단 전체는 그것에서 이득을 본다. 그것은 카리스마틱한 지도자가 되는 것이 아니고 다른 사람들에게 자신의 척도를 제공한다. 비극적인 상황을 체험한 모든 사람은 그러한 인간의 현존이 얼마나 타인들의 생존을 보장해 주는지를 알고 있다. 엘리트라고? 아니다, 사회학적인, 항시적인, 유전적인 의미에서 전혀 그렇지 않다. 그러나 일탈의 때에, 그 사람이 있으므로 동물적 본성이 풀려지는 것을 막는 사람이다. 우리는 히틀러가 결국 니에뮐러^{Niemüller}앞에서 마틴 루터 킹의 비폭력의 선택이 모든 무슬림과 다른 흑표범을 모아 놓은 것보다 더 긍정적인 효과를 낳았다는 것을 인정했던 것을 떠올리자! 이들은 운명을 이겨냈었다. 그분은 인간이 되었다. 타인을 위한 인간을 만드는 것. "인간이 되어라"라고 이사야와 바울이 말한다. 여기에 현재 믿음의 본질적인 사역이 있다.

그러나 거기에서 멈추어서는 안 된다. 다른 사역들이 있다. 이것은 서로 모순되는 두 가지 수준에 위치해 있다. 믿음의 한 요구는 우리 모두를 짓누르고 있는 재앙들의 실재적 기원을 향해서 거슬러 올라가야 한다. 그것은 이데올로기들, 당파성, 방법론들, 사회학 이론들 그리고 마찬가지로 사회학적 행동들 너머에 있다. 그리고 정신분석들과 정치 바깥에 있다. 그 기원은 감추어 있는 세상의 시작이 아니라, 한 사회가 잘못된 경로에 들어선 역사적 순간이다. 그 순간에 그 사회는 탈선의 길로 치닫게 된다. 과학이 이 지점에까지 거슬러 올라가는 것으로 충분하지 않다. 역사적 정확성이나, 지성으로 충분하지 않다. 영적인 총명함이 필요하다. 그러나 나머지를 잊어버리지 않고 그리고 지적인 그리고 심리적인 용기가 필요하다. 왜냐하면 의식화라는 것은 어렵기 때문이다. 이것은 바로 내가 역사의 주인에 대한 믿음이 거의 필수불가결하다고 생각하는 이유이다. 다시 말해서, 그것은 일종의 의지적인 피드백feed back의 기도라고 할 수 있다. 우리가 지금 다른 길을 취할 수 있는지를 알아보고자 위기의 기원으로 거슬러 올라가자. 이것은 필연적 운명이라는 것은 존재하지 않는다는 신념과 하나님은 계명들의 하나님이시기 때문에 구약 성서는 전체에 걸쳐서, 하나님은 새로운 시작들이라는 것을 보여준다! 우리는 그 안에서 그리고 그에 의해서 믿음으로 주어진 새로운 시작이 가능하다는 확신 둘 모두를 내포하고 있다. 그러나 사실, 나는 믿음이 없이 이것은 거의 불가능하다고 생각한다. 그리고 이 대규모의 사역에서는 일반적인 계획을 세워 상황 전체를 바꾸기 보다는 구체적으로 그리고 가장 효율적으로 선택된 상황에 적절히 개입할 필요가 있다. 상황에 따라서 분리되어서 행동해야 하는데, 그것은 해석과, 지식의 증가가 전체적인 의미를 더욱 드러내기 때문이다. 그것이 네 번째 단계이다.

그런데 마지막 단계가 남아 있다. 그것은 출애굽의 단계다. 유배 상태에서 해방이다. 믿음은 반드시, 우리를 출애굽을 체험하게 하고, 우리를 유배상태에 놓는다. 또한 나는 익명Incognito에 대해서 길게 말했었다. 그것은 소망과 관계된 것이었다. 여기서, 믿음에 대한 마지막 증거는 우리를 출애굽으로 돌려보내는 것이다.[32] 만일 우리가 바로 회개, 즉 우리의 이전

---

[32] 그리고 나는 여기서 장 설리반Jean SULIVAN의 작품인 『출애굽 L'Exode』으로 돌아간다.

의 삶의 방식과 사고방식 밖으로 출애굽을 할 수 없다면, 밖에서 들려오는 출애굽의 부르짖음을 들어야 한다. 우리에게 부과된 것은 죽음에서의 출애굽이 아니다. 이는 믿음과 아무런 관련이 없다. 왜냐하면 그것은 운명의 승리이고, 문명의 이탈에서의 출애굽이 아니기 때문이다. 거기서는 패닉의 물결에 의해서 사로잡힌 인간은 더 이상 통제되지 않는 대중의 불합리한 두려움을 좇고 만다. 그러나 더더욱 유배는 아니다. 우리는 이미 유배당한 사람들이다. 기독교인들이 그 사실을 온전히 알아야 한다. 그리스도인들은 이 세상에 있지만, 이 세상에 속하지 않았다. 하나님의 충복으로서, 하나님을 미워하는 세상 속에 유배당한 자들이다. 우리는 이곳에 있지 않다. 여기는 우리의 집이 아니다. 우리의 땅은, 우리의 세계는, 우리의 환경, 우리의 직업은 우리의 본향이 아니다. "저희가 나온 바 본향을 생각하였더면 돌아갈 기회가 있었으려니와 저희가 이제는 더 나은 본향을 사모하니 곧 하늘에 있는 것이라 그러므로 하나님이 저희 하나님이라 일컬음을 받으심을 부끄러워 아니하시고 저희를 위하여 한 성을 예비하셨느니라…"히11:15,16 믿음의 마지막, 그리고 가장 본질적인 증거는, 우리가 유배당한 자들이라는 것을 인정하는 것이고, 우리가 외국인이나 여행객들처럼 이 땅에서 살아야 한다는 것이다. 히브리서의 저자는 이 상황을 정확하게 믿음과 관련시킨다. "이 사람들은 다 믿음을 따라 죽었으며 **약속을 받지 못하였으되** 그것들을 멀리서 보고 환영하며 또 땅에서는 외국인과 나그네로라 증거하였으니"히11:13 현대신학의 모든 흐름과는 반대로, 우리는 정착할 필요가 없다. 우리는 우리의 터전, 우리의 계급, 우리의 정치, 우리의 경제를 조직화하는데 몰두할 필요가 없다. 우리는 이 맡겨진 재산들의 좋은 청지기가 될 필요가 없다. 믿음의 처음, 그리고 마지막 행동, 그것은 이처럼 우리가 외국인들이고, 여행자들임을 인정하는 것이고, 아마도 그래서 그런 상태로 우리는 우연적으로 세상의 임시적인 터전에서 일어나는 것에 관심을 가져야만 할 것이다. 그러나 그 이상 어떤 의미도 없다. 하나님의 충복으로서, 우리는 유배당할 수밖에 없다. 그렇게 자신을 인정하면서 종종, 실재로 떠나야 한다. 우리는 일찍이 아브라함을 환기시켰다. 그리고 우리의 소유인 이 하나님에 대한 믿음을 떠올렸다. 그 믿음은 그를 떠나게 하고 모든 것을 버리게 했다. 그리고 모세는, 그 역시 믿음의 놀라운 모험에 들어가고자 자신의 나라, 아내, 직업을 버렸다. 하나님에 의해서 믿음에로 부름 받은 모든 사람들은 종교심 안으로 우회할 수밖에는 없는 세상과 결별했다. 그들은 은둔지에서 물러났다. 더 나아가 그들의 출애굽은 이 세상과의 목숨을 건 싸움에 들어가는 결별이었다. 유배와 출애굽은 믿음의 사람의 같은 실재에 대한 두 가지 얼굴이다. 유배당했다. 왜냐하면 세상을 미워하기 때문이다. "세상이 너희를 미워하면 너희보다 먼저 나를 미워한 줄을 알라."요15:18 우리가 경이롭게 이 세상에 적응하고, 세상의 마음에 들도록 하고, 세상의 활동에 통합되고거기에는 세상의 활동에 대한 반대도 포함된다, 그렇게 하는 한, 우리는 세상에 속한 것이고, 우리의 감정과는 상관없이 믿음과는 아무런 연관이 없다. 유배 상태지만, 그것은 동시에 출애굽을 시도하게 한다. "누구든지 너희를 영접도 아니하고 너희 말을 듣지도 아니하거든 그 집이나 성에서 나가 너희 발의 먼지를 떨어 버리라"마10:14라고 예수는 제자들을 복음을 전파하도록 보낼 때 그들에게 말한다. 그들이 믿음의 말씀을 듣지 않을 때, 이 장소, 도시, 일, 조국을 떠나라. 거기에 관심을 두는 것을 멈추어라. 실제로 외국인이고 여행객인 사람을 좇기 위해서다. "여우도 굴이 있고 공중의 새도 거처가 있으되 오직 인자는 머리 둘 곳이 없다."마8:20

그럼, 우리가 그분을 따른다고 주장하면서 동시에 우리의 기능들, 우리의 직업들, 우리의 행동들을 보장해 주라고, 의식 있고, 잘 조직된 노동자 시민의 정상적인 길을 걷게 해주라고 요구한다면, 이것이 믿음과는 무슨 상관이 있는가? 늘 같은 질문이다. 그리고 "나를 따르라"라는 늘 같은 요청이 반복된다. 그리고 레위는 일어나 모든 것을 버리고, 세리는 돈궤를 버리고, 그의 사무실을 버리고, 그의 교만을 버린다. 그는 자신의 가족에게 알려서는 안 된다. 그는 떠난다. 그리고 만일 네가 보통 사람들이 하는 경건의 행동들을 하고 싶다면, "죽은 자들로 저희 죽은 자를 장사하게 하고 너는 나를 쫓으라"마8:22 근본적인 출애굽. "우리가 모든 것을 버리고 주를 쫓았사오니 그런즉 우리가 무엇을 얻으리이까?"마19:27 당신에게 중요한 것이 무엇인가! 믿음은 정확하게 이 요구, 이 무관심에 상응하는 것이다. 세상이 그 재앙으로 가도록 내버려 두어라. 왜냐하면 세상은 아무 것도 듣기를 원하지 않기 때문이다. 너에게는 중요하지 않다. 나를 따르라. 그러나 우리는 수없는 담화와 관심사들, 그리고 정치적 염려에 빠져 있고, 또 정치와 혁명에 의한 정의에 대해 사이비적인 목마름을 갖고 있지만…사실 우리는 아무것도 떠나지 않는다. 그러면서도 우리는 우리가 그대로 변함없이 구원, 보증, 위안, 신자 됨을 유지하고 있다고 주장한다. 단지 우리는 사물들이 우리를 떠나도록 놔둔다. 왜냐하면 달리 어떻게 할 수 없기 때문이다. 그리고 우리는 출애굽의 길을 시작할 수 없었던 회개의 눈물 대신에 우리의 젊음의 힘에 대해서, 우리의 시든 재산에, 우리의 잃어버린 행복들을 놓고 애석해 한다. 믿음은 우리에게 극단의 한계까지 심지어 아브라함을 넘어서서 예수의 용기를 가질 것을 요구한다. 그의 제자들과의 마지막 대면 한 가운데 그는 그들에게 본질적인 것을 보여준다. 그때 군대가 그를 체포하려고 도시의 다른 쪽에서 행진을 시작하는 순간이었다. 그는 그들에게 "오직 내가 아버지를 사랑하는 것과 아버지의 명하신 대로 행하는 것을 **세상으로** 알게 하려 함이로라 일어나라 **여기를 떠나자**" 요 14:31라고 말하고자 말을 가로 막았다. 최후의 출애굽, 아브라함이 일어나 떠난다. 새로운 땅의 정복과 그의 후손에 대한 약속의 출애굽. 이 순간 예수가 일어나 떠난다. 이는 모든 권세를 벗어버리면서 완전한 실패에까지 자신을 부정할 정도로 믿음의 명령을 따른 다는 것을 보이고자 죽음을 받아들인 출애굽이었다.

결단의 시간이 되었다. 그리고 그는 단 하나의 시간밖에 가질 수 없다. 믿음은 우리가 이 세상, 이 시대, 그가 만들어 낸 것들을 떠나도록 독촉한다. 만일 우리가 거기에서 분리되려고 늙고 죽도록 내버려 둔다면, 만일 우리가 우리 생명이 떠나가는 것을, 우리의 힘의 쇠퇴를, 운명의 물신화物神化를 겪고 있다면, 우리는 믿음의 경주를 잘못하게 될 것이다. 우리는 우리의 떠남의 순간, 분리의 순간, 다시 말해서 우리의 시간과 세계에 의심의 중심을 두고, 때가 도래했다고 선포하는 결심의 순간을 선택하는 대신에, 단지 우리가 크로노스그리스도인들은 시간을 카이로스와 크로노스로 구분했다. 크로노스는 양적인 숫자로 표현할 수 있는 시간이고, 카이로스는 그리스도의 도래의 시간과 같은 질적인 시간을 뜻한다-역주의 손 안에 있는 사물임을 증명하게 될 것이다. 카이로스, 즉 사건은 거기에 있다. 우리가 알고 있는 요동치고, 흔들리는 역사는 어떤 사건도 없고, 어떤 외부에서 찾아오는 이벤투스eventus도 없는 서글프고 단조로운 세상이다. 이 단조로움을 끊을 것은 바로 믿음에 의해서 출애굽을 결정한 우리 자신이다. 다시 말해서, 이 새로움은 세상과 우리의 단절을 통해서 세상에 바로 새겨야 할 것이다. 믿음은 우리가 이 계급들, 이 사람들, 이 국가들, 이 정치들, 이 기술들, 이 과학들을 떠나도록 종용한다. 그리고 실수를 저질러서는 안 된다. 왜냐하면 그들은 악하고, 정죄 받았고, 개혁할 수 없고, 우리는 홍수 때의 노아처럼 거기에서 구원되어야 하기 때문이다. 거기에 출애굽이 있다.

중심에서 그리고 동시에 무한히 멀리서 말해 질 수 밖에 없는 하나님의 이 이상한 말씀을 그들이 들으려고 세상과 결별하고 떠나는 것, 이것은 대화를 중단하기 위함이 아니다. 또는 우리가 은둔지 안에 후퇴해 들어가기 위함이 아니다. 이것은 사실 하나님의 말씀은 이 세상의 문제제기의 핵심에 있으면서도 세상 밖에 있는 자에 의해서만 선포될 수 있기 때문이다. 요나는 하나님의 명령 앞에서 떠났다. 그러나 이것은 그의 출애굽이 아니었다! 그에게 믿음의 출애굽은 반대로 니느웨 안에 들어가는 것이었다. 그것은 상업 도시이고, 사람을 반기고, 익명이 보장되고, 그가 평화그러나 그가 도달 할 수 없었던! 속에 있을 수 있는 다시스 바깥에, 안전 바깥으로 떠나는 것이다. 이것은 자신의 말과 자신의 정당화들을 버리는 것이다. 이것은 외부에서 들어와서 외국인으로서, 자신의 은거에서 나와 선포하기 위함이고, 세상의 적대상태 속에 빠져 들어가기 위함이고, 세상의 중심에 위치하기 위함이다. 왕의 궁전의 발 밑에 있는 니느웨, 거기에서 그는 역시 근본적으로 다른 세계에서 온 외국인으로 믿음의 출애굽 후에 그가 정복한 도시 한 가운데서 머물면서 급진적인 말씀을 선포한다. 그리고 우리는 다른 어떤 할 말이 없다. 믿음은 "아직 사십일이 남았다…"라는 말 외에는 이 세상에서 이 시대에 할 말이 없다. 그리고 지금, 나보다도 더 적은 믿음을 가진 사람은, 당신의 출애굽을 준비하라. 왜냐하면 때가 올 것이기 때문이다.

부록 · 모노스와 우나의 대화

에드가 알란 포우Edgar Allan Poe 1)

이것들은 미래에 속한 것들이다.
– 소포클레스 「안티고네」 중에서

우나: 부활했다고? 다시 태어났다고?

모노스: 그래, 정말 아름답고 사랑스러운 우나, 부활했다고. 이 말은 내가 오랫동안 그 신비적인 의미를 묵상했던 말인데, 너무 깊숙이 묵상한 나머지 나는 신부들의 설명들은 집어치우고, 죽음이 직접 내게 찾아와 그 문제를 해결해 주리라고 생각했던 문제라오!

우나: 죽음이라고!

모노스: 너는 정말 이상하게도 내 말에 메아리를 치는구나! 나 역시 너의 거동에서 떨림을 보고 있어. 너의 눈에서 즐거운 근심을 너는 영원한 생명의 위엄에 찬 새로움에 의해서 혼란스럽고 짓눌려 있어. 그래, 내가 말했던 것은 바로 죽음에 대한 것이었어. 그리고 이 단어가 여기에서 색다른 느낌을 주는 것처럼, 예전에도 이 단어는 모든 인간의 영혼에서 근심을 가져다주었다. 모든 쾌락을 던져버릴 정도로!

우나: 아! 죽음이라, 그 유령은 모든 연회 가운데 자리를 잡고 있었지! 모노스 우리는 얼마나 자주 죽음의 본성을 생각하느라 우리 자신을 잃었

---

1) *Nouvelles Histoires extraordinaires*, traduction de Charles Bauddelaire.

느냐! 얼마나 신비스럽게 그것이 인간에게 "거기까지다, 그리고 더는 안 돼!"라고 말하면서 인간의 행복 앞에서 힘을 행사했는가! 나의 모노스, 우리의 가슴에서 불탔던 그 진지한 서로의 사랑, 우리는 그 사랑의 힘이 커지면 우리의 행복도 같이 커질 것이라고 생각하며 행복에 젖어 얼마나 헛되게도 서로를 속였는가! 이런! 그것이 커질수록, 우리 마음속에서 역시 우리를 영원히 분리하려고 서둘러 달려오는 악한 시간에 대한 두려움도 커진다! 따라서, 때가 되면, 사랑한다는 것이 고통스러운 것이 된다. 그때는 미움은 우리에게 오히려 자비였을 것이다.

모노스: 여기서 이러한 슬픔에 대해서 말하지 말아다오, 사랑하는 우나, 나의 것, 영원히 나의 것!

우나: 그러나 과거의 슬픔에 대한 기억은 현재의 즐거움이 아니던가? 나는 과거에 일어났던 일에 대해 아직 할 말이 많이 남았는데. 무엇보다, 나는 어두움의 골짜기와 그림자를 지나가며 네가 겪었던 사건들을 알고 싶어 미칠 지경이다.

모노스: 그리고 빛나는 우나가 당신의 모노스에게 헛되이 물어본 때가 있었는가? 그것을 모두 자세히 말해주겠다. 그럼 그 신비한 이야기를 어디부터 시작해볼까?

우나: 어디부터?

모노스: 그래, 어디부터냐고?

우나: 모노스, 나는 너를 이해한다. 죽음에서 우리 둘은 정의할 수 없는 것을 정의하려는 인간의 성향을 함께 배웠다. 그렇다면 나는 인생의 마감의 순간에서부터 시작해보도록 하자. 그래 그 서글픈, 서글픈 순간에서 시작하겠다. 그때 체온이 너를 떠나고, 너는 숨도 없고, 움직임 없는 무기력함으로 침잠해 들어간다. 그리고 나는 창백한 눈썹을 열정적인 사랑의

손가락으로 눌러 내렸다.

모노스: 이 시대의 인간의 일반적인 조건에 대한 첫 한 마디를 하겠다, 나의 우나. 너는 우리의 선조들 중에서 지혜로운 자들 중 하나나 둘은_{세상은 그렇게 평가하지 않지만 사실 지혜로운} 우리 문명의 발걸음 속에서 **진보**라는 용어의 속성을 의심하려했던 것을 기억할 것이다. 우리 문명의 죽음 이전 5세기나 6세기 동안 몇몇 왕성한 지성들이 일어났지. 그들은 대담하게 현재 그 진면목이 드러나는 원칙들을 주장했어. 그 원칙들은 나의 침탈당한 이성에게 자연을 통제하기 보다는 자연의 법에 지도받을 것을 우리 인류에게 명백하게 가르쳐줬어야 했어. 한참이 지나고 최고의 지성들이 나타나 실용과학의 각 발전을 그 효용성에서 후퇴라고 바라보게 되었다. 가끔씩 내가 말하는 대로 시적인 지성_{우리가 다른 무엇보다도 더 높았던 것으로 느끼는}, 왜냐하면 가장 높은 중요성을 가진 진리들은 우리에게 이 **유비**^{Analogie}를 통해서만 드러나기 때문에, 시인들의 유창한 유비는 상상력에는 명백하게 나타나지만, 유약하고 외로운 이성에게는 말 해 줄 것이 없다. 이것은 철학적인 모호한 생각의 발전에서 한 걸음 더 나아가 지식의 나무와 그 금단의 열매라는 신비적 비유에까지 다다른다.

이 금단의 열매는 죽음을 낳았고. 이것은 지식이라는 것을 인간의 좁은 영혼에는 선하게 사용할 수 없다는 경고를 담고 있다. 그리고 이 사람들은 _{시인들} 살다가 죽는 **실용주의자** 사이에서 비웃음을 사고, 또 스스로 자신을 학자라 칭하지만, 조잡한 현학자들의 비웃음을 살게 뻔한 사람들이다. 이 시인들은 우수에 차서 깊이 생각했지만 그들은 현명하게도 과거를 생각했다. 그때에는 우리의 필요라는 것은 우리가 누리는 즐거움만큼이나 단순했었다. _{바로 **환락**이라는 단어가 알려지지 않았을 때였고, 그래서 행복이라는 것은 깊고도 엄숙했던} 거룩하고, 엄숙하고, 축복 받은 날들에는 푸른 강이 사람의 손을 타지 않은 언덕 사이에서 거침없이 흘러갔고, 원시적이고, 향기 나는, 사람의 접촉이 없는 숲의 외로움 속으로 멀리 파고들었다.

그렇지만, 일반적인 부조리에 대한 이 거룩한 예외들은 오히려 부조리에 힘을 더해 줄 뿐이지. 이런! 우리의 모든 나쁜 날들 중에서 가장 나쁜 날들 가운데 우리는 떨어졌었지. 그 **위대한 운동**은그러한 것은 그 시대의 은어였었지 행진을 했었고, 병적인, 도덕적인, 물리적인 사회적 동요였다. 나는 예술, 아니 예술들이 최고 수준으로 올라가 한번 왕좌에 자리를 잡으면, 그것들은 지성에 사슬을 던졌었지. 그리고 그 지성은 예술들을 최고의 권력으로 올려놓았던 것이었다. 인간, 자연의 위엄을 인정하지 않을 수밖에 없었던 인간은, 이 같은 자연을 점점 정복해 가면서 멍청한 승리의 휘파람을 불렀었다. 마찬가지로 인간이 우쭐대며 걷고, 그 하나님을 만들어 내고 있는 동안, 어린애 같은 바보스러움이 그를 덮치고 있었다. 병의 근원에서부터 우리는 예견할 수 있었던 대로 곧 시스템과 추상물들에 감염이 되었다. 그것은 일반성 안에서 스스로 옭아매었다. 다른 기괴한 생각들과 더불어, 보편적 평등이라는 사상이 땅을 활보했다. 그리고 우주의 유비적 구조와 하나님에 맞서서, 땅과 하늘의 모든 것을 생생하게 관통하는 질서의 법칙들이 큰 소리로 부르짖음에도, 집중적인 노력이 보편적인 민주주의를 확립하려고 행해졌다. 이 악은 필연적으로 제일가는 악에서 출현했다. 그것은 과학이다. 인간은 학자가 되면서 동시에 무언 가에 종속되어 있는 존재가 될 수 없었다. 하지만, 셀 수 없는 거대하고 연기 나는 도시들이 생겨났고. 푸른 잎들이 화덕의 더운 숨소리 앞에서 오므라들었다. 자연의 아름다운 얼굴이 역겨운 질병의 참화에 의해서처럼 모양이 일그러졌다. 그리고 내가 보기에, 내 다정스러운 우나, 그 감정, 비록 누그러지긴 했지만, 뭔가 강제되고 있는 것 같은, 그리고 아주 멀리서 쫓기고 있는 것 같은 감정이 우리를 그 시점에서 멈추었어야 했다. 그러나 우리의 취향을 변질시키면서 또는 오히려 학교에서 그것을 기르는 것을 외면하면서, 우리는 광적으로 우리 자신의 파멸을 완성했다. 왜냐하면, 진실상, 취향趣向만이 이 능력은 순수한 지성과 도덕적 감각 사이에 있는 중간을 점하는 것으로 대가를 치르지 않고는 무시될 수가 결코 없는 것이었다 우리를 아름다움으로, 자연으로, 삶으로 부드럽게 데리고 갈 수 있었을 때였다. 그러나 이런! 사색적인 순수한 정신, 플라톤의 위엄 있는 직관! 슬프다! 이해심 많은 뮤즈[2], 그는 올바르게도 음악이 영혼을 위해서 충분한 교육이 됨을 보았다! 아 슬프다! 너는 어디에 있었니? 우리가 너를 절실히 필요로 했을 때는 바로 너희들 둘이 모두가 잊어버리고 멸시하는 가운데 사라졌을 때였다.

사랑하는 우나, 우리 둘 모두가 사랑하는 철학자, 파스칼, 그는 말했다. 정말 진실을 담아서! **모든 사고는 감정에 굴복하고 만다**라고 말이야. 만일 시대가 허용했다면, 자연적인 것에 대한 감정이 학자들의 수학적인 야수적 이성 위에 과거의 우위를 되찾았을 텐데 그럴 수 없었어. 조숙하게 과학의 난무에 이끌려, 세상의 쇠락이 다가왔어. 이 쇠락을 인류의 대중은 보지 못했던 것이거나 아니면 그 나름의 행복에 흠뻑 빠져서 보지 못하는 채했지. 그러나 나에게는, 인류의 역사가 내게 가장 고도 문명의 대가로서 가장 완전한 폐허를 기다리고 있다는 것을 알려주었다. 나는 단순하고, 건장한 중국과, 건축가인 아시리아, 천문가인 이집트, 모든 예술의 소란스러운 어머니이자, 우리 운명의 예지인 더 미묘한 누비아 왕국을 비교하면서 이 지역들의 역사에서 나는 미래를 비춰주는 광선을 발견했다. 이 세 문명의 산업적 특질들은 지구의 국지적 질병이었고, 각각의 폐허는 국지적 치료의 결과였다. 그러나 대부분 오염된 지구는, 죽음으로만 갱생이 가능하다고 나는 보았다. 그러나 인간이 모두 죽는다는 것은 있을 수 없는 일이기 때문에 멸망한 다음, **다시 태어나야** 한다고 생각했다.

그리고 나의 아름답고 소중한 당신, 우리가 매일 꿈속에서 우리가 넋을

---

[2] [역주] 보통 시나 음악의 여신으로 알려졌으나, 학문, 예술 일반을 주관하신 그리스 여신.

잃어버릴 때가 바로 그때다. 우리가 황혼의 시간에 그 날들에 대해서 이야기했던 것이 바로 그때였다. 산업에 의해서 상처를 입은 지구의 땅이 장방형의 혐오스러운 것들을 지울 수 있었던 유일한 이 정화를 겪으면서 언덕들과 낙원의 웃음을 가진 물들이 푸르름과 함께 새롭게 옷을 입고, 인간에게 안성맞춤인 삶의 공간이 될 것이다. 죽음에 의해서 정화된 인간을 위해서그 고상한 지성이 과학에서 더 이상 독을 발견하지 않을 인간을 위해서 구속되고, 갱생되고, 축복받고 그때부터 불멸하는, 그러나 역시 물질을 입고 있는 인간을 위해서 될 것이다.

우나: 그렇다, 사랑하는 모노스. 나는 이 대화들을 잘 기억하고 있다. 그러나 파괴적인 오염의 시대는 우리가 그것을 생각했던 것보다 더 가까웠다. 그리고 네가 말하는 부패는 우리가 확실히 그것을 믿도록 허용해 주었다. 인간들은 살았지만, 개인적으로 죽었다. 너 자신도 병에게 정복되어, 무덤을 지나갔다. 그리고 너의 변함없는 우나도 너를 즉각 따라갔다. 그리고 우리의 잠든 감각 덕에 초조함에 의해서 고문을 당하지 않았고, 우리를 최종적인 혁명이 서로를 서로에게 돌려주기까지, 시간 때문에 고통을 당하지 않았을지라도, 이것 역시 한 세기나 걸렸다.

모노스: 차라리 무한한 허공 안의 한 점을 말해라. 논쟁의 여지없이, 내가 죽었던 것은 지구가 노쇠했던 기간 동안이었다. 무질서와 일반적인 퇴락에서 그 원인을 가지는 불안으로 지친 가슴을 가지고, 나는 잔인한 열에 굴복한다. 불과 며칠 동안의 고통 이후에, 광란으로 충만한 몇 날들 이후에, 그리고 꿈들과 엑스타시들 이후에, 그 고통에 대한 표현을 지어냈었다. 그러는 동안 나는 너를 착각 속에서 벗어나게 할 수 없었기 때문에 고통을 겪었다. 며칠 후에, 나는 네가 말했듯이 숨도, 움직임도 없이 마비상태에 빠졌다. 그리고 나를 둘러싼 사람들은 그것이 죽음이라고 말했다.

단어들은 모호한 것들이다. 나의 상태는 감정을 나에게서 박탈하지 않는다. 이것은 오랫동안 깊이 움직이지 않고, 여름날의 열기에 힘이 빠진 채로 있는 사람이 자신의 의식을 천천히 되찾기를 시작하는 것처럼 내게 비추어 졌다. 그는 외부의 운동에 의해서 깨어나지 않고, 자신의 잠이 충분치 않다는 이유만으로 서서히 잠에서 미끄러져 나온다.

　나는 더 이상 숨을 쉬지 못했다. 맥박은 움직임이 없었다. 가슴은 고동을 멈췄다. 의지는 완전히 사라지지 않았다. 그러나 그것은 활동력이 없었다. 나의 감각은 불규칙하게, 그리고 그 기능들을 우연 속에 빼앗기기는 하지만, 기괴한 활동을 즐기고 있었다. 입맛과 후각은 풀 수 없이 뒤섞여졌다. 그리고 비정상적인 강력한 하나의 의미를 형성했다. 장미의 물, 최고의 순간에 나의 입술을 적셨던 너의 부드러움은 꽃 같은 부드러운 생각을 주었다. 이 꽃은 오래된 땅의 어떤 꽃보다도 무한하게 더 아름다운 환상속의 꽃, 그리고 우리가 오늘날 우리 주위의 그것의 모델들을 꽃피우는 꽃이다. 투명하고 충혈된 눈꺼풀은 절대적으로 시각에 장애가 되지 않는다. 의지가 중단되었기 때문에, 천체는 자신의 괴도를 돌 수가 없었다. 그러나 보이는 반구의 역량 안에 위치한 모든 대상은 적어도 분명하게 인지되었다. 외부 망막 위에 내리는 광선들, 또는 눈의 한 구석에 내리는 이 것들은 내부 표면을 강타하거나 얼굴을 치는 것들보다 더 강한 영향을 낳는다. 하지만, 첫 번째 상황에서, 이 영향은 매우 비정상적이어서 나는 그것을 하나의 소리로서만 평가한다. 말하자면, 나에게 나타나는 사물들이 밝거나 그늘 속에 있음에 따라서 이것은 부드러운 소리가 되기도, 불협화음이 되기도 한다. 형태가 둥그렇거나 각이 졌거나. 그리고 청각, 그것이 아무리 과도하게 흥분해 있다 해도, 그의 행동에서 불규칙적인 것은 없다. 그리고 그것은 그의 감각보다 과장되게 소리를 평가했다. 촉각은 규칙적으로 점점 무디어졌다. 그것은 천천히 자극들을 인지했지만, 그것들을 꼭 쥐고 있다. 그리고 결과적으로 늘 가장 현저한 물리적 쾌락을 일으킨다. 이처럼 너의 손가락들의 압력은 그것이 나의 눈꺼풀에 매우 부드러워 이것들은 우선 시각 기관에 의해서만 인지된다. 그러나 마침내 그것들이 뒤로 물러나고 오랜 후에, 그것들은 평가할 수 없는 감각적인 즐거움을 가진 내 존재를 충만케 한다. 나는 말한다. 감각적인 즐거움에 대해서. 나의 모든 지각은 순전하게 감각적이었다. 수동적인 두뇌에 감각에 의해서 제공된 자료에 관해서는, 죽은 지성은 그것이 작동하도록 숨을 집어넣고, 그것에 어떤 형식도 부여하지 않는다. 그것은 이 모든 것에 약간의 고통과 많은 쾌락을 집어넣는다. 그러나 고통 또는 도덕적 즐거움이지 그림자가 아니다. 이처럼 격렬한 너의 비통함은 매우 탄식하는 리듬으로 나의 귀 속에서 울리고 있었다. 너의 다양한 슬픔의 소리는 사람들을 감동시켰다. 그러나 그것은 감미로운 음악의 음조였다. 그리고 그 이상이 아니었다. 그것들은 꺼진 이성에게 어떤 고통의 개념도 가져다주지 않았다. 그것은 그들에게 탄생을 주었다. 크고 쉬지 않는 비 같은 눈물이 내 얼굴 위로 떨어질 때, 그리고 모든 조력자들이 찢어진 가슴에 대해서 증거 했고, 나의 존재의 모든 심줄을 황홀하게 관통했다. 그리고 정말로 그것이 바로 죽음이었다. 죽음의 증인들이 낮은 목소리로 공손하게 말했다. 그리고 너, 나의 달콤한 우나, 너는 떨리는 목소리로, 오열했다.

 사람들은 나를 관 속에 넣으려고 옷을 입혔다. 셋이나 네 명의 어두운 사람들이 분주하게 이리저리 돌아다녔다. 그것들이 나의 시야를 지나갈 때, 그것들은 나에게 형상formes들로 비친다. 그러나 그것들이 내 옆을 지나갈 때, 그 이미지들은 나의 뇌 속에서 울음, 탄식, 공포, 끔찍함, 고통의 침통한 표정들로 바뀌었다. 너만이, 그리고 너의 하얀 드레스를 입고, 유연하게 내 주위에서 음악적으로 움직이고 있었다.

 날이 기울었다. 그리고 빛이 떨어졌을 때, 나는 모호한 불편함에 사로잡혔다. 이것은 실제로 슬픈 소리가 쉬지 않고 그의 귀에 들릴 때, 자는 한 사람과 비교해 볼 수 있다. 이것은 멀리서 긴 간격으로 엄숙하게 들려오는 종소리 같았다. 그리고 이 소리들은 우울한 꿈들과 맺어진다. 밤이 찾아온다. 그리고 그의 어두움과 함께 무거운 슬픔도 찾아온다. 그것은 나의 감각기를 육중하게 눌렀다. 그리고 그것을 만질 수 있었다. 그리고 침통한 소리가 역시 있었다. 그것은 바다에서 오는 먼 파도의 울림과 꽤 비슷했다. 그러나 해가 질 때부터 시작해서 어둠과 함께 더 짙어지는 강한 소리였다. 갑자기 빛들이 방안으로 들어왔다. 그리고 이 소리는 중단되었다가 불균등한 소리로 자주 변했다. 그러나 덜 무섭고 덜 뚜렷하게 들렸다. 그 육중한 압박은 크게 덜어졌다. 그리고 각 램프의 불꽃에서 왜냐하면 거기에는 많은 램프가 있었다 끊기지 않고 고운 가락의 곡조가 내 귀에 들려 왔다. 그리고 지금 사랑하는 우나, 내가 뻗어 있는 침대로 다가오면서, 너는 내 곁에 친절하게 앉는다. 너의 달콤한 입술에서 향기를 뿜어내면서, 그 입술을 나의 이마에 밀어 넣을 때, 나의 가슴에서 요동쳤다. 그리고 나를 둘러싼 물리적 감각들과 단순하게 섞이는 것이 그 감정 자체와 가까운 어떤 것을 일으켰다. 한 감정, 절반쯤 느껴지는 너의 진정한 사랑과 슬픔에 반응했던 절반. 그러나 이 감정은 뛰지 않는 심장에 뿌리를 내리고 있었다. 그리고 사실 실재라기보다는 그림자 같았다. 그리고 빨리 사라졌다. 처음에 극단적인 정적으로 그 다음에 순수하게 전과 같은 감각적인 즐거움으로.

그래서, 깨어지고 혼동 상태에 빠진 자연적 감각은 나에게 절대적으로 완벽한 제 6감으로 드높여진다. 나는 나의 행동 가운데서 이상한 감미로움을 느낀다. 이 감미로움은 늘 물질적이다. 그러나 지성은 거기에서 어떤 부분도 차지하지 않는다. 동물적 존재 안에 있는 운동은 절대적으로 중단되었다. 어떤 힘줄도 떨리지 않고 어떤 신경도 떨지 않았다. 어떤 동맥도 고동치지 않았다. 그러나 내가 느끼기에 뇌 속에는 어떤 단어도 순수하게 인간적 지성으로 번역할 수 없는, 심지어 애매한 개념인 어떤 것이 탄생한 것 같다. 허락한다면 내가 이것을 정의하겠다. 정신적 진자의 흔들림이다. 이것은 시간에 대한 추상적인 인간적 개념의 인격화이다. 또는 다른 유비로 천구의 순환들이 정리되는 것이다. 바로 이렇게 해서 나는 현존하는 인간들의 시계들의 추와 기차의 연통의 불규칙성을 잴 것이다. 그들에게서 나오는 똑딱거리는 소리는 나의 귀를 채운다. 올바른 척도에서의 가장 경미한 이탈도 다른 살아 있는 것과 마찬가지로 나에게 영향을 주었다. 추상적인 진리의 위반들이 나의 도덕적 감각에 영향을 주었다. 방에서 나는 연통과 시계추에서 나오는 두 시간의 운동이 엇갈리고 있었지만, 나는 마음속에서 음조를 꾸준하게 유지하고 각각의 순간적인 오류들을 잡는데 어려움을 겪지 않았다. 그리고 이 날카롭고, 완전하고, 자존적인 사건의 어떤 연속과도 독립적으로 존재하는사람은 그것이 존재한다고 생각할 수가 없었기 때문에 지속에 대한 감정인 이 여섯 번째 감각은, 나의 폐허에서 돌출되어 나와 시간적인 영원성의 문턱 위에서 디디는 무시간적인 영혼의 첫 번째 분명한 발걸음이다.

    한밤중이었다. 그리고 너는 내 곁에서 여전히 앉아 있었다. 다른 모든 사람들은 죽음의 방에서 떠났다. 그들은 나를 관 속에 집어넣었다. 램프는 반짝거리며 불타고 있었다. 이것은 단조로운 노래의 떨림에 의해서 내 안에 전달된다. 그러나 갑자기 이 노래들의 청명함과 무게가 줄어들었다. 결국 그것은 멈추었다. 내 콧구멍 속의 향수도 죽어 사라졌다. 형태들은 나의 시각에 더 이상 영향을 주지 않는다. 나의 가슴에서 암흑의 짓누름이 떨어져 나간다. 전기충격과 같은 무딘 충격이 나의 골격을 파고든다. 그리고 접촉에 대한 관념이 완전히 사라진다. 인간이 감각이라고 부르는 모든 것은 실재에 대한 의식에서만 일어난다. 그리고 지속에 대한 변하지 않는 감정만 남아있다. 죽을 수밖에 없는 몸은 결국 회복할 수 없는 파괴의 손에 의해서 타격을 받게 된다.

그러나 모든 감각이 완전히 떠난 것은 아니었다. 의식과 남아 있는 감정이 축 쳐진 직관에 의해서 그 약간의 기능을 제공하면서 머물러 있기 때문이다. 나는 육체에서 실행되고 있는 끔찍한 변화를 식별했다. 그리고 가끔 꿈을 꾸는 사람이 그에게 허리를 숙이는 사람의 육체적 임재를 의식하는 것처럼 나의 달콤한 우나, 나는 늘 네가 내 곁에 있는 것으로 무디게 느꼈다. 그래서 두 번째 날의 정오가 왔을 때, 나는 움직임들을 의식하지 못했다. 너는 나에게서 멀어졌고, 사람들은 나를 관 속에 넣었다. 그리고 나를 묘로 옮길 영구차에 실었다. 사람들은 나를 내렸고, 나에게 흙을 무겁게 쌓았다. 사람들은 나를 어두움과, 부패에 남겨 두었다. 지렁이와 함께 나의 슬프고, 엄숙한 잠으로 남겨 두었다.

그리고 여기에서, 밝힐 비밀이 거의 없는 감옥에서, 여러 날이, 여러 주가, 여러 달이 흘러 지나갔다. 그리고 영혼은 틈만 나면 날아가려고 망을 본다. 그리고 힘들지 않게 자신의 도피를 기록한다. 노력도 목적도 없이.

한 해가 흘렀다. 존재에 대한 의식이 점점 더 희미해 졌다. 단순한 장소를 차지하고 있다는 의식이 큰 부분에서 그 자리를 빼앗았다. 실재에 대한 개념이 장소에 대한 생각 속에 빠져 들어갔다. 몸이었던 것을 직접적으로 둘러싸고 있는 좁은 공간이 지금은 그 몸 자체가 되었다. 마침내, 잠들어 있는 사람에게 흔히 일어나는 것처럼잠과 잠의 세계는 죽음에 대한 유일한 비유이다, 번쩍거리는 빛이 그를 놀라게 해 그를 깨울 때, 그늘의 딱딱한 포옹 가운데 놀라운 힘을 가졌던 빛이 찾아왔다. 지속적인 사랑의 빛이었다. 사람들이 그 밤에 나를 가두어 두려고 일하러 왔다. 그들은 젖어 있는 흙을 제거했다. 내 먼지가 날리는 뼈 위로 우나의 관이 내려왔다.

그리고 지금 모든 것은 비어 있었다. 그 흐릿한 빛이 꺼졌다. 이 인지할 수 없는 떨림이 정적 속으로 들어갔다. 많은 광택이 흘려 내렸다. 먼지가 먼지로 돌아갔다. 지렁이는 먹을 것이 더 이상 아무 것도 없다. 존재의 감정이 결국 완전히 떠나갔다. 그리고 거기에 모든 것을 대신해서 영원히 우리를 지배하는 장소와 시간이라는 독재 군주가 군림한다. 존재하지 않았던 것, 아무 형태도 생각도 감정도 없었던 것, 결국 이 모든 무無와 불멸성을 위해 무덤은 여전히 집이었다. 그리고 부식되는 시간과 함께, 친구들이 생긴다.

자끄 엘륄 저술 목록 및 참고문헌 분야별

■ 역사
· *Étude sur l'éution et la nature juridique du Mancipium* (thése de doctorat en droit), Bordeaux, Delmas, 1936.
· *Essai sur le recrutement de l'armée française au XVIe siécle et XVIe siécle*, Mémoire de l'Académie des sciences morales (Prix d'histoire de l'Académie française), 1941.
· *Introduction à l'Histoire de la discipline des Église réformées de France*, chez l'auteur, 1943.
· *Histoire des institutions* , Paris, PUF: t. I et II: L'Antiquit 1951; t. III: Le Moyen Âge, 1953 ; t. IV: XVIe-XVIIIe siécle, 1956 ; t. V: XIVe siécle, 1957. Réédition PUF, coll. "Droit fondamental", 1991. (대장간 출간 예정)
· *Histoire de la propaganda*, Paris, PUF, 1967. Réédition 1976.

■ 사회
· *La Technique ou l'Enjeu du siécle, Paris, Armand Colin, 1954. Réédition Economica, 1990.*
· 『선전』, 하태환 옮김(대장간, 2012) *Propagandes*, Paris, Réédition, Economica, 1990.
· 『정치적 착각』, 하태환 옮김(대장간, 2011) *L'Illusion politique*, Paris, La Table Ronde, 2004.
· *Exégése des nouveaux lieux communs*, Paris, Calmann-Lévy, 1966 (trad. anglaise, japonaise). Réédition La Table Ronde, "La Petite Vermillon", 1994.
· Méamorphose du bourgeois, Paris, Calmann-Lévy, 1967, Réédition La Table Ronde, "La Petite Vermillon", 1998.
· 『혁명의 해부』, 황종대 옮김(대장간, 2013) *Autopsie de la Révolution*, Paris, La Table Ronde, 2003
· *Jeuness déinquante* (en collaboration avec Yves Charrier), Paris, Mercure de France, 1971.
· *De la Révolution aux révoltes,* Paris, Calmann-Lévy, 1972
· *Les Nouveaux Possédés*, Paris, A.Fayard, 1973. Réédition Mille et Une Nuits, 2003.
· *Trahison de l'Occident*, Paris, Calmann-Lévy, 1975. Réédition Princi Negue (Pau), 2003.
· 『기술체계』, 이상민 옮김(대장간, 2013) *Le systéme technicien*, Paris, Le

Cherche Midi, 2004.
- *L'idélogie marxiste chrétienne*, Paris, Le Centurion, 1979. (출간예정)
- 『무의미의 제국』, 하태환 옮김(대장간, 2013년 출간 예정)*L'Empire du non-sens*, Paris, PUF, 1980.
- 『굴욕당한 말』, 박동열·이상민 옮김(대장간, 2013) *La Parole humiliée*, Paris, Seuil, 1981
- 『인간을 위한 혁명』, 하태환 옮김(대장간, 2012) *Changer de Réolution. L'inéluctable prolétariat*, Paris, Seuil, 1982.
- *Le Bluff technologique*, Paris, Hachette,1988. Réédition Pluriel.
- *Déviances et déviants*,Toulouse, Erés, 1992.
- 『마르크스 사상』,안성헌 옮김(대장간, 2013) *La pensée marxiste* (cours professé à l'Institut d'étude politique de Bordeau de 1947 1979, mis en forme et annoté par Michel Hourcade, Jean-Pierre Jezequel et Gérard Paul), Paris, La Table Ronde, 2003.
- 『마르크스의 후계자』 안성헌 옮김(대장간,2014), *Les successeurs de Marx*: Edited by Michel Hourcade, Jean-Pierre Jézéquel and Gérard Paul. Paris: La Table Ronde, 2007.

■ 신학
- *Le Fondement théologique du droit*, Paris, Delachaux, 1946. 『자연법의 신학적 의미』,강만원 옮김(대장간)
- 『세상 속의 그리스도인』, 박동열 옮김(대장간, 2010) *Présence au monde moderne*, Genéve, Roulet, 1948.
- 『요나의 심판과 구원』, 신기호 옮김(대장간, 2010) *Le Livre de Jonas*, Paris, Foi et Vie, 1952,
- 『하나님이냐 돈이냐』, 양명수 옮김(대장간. 2011) *L' Homme et l' Argent*, Paris, Delachaux, 1953 et 1979 .
- *Le Vouloir et le Faire* (introduction à l' éthique chrétienne), Paris, Labor et Fides, 1964, 『원함과 행함』(대장간 근간)
- *Fausse Présence du monde moderne*, Paris, Edition de l' ERF, 1964.
- 『하나님의 정치와 인간의 정치』, 김은경 옮김(대장간, 2012) *Politique de Dieu, politique des hommes*, Paris, Editions Universitaires, 1966.
- 『폭력에 맞서』, 이창헌 옮김(대장간, 2012) *Contre les violents*, Le Centurion, 1972.
- 『우리의 기도』, 김치수 옮김(대장간) *L' Impossible Priére*, Paris, Le Centurion, 1972.
- 『머리 둘 곳 없던 예수-대도시의 성서적 의미』, 황종대 옮김 (대장간, 2013) *Sans feu ni lieu. Signification biblique de la Grande Ville*, Paris, La

Table Ronde, 2003.
- 『잊혀진 소망』, 이상민 옮김(대장간, 2009) *L' Espérance oubliée*, Paris, La Table Ronde, 2004.
- *L' Ethique de la liberté*, 3 vol., Paris, Labor et Fides, 1973-1981. 『자유의 윤리』(근간)
- *L' Apolcalypse : architecture en mouvement*, Desclée de Brouwer, 1975.
- 『의심을 거친 믿음』, 임형권 옮김 (대장간, 2013) *La foi au prix du doute*, Paris, La Table Ronde, 2006.
- 『자유의 투쟁』, (솔로몬, 2009) *Les Combat de la liberté*, Genéve, Labor & Fides, Paris, Le Centurion, 1984.
- 『뒤틀려진 기독교』, 박동열 이상민 옮김(대장간, 2012) *La Subversion du christianisme*, Paris, La Table Ronde, 2001.
- *Conférence sur l' Apocalypse de Jean*, Nante, Édition de l' AREFPPI, 1985.
- 『존재의 의미』, 김치수 옮김 (대장간) *La Raison d' être, Méditation sur l' Ecclésiaste*, Paris, Seuil, 1987(rééd. 1995).
- *La Genése aujourd' hui*, Nante, Édition de l' AREFPPI, 1987.
- 『무정부주의와 기독교』, 이창헌 옮김(대장간, 2011) *Anarchie et christianisme*, Paris, La Table Ronde, 1988.
- 『네가 하나님의 아들이라면』, 김은경 옮김(대장간, 2010) *Si tu es le Fils de Dieu. Souffrances et tentations de Jésus*, Zurich, EBV, Paris, Le Centurion, 1991.
- 『하나님은 불의한가?』, 이상민 옮김(대장간, 2010) *Ce Dieu injuste… ? Théologie chrétienne pour le peuple d' Israël*, Paris, Arléa, 1991.
- 『이슬람과 기독교』, 이상민 옮김(대장간, 2009) *Islam et judéo-christianisme*, Paris, PUF, 2004.

■ 기타

- *À temps et à contretemps. Entretiens avec Madeleine Garrigou-Lagrange*, Paris, Le Centurion, 1981.
- *Un chrétien pour Israël*, Monaco, Édition du Rocher, 1986. 『이스라엘을 위한 그리스도인』, 황종대 옮김(근간)
- *Ce que je crois*, Paris, Grasset, 1987. 『개인과 역사와 하나님』김치수 옮김(대장간)
- *L' Homme à lui-méme*, correspondance Jacques Ellul et Didier Nordon, Paris, Éditions du Félin, 1992.
- Patrick Chastenet, *Entretiens avec Jacques Ellul*, Paris, La Table Ronde, 1995.

- *Silence. Poémes*, Bordeaux, Opales, 1995.
- *Oratorio les Quatre Cavaliers de l' Apocalypse*, Poémes, Bordeaux, Opales, 1997.

■ 연구서
- Troude-Chastenet Patrick, *Lire Ellul. Introduction à l' œuvre socio-politique de Jacques Ellul*, Bordeaux, PUF, 1992.
- Troude-Chastenet (dir.), *Sur Jacques Ellul*, Paris, L' Esprit du Temps, 1994 (Préface d' Ivan Illich).
- Fréderic Rognon, *Jacques Ellul, une pensée en dialogue*, 『자끄 엘륄 -대화의 사상』, 임형권 옮김(대장간, 2011)
- Porquet Jean - Luc, *Jacques Ellul, l' homme qui avait (presque) tout prévu*, Paris, Le Cherche Midi, 2003.
- Hanks Joyce, *Jacques Ellul : a comprehensive bibliography*, Stamford, Connecticut, JAI Press Inc., 1984 (remise jour 1982-1985, 1985-1993, 1993-2000)
- Ringma Charles, *Resist the pavers with Jacques Ellul*, Albatross, 1995.
- *Le siécle de Jacques Ellul*, numéro special Foi & Vie, décembre 1994.
- Ellul Dominique (éd.), *Hommage à Jacques Ellul*(19-21 mai 2004), Loos, Imprimerie Calingaert, octobre, 2004.

■ 관련 잡지
- *Les Cahiers Jacques Ellul*(Association Internationale Jacques Ellul, 21 , rue Brun, 33800 Bordeaux).
- *The Ellul Forum*(IJES-International Jacques Ellul Society- David W. Grill, 363-62 nd Street, Oakland, CA 94618, USA).

엘륄의 저서 연대기순 및 연구서

- *Étude sur l'évolution et la nature juridique du Mancipium*. Bordeaux: Delmas, 1936.
- *Le fondement théologique du droit*. Neuchâtel: Delachaux & Niestlé, 1946.
  → 『자연법의 신학적 의미』, 강만원 옮김(대장간, 2013)
- *Présence au monde moderne: Problèmes de la civilisation post-chrétienne*. Geneva: Roulet, 1948.
  → 『세상 속의 그리스도인』, 박동열 옮김(대장간, 1992, 2010(불어완역))
- *Le Livre de Jonas*. Paris: Cahiers Bibliques de Foi et Vie, 1952.
  → 『요나의 심판과 구원』, 신기호 옮김(대장간, 2010)
- *L'homme et l'argent* (Nova et vetera). Neuchâtel: Delachaux & Niestlé, 1954.
  → 『하나님이냐 돈이냐』, 양명수 옮김(대장간, 1991, 2011)
- *La technique ou l'enjeu du siècle*. Paris: Armand Colin, 1954. Paris: Économica, 1990. (E)*The Technological Society*. New York: Knopf, 1964.
  → 『기술 또는 세기의 쟁점』(대장간 출간 예정)
- *Histoire des institutions*. Paris: Presses Universitaires de France, plusieurs éditions (dates données pour les premières éditions);. Tomes 1-2, L'Antiquité (1955); Tome 3, Le Moyen Age (1956); Tome 4, Les XVIe-XVIIIe siècle (1956); Tome 5, Le XIXe siècle (1789-1914) (1956). → 『제도의 역사』, (대장간, 출간 예정)
- *Propagandes*. Paris: A. Colin, 1962. Paris: Économica, 1990
  → 『선전』 하태환 옮김(대장간, 2012)
- *Fausse présence au monde moderne*. Paris: Les Bergers et Les Mages, 1963.
  → (대장간 출간 예정)
- *Le vouloir et le faire: Recherches éthiques pour les chrétiens*: Introduction (première partie). Geneva: Labor et Fides, 1964.
  → 『원함과 행함』(대장간 출간 예정)
- *L'illusion politique*. Paris: Robert Laffont, 1965. Rev. ed.: Paris: Librairie Générale Française, 1977. → 『정치적 착각』, 하태환 옮김(대장간, 2011)
- *Exégèse des nouveaux lieux communs*. Paris: Calmann-Lévy, 1966. Paris: La

Table Ronde, 1994. → (대장간, 출간 예정)
- *Politique de Dieu, politiques de l'homme*. Paris: Éditions Universitaires, 1966. →『하나님의 정치와 인간의 정치』, 김은경 옮김(대장간, 2012)
- *Histoire de la propagande*. Paris: Presses Universitaires de France, 1967, 1976. →『선전의 역사』(대장간, 출간 예정)
- *Métamorphose du bourgeois*. Paris: Calmann-Lévy, 1967. Paris: La Table Ronde, 1998. →『부르주아와 변신』(대장간, 출간 예정)
- *Autopsie de la révolution*. Paris: Calmann-Lévy, 1969.
 →『혁명의 해부』, 황종대 옮김(대장간, 2013)
- *Contre les violents*. Paris: Centurion, 1972.
 →『폭력에 맞서』, 이창헌 옮김(대장간, 2012)
- *Sans feu ni lieu: Signification biblique de la Grande Ville*. Paris: Gallimard, 1975. →『머리 둘 곳 없던 예수-대도시의 성서적 의미』, 황종대 옮김(대장간, 2013).
- *L'impossible prière*. Paris: Centurion, 1971, 1977.
 →『우리의 기도』, 김치수 옮김(대장간, 2015)
- *Jeunesse délinquante: Une expérience en province*. Avec Yves Charrier. Paris: Mercure de France, 1971.
- *De la révolution aux révoltes*. Paris: Calmann-Lévy, 1972.
 →『혁명에서 반란으로』, (대장간, 출간예정)
- *L'espérance oubliée, Paris*: Gallimard, 1972.
 →『잊혀진 소망』, 이상민 옮김(대장간, 2009)
- *Éthique de la liberté*,. 2 vols. Geneva: Labor et Fides, I:1973, II:1974.
 →『자유의 윤리』, (대장간, 출간 예정)
- *Les nouveaux possédés*, Paris: Arthème Fayard, 1973. (E)*The New Demons*. New York: Seabury, 1975. London: Mowbrays, 1975. (대장간, 출간 예정)
- *L'Apocalypse: Architecture en mouvement*, Paris. Desclée 1975. (E)*Apocalypse: The Book of Revelation*. New York: Seabury, 1977. →『요한계시록』(대장간, 출간 예정)
- *Trahison de l'Occident*. Paris: Calmann-Lévy, 1975. (E)*The Betrayal of the West*. New York: Seabury,1978. →『서구의 배반』, (대장간, 출간 예정)
- *Le système technicien*. Paris: Calmann-Lévy, 1977.
 →『기술 체계』, 이상민 옮김(대장간, 2013)

- *L'idéologie marxiste chrétienne*. Paris: Centurion, 1979.
  → 『기독교와 마르크스주의』, 곽노경 옮김(대장간, 2011)
- *L'empire du non-sens*, Paris: Press Universitaires de France, 1980. → 『무의미의 제국』, 하태환 옮김(대장간, 2013년 출간)
- *La foi au prix du doute: "Encore quarante jours.."*. Paris: Hachette, 1980.
  → 『의심을 거친 믿음』, 임형권 옮김 (대장간, 2013)
- *La Parole humiliée*. Paris: Seuil, 1981.
  → 『굴욕당한 말』, 박동열 이상민 공역(대장간, 2014년)
- *Changer de révolution: L'inéluctable prolétariat*. Paris: Seuil, 1982.
  → 『인간을 위한 혁명』, 하태환 옮김(대장간, 2012)
- *Les combats de la liberté*. (Tome 3, L' Ethique de la Liberté) Geneva: Labor et Fides, 1984. Paris: Centurion, 1984. → 『자유의 투쟁』(솔로몬, 2009)
- *La subversion du christianisme*. Paris: Seuil, 1984, 1994. [réédition en 2001, La Table Ronde] → 『뒤틀려진 기독교』,박동열 이상민 옮김(대장간, 1990 초판, 2012년 불어 완역판 출간)
- *Conférence sur l'Apocalypse de Jean*. Nantes: AREFPPI, 1985.
- *Un chrétien pour Israël*. Monaco: Éditions du Rocher, 1986.
  → 『이스라엘을 위한 그리스도인』(대장간, 출간 예정)
- *Ce que je crois*. Paris: Grasset and Fasquelle, 1987.
  → 『개인과 역사와 하나님』, 김치수 옮김(대장간, 2015)
- *La raison d'être: Méditation sur l'Ecclésiaste*. Paris: Seuil, 1987
  → 『존재의 이유』(대장간, 2016)
- *Anarchie et christianisme*. 1988. Paris: La Table Ronde, 1998 → 『무정부주의와 기독교』, 이창헌 옮김(대장간, 2011)
- *Le bluff technologique*. Paris: Hachette, 1988. (E)*The Technological Bluff*. Grand Rapids: Eerdmans, 1990. → 『기술담론의 허세』(대장간, 출간 예정)
- *Ce Dieu injuste..?: Théologie chrétienne pour le peuple d'Israël*. Paris: Arléa, 1991, 1999. → 『하나님은 불의한가?』, 이상민 옮김(대장간, 2010)
- *Si tu es le Fils de Dieu: Souffrances et tentations de Jésus*. Paris: Centurion, 1991. → 『네가 하나님의 아들이라면』, 김은경 옮김(대장간, 2010)
- *Déviances et déviants dans notre société intolérante*. Toulouse: Érés, 1992.
- *Silences: Poèmes*. Bordeaux: Opales, 1995. → (대장간, 출간 예정)
- *Oratorio: Les quatre cavaliers de l'Apocalypse*. Bordeaux: Opales, 1997.

- (E)*Sources and Trajectories: Eight Early Articles by Jacques Ellul that Set the Stage*. Grand Rapids: Eerdmans, 1997.
- *Islam et judéo-christianisme*. Paris: Presses universitaires de France, 2004.
 →『이슬람과 기독교』, 이상민 옮김(대장간, 2009)
- *La pensée marxiste*, Edited by Michel Hourcade, Jean-Pierre Jézéuel and Gérard Paul. Paris: La Table Ronde, 2003.→『마르크스 사상』, 안성헌 옮김(대장간, 2013)
- *Les successeurs de Marx*: Edited by Michel Hourcade, Jean-Pierre Jézéquel and Gérard Paul. Paris: La Table Ronde, 2007.
 →『마르크스의 후계자』 안성헌 옮김(대장간, 2014)

기타 연구서

- 『세계적으로 사고하고 지역적으로 행동하라』(Perspectives on Our Age: Jacques Ellul Speaks on His Life and Work.), 빌렘 반더버그, 김재현, 신광은 옮김(대장간, 1995, 2010)
- 『자끄 엘륄 –대화의 사상』(Jacques Ellul, une pensée en dialogue. Genève), 프레데릭 호농(Frédéric Rognon)저, 임형권 옮김(대장간, 2011)
- 『자끄 엘륄입문』신광은 저(대장간, 2010)
- *A temps et à contretemps: Entretiens avec Madeleine Garrigou-Lagrange*. Paris: Centurion, 1981.
- *In Season, Out of Season: An Introduction to the Thought of Jacques Ellul*: Interviews by Madeleine Garrigou-Lagrange. Trans. Lani K. Niles. San Francisco: Harper and Row, 1982.
- *L'homme à lui-même: Correspondance*. Avec Didier Nordon. Paris: Félin, 1992.
- *Entretiens avec Jacques Ellul*. Patrick Chastenet. Paris: Table Ronde, 1994

대장간 **자끄 엘륄 총서**는 중역(영어번역)으로 인한 오류를 가능한 줄이려고, 프랑스어에서 직접 번역을 하거나, 영역을 하더라도 원서 대조 감수를 원칙으로 하고 있습니다. 이 일은 한국자끄엘륄협회의 협력으로 이루어지고 있으며, 총서를 통해서 엘륄의 사상이 굴절되거나 왜곡되지 않고 그의 삶처럼 철저하고 급진적으로 전해지길 바라는 마음 가득합니다.